宁波家谱编修启事叙录

应芳舟 著

图书在版编目(CIP)数据

宁波家谱编修启事叙录 / 应芳舟著. —上海：上海古籍出版社，2021.12
ISBN 978-7-5732-0241-3

Ⅰ.①宁… Ⅱ.①应… Ⅲ.①家谱—编写—研究—宁波 Ⅳ.①K810.2

中国版本图书馆 CIP 数据核字(2022)第 009916 号

宁波家谱编修启事叙录
应芳舟 著
上海古籍出版社出版发行
(上海市闵行区号景路 159 弄 1-5 号 A 座 5F 邮政编码 201101)
(1)网址：www.guji.com.cn
(2)E-mail：guji1@guji.com.cn
(3)易文网网址：www.ewen.co
浙江临安曙光印务有限公司印刷
开本 890×1240 1/32 印张 16.625 插页 10 字数 386,000
2021 年 12 月第 1 版 2021 年 12 月第 1 次印刷
ISBN 978-7-5732-0241-3
K·3135 定价：98.00 元
如有质量问题，请与承印公司联系

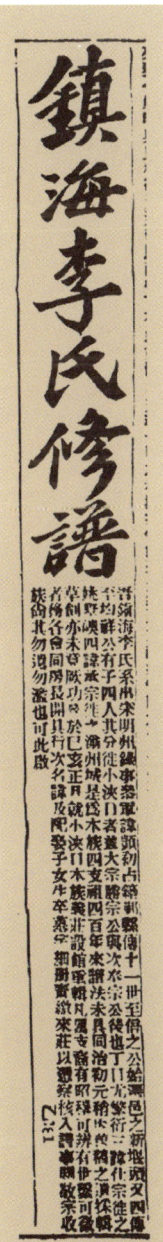

《镇海李氏修谱》(《新闻报》 1899年2月20日)　　《奉化孙氏修谱》(《德商甬报》 1899年5月21日)

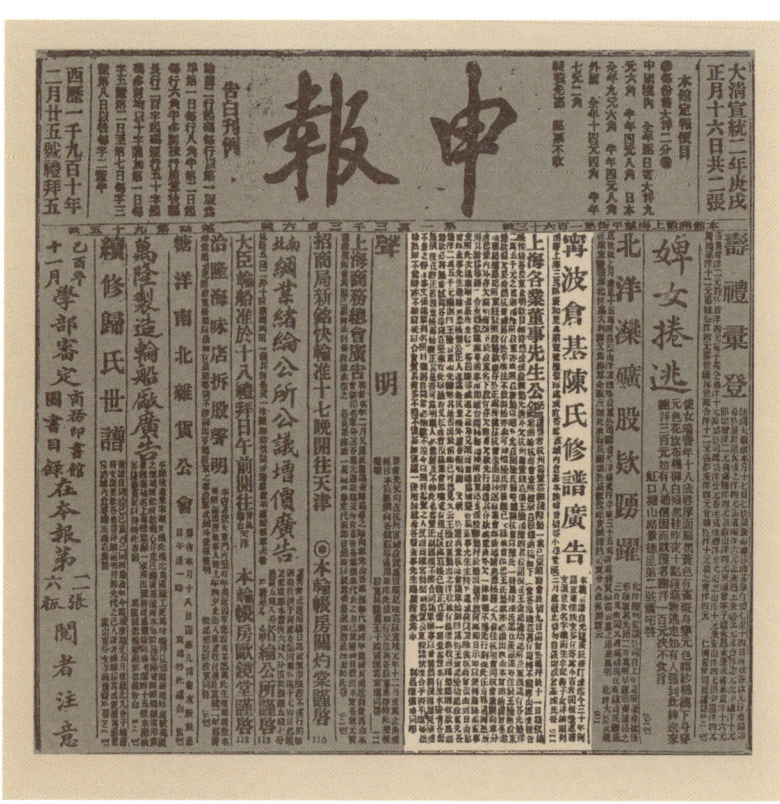

《宁波仓基陈氏修谱广告》(《申报》1910年2月25日)

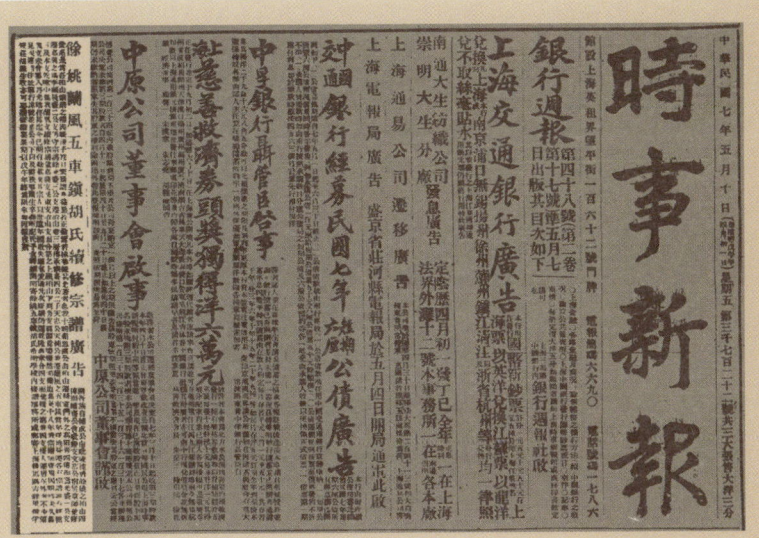

《余姚兰风五车镇胡氏续修宗谱广告》(《时事新报》1918年5月10日)

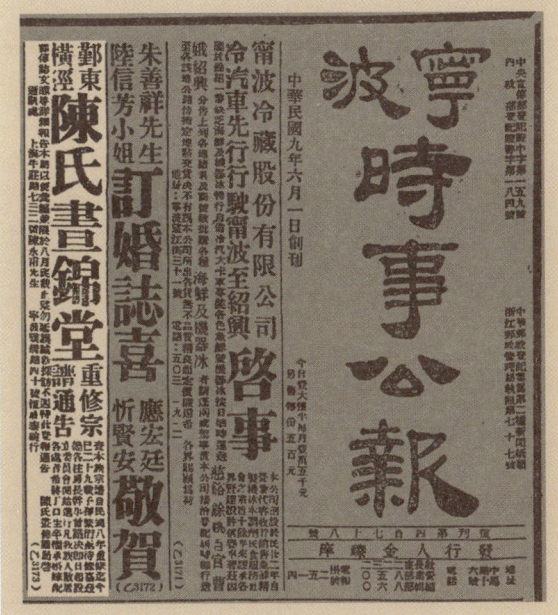

《鄞东横泾陈氏昼锦堂重修宗谱通告》(《宁波时事公报》1947年6月15日)

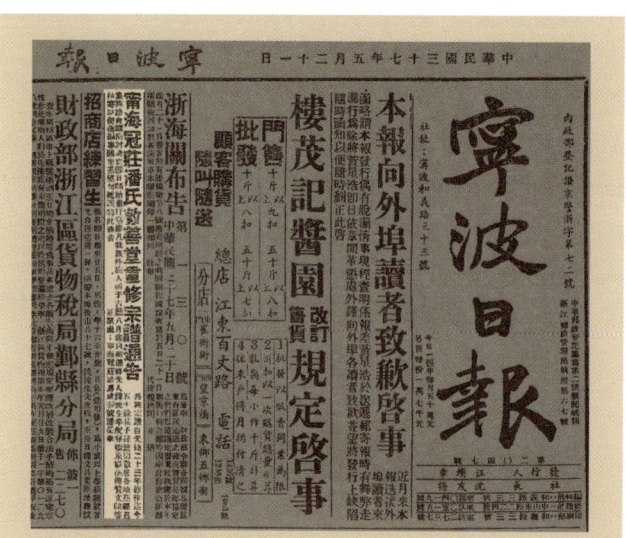

《宁海冠庄潘氏敦善堂重修宗谱通告》(《宁波日报》1948年5月21日)

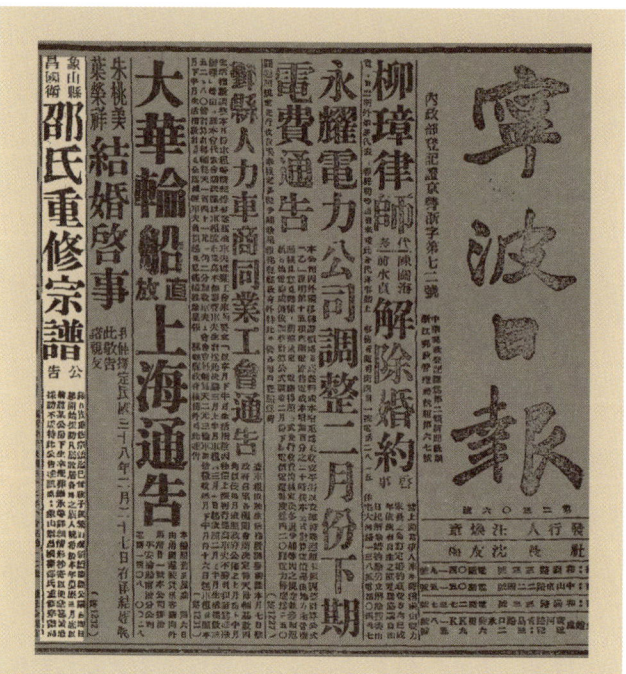

《象山县昌国卫邵氏重修宗谱公告》(《宁波日报》1949年2月27日)

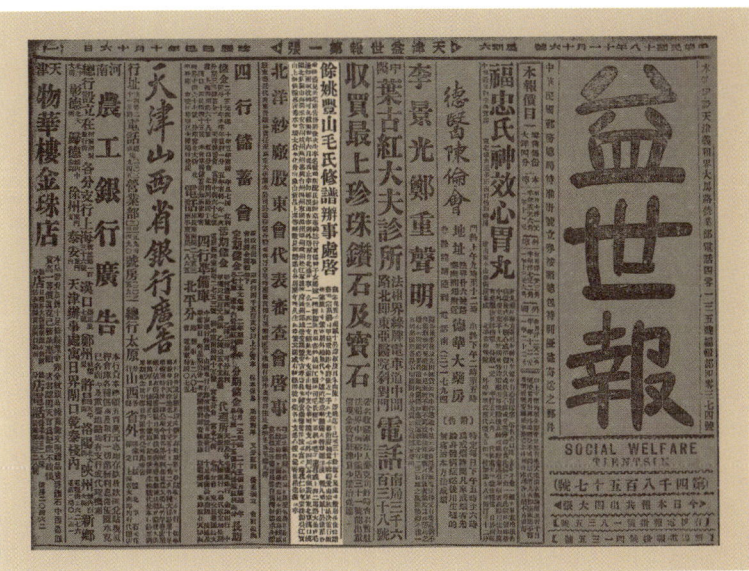

《余姚丰山毛氏修谱办事处启》(天津《益世报》1929年11月16日)

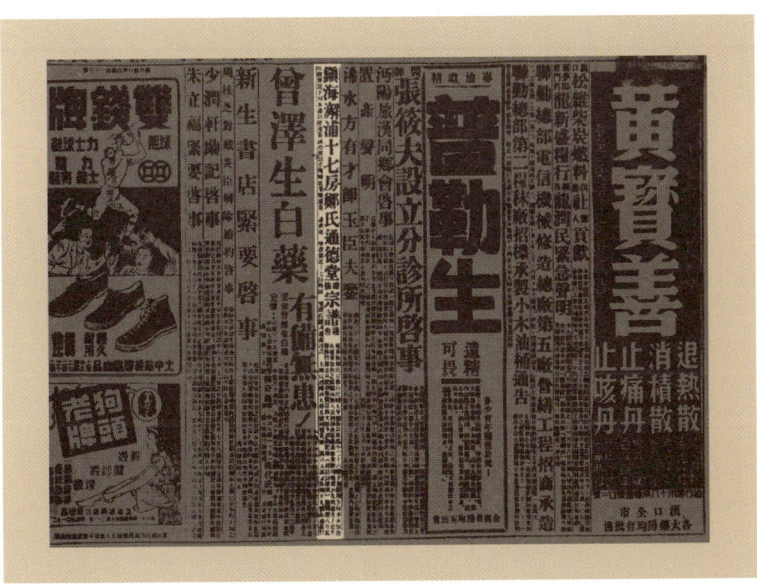

《镇海澥浦十七房郑氏通德堂续修宗谱通告》(《武汉日报》1948年7月13日)

竹山柏垂堂胡氏宗谱重修启事

南宋末年，胡涌公从余姚柏山始迁竹山，迄今已八百余年。源远流长，支派众多。昔曾编有宗谱，但已毁失。今欲重续，旨在告知后人，不忘其本，知其根，晓其枝，老幼亲疏，和睦相处。仰先人之伟绩，效前贤之风范，弘扬胡氏精神，共创文明和谐社会，胡氏子孙以忠孝为本，以期万世祖业兴旺发达。

为确保我族修谱之质量，请散居各地之竹山派胡氏族人见到本启事后，即与编纂委员会联系，并相互转告。如有老谱传承者，请提供借阅方便，凡捐献者予以奖励。

联系地址：慈溪市横河镇梅园村文化礼堂
联系人：胡国良 13396513770
　　　　胡君毅 13906740959

《竹山柏垂堂胡氏宗谱》编纂委员会
二〇一四年八月五日

《竹山柏垂堂胡氏宗谱重修启事》(《慈溪日报》2014年8月5日）

宁波鄞州《陡亹杨氏宗谱》续修通告

鄞州姜山镇茅山村陡亹杨氏(原宁波南乡陡门桥杨家)，自始祖北宋鲁国公杨庆甫于元丰二年(公元1079年)卜居发祥，开族九百余年，有大二三四四个房派，宗祠(大厅)堂名"爱敬堂"、支祠"述知堂"、"遗清堂"、"德清堂"。本族排行近代所用16字为："一本相传，于先有光，从善如登，乃得留芳"。现《陡亹杨氏宗谱》正在进行第五次续修，今特登报通告，敬请散居各地有愿认谱归宗的本族宗亲，速与我们联系，提供宗谱续修所需的相关信息。信息收集截止时间为2018年12月底。联系电话：13095928350，13023715285。望相互转告，谨启。

《宁波鄞州〈陡亹杨氏宗谱〉续修通告》(《宁波日报》2018年7月19日）

重修《余姚柿林沈氏宗谱》公告

各位柿林沈氏宗亲：

余姚大岚柿林村系中国美丽休闲乡村，省市历史文化名村。近六百年来，沈氏族人已繁衍至二十多世，人才辈出，崛起为浙东望族，后裔遍布海内外。盛世修谱，原《峙岭（柿林旧名）沈氏宗谱》续修于民国二十年（1931年），距今已87年。由于年代久远，个别族人已忘记祖宗名号，有断代之虞，急需续谱。自2017年决定重修《余姚柿林沈氏宗谱》以来，已基本完成采访表登记整理，为了让所有愿意入谱之族人归宗，希望尚未填报采访表的族人，尽快与我们联系，填报家庭成员生、娶（嫁）卒、葬等详细材料，尤其需要上溯1930年之前祖宗准确名号，以便顺利续谱，敬请族人相互转告。编委会设在柿林村委会，联系人：李先生 手机（微信）号：15824570992
主编竺先生手机（微信）号：13175953369
邮箱：zhujifa@sina.com

特此公告。

《余姚柿林沈氏宗谱》编委会

《重修〈余姚柿林沈氏宗谱〉公告》
（《宁波晚报》2018年10月27日）

华氏家谱续修公告

施公山《惇叙堂》华氏家谱经历七次修编，已有120年未曾续修，有断代之虞，今年8月开始续修。今公告在外埠居住、工作的华氏宗亲积极参与，并提供120岁以后代系的简历、业绩等，以便收编入册，使家谱更完整、完美。

联系电话：(0574)63993767
手机微信：13505741802
慈溪市龙山镇施公山《惇叙堂》
华氏宗谱续编委员会
2017年9月19日

《华氏家谱续修公告》
（《新民晚报》2017年9月19日）

《叶氏家谱续修公告》
(《新民晚报》2018年12月5日)

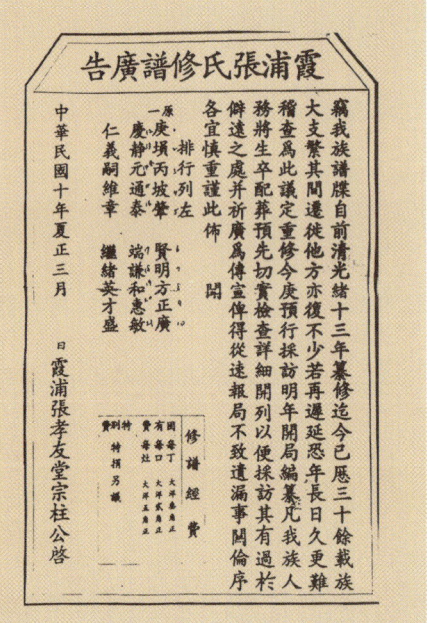

《霞浦张氏修谱广告》(霞浦张孝友堂宗柱民国十年阴历三月发布)

宁波东钱湖镇殷家湾文化研究会
暨郑氏修谱理事会第一号
公 告

殷湾郑氏父老兄弟姐妹们：

您们好！

参天之树，必有其根；怀山之水，必有其源；寻根问祖，追根溯源是人类的天然意识，而我们的根在哪里？我们的根记录在我们的家谱里！

近期由几位热心宗亲的发起，召开了多次座谈会，讨论酝酿续修殷湾郑氏家谱事宜，形成共识，修好我们的族谱意义深远，时不宜迟，成立续修殷湾郑氏宗谱理事会，负责主持修谱各项工作。由于修谱工程巨大复杂，因此，要求广大殷湾郑氏宗亲鼎力相助，积极参与和配合，为此，特提出如下公告：

一、自公告即日起，广大殷湾郑氏宗亲把修谱消息迅速相互转告，做到家喻户晓，如你的亲属迁居外地，请及时联系告知。

二、请每户宗亲认真严格填写好《入谱登记表》，做到不漏不错，实事求是；字迹清楚，及时送交修谱理事会办公室，外地的可邮寄。也可在网上查找登记，我们的网址是：www.yinjiawan.com。

三、积极寻找郑氏旧谱和其他有价值的历史资料，并及时提供其他有关信息，理事会适当给予奖励，并要求广大宗亲提出宝贵建议和意见。

四、修谱工程是件费力、费心、费钱之事，因此要求广大宗亲有智慧出智慧、有力出力、有钱出钱，自觉主动交纳按规定的经费，有一定经济能力的欢迎你们捐助修谱经费。

五、入谱收费标准：

1、凡是在1948年1月1日以后出生的郑氏宗亲及家族子女入谱登记每人（包括已故）交纳入谱费人民币50元（注：特困户可申请减免）。

2、凡是在1947年12月31日前出生的入谱登记郑氏一律不收费（包括已故）。

3、凡是殷湾郑氏人物在此部队任排级以上、行政任正科级以上、农工商者年产销在200万元以上自愿申请《人物登记表》每人交纳入谱费人民币300元，上交彩色一寸照一张，简历字数在150字内。

六、捐款鼓励和褒扬政策：

1、除入口费交款以外捐款在100元以上芳名列入总谱。

2、捐款5000元以上，在总谱刊登全家福彩照一张，并刊登个人简历300字以内。

3、捐款10000元以上，赠送总谱一套，刊登全家福照片一张，个人简历企业简介合计500字内，本人列入修谱编委会名单。

七、理事会向全体殷湾郑氏宗亲郑重承诺：

1、制定财务制度，建立财务审计小组，及时公布财务收支账。

2、决不辜负宗亲重托，努力编辑出高质量的殷湾郑氏新谱，无愧祖先，无愧后人。

3、我们奉行尊祖敬宗，继往开业，明史励志，团结进取，感奋后人，与时俱进，争分夺秒，早日顺利完成修谱的繁重使命。

注：在2013年6月30日前统一上交《入谱登记表》《人物登记表》，逾期不作入谱，敬请谅解！

特此公告！

宁波东钱湖镇殷家湾文化研究会暨郑氏续修宗谱理事会
电话：0574-88376739
2013年1月1日

《宁波东钱湖镇殷家湾文化研究会暨郑氏修谱理事会第一号公告》（宁波东钱湖镇殷家湾文化研究会暨郑氏续修宗谱理事会2013年1月1日发布）

石馬塘聞氏家乘 卷首 追遠堂

重修聞氏宗譜啓

竊惟椒蕃衍實孰非鼻祖是尋芝草有根詎曰顏公錯認蓋流長則其源遠殊逢自可同歸此宗盟所以常聯而家乘因之可貴也吾族自大宋以來迄今二十餘世矣向有譜牒曾經修輯厥後世疏人易派別支分凡我宗親或則鴛鳴遷木桑梓難同不無鴻爪留泥萍蹤莫問支流外支流不少況其中錯節尤多矣撐賢明重加採訪乃謀剞劂承因宗支瞽奉斯蕆之孫如遡有源之體此日同居樂士倘恐子孫失序之譏他時別相逢庶教兒弟孔懷之誼

甲午夏季檢先世家鈔得我 父重修宗譜啓蕆宗譜之修六七年前族人已曾起議我 父亦早存此心而預作是啓使至今尚在則於先人著作閫族傳系其訂譌補缺必有俟加仔細者乃庚寅十月而 父遽逝世此非特一家之不幸實一族之不幸也展讀數四不覺憮然因急錄以付梓以見我 父之留心譜牒者非一日耳

二十世孫士瀛謹啓

不孝男恭瑜拜識

天一閣藏光緒《四明石馬塘聞氏家乘》收錄《重修聞氏宗譜啓》

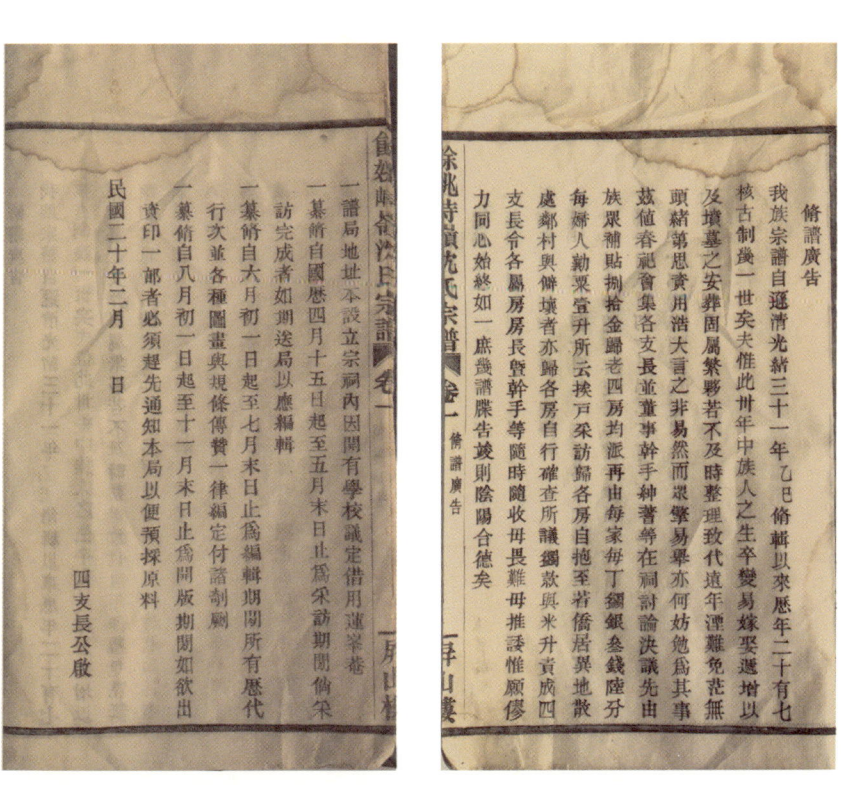

天一阁藏民国《余姚峙岭沈氏宗谱》收录《修谱广告》

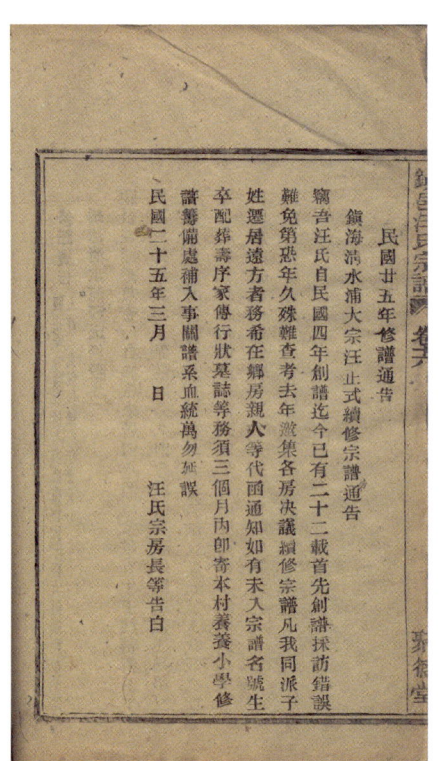

上海图书馆藏民国三十三年版《镇邑汪氏宗谱》收录《镇海清水浦大宗汪正式续修宗谱通告》

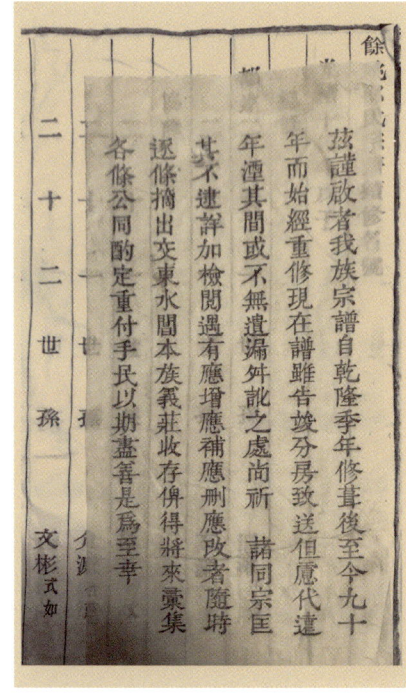

《余姚邵氏宗谱重修告竣启事》（天一阁藏光绪《余姚邵氏宗谱》内夹页）

告姚江熊氏宗亲书

姚江熊氏宗亲：

《姚江熊氏宗谱》大修版，经广大宗亲十五年努力，终于出版了。宗谱按原谱竖排版式，用宣纸印刷，共150套，计十八卷，十五本，绢装。宗谱现供奉在祠堂大殿内，拟在新冠肺炎疫情过后，在宗祠里举行颁谱大典，到时将恭请广大宗亲光临。

宗谱首先将捐赠给省市有关图书馆收藏，其次是赠送给为"熊氏宗祠基金会"捐款壹万元及以上宗亲。以上两项派送后尚余五十余套，暂时保存在祠堂内，备作日后赠送给捐款壹万元以上的宗亲。

同时，祠堂内供奉先祖牌位的神龛已竣工，开始接收姚江熊氏后裔之先祖牌位，适量收取成本费用。捐款达万元以上的宗亲，免费供奉一个。

联系人：
熊宗迪 18905845875，熊琦钊 13305849987
熊连桥 13605844297，熊利森 13335849885

姚江熊氏宗祠基金会
2020年4月

《告姚江熊氏宗亲书》（姚江熊氏宗祠基金会 2020 年 4 月发布）

邀请书

先生（女士）

吾《朴树下孙氏宗谱》重修告竣，兹定于公元二零二一年五月四日，岁次辛丑三月廿三日上午七时举行圆谱庆典仪式，值此特邀请您前来参加。届时敬请光临。

朴树下孙氏宗谱编委会
2021 年 5 月

备注：1：凭本邀请书参加庆典、就餐。
2：地点孙塘社区文化礼堂
3 停车地点，孙塘农贸市场内
4：就餐：光辉社区文化礼堂
桌号：

《邀请书》（朴树下孙氏宗谱编委会 2021 年 5 月发布）

序

国有史，郡有志，家有谱，家谱与国史、方志并称为三大历史文献，共同构成了中国人的家国体系，塑造了中国人的家国情怀，滋润了中华文脉生生不息。

一部家谱就是一个家族的血脉史、生命史、发展史，就是一个家族的百科全书，是牵引海内外炎黄子孙不远万里寻根问祖的最深厚的情感纽带和精神寄托。因此，纂修、续修家谱是当下很多家族的头等大事。

宁波经济昌盛，人文渊薮，历来修谱之风蔚然。天一阁是亚洲现存最古老的藏书楼，是宁波的文脉所在。家谱也是天一阁的馆藏特色之一，曾有为已故"世界船王"包玉刚查找到家谱的佳话。进入新世纪以来，盛世修谱更为兴盛。前来阁中查谱寻根人士络绎不绝，不少家族在天一阁查到老谱，续修之后又将新谱捐藏阁中，在一来一往中映射出家谱文化的延绵相承。

在天一阁家谱工作的团队中，有一位年轻的"老"同志，那就是应芳舟同志。他自 2006 年进入天一阁工作以来，一直践行着"下地征谱，登阁研谱"的初心。在年复一年的家谱工作中，与家谱研究者、爱好者、捐赠者建立了良好的关系，无论是山野田头，还是海岛渔村，处处可见他访谱的身影，他的家谱"朋友圈"越交越大，已经为天一阁征集到数量可观的家谱文献。在家谱研究方面，应芳舟同样勤于钻研，参与过各类各级课题，发表研究论文数篇。目前，他作为国家社科基金重大项目《近代宁波商帮史料收集与整理研究（1840—1949）》课题组主要成员正从事家谱史料的整理。

  本书的编撰，正是应芳舟从家谱查询与研究的需求出发，历时三年，另辟蹊径，以家谱编修启事为切入点，全面梳理了清光绪至今刊登在《申报》《新闻报》《宁波时事公报》《宁波日报》等三十余种报纸以及相关文献中的宁波修谱启事。这些启事共涉及姓氏126个，最早一则刊登于1880年5月11日《申报》，最晚一则刊登于2021年12月2日《慈溪日报》，时间跨度141年。通过这些启事，我们可以了解到宁波126个姓氏的历史脉络、历次修谱经过、圆谱庆典等内容。这对于研究宁波家族迁徙、家谱刊印提供了十分难得的资料。值得一提的是，作者还进一步深入跟踪启事后续的修谱成果及目前存世情况，从天一阁、上海图书馆等公藏单位，至家谱收藏家励双杰先生的"思绥草堂"，再到各大家族祠堂、村委会，都尽可能访问，并将收藏情况加以著录，体现着一切为了读者的可贵之处。

  我相信本书的出版，一定能为甬上各大家族查谱、修谱提供有益的帮助，同时，也可以为学者进行区域史、社会史、人口史等方面的研究提供真实可信的基础资料。

  最后，衷心祝愿并期待应芳舟同志在未来工作中，在家谱的征集、研究与服务中，更上层楼，成果迭出，不负才华，不负时代！

  是为序。

庄立臻

2021年12月

凡　例

一、书名所指"宁波"包含旧宁波府属的鄞县、镇海县、慈谿县、奉化县、象山县、定海县，以及后期划入的余姚县、宁海县。

二、"家谱"不仅指家谱，还包括宗谱、族谱、支谱、房谱、家乘、世系等。

三、"启事"指启事、广告、通告、告示、声明、报告、倡议书、邀请书等。

四、正文收录的启事以姓氏笔画排序，同一姓氏则按时间先后排列。

五、家谱编修启事通常介绍始祖、始迁祖、历代修谱、人口迁徙等情况，该次修谱需族人提供的相关资料，如历代世系、名号、官职、学位、荣典、传序、生卒年月、娶配姓氏、子女名号、葬地、著作、墓志、碑记等，以及限期报送时间、通讯处、启事发布者。启事发布者偶有以"宗房干"落款，即宗长、房长、干首或干事。

六、本书文献来源主要有《申报》数据库、上海图书馆"晚清民国报刊数据库"、宁波图书馆馆藏地方报纸检索系统（1899—1999年）、浙江省档案馆民国浙江报纸数据库、美国斯坦福大学Late Qing and Republican-Era Chinese Newspaper数据库、宁波市档案馆馆藏报刊等，涵盖了《申报》《新闻报》《时事公报》（1946年2月11日后改称

《宁波时事公报》)、《宁波日报》等有影响力报纸。此外,天一阁藏家谱内收录的修谱启事亦有录入。

七、如启事包含有较高史料价值,或具有一定的代表性,则予以全文录入并附于该条目后。2000年以后刊登的启事,其联系人电话(手机)号码、银行账号后三位统一以"＊＊＊"替代。对于无法辨识的文字,每字以"□"替代。不少启事内将始迁祖简称为始祖,请读者明察。

八、家谱中所指地名,如"鄞南"即鄞县南、"镇北"即镇海北、"慈东"即慈谿东、"姚北"即余姚北、"鄞邑"即鄞县、"镇邑"即镇海县。另,"慈谿城内""慈谿城中"等均指慈谿县城即慈城,今属宁波市江北区,书中不再特别说明。

九、宁波市天一阁博物院前身为天一阁文物保管所、宁波市天一阁博物馆,本书均统一简称"天一阁"。

十、为方便宁波籍为主的读者就近查阅家谱,故首先列出天一阁、上海图书馆、浙江图书馆等藏谱机构。

十一、书末附录家谱编修、捐赠等新闻报道篇目。

目　录

序 …………………………… 1
凡例 ………………………… 1

二　画
丁 …………………………… 1

三　画
干 …………………………… 5
马 …………………………… 8

四　画
王 ………………………… 12
毛 ………………………… 34
方 ………………………… 41
孔 ………………………… 44
水 ………………………… 45
乌 ………………………… 49
车 ………………………… 50

五　画
石 ………………………… 51
史 ………………………… 53
白 ………………………… 57
包 ………………………… 58
叶 ………………………… 64
冯 ………………………… 73
乐 ………………………… 76
卢 ………………………… 77

六　画
戎 ………………………… 80
吕 ………………………… 82
朱 ………………………… 83
任 ………………………… 93
江 ………………………… 95
许 ………………………… 97
阮 ………………………… 99

华 ………… 100
庄 ………… 103
孙 ………… 106
邬 ………… 121
汤 ………… 126
刘 ………… 128
毕 ………… 134

七 画

李 ………… 135
吴 ………… 147
岑 ………… 151
何 ………… 152
邱 ………… 156
余 ………… 160
忻 ………… 165
汪 ………… 169
沈 ………… 174
宋 ………… 185
邵 ………… 188
陆 ………… 195
陈 ………… 201
张 ………… 230
邹 ………… 259
杨 ………… 260

励 ………… 268
应 ………… 270
严 ………… 277

八 画

林 ………… 279
范 ………… 282
茅 ………… 285
郁 ………… 287
金 ………… 289
周 ………… 291
郑 ………… 304
罗 ………… 314
卓 ………… 318
房 ………… 319
宓 ………… 320
竺 ………… 321

九 画

柯 ………… 323
柳 ………… 324
胡 ………… 327
侯 ………… 341
俞 ………… 342
施 ………… 346

姜	……	351
洪	……	354
祝	……	358
姚	……	359
项	……	362
贺	……	365
赵	……	367
闻	……	371

十 画

秦	……	373
袁	……	374
夏	……	381
柴	……	383
倪	……	385
徐	……	386
殷	……	400
翁	……	401
郭	……	403
高	……	405
唐	……	407
陶	……	408
桑	……	409
诸	……	410
钱	……	412

| 顾 | …… | 415 |

十一画

黄	……	417
曹	……	424
戚	……	429
盛	……	432
符	……	436
章	……	438
康	……	441
屠	……	442
龚	……	444

十二画

葛	……	446
董	……	448
景	……	453
程	……	454
傅	……	455
童	……	459
蒋	……	463
鲁	……	468
韩	……	469
谢	……	470
舒	……	476

十三画

裘 …………………………… 478
虞 …………………………… 481
詹 …………………………… 483
褚 …………………………… 484
楼 …………………………… 485
鲍 …………………………… 487

十四画

蔡 …………………………… 489
缪 …………………………… 491
熊 …………………………… 493

十五画

潘 …………………………… 496

十六画

薛 …………………………… 497

十七画

戴 …………………………… 498
魏 …………………………… 502

附录 …………………………… 507

参考文献 …………………………… 520

后记 …………………………… 522

【丁】

《鄞县南乡孔浦巷丁氏修祠创谱》,《新闻报》1926 年 7 月 25 日。

按语:"孔浦巷"又作孔浦港。

该启事称"吾族自明一世祖昂公由闽迁居孔浦巷,传二世祖玢公。三世祖铜公生四子,长曰良瀛、次曰良溥、三曰良涌、四曰良源,分为文、行、忠、信四房,遂立排号曰:瑞应世绍、立志方孝、始德成昌、家声永馨"。本次创修宗谱要求族人限期在 1926 年 7 月底之前将资料寄至创谱局。创谱局设在鄞县南门外孔浦巷,通讯处设在宁波江东五昌茶食号、上海洋行街益大北货号。

该启事又刊 7 月 27 日、29 日、31 日,8 月 2 日《新闻报》;7 月 28 日《申报》。

本次所修即《鄞南孔浦港丁氏宗谱》,共八卷,戴廷佑总纂。民国十五年(1926 年)务本堂木活字本,八册。书签题《孔浦丁氏宗谱》。上海图书馆有藏(存七册,即卷一至三、五至八)。

《鄞西新桥丁氏创修宗谱启事》,《时事公报》1940 年 3 月 2 日。

按语:该族曾在清光绪九年(癸未年,1883 年)编修"小谱"。

该启事称"我族始祖孝化公于明崇祯间由鄞东木练籐下来迁,于兹已达二百余载"。本次创修宗谱要求迁居外地族人限期在 1940 年 3 月 23 日至 4 月 22 日(二月望日至三月望日)期间报送资料,以便纂修入谱。通讯处设在宁波江北岸白沙路 51 号万顺永石砀行。

该启事又刊 3 月 3 日至 8 日、10 日至 15 日《时事公报》。

《奉化惠政大桥丁氏重修宗谱筹备会启事》,《时事公报》1943年2月15日。

　　按语：该启事称本次重修宗谱定于1943年阴历二月开始采访，要求族人向丁氏重修宗谱筹备会报送资料，以便汇纂入谱。通讯处设在奉化惠政大桥三堡祠堂内丁氏重修宗谱办事处。

　　该启事又刊2月22日、24日、25日，3月1日、5日、7日至9日、11日、13日《时事公报》。

《奉化大桥丁氏续修宗谱通告》,《新闻报》1947年4月8日。

　　按语：该族曾在清宣统二年(庚戌年,1910年)重修宗谱。

　　本次修谱要求族人限期在1947年6月底之前报送资料。通讯处设在奉化大桥西岸丁氏谱局。

　　该通告又刊4月10日、13日《新闻报》。

《奉化大桥丁氏重修宗谱筹备会通告》,《宁波时事公报》1948年3月3日。

　　按语：该通告称该族自1947年夏开始续修宗谱，现因谱期(即3月23日)将至，特登报通告族人限期在1948年3月15日之前补报修谱资料。

　　该通告又刊3月4日《宁波时事公报》。

《上林丁氏宗谱编修启事》,《慈溪日报》2014年8月28日。

　　按语：此系慈溪上林(原属余姚县)奕云堂丁氏编修宗谱启事。

　　该启事由上林奕云堂丁氏宗谱编纂委员会刊登，落款日期为"二〇一四年八月二十八日"，内称"上林丁氏，脉自山东济阳。唐永泰二年(766年)，迁居余姚。上林宗祠奕云堂，在今匡堰镇樟树村丁家弄，毁于太平天国时期"。本次修谱前期已费时十余年进行调查采访，要求散居各地族人限期在2014年9月30日之前与修谱办公室联系报送资料，并指出"如有老谱传承者，请提供借阅，凡捐献者予以奖励。入谱人员，男女一视同仁"。修谱办公室设在慈溪商都四楼4035室，并公布联系人（丁如南）、联系电话、邮箱、QQ号码以及银行专用账户。

本次所修即2015年版《上林丁氏宗谱》，共九册，线装，丁维铭主编。2016年3月25日，入藏天一阁（由上林丁氏宗谱编纂委员会主任丁云华捐赠）。另，宁波图书馆亦有收藏。

附：

《上林丁氏宗谱编修启事》："上林丁氏，脉自山东济阳。唐永泰二年(766年)，迁居余姚。上林宗祠奕云堂，在今匡堰镇樟树村丁家弄，毁于太平天国时期。今欣逢盛世，发起编修丁氏家谱。历经十数年调查采访，已近尾声。为确保我族修谱之质量，不致发生遗漏和错谬，请散居各地之上林奕云堂丁氏后裔见到本启事后，即与修谱办公室联系，并相互转告，共襄盛举。如有老谱传承者，请提供借阅，凡捐献者予以奖励。入谱人员，男女一视同仁。资料截止日期：2014年9月30日。

　　修谱办公室地址：慈溪商都四楼4035室

　　电话：0574—63839*** 15968019*** 13506789***

　　联系人：丁如南

　　邮箱：dingshizp@163.com

　　QQ：2114607***

专用账户：建行 6236681590000224＊＊＊

户名：丁立青

上林奕云堂丁氏宗谱编纂委员会

二〇一四年八月二十八日。"(《慈溪日报》2014 年 8 月 28 日)

【干】

《余姚廊厦干氏修谱启》,《申报》1914年2月5日。

按语:"廊厦"今作朗霞。此系余姚廊厦干氏西房修谱启事。廊厦干氏一本堂始迁祖干尧圣(行万大一),生干舜英(行全一)、干舜明(行全二),分西、东两房,即西干(又称道塘派)、东干(又称开元派),并分别纂修宗谱。西房祖干舜英,后分成六房,即大房、南房、三进屋房、明楼房、东北房、西南房。该族曾在清光绪初年续修家谱,距此时(1914年)已有三十余年。

该启事由"余姚北乡廊厦镇西干一本堂干"刊登,称家族此前"每欲议修,苦于无资。今有族下馥廷君担任垫款,遂得举行修谱"。本次修谱要求族人限期在一年内报送资料。谱局设在余姚廊厦镇干万兴卓记内,通讯处设在廊厦镇干万兴卓记干少垣处。

该启事又刊2月6日至3月6日《申报》,2月5日、11日、19日至3月6日《新闻报》。

本次所修即《余姚西干氏宗谱》,共八卷、首一卷、末一卷,干能方等纂修。民国四年(1915年)一本堂木活字本,十册。版心题《余姚道塘干氏宗谱》。余姚市文物保护管理所、思绥草堂(存五册,即卷首、卷三、卷四下、卷七)有藏。

附:

《余姚廊厦干氏修谱启》:"吾族干氏一本堂自九世祖万大一公生全一、全二公,分东、西两干,嗣后各按本支纂辑宗谱,由来久矣。我西干族下支派繁衍，分为六房，有大房、南房、三进屋房、明楼房、东北房、西南房之目。自光绪初年续修以来，今已三十余年，非特各房人丁已倍于昔，即迁居异地以及经营外县者亦复不少。每欲议修，苦于无资，今有族下馥廷君担任垫款，遂得举行修谱，为此公议设局开办。凡我同族追叙三代何支、何宗、名号、职衔、字讳、生卒、配葬，从速详悉报知，以便完帙付印。凡属远居支派均宜来局亲报，否则函致本局亦可。议周年为限，幸勿迟悞。特此预闻。局设余姚廊厦镇干万兴卓记内，来函寄万兴卓记干少垣收。合并布白。民国三年阳历二月阴历正月日余姚北乡廊厦镇西干一本堂干公启。"（《申报》1914年2月5日）

《黄墩干氏续修宗谱通告》，《时事公报》1940年9月15日。

按语：此系鄞县黄墩干氏第六次续修宗谱通告。

该通告由宗长干谋生刊登，称本次续修宗谱自1939年3月开始采访，现即将付印，要求迁居外地族人限期在1940年9月底之前补报修谱资料，"否则认为自愿放弃，日后不得他言"。

该通告又刊9月16日、17日《时事公报》。

本次所修即《鄞县黄墩干氏宗谱》，共十五卷，干丕杰纂修。民国二十九年（1940年）敬承堂木活字本，四册。国家图书馆有藏。

《余姚县朗霞镇干宗祠修谱启事》，《新闻报》1947年2月18日。

按语：此系余姚朗霞干氏西房续修宗谱启事。

该启事由余姚朗霞干氏宗祠西房刊登，称该族续修宗谱已开始采访，要求族人限期在1947年年底之前登记资料。通讯处设在上海金陵路314号干成渭处。

该启事又刊 2 月 19 日、20 日《新闻报》。

本次所修即《余姚西干氏宗谱》,共三卷、首一卷,宗长干锦书主修,干之渭(成渭)董修。民国三十七年(1948年)一本堂木活字本,三册。目录题《余姚道塘干氏续谱》,版心题《余姚道塘干氏宗谱》。上海图书馆、余姚市文物保护管理所有藏(藏谱字号为受部)。

【马】

《宁波盛垫桥马氏修谱》,《申报》1928 年 7 月 17 日。

按语：该启事称"我族自子昌公由宁波三板桥迁鄞东盛垫桥。清时曾修家乘，编纂未竣而中辍"。本次修谱要求族人限期在 1928 年 6 月底之前将资料寄上海宁波路中旺弄钱江会馆对面发记杭庄马培元或宁波江东东胜街 15 号马宅，以便转交盛垫桥马氏修谱筹备处。

北京大学教授马裕藻（幼渔）、故宫博物院院长马衡、教育家马鉴、北京大学教授马准、著名藏书家马廉（隅卿）、香港中文大学校长马临皆出自该族。

该启事又刊 7 月 19 日、21 日、23 日、25 日、27 日、29 日、31 日，8 月 1 日、4 日、6 日、8 日、12 至 14 日《申报》；7 月 18 日、20 日、22 日、24 日、26 日、28 日、30 日，8 月 1 日、3 日、5 日、6 日、9 日、11 日、13 日《新闻报》。

本次所修即《鄞东盛垫桥马氏宗谱》，共四卷、首一卷、末一卷，石绍祺纂修。民国十八年（1929 年）存德堂木活字本，四册。上海图书馆有藏。

附：

《宁波盛垫桥马氏修谱》："我族自子昌公由宁波三板桥迁鄞东盛垫桥。清时曾修家乘，编纂未竣而中辍。现公议续修，筹备进行。凡我同族散居各处者，务将祖先履历、生卒、年月详确开寄上海宁波路中旺弄钱江会馆对面发记杭庄马培元君或宁波江东东胜街十五号马宅转交盛垫桥马氏修谱筹备处，限六月底截止。恐有遗漏，为特登《申》《新》两报通告。"（《申报》1928年7月17日）

《奉化方桥六马修谱启事》，《时事公报》1936年3月20日。

按语：该启事由六房宗长马世锵刊登，称1936年3月至年底为采访期、1937年11月24日（阴历十月二十二日）为修谱之日。事务所设在奉化龙潭马育秀学校内。

该启事又刊3月22日、26日、28日、31日《时事公报》。

《鄞西清道乡白龙王庙跟马氏敦伦堂续修宗谱启事》，《宁波时事公报》1947年6月30日。

按语：该族曾在民国八年（己未年，1919年）续修宗谱。

该修谱启事称即日设局（谱局）开始采访，要求散居各地族人限期在1947年7月底之前将资料寄至谱局。通讯处设在宁波东大街凤苞绸庄马庭槐处。

该启事又刊7月1日《宁波时事公报》。

《余姚眉山马氏二甲永思堂修谱通告》，《宁波时事公报》1948年4月5日。

按语：余姚眉山（今属慈溪市）马氏始祖马之纯（字莹夫）、始迁祖马政（号蜀江），曾在清康熙三十六年（丁丑年，1697年）纂修宗谱。眉山马氏后分为十甲，二甲系其中之一，支祖为马持。

该通告称本次重修谱牒自登报之日开始采访，要求族人抄寄修谱资料,以便汇编。通讯处设在余姚《浙东日报》社马忠传处、余姚马家路永思堂修谱委员会。

该通告又刊 4 月 7 日、9 日、11 日、13 日、15 日、17 日《宁波时事公报》。

《章远乡百梁桥马氏续修宗谱公告》,《宁波日报》1948 年 9 月 11 日。

按语:此系鄞西章远乡百梁桥马氏续修宗谱公告。该族前修宗谱距此时(1948 年)已有三十余年。

该公告由宗长马世渭、主任委员马天澄刊登,要求族人限期在 1948 年 10 月 10 日之前报送修谱资料。通讯处设在鄞西百梁桥启源学校。

该通告又刊 9 月 12 日《宁波日报》。

《慈南陆埠镇马氏续修宗谱公告》,《宁波时事公报》1948 年 10 月 7 日。

按语:该族曾在民国五年(丙辰年,1916 年)纂修宗谱。

该公告由宗长马元芬、主任马明亮、副主任马达中、马志宽、马明真刊登,称经族务会议决定即日起成立谱局、开始采访,要求旅居外地族人限期在 1949 年 1 月底之前报送修谱资料。通讯处设在上海大同路 412 号马义昌煤号、宁波江北岸桃渡路 41 号马寓处、陆埠泰丰号、太源行。

该公告又刊 10 月 8 日至 10 日、12 日至 17 日《宁波时事公报》;另,又曾在《新闻报》刊登。

《七甲马氏修谱公告》,《慈溪日报》2018 年 1 月 23 日。

按语:此系余姚眉山(今属慈溪市)七甲马氏修谱公告。七甲马氏支祖马春,行明七。前修宗谱(实系支谱)即《眉山七甲马氏宗谱》,共十卷,马金暄、马锡蕃总修。清宣统二年(1910年)孝思堂木活字本,八册。书签题《眉山马氏七甲谱》,书名页题《眉山马氏七甲宗谱》。慈溪市宗汉街道新塘村马国清、思绥草堂(存七册,缺卷七)有藏。另,马信阳先生于2020年12月1日向天一阁捐赠该宗谱影印本,共八册。

  本次续修支谱由慈溪市周塘西村马信康、马信阳发起,要求族人见报后从速填写并及时邮寄《马姓七甲西房后人登记表》或《马姓七甲东房后人登记表》。另,公布有西房后人登记表联系人马信康、东房后人登记表联系人马岳坤联系电话。

  革命志士马宗汉出自该族。

  本次修谱成果之一即2020年版《眉山马氏七甲西房谱》,共八册,线装,马信阳主修,陆金如总纂,共印四百部。2020年12月1日,马信阳先生向天一阁捐赠该房谱。

【王】

《浙宁慈谿三凤王氏修谱》,《申报》1896年12月19日。

按语：该族曾在清咸丰七年(丁巳年,1857年)修谱,即《慈谿王氏宗谱》,共十卷、首一卷,王良瑜纂修。咸丰十年(1860年)崇本堂木活字本,十二册。北京大学图书馆、吉林大学图书馆有藏。

该启事由王氏宗长刊登,要求迁居外地族人务必将续修宗谱详细资料寄宁波城内寿全药铺交王锡韩。

本次所修即《慈谿王氏宗谱》,共十二卷、首一卷、附慈帏训典一卷、赠遗诗文录一卷、王氏传芳录一卷,王锡韩等纂修。清光绪二十四年(1898年)崇本堂木活字本,十三册。上海图书馆、美国哥伦比亚大学东亚图书馆、美国斯丹佛大学东亚图书馆、美国犹他家谱学会有藏。

该启事又刊1896年12月21日、23日、25日、27日、29日、31日;1897年1月2日、4日、6日、8日、10日、12日、14日、16日、18日、20日、22日、24日、26日、28日、30日,2月6日、8日、10日、12日、14日、16日、18日、20日《申报》。

附：

《浙宁慈谿三凤王氏修谱》:"启者:吾族分支如黄山等处众矣,所有宗谱咸丰丁巳以后,今议续修,凡族人移居外地者,务将上下相接世系、注明何派及一切生卒年月日时、名字、职衔、葬地、妻妾姓氏并现住处大、小地名详开一纸,寄宁波郡城寿全药铺交王锡韩收是要。

王氏宗长白。"(《申报》1896年12月19日)

《王氏修谱》,《新闻报》1904年4月7日。

按语:此系宁波镇海县东管乡五里牌王氏修谱启事。该族曾在明万历四年(丙子年,1576年)由王闻明创修宗谱。

该启事由镇海县东管乡五里牌王氏宗祠谱局刊登,落款时间为"光绪三十年二月",内称"本族自元至元丁丑春迁定,始祖南岐公、讳昫由四川万县以进士宰定海即今镇海,解组后,遂家焉。携有宋文正公讳旦像二轴,今尚存。盖南岐公系文正公十二世孙也,故本祠向以文正公为始祖,以南岐公为迁定始祖"。本次修谱于清光绪二十九年(癸卯年,1903年)开始采访,光绪三十年(甲辰年,1904年)在宗祠内设立谱局纂修,要求族人限期在是年内报送资料。通信处设在上海四马路永康里王海帆处、宁波宫前成泰隆王眉寿处、定海鹤龄堂王予昌处、镇海王仁利、王予通处。

该启事又刊4月9日、11日、13日、15日、17日、19日、21日、23日、25日、27日、29日,5月1日、3日、5日、7日、9日、11日、13日、15日、18日、20日、22日、24日、26日、28日、30日,6月1日、3日、5日《新闻报》。

本次所修即《镇海五里牌王氏重修族谱》,共十四卷、首一卷、末一卷,谢甑黻总纂,王予谦、王思得纂修。清光绪三十二年(1906年)仰德堂木活字本,十二册。版心题《五里牌王氏宗谱》,书签题《蛟川王氏宗谱》,书名页题《王氏宗谱》。上海图书馆、国家图书馆、四川省图书馆、吉林大学图书馆有藏。

《镇北龙山东门外王氏修谱》,《申报》1908年5月9日。

按语:该启事由王氏谱局刊登,内称"我族本唐王虔休之裔,至宋南渡时由河南迁浙东慈谿鸣鹤乡,元季巨六公讳童颜因方国珍之乱,复由鸣鹤迁龙山,是为我族始迁祖,传至今历二十世"。本次修谱于清光绪三十四年(1908年)正月设立谱局,要求族人限期在九月底之前向镇海县龙山东门外王大房报送资料。

该启事又刊5月10日至15日《申报》。

《浙宁鄞东松下漕王氏修谱启》,《新闻报》1909年3月11日。

按语:该族曾在清光绪初年纂修谱牒,距此时(1909年)已有三十余年。

该启事称"我族自宋安基公由临川迁鄞,始居童王。传二世,迁新桥头西。十二世一派东迁松下漕,传今已廿六世"。本次修谱要求族人限期在1909年3月21日(阴历二月底)之前报送资料。通信处设在宁波正余钱庄王邦安处。

该启事又刊3月12日至17日《新闻报》、3月11日至17日《申报》。

本次所修即《鄞县松下王氏世谱》,共二十卷、首一卷、附一卷,王正翕修,应朝光(鄞县下应尖漕人,清光绪十五年举人)纂。清宣统元年(1909年)植本堂木活字本,八册。天一阁有藏。

《宁波鄞西卖面桥桃源王氏修谱广告》,《新闻报》1919年5月29日。

按语:该族曾在清光绪十六年(庚寅年,1890年)纂修宗谱。

该广告由宗长王隆惠刊登,要求族人限期在1919年8月24日(阴历七月底)之前报送修谱资料。通讯处设在宁波江东方堃和号王禹箴转、上海英大马路何兆丰号王心达转。

该广告又刊 5 月 31 日、6 月 2 日、4 日、6 日、8 日、10 日《新闻报》。

本次所修即《桃源王氏宗谱》，共十六卷、首一卷，王隆惠修，陈绍虞纂修。民国八年（1919 年）敦厚堂木活字本，十册。书签题《桃源王氏家乘》，版心题《王氏宗谱》。天一阁、中国社会科学院历史研究所图书馆、山西省社会科学院家谱资料研究中心、美国犹他家谱学会有藏。

《慈谿三凤王氏续修宗谱广告》，《申报》1920 年 11 月 1 日。

按语：该族曾在清光绪二十四年（戊戌年，1898 年）续修宗谱。

该广告称"吾族自始祖万五公迁浙，再一公为明州制属，由是世居慈城"。本次修谱要求族人限期在 1921 年 8 月 3 日（辛酉年六月底）之前报送修谱资料。修谱事务所设在慈谿县黄山国民学校、上海后马路元盛永金号王志湘处、宁波东门寿全斋王增高处。

该广告又刊 11 月 1 日、3 日、5 日、7 日、9 日、10 日、12 日、14 日、16 日、18 日、20 日、23 日、24 日、26 日《新闻报》，11 月 4 日《申报》。

本次所修即《慈谿王氏宗谱》，共十六卷、首一卷、末一卷，王云藻、周毓邠纂修。民国十年（1921 年）崇本堂木活字本，十六册。上海图书馆有藏。

《镇海五里牌王氏修谱》，《新闻报》1924 年 4 月 17 日。

按语：该启事由王仰德堂宗长王志绥刊登。本次修谱谱局设在王氏祠堂内，要求族人限期在 1924 年 7 月 1 日（阴历五月底）之前报送资料。本次修谱后因时局关系并未完成。

该启事又刊 4 月 19 日、21 日、23 日、25 日、27 日、29 日《新闻报》。

《镇海县灵岩乡杨家桥王氏一本堂续修宗谱广告》,《新闻报》1926年6月8日。

按语:该族曾在清光绪年间重修宗谱,距离此时(1926年)三十余年。

该广告由王氏一本堂谱局刊登,内称"我族自服义公始迁杨家桥以来,族属繁衍,称为王隘"。本次修谱于1925年秋发起,要求族人限期在1926年年底之前向谱局报送资料。上海通信处设在南市萱市街仁成米行。

该广告又刊6月10日、12日、14日、16日、18日、20日《新闻报》。

《定海县盐仓庄墩头王王氏创谱局启事》,《新闻报》1927年6月1日。

按语:此系该族首次修谱,故称创谱。是年正月,创谱局设立并开始采访。

该启事由宗长王仲懿刊登,内称"吾族自有美公以来,历十余世,分列三房",要求迁居外地族人限期在一个月内抄寄补报修谱资料,并指出"如能亲到,尤为欢迎"。通信处设在浙江定海道头德茂号收转王槐三处。

该启事又刊6月2日至5日《新闻报》。

《宁波东乡泗港镇王氏宗祠落成纂谱通告》,《申报》1927年7月31日。

按语:该族宗祠建成于民国十五年(1926年)。

该通告由宗长王友伦刊登,内称"吾族八世祖敏行公自明宣德年由弹涂漕迁居泗港,已阅三百余年"。本次系创修家谱,要求迁居外地族人从速将资料寄上海正大银行王文治,或寄宁波钱行街鼎丰钱庄王文瑞转交。

该通告又刊 8 月 10 日《申报》。

《镇海灵岩王氏修谱通告》,《申报》1928 年 3 月 20 日。

按语:该族自王祖汉以来,世居镇海县灵岩乡灵峰山下田洋王村。前修家谱距此时(1928 年)已有二十四年。

该通告由王槐荫堂谱局刊登。本次修谱于 1928 年春发起,要求迁居外地族人限期在 7 月之前报送资料。通讯处设在镇海县灵岩扎马邮局转田洋王谱局、上海爱多亚路 242 号慎勤五金号王皋荪处。

该通告又刊 3 月 22 日、24 日、26 日《申报》,3 月 21 日、23 日、25 日、27 日《新闻报》。

《宁波鄞南王港王氏重修宗谱启事》,《时事公报》1928 年 10 月 22 日。

按语:鄞南王港王氏奉王化夫为始迁祖。该族于 1928 年正月召开宗族大会,议决重修宗谱。

该启事由宁波鄞南王港王氏畲经堂宗干人等刊登,称宗谱定于 1928 年 11 月 26 日(阴历十月十五日)开始付印,要求在外经商或迁居外地族人限期在 11 月 21 日之前将修谱资料邮寄至鄞南蔡郎桥东王港承范学校内王氏修谱局。

本次所修即《鄞南王港王氏宗谱》,共八卷,首一卷,族长王自江等纂修。民国十八年(1929 年)畲经堂木活字本,一册。宁波市奉化区博物馆有藏。

《宁波鄞南王港王氏重修宗谱启事》,《新闻报》1928 年 10 月 23 日。

按语:该启事由宁波鄞南王港王氏畲经堂宗干人等刊登,内容同《时事公报》1928年10月22日《宁波鄞南王港王氏重修宗谱启事》,但公布通讯处设在上海九江路B字2号汇福洋行转鄞南蔡郎桥东王港承范学校内王氏修谱局。

该启事又刊10月24日、25日《新闻报》。

《镇海五里牌王氏重修宗谱》,《新闻报》1932年10月1日。

按语:该启事由宗长王志绥、总柱王烈楸刊登。本次重修宗谱自1932年10月开始采访、编辑,要求族人限期在年底之前将资料寄至镇海县五里牌王氏修谱局。

该启事又刊10月2日、4日、6日、8日、10日《新闻报》,10月3日、5日、7日、9日、12日《申报》。

本次所修即《镇海五里牌王氏宗谱》,共十七卷,张琴(峄桐,鄞县古林人)总纂,王思得、王予藩修。民国二十二年(1933年)仰德堂木活字本,十六册。书签、书名页题《王氏宗谱》。天一阁、上海图书馆、国家图书馆、宁波市镇海区档案馆、吉林大学图书馆有藏。

附:

《镇海五里牌王氏重修宗谱》:"本族宗谱自光绪甲辰修印后,迄将三十年。虽经癸亥一度续修,惜为时局关系,修而未竣。兹因势难再延,公议重修,自本年国历十月起、限年内止,为采访、编辑时期,过此即须付印。惟因绌于经费,凡迁徙远地者,采访恐有不周,兼遭去年风潮,旧稿被渍,字迹偶有遗脱,请各将甲辰后名讳、生卒、配葬、子嗣、职衔在限期内详录,寄镇海五里牌王氏修谱局或亲来报告。过期势难编入,幸勿自悮为盼。宗长志绥、总柱烈楸特白。"(《新闻报》1932年10月1日)

《鄞东松下漕王氏修谱》,《新闻报》1933年6月9日。

按语：该族前修谱牒即清宣统元年(1909年)《鄞县松下王氏世谱》。

该启事由宗长王正宁刊登,要求迁居外地族人限期在1933年8月底之前报送修谱资料。谱局设在鄞东王氏宗祠,通讯处设在上海南京路163号精华眼镜公司、上海南市十六铺老太平弄13号裕和米行、宁波钱行街大源钱庄、宁波崔衙前庆丰绸庄。

该启事又刊6月11日、13日、15日、17日《新闻报》,6月10日、12日、14日、16日、18日《申报》。

本次所修即《鄞县松下王氏世谱》,共二十二卷、首一卷、末一卷,应朝光纂,戴彦重修。民国二十二年(1933年)十月植本堂木活字本,十册。上海图书馆、美国犹他家谱学会有藏。

附：

《鄞东松下漕王氏修谱》:"吾族谱系自己酉年续修,迄今已廿五年,恐年久代远,稽查尤难,爰邀各房长、干事等会议续修。凡我族内子孙有迁移各府、县者,务将世系、行次、名号、年岁、生卒、葬处、子女、婚嫁、住址、职衔、行状、传赞、墓志、寿序、文艺、诗稿等项详细开具,限八月底前送达下列各处转交谱局,以便编列,毋自忽之为要。

通讯处：上海南京路一六三号精华眼镜公司、南市十六铺老太平弄十三号裕和米行、宁波钱行街大源钱庄、崔衙前庆丰绸庄。宗长正宁告白。谱局设本族宗祠。"(《新闻报》1933年6月9日)

《巢纪梅律师代表王明沛(天榃)对于鄞东松下王氏谱局紧要启事》,《民报》1934年3月6日。

按语：此系巢纪梅律师就王明沛被鄞东松下王氏谱局指为非王

文盛直系血亲一事刊登紧急启事,内称"据上开当事人称,本年一月间,接鄞东松下王氏谱局来函,措词荒谬,诬指明沛非先严文盛公之直系血亲,未知何所根据。查宣统元年所刊家谱,明载明沛为家慈徐氏所出。自接该谱局来函后,经明沛一再去函责问,该局迄置不复,更不知蓄意何在。要知颠倒是非,乱吾宗谱,势难承认。惟恐乡老、姻亲被惑误会,为特委托贵律师代表致函谱局责问,并代为登报通告等语"。

《慈谿长石桥王氏修谱》,《申报》1934 年 5 月 16 日。

按语:该族曾在清光绪十三年(丁亥年,1887 年)编纂宗谱。

该启事由宗长王正洪刊登,要求族人限期在四个月内将修谱资料挂号邮寄至宁波慈谿县东乡长石桥王氏宗祠修谱办事处。

该启事又刊 5 月 19 日、22 日、25 日、29 日《申报》;5 月 19 日、22 日、26 日、30 日,6 月 1 日《新闻报》。

附:

《慈谿长石桥王氏修谱》:"溯吾族宗谱自前清光绪丁亥岁编纂以来,迄今已历四十八载,诚恐年代久远,稽考为难,爰集各房房长议决续修。凡我子姓有迁居各省城乡、村镇者务请将世系、排行、名讳、生卒、葬地、子女、婚配、职衔、住址以及先人行状、传序、墓志等希于四个月内一概抄示,交由邮局挂号寄宁波慈谿东长石桥本大宗祠修谱办事处,以便汇编。幸勿延误。宗长王正洪启。"(《申报》1934 年 5 月 16 日)

《镇海江南漕头王王氏修谱通告》,《新闻报》1936 年 4 月 1 日。

按语:该通告由宗长、房长刊登,内称"吾族王氏自万昌公迁居漕头,传至三世,编为天、地、人三房,于清乾隆年间由六世祖永敷公创立房谱,后复由十世先兄运文重行修辑一次,惟我人房派下仅有抄本,实非完璧"。本次修谱要求人房派下自存智公以下各房族人限期在 1936 年 5 月 31 日之前将资料报送至镇海县江南道头大街王合兴豆腐店或上海南市里关桥南首久和煤炭行,以便转交、入谱。

该通告又刊 4 月 3 日、5 日《新闻报》。

《慈谿花园王氏修谱》,《申报》1936 年 4 月 9 日。

按语:该族始迁祖王景山。前修宗谱即《慈谿花园王氏宗谱》,共十八卷,王棣纂修。天一阁藏有清光绪二十二年(1896 年)世庆堂抄本,十八册。

该启事由宗长王广定刊登,内称"吾族系出铜川,至唐迁慈,二世祖景山公居浮碧山东南席。先世殷富,辟园植花,世遂称'花园王氏'"。本次续修宗谱于 1936 年 4 月发起,要求外地族人自登报之日起三个月内报送修谱资料。通讯处设在宁波西门效实中学王仲邕处、上海咸瓜街裕和源药行王祖文处、慈谿县城内顺四巷王氏宗祠。

该启事又刊 4 月 10 日、11 日《申报》,4 月 12 日至 14 日《新闻报》。

《鄞西栎社长潭王王氏重修宗谱通告》,《时事公报》1937 年 7 月 12 日。

按语:该族前修宗谱距此时(1937 年)已有二十九年。

该通告由宗长王祖耀刊登。本次修谱自 1937 年 6 月 24 日(阴历五月十六日)开始采访,要求族人限期在 10 月 3 日(阴历八月底)之前报送资料,以便编纂入谱。通信处设在宁波东大路王慎丰广货批发庄。

《鄞东涵玉乡斗门桥王氏宗族重修宗谱启事》,《时事公报》1942年9月30日。

按语:该启事由总干事王重法、王孝娘、王仲恩刊登,要求旅居外地族人从速向修谱处报送资料。通讯处设在鄞东五乡碶转王氏修谱处。

《鄞东泗港镇王氏宗祠修谱启事》,《新闻报》1944年2月19日。

按语:该族曾在民国十七年(戊辰年,1928年)修谱。

该启事由三槐堂王氏宗祠刊登,要求迁居外地族人将修谱资料寄至鄞东王氏宗祠内修谱事务所,或寄宁波江东后塘街广润酱园王恂耕、宁波江厦南昌巷天一保险公司王文瑞、上海北京路295号元泰五金号王文安转修谱事务所。

该启事又刊2月19日、21日、23日、24日、26日《新闻报》。

《鄞南丰东镇荷花桥王氏宗祠修谱通告》,《时事公报》1944年9月28日。

按语:该族聚居该地距此时(1944年)已有三十余世、族人千余家。曾在民国八年(己未年,1919年)修谱。

该通告由王氏宗祠刊登,要求族人见报之后向各自房长报送修谱资料。

该通告又刊9月30日,10月1日、3日、4日《时事公报》。

《鄞东泗港前后漕王氏宗祠续修纂谱广告》,《新闻报》1946年6月18日。

按语:该广告由三槐堂王氏修谱局刊登,要求迁居外地族人限期在1946年7月27日(阴历六月底)之前向王氏修谱事务所报送修谱资料。通讯处设在上海百老汇路177号元泰五金号王文安处、宁波后塘街广润酱园王恂耕处。

该广告又刊6月19日、20日《新闻报》。

《慈谿王氏(三凤)懋宗祠修谱通告》，《宁波时事公报》1946年9月1日。

按语：该族曾在民国十年(辛酉年，1921年)重修宗谱，即《慈谿王氏宗谱》。

本次续修宗谱自1946年9月开始采访，要求移居各地族人限期在12月底之前报送资料。通讯处设在慈南黄山修谱事务所、宁波晋祥钱庄王敦卿转修谱事务所、上海山东路140弄5号晋祥钱庄王锦文转修谱事务所。

该通告又刊9月3日至5日、8日、9日、11日、13日至17日、19日、21日，10月1日、3日、5日、7日、10日、13日、15日、17日、19日、21日、23日、25日、27日至29日《宁波时事公报》；9月2日、8日、15日、12月2日《新闻报》；9月2日、12月4日上海《大公报》。

《奉化浦口王升房修谱》，《宁波时事公报》1946年9月7日。

按语：此系奉化浦口王氏升房修谱启事。

该启事由王升房房长王永祥，干事王永康、王安泰刊登，内称"吾升房祖祠自落成以来，迄今十年，每有房谱尚未整理之感"。本次修谱要求升房(含美房)派下族人限期在1947年1月21日(丙戌年十二月底)之前报送资料，并要求"来件最好注明某房下"。通讯处设在奉化浦口王升房祖祠内谱局。

该启事又刊9月8日至11日《宁波时事公报》。

《慈谿王氏(三凤)懋宗祠修谱通告》,《慈谿报》1946年9月12日。

按语:该通告内容同《宁波时事公报》1946年9月1日《慈谿王氏(三凤)懋宗祠修谱通告》,但通讯处增至四处,分别为:(一)慈谿县城中子孙巷6号王凤二转修谱事务所;(二)慈南黄山崇本小学转;(三)宁波江厦街晋祥钱庄王敦卿转;(四)上海山东路140弄5号晋祥钱庄王锦文转。

《奉化浦口王升房修谱》,《申报》1946年10月18日。

按语:该启事由王升房房长王永祥,干事王永康、王安泰、王祖修刊登,内容同《宁波时事公报》1946年9月7日《奉化浦口王升房修谱》。

该启事又刊10月19日、20日《申报》,10月30日至11月1日《新闻报》。

《慈谿王氏(三凤)懋宗祠修谱通告》,《新闻报》1946年12月15日。

按语:该族早前曾在上海、宁波、慈谿等地报纸刊登修谱通告,后因广告费用浩大,决定停止登报,故催告族人限期在1946年12月底之前报送修谱资料。通讯处设在慈谿县黄山懋宗祠修谱事务所、宁波晋祥钱庄王敦卿转、上海山东中路140弄5号晋祥钱庄王锦文转。

《鄞南方家庙王氏建谱通告》,《宁波时事公报》1947年1月11日。

按语:该通告由王氏宗房、干事刊登,称本次修谱自登报之日起开始采访,要求旅居外地或采访不周者限期在两个月内报送资料。通讯处设在甬江北岸李家祠衖交通车行王氏修谱办事处。

该通告又刊1月13日、15日《宁波时事公报》。

《鄞县梅墟镇池头王家思孝堂王氏续修宗谱通告》，《新闻报》1947年6月27日。

按语：该族前修宗谱距此时（1947年）已将近一百年。

该通告由宗长王雍华刊登，要求族人限期在1947年7月底之前报送修谱资料。收件处设在上海五马路靖远街10号华昌织造厂、宁波梅墟池头王家王友章处。

该通告又刊6月30日、7月18日《新闻报》。

本次所修即《鄞县梅江王氏宗谱》，共六卷，石固编纂，王雍华修。民国三十六年（1947年）思孝堂木活字本，一册。版心题《梅江王氏宗谱》。上海图书馆有藏。

《鄞南方家墰王氏建谱限期截止紧要启事》，《宁波日报》1947年7月26日。

按语：该启事由王氏谱局刊登，称报送修谱资料截止日期延至1947年8月15日（阴历六月底）。通讯处设在甬江北岸玛瑙巷交通车行王鑫友转王氏谱局。

该启事又刊7月29日《宁波日报》。

《镇海清水浦王家桥王氏宗祠修谱修祠通告》，《新闻报》1947年7月29日。

按语：该族曾在民国八年（己未年，1919年）重修宗谱。

该通告由族长王世成刊登，系通知旅沪族人参加定于1947年8月1日下午三时在上海新昌路（梅白格路）131号召开的王氏宗族会议,届时商议修谱修祠事宜。本次修谱修祠上海通讯处设在新昌路131号王培基律师事务所。

该通告又刊7月31日、8月1日《新闻报》。

《奉化大堰王氏修谱委员会启事》,《宁波时事公报》1947年8月15日。

按语:该族宗谱年久失修。

该启事由奉化大堰王氏修谱委员会办事处刊登,要求迁居外地族人向该办事处报送详细地址,以便安排采访,"如有由本族先祖徙居他处之房派者、如愿认祖者,亦望来函通知,俾便派员前来接洽"。

该启事又刊8月16日、17日《宁波时事公报》。

《奉化大溪堰王氏永锡堂修谱通告》,《宁波时事公报》1947年9月3日。

按语:该通告由大溪堰王氏修谱委员会刊登,要求德铭公支派后人限期在两个月内报送修谱资料,以便编印入谱。通讯处设在奉化方门大溪堰王氏谱局。

该通告又刊9月4日至6日《宁波时事公报》。

《鄞东梅墟池头王氏修谱通告》,《宁波时事公报》1947年10月2日。

按语:该通告称本次修谱定于1947年九月底(应为阴历)编印成书,故通告族人从速报送资料。通讯处设在上海五马路靖远街10号华昌织造厂王雍华处、宁波梅墟池头王家王友章处。

该通告又刊10月3日、4日《宁波时事公报》。

《宁波栎社后沧王氏修谱通告》，《宁波时事公报》1947年10月8日。

按语：该族曾在民国元年(壬子年，1912年)纂修宗谱。

该通告由绎思堂副宗长王声纶刊登，要求族人限期在1947年12月23日(冬至日)之前报送修谱资料。通讯处设在上海五马路374号复兴园菜社王金鹤转、上海牯岭路175号黄河路东德隆机油行王海藩转、宁波大道头12号致和酱园王志成转。

该通告又刊10月10日《宁波时事公报》。

《宁波栎社后沧绎思堂王氏修谱通告》，《新闻报》1947年10月17日。

按语：该通告内容同《宁波时事公报》1947年10月8日《宁波栎社后沧王氏修谱通告》，但落款作"绎思堂宗长声纶"。

该通告又刊10月19日、21日《新闻报》。

《鄞县梅墟镇池头王家思孝堂王氏贺谱通告》，《新闻报》1948年3月30日。

按语：该通告由宗长王雍华刊登，系告知族人修谱已完成，定于1948年4月14日(阴历三月初六日)在梅墟举行贺谱典礼及办理祠堂进主。

《鄞西桃源乡西王村(前徐同祠)王氏景贤堂重修宗谱公告》，《宁波时事公报》1948年4月3日。

按语：该族宗谱年久失修。

该公告要求族人限期在登报之日起三个月内报送修谱资料。办事处设在鄞西西王村王氏祠堂，通讯处设在上海宁波路71号同德庄王寒放处、宁波大道路方怡和王岳贵处、慈谿县市心桥盛洽大王华祥处,汇款处设在宁波江厦街元益钱庄王贞观处。

该公告又刊 4 月 5 日、7 日、9 日、11 日、13 日《宁波时事公报》。

本次所修即《鄞西桃源王氏宗谱》,共六卷、首一卷,石固编纂,宗长王永岳、房长王永品、王丰康等修。民国三十七年(1948 年)景贤堂木活字本,三册。书签题《王氏宗谱》、版心题《桃源王氏宗谱》。天一阁有藏。

《鄞西栎社乡长潭王王氏追远堂重修宗谱通告》,《宁波时事公报》1948 年 4 月 14 日。

按语:该族曾在清宣统元年(己酉年,1909 年)纂修宗谱。

该通告称经族务会议议决即日开始重修宗谱,要求旅居外地族人限期在 1948 年 6 月 6 日(阴历四月底)之前报送修谱资料,以便汇纂入谱。通讯处设在宁波东渡路 131 号永泰昌百货号王慎富处、鄞西栎社新长兴咸货店转长潭王王氏追远堂修谱处、上海紫金街 D2 号公祥百货号王炳章处。

该通告又刊 4 月 15 日至 23 日《宁波时事公报》,4 月 14 日至 23 日《宁波日报》,4 月 17 日、21 日、22 日《新闻报》。

《鄞县栎社后沧绎思堂王氏修谱催告》,《宁波时事公报》1948 年 5 月 24 日。

按语:该通告由宗长王声纶刊登,系通知族人报送修谱资料截止日期延至 1948 年 6 月底,要求族人从速补报资料。通讯处设在上海五马路复兴园菜社王金鹤处、上海牯岭路 175 号黄河路东面德隆机油行王海藩处、宁波大道路 12 号王志诚处。

该启事又刊5月25日《宁波时事公报》、5月27日《宁波日报》。

《奉化星屿（即茅屿）外宅、石鼓里王氏续修宗谱协同启事》，《宁波时事公报》1948年6月15日。

按语：奉化莼湖星屿（今茅屿）外宅王氏、石鼓里（即里宅）王氏始迁祖均为王延浩，但各自分别纂修宗谱。星屿外宅王氏、石鼓里王氏前次修谱在民国十年（辛酉年，1921年）。《星屿王氏外宅宗谱》，卷数不详（疑为共八卷、首一卷），王正福、王正德、王正辅等修，刘绍琮纂修。民国十年（1921年）孝享堂木活字本，册数不详（疑为一册）。天一阁有藏（存一册，即卷一至八，内有残缺及墨笔增补，系奉化茅屿村王氏外宅宗亲于2019年捐赠）。《石鼓里王氏宗谱》，卷数不详（疑为共四卷、首一卷），王瑞烽、王瑞珠、王启聪等修，刘绍琮纂修。民国十年（1921年）槐荫堂木活字本，册数不详（疑为一册）。

该启事由外宅王氏宗长王思义、石鼓里王氏宗长王启萃刊登，要求旅居外地族人限期在1948年8月底之前报送详细修谱资料，以便汇编入谱。通讯处设在奉化县方门转茅屿王氏谱局。

该启事又刊6月16日《宁波时事公报》。另，民国三十七年（1948年）版《星屿石鼓里王氏宗谱》卷首亦有全文收录。

本次所修即民国三十七年版《星屿王氏外宅宗谱》《星屿石鼓里王氏宗谱》。《星屿石鼓里王氏宗谱》，共四卷、首一卷，王启萃、王贤钊、王贤梁等修，王仁㳻纂修。民国三十七年槐荫堂木活字本，一册。目录题《续修星屿石鼓里王氏宗谱》。石鼓里王氏族人王嗣均（现居杭州）有藏；另，天一阁存有电子扫描版。《星屿王氏外宅宗谱》则毁于"文化大革命"。

《定海县白泉乡田舍王王氏重修宗谱启事》,《新闻报》1948年12月5日。

　　按语:此系浙江定海县(今舟山市)白泉乡田舍王王氏重修宗谱启事。

　　该启事由王氏大公堂账房刊登。本次重修宗谱自1948年10月开始,要求族人限期在12月31日之前向王氏大公堂报送修谱资料。

　　该启事又刊12月6日、7日《新闻报》。

《奉化毛家滩村王氏续修宗谱公告》,《宁波日报》1949年3月5日。

　　按语:该族曾在民国六年(丁巳年,1917年)纂修宗谱。

　　该公告由宗长王何云、总纂王昭谋、总干王伦标刊登,称本次续修宗谱即日起开始采访,要求旅居外地族人限期在1949年6月25日(阴历五月底)之前报送详细修谱资料,以便汇编入谱。

　　该公告又刊3月6日、7日、10日《宁波日报》。

《续修祖谱》,《慈溪日报》2017年12月15日。

　　按语:此系余姚王家埭(今属慈溪市)三山王氏续修家谱启事。

　　该启事称"北宋太平兴国年间(976—983),三槐堂裔王承福自华亭迁至余姚上林湖畔,尔后裔孙衍聚于王家埭,因旁近三山,人称三山王氏,以王承福为始祖"。本次修谱要求族人报送相关信息、资料,以便编修入谱,同时公布王氏修谱筹备小组地址(慈溪市新浦镇西街村)、电话。

《倡议书》,王氏修谱志愿者2019年1月1日发布(王守琪先生提供)。

　　按语:此系奉化星屿外宅王氏、石鼓里王氏纂修宗谱倡议书。该族前修宗谱即民国三十七年（1948年）版《星屿王氏外宅宗谱》《星屿石鼓里王氏宗谱》。

该倡议书由王氏修谱志愿者发布，称修谱理事会即日开始工作，希望同族宗亲"有钱出钱，有力出力，积极参与，协助支持，提供信息，共同来完成这项光荣艰巨工程，将自己名讳烙记在家谱之中，把珍贵的家谱续修圆满完成，将家族的辉煌历史和精神瑰宝，永不断载，代代相传"。

《奉化星屿王氏圆谱通告》，星屿王氏圆谱庆典筹委会2019年11月6日发布（王守琪先生提供）。

按语：原通告无标题，此系笔者所加。

该通告由星屿王氏圆谱庆典筹委会发布，称经奉化星屿外宅王氏、石鼓里王氏续谱理事会分别开会议决联合成立圆谱庆典筹委会，邀请族人参加定于2020年1月2日（己亥年十二月初八日）10时在村广场（新综合楼前）举行的圆谱庆典。

本次所修宗谱共计两部，其一为2019年版《星屿外宅王氏宗谱》，三册，线装，王守琪编纂。2020年，奉化星屿外宅王氏宗祠管委会向天一阁捐赠该宗谱。其二为2020年版《星屿石鼓里王氏宗谱》，二册，线装，王行求（如光）编纂。2021年3月5日，奉化茅屿村里宅王氏续谱理事会向天一阁捐赠该宗谱。

《贤庠木瓜王氏重修宗谱的通告》，《今日象山》2020年8月7日。

按语：该通告由宁波市象山县贤庠木瓜王氏修谱领导小组刊登，落款日期为"2020年8月5日"，内称"宋元鼎革之时，奉化连山乡王天益经授象山县尉，卸任后定居象山。王天益生子二，长德一为琅琊西郭王氏祖，次德二为琅琊东郭王氏祖。大约在公元1300年

(元朝大德年间)德二公避迁至东郭(木瓜),至六世孙全三公发达于木瓜。东郭王氏曾自立宗谱,自第 11 世起的行第是:应家之元、学正行齐、圣贤可希。《琅琊东郭木瓜王氏宗谱》初毁于清顺治(1644—1661)的战乱,再毁于 20 世纪 60 年代的'文化大革命',只剩下清咸丰七年(1857 年)的房谱"。本次重修宗谱要求族人见报后及时与联系人王公良、王伟成联系,并请各界人士提供木瓜王氏旧谱相关信息。

《贤庠木瓜王氏重修宗谱启事》,《今日象山》2020 年 8 月 10 日。

按语:该启事由木瓜王氏修谱领导小组刊登,内容同《今日象山》2020 年 8 月 7 日《贤庠木瓜王氏重修宗谱的通告》。

该启事又刊 8 月 11 日至 13 日、17 日《今日象山》。

《宁波市奉化区王家汇村汇川王氏宗谱续谱公告函》,《宁波晚报》2021 年 7 月 30 日。

按语:该族始迁祖王敬祖,约在北宋晚期迁至此地。曾在明弘治十八年(乙丑年,1505 年)、万历十六年(戊子年,1588 年),清康熙元年(壬寅年,1662 年)、康熙四十一年(壬午年,1702 年)、乾隆五十三年(戊申年,1788 年)、道光二十六年(丙午年,1846 年)、光绪四年(戊寅年,1878 年)、光绪二十八年(壬寅年,1902 年)纂修宗谱。前修宗谱即《汇川王氏宗谱》,共六卷,王祖恺、王世惷等纂修。民国二十一年(1932 年)木活字本,宁波市奉化区西坞街道王家汇村村委会有藏(存二册,即卷一至三)。另,该村委会还藏有民国年间抄本《宝三公分支》支谱(目录题《汇川王氏宗谱》),共四卷,一册。

该公告由宁波市奉化区王家汇村汇川王氏宗族(应作"宗谱")

续谱委员会刊登,称该族已于2021年6月成立汇川王氏宗谱续谱委员会,要求汇川王氏后裔族人"以血脉相通,同根相生,不舍亲谊为理念,为宗族昌盛繁荣献计献策,尤其是在对外汇川王氏宗族宗谱有所了解的长者,如家中有珍藏有关汇川王氏宗谱、字画、家族家谱手抄本。万望予以无私奉献给本族"。另,还公布有联系人王祖昌、王方成联系电话。

《关于宁波市奉化区王家汇村汇川王氏宗谱续谱的公告》,《奉化日报》2021年8月2日。

按语:该公告由宁波市奉化区王家汇村汇川王氏宗谱续谱委员会刊登,落款日期为"2021年8月2日",内容同《宁波晚报》2021年7月30日《宁波市奉化区王家汇村汇川王氏宗谱续谱公告函》。

【毛】

《浙江奉化岩头毛氏修谱通告》,《新闻报》1920年3月30日。

按语：奉化岩头毛氏又称岩溪毛氏、狮岩毛氏，系石门毛氏支派。该族始迁祖为毛宣义,于明洪武初年迁至岩头。曾在清康熙初年、乾隆二十七年(壬午年,1762年)、乾隆五十四年(己酉年,1789年)、道光五年(乙酉年,1825年)、咸丰七年(丁巳年,1857年)纂修宗谱。前次纂修宗谱在清光绪十六年(庚寅年,1890年),由毛恭定(号仲虎)。

该通告由宗长毛荣才、总干毛鼎和刊登。本次修谱于1920年1月开设谱局采访,要求迁居外地族人限期在6月之前将资料寄至上海四川路毛全泰木器店毛茂林转交谱局。

蒋介石原配毛福梅,国民党高级将官毛邦初、毛思诚出自该族。

该通告又刊4月1日、3日、6日、8日、10日《新闻报》;3月31日,4月1日、3日、5日、7日、10日《申报》。

本次所修即《岩溪毛氏宗谱》,共十四卷,首一卷,毛凤嗒(号石斋)总裁,毛恭舒(号子玙)、毛裕成(号东卧)总纂。民国九年(1920年)报本堂木活字本,共印十部,每部八册。书签题《毛氏宗谱》。宁波市奉化区岩头村村委会有藏。

附：

《浙江奉化岩头毛氏修谱通告》:"吾族家谱自光绪辛卯年修辑之后,迄今又值重修之期,已于本年正月开局采访。凡我族派下子孙容有营业异乡者,恐不周知,为特登报通告,限至本年六月,至请将生卒、配葬及分房、世系详细开单函送上海四川路毛全泰木器店茂林君转交。勿悮为盼。宗长毛荣才、总干毛鼎和同启。"(《新闻报》1920年3月30日)

《余姚双河毛氏修谱通告》,《新闻报》1928年3月28日。

按语:该族始迁祖毛仁,字复仁,行千四八。前修宗谱即《双河毛氏宗谱》,卷数、纂修者不详。清光绪八年(1882年)思成堂木活字本,册数不详。慈溪市博物馆有藏(存二册,即卷十九、二十一)。

该通告由思成堂谱局刊登,内称"我族自复仁公由乌岩徙慈溪松浦,转至余姚上林,卜居双河"。本次修谱要求族人限期在1929年2月底之前报送资料。通讯处设在余姚小桥头存德堂药铺。

该通告又刊3月29日至4月3日《新闻报》。

《余姚丰山毛氏修谱办事处启》,《新闻报》1929年11月3日。

按语:该族曾在清道光二十年(庚子年,1840年)、同治十二年(癸酉年,1873年)纂修族谱。前修族谱即《光绪余姚丰山毛氏谱》,共十四卷、首三卷、末一卷,毛云祥(子莲)等纂修。清光绪三十年(1904年)永思堂木活字本,共印三十六部,每部十八册。版心、书名页题《毛氏族谱》,目录、卷端题《余姚丰山毛氏族谱》。国家图书馆、中国社会科学院历史研究所图书馆、河北大学图书馆、上海图书馆(存十七册,缺卷三下)、余姚市文物保护管理所(存十七册,缺卷十一下)等有藏。

该启事称"我族始祖诚十公讳叔度,自宋由陈留迁姚,迄今已延卅余世"。本次修谱要求迁居各地族人限期在1930年6月底之前报送资料。通讯处设在余姚桐江桥后司毛子莲处、上海二马路大集成毛逢知处。

该启事又刊 1929 年 11 月 13 日、23 日, 12 月 3 日、14 日、23 日, 1930 年 1 月 6 日、20 日《新闻报》; 1929 年 11 月 8 日、18 日、28 日, 12 月 8 日、18 日、28 日, 1930 年 1 月 10 日、22 日《申报》; 1929 年 11 月 16 日、23 日、30 日, 12 月 7 日、14 日、21 日天津《益世报》。

本次所修即《余姚丰山毛氏族谱》, 共十四卷、首三卷、末一卷, 毛景澄等纂修。民国二十年 (1931 年) 永思堂木活字本, 二十册。版心、书名页题《毛氏族谱》。上海图书馆、国家图书馆、南开大学图书馆、美国犹他家谱学会有藏。

附:

《余姚丰山毛氏修谱办事处启》:"窃念我族始祖诚十公讳叔度, 自宋由陈留迁姚, 迄今已延卅余世。或聚处, 或散居, 按世修谱, 藉明宗系。溯自甲辰重修, 距今将近一世, 子孙尤益, 蕃□赓续, 当不容缓, 爰由宗族议决重行续修等。族大支繁, 寄居外地无代无之, 远道访求势难遍及, 特登沪、津、汉各报, 凡属诚十公世系各处后裔见此项广告, 务将世次、生卒、名号、职衔、配氏、封赠、墓□、碑志、行实、传赞、子女、婚嫁一体详细开具, 函寄余姚桐江桥后司毛氏修谱通讯处毛子莲君或上海二马路大集成毛逢知两处收转可也。截限明年六月底为止, 幸勿延误。再, 查寄居外籍原有北通州宁一公常一、四二支, 绍兴光复支, 萧山魁中支, 金华周谟支, 此外四川、云南、湖广、广东、北京、汉口、汉阳、北新关、山海关、淮安、常州、杭州、苏州、嘉兴、台州、扬州、宁国、温州、湖州、处州、松江、宁波等府, 通州、郯城、崇安、诸暨、安吉、孝丰、长兴、归安、崇德、德清、汝宁、富阳、余杭、仁和、东安、桃源、吴江、宝山、上海、仪征、嘉善、秀水、钱塘、太仓、奉化、舟山、象山、新昌、上虞等县,散见旧谱,悉有分居。历年既久,生齿益繁,其间或有转辗迁徙,即烦各本支悉心搜采、汇寄,毋稍遗漏为幸。"(《新闻报》1929年11月3日)

《余姚毛三斛毛氏修谱》,《申报》1933年9月29日。

按语:此系余姚毛三斛毛氏创修西房房谱启事。该房支祖毛秉一。

该启事由思敬堂宗房长刊登,内称"我族自始祖千四八府君讳仁、字复仁由乌岩而松浦,迁至余姚上林,卜居双河,迨至六世祖,分为东、中、西三房。吾六世祖秉一公为西房之始,七世祖友一公又分为前房,友二公为后房,嗣因大宗嗣远在双河,特于民国元年创建支祠,颜曰思敬"。本次创修西房房谱要求族人限期在1934年2月13日(癸酉年年底)之前报送详细修谱资料,并指出"采访细则函索即寄"。通讯处设在余姚毛三斛毛氏祠堂谱局。

该启事又刊10月2日《申报》。

本次所修即《双河毛氏西房支谱》,共十二卷、首一卷、末一卷,毛希蒙纂修,毛士章监修。民国二十四年(1935年)思敬堂木活字本,八册。慈溪市档案馆有藏。

附:

《余姚毛三斛毛氏修谱》:"我族自始祖千四八府君讳仁、字复仁由乌岩而松浦,迁至余姚上林,卜居双河,迨至六世祖,分为东、中、西三房。吾六世祖秉一公为西房之始,七世祖友一公又分为前房,友二公为后房,嗣因大宗嗣远在双河,特于民国元年创建支祠,颜曰思敬。惟自前清光绪壬午年续修阖族宗谱,迄已五十余年。子姓蕃(繁)衍,不特徙居远地者久难稽查,即近在故地者亦将子孙莫识祖父之名号。修谱无期,殊非敬祖收族之道,爰特聚集前、后两房公议,决定我西房创修家谱。凡我西房子姓速将□十七世行'聚'(即国字辈)以下名讳、婚配、生卒、葬所、墓图、碑志、义烈、节孝及职衔、出身、诰敕、封赠、勋奖各章、名人赠赞、寿序、诗文、现住地址详细开列,限至本年废历年底为止,来祠面报或函告寄余姚毛三斛本祠谱局,以便汇辑。事关家乘,幸勿延误。采访细则函索即寄。思敬堂宗房长公启。"(《申报》1933年9月29日)

《招请印谱匠》,《宁波时事公报》1946年11月5日。

按语:该启事由鄞西樟密乡(应为樟蜜乡)毛家岙毛氏修谱筹备处毛宗彭刊登,系对外招请若干名具有家谱印刷经验、资历的匠人。

该启事又刊11月6日《宁波时事公报》。

《鄞西毛氏白云堂修谱通告》,《宁波时事公报》1947年5月7日。

按语:该族始迁祖毛伦,字有伦,初名养先,号半村,行谦三,于明洪武年间由鄞县乌岩迁至此地。曾在清乾隆四十二年(丁酉年,1777年)由毛升纂修《毛氏宗谱》,天一阁藏有白云堂抄本,共十卷,六册。道光二年(壬午年,1822年)续修宗谱,即七修本;又在同治六年(丁卯年,1867年)续修,但未告成。

该通告由宗长毛显梁刊登,要求迁居各地族人限期在1947年8月底之前报送详细修谱资料,以便汇编入谱。修谱通讯处设在宁波江东木行路东华木行毛履森处,筹备处设在鄞西西郊路565号毛氏祠堂。

该通告又刊 5 月 9 日、11 日、13 日、15 日、17 日、18 日《宁波时事公报》。

《鄞西毛氏白云堂一名忠孝名宗修谱通告》,《新闻报》1947 年 5 月 23 日。

按语：该通告称本次修谱即日起开始采访,要求该族裔孙及苏州支、穿山支、孝丰县支等报送资料,以便汇编入谱。修谱处设在鄞西西郊路 565 号毛氏祠堂,上海通讯处分别设在老北门内福佑路 457 号、宴海路口久大煤炭行毛节升处、金陵东路聚兴银楼毛润珍处、威海卫路 29 号毛宗记炭行、江西路江苏银行内毛宗潞处。

《鄞西毛氏白云堂修谱截止通告》,《宁波时事公报》1947 年 10 月 19 日。

按语：该通告由鄞西西郊路 565 号毛氏祠堂修谱办事处刊登,要求各房房干自行催告族人限期在 1947 年 11 月 12 日(阴历九月底)之前报送修谱资料。

该通告又刊 10 月 20 日、21 日《宁波时事公报》。

《奉化石门毛氏续谱委员会通告》,《奉化日报》2018 年 5 月 9 日。

按语：该族始迁祖毛旭,字季初,行廿三,于唐代由衢州江山县石门村迁至此地。该族曾在明永乐十三年(乙未年,1415 年)、清顺治五年(戊子年,1648 年)、康熙五十一年(壬辰年,1712 年)、乾隆三十六年(辛卯年,1771 年)、嘉庆二十三年(戊寅年,1818 年)、咸丰八年(戊午年,1858 年)、光绪十五年(己丑年,1889 年)、民国六年(丁巳年,1917 年)纂修宗谱。前修宗谱即《石门毛氏宗谱》,共二十二卷、首一卷,毛兆丰(雪亭)、毛世萃(子范)等纂修。民国二十六年(1937年)世义堂木活字本,十四册。书签题《毛氏宗谱》。宁波市奉化区档案馆有藏。

该通告由石门毛氏续谱委员会刊登,落款日期为"2018年5月8日",要求散居奉化各地族人尽快向续谱委员会联系,以便续谱工作顺利进行。另,还公布有联系人毛良忠联系电话。

该通告又刊5月11日、14日、16日、18日《奉化日报》。

《续谱通告》,岩头毛氏续谱委员会2021年4月10日发布(毛良忠先生提供)。

按语:此系奉化岩头毛氏续修宗谱通告。该族前次修谱在民国九年(1920年)。

该通告由奉化岩头毛氏续谱委员会发布,称本次修谱所需时间较长,为紧缩修谱时间,决定族人入谱截止日期为2021年8月31日,要求尚未入谱的族人速来寻根问祖。

【方】

《镇海柏墅方氏重修宗谱广告》,《申报》1914年4月22日。

按语：该族曾在清光绪三年(丁丑年,1877年)创修宗谱,即《镇海柏墅方氏族谱》,共二十卷、首三卷,张寿荣纂修。光绪六年(1880年)六桂堂木活字本,二册。浙江图书馆有藏。

该广告由方氏宗房长刊登,要求族人限期在1914年6月22日(阴历五月底)之前报送修谱资料。通讯处设在上海英租界后马路兴仁里方镇记转寄镇海县方余庆堂、宁波钱行街瑞康钱庄转寄镇海县方余庆堂。

该广告又刊4月23日至28日《申报》。

本次所修即《镇海柏墅方氏重修宗谱》,共二十四卷、首一卷,张美翊(让三)纂修。民国四年(1915年)六桂堂木活字本,十二册。版心、目录、卷端题《镇海柏墅方氏族谱》。上海图书馆、宁波图书馆、宁波市镇海区档案馆、美国犹他家谱学会等有藏。

附：

《镇海柏墅方氏重修宗谱广告》："吾方氏自迁居镇海柏墅,迄今二百余年,世泽绵延,子姓繁衍。前清光绪丁丑年间曾经创修宗谱,分存各房。兹拟重修,先从调查世系入手,印成表册,分别查填,凡我族人均请注意。如有报告,上海由英租界后马路兴仁里方镇记,宁波由钱行街瑞康钱庄代收转寄方余庆堂,统以本年阴历五月底为限。方氏宗房长特白。"(《申报》1914

年 4 月 22 日)

《镇海灵岩林头方氏修谱》,《新闻报》1928 年 6 月 16 日。

按语:该族曾在清乾隆四十三年(戊戌年,1778 年)创修宗谱,至光绪二十六年(庚子年,1900 年)已续修四次。

该启事由"六桂堂宗房柱"刊登,内称"吾方氏始迁祖清授朝奉大夫宣之公由甬北桃花岭移此,迄今已十九世"。本次修谱聘请谱师重修,要求族人限期在 1928 年 10 月底之前报送资料。谱局设在祠堂内,通讯处设在上海法租界永安街太安里和昌成行方平和处。

该启事又刊 6 月 18 日、20 日、22 日《新闻报》,6 月 17 日、19 日、21 日、23 日《申报》。

《奉化大桥方氏纂修宗谱宗房启事》,《新闻报》1939 年 6 月 30 日。

按语:该启事由宗长方培祚刊登。本次修谱自 1939 年 4 月 10 日开始采访,预计至 10 月底结束,要求族人限期在 10 月份之前向宗祠内谱局报送资料。

该启事又刊 7 月 4 日、6 日《新闻报》。

《奉化大桥方氏宗谱修辑完竣启事》,《时事公报》1940 年 11 月 30 日。

按语:该族宗谱时已编修完成,此系通告族人圆谱相关事宜,称原定 1940 年 12 月 19 日(阴历十一月二十一日)举行圆谱典礼,但"时值抗战,崇尚节约,届时惟在祖祠齐集者绅序拜成礼,亲友厚贶概行谢绝,俟抗战胜利,再行择吉举行庆贺"。

该启事又刊 12 月 1 日、2 日《时事公报》。

《宁波南门外柳亭巷方氏衍庆堂续修宗谱通告》,《新闻报》1947年6月2日。

  按语：该族曾在民国五年(丙辰年,1916年)重修家谱。

  本次修谱要求迁居各地族人限期在1947年9月底之前报送资料。通讯处设在上海汉口路441号224室方锦记(电话号码91821)、上海新昌路懋益里39号方延龄处。

  该通告又刊6月3日、7日、8日《新闻报》。

【孔】

《浙江宁波慈谿庄桥镇孔氏前圣祠修谱通告》,《新闻报》1933 年 5 月 7 日。

按语:该族前次修谱在清光绪十九年(癸巳年,1893 年),由孔广濂等纂修。

该通告由宗长孔传林刊登,要求族人限期在 1933 年 8 月底之前向宁波慈东庄桥镇孔氏前圣祠修谱事务所报送修谱资料。上海通讯处设在南市大东门凤祥银楼孔继勋处、虹口熙华德路天潼路角 43 号德泰钱庄孔昭贤处、英租界北京路庆顺里隆泰钱庄孔庆甫处。

该通告又刊 5 月 11 日、13 日、15 日、17 日、19 日、21 日、23 日、25 日、27 日、29 日,6 月 1 日、3 日、5 日《新闻报》。

本次所修即《四明慈水孔氏三修宗谱》,共二十卷、首一卷、附刊一卷,孔傅林、孔继洪、孔继怀等修,孔广鼐编纂。民国二十四年(1935 年)前圣祠木活字本,共印七十部,每部十六册。书签、书名页、版心题《四明慈水孔氏宗谱》。天一阁、上海图书馆、国家图书馆、河北大学图书馆、吉林大学图书馆、日本国立国会图书馆、美国犹他家谱学会有藏。

【水】

《水氏修谱》,《申报》1887 年 3 月 14 日。

按语:此系鄞西桃源水氏修谱启事。该族曾在明永乐十九年(辛丑年,1421 年)、天顺八年(甲申年,1464 年)、万历八年(庚辰年,1580 年)、天启七年(丁卯年,1627 年)、清康熙二十一年(壬戌年,1682 年)、乾隆三十四年(己丑年,1769 年)、嘉庆十三年(戊辰年,1808 年)、道光二十三年(癸卯年,1843 年)修谱。前修宗谱即《桃源水氏宗谱》,共十四卷、首一卷,水志成、水兴骙、水羽载等纂修。清道光二十三年本源堂木活字本,八册。书签、目录题《水氏宗谱》。上海图书馆有藏。

该启事由宗长水望林刊登,落款时间为光绪十三年(1887 年)二月,内称"我家皇始祖考讳震,字敬则,东越人,为宋参军刺史,诏许卜宅,始居鄞西桃源乡俗呼凤岙市,至予代廿八世"。本次系第九次修谱,因经费不足,采访仅限在浙江省内开展,凡迁居外省者需自费来宁波入谱,或限期在光绪十三年十二月之前将修谱资料寄鄞县水凫桥水月帆转递。另,该族自二十六世起排行为"祖志望兴仁嘉祥佑启新修名惟懋学永远在崇伦"。

该启事又刊 3 月 15 日至 27 日《申报》。

本次所修即《桃源水氏宗谱》,共二十四卷、目录一卷,水纶藻等纂修。清光绪十五年(1889 年)本源堂木活字本,十册。日本东洋文库、美国哥伦比亚大学东亚图书馆、美国犹他家谱学会有藏。

《鄞西凤岙市水氏家庙修谱通告》,《和平日报》1948 年 1 月 6 日。

按语:该通告由水氏家庙修谱委员会主任委员水祥云、副主任委员水德怀、水子珊;监委水祥桂、水桂卿、水子珍;委员水祥裕、水亦明、水谕祥、水琛□、水启璜、水叔人、水惕人、水耀章、水天宏、水尧臣刊登,内称"本家庙为扩大修谱,经设驻沪修谱委员会,备有登记表格千份及小家谱千册。凡旅沪暨散居各省、市、县、镇之族人均可向本会申请,当按址寄往"。该登记表格即桃源水氏修谱委员会印发的《鄞西桃源水氏世系考》,民国三十六年(1947 年)铅印本,一册,上海图书馆有藏。

《宁波凤岙市水氏家庙修谱通告沪字第一号》,《新闻报》1948 年 1 月 7 日。

按语:该通告称"本家庙扩大修谱,设驻沪修谱委员会,备有登记表格及小家谱千册。凡旅沪及散居各省族人,请来本会函索",并将修谱资料填报后寄至通讯处,以便汇编入谱。通讯处设在上海四川中路 540 号水氏家庙驻沪修谱委员会(即水明昌木器公司)、宁波永耀电灯公司水伊保处、鄞西凤岙水氏家庙。

该通告又刊 1 月 8 日、9 日《新闻报》,1 月 18 日至 20 日上海《大公报》。

《宁波凤岙市水氏家庙修谱续告沪字第二号》,《新闻报》1948 年 3 月 30 日。

按语:该通告由水氏家庙驻沪修谱委员会主任委员水祥云、副主任委员水子珊、水德怀;监委水祥桂、水桂卿、水子珍;委员水亦明、水祥麟、水支楣、水焕祥、水启璜、水叔人、水惕人、水耀章、水天宏、水尧臣刊登，内称"去冬通告备小家谱，来会函索并自认，分甲级，白米二担；乙级，白米一担；丙级，五斗，务希踊跃认购，备款即寄，以收到日期米市为准"。通讯处设在上海四川中路水明昌木器公司、宁波永耀电灯公司水三保处、鄞西凤岙水氏家庙。

该通告又刊3月31日《新闻报》。

《宁波凤岙市水氏家庙修谱续告沪字二号》，《新闻报》1948年4月6日。

按语：该通告由水氏家庙驻沪修谱委员会主任委员水祥云、副主任委员水子珊、水德怀；监委水祥桂、水桂卿、水子珍；委员水亦明、水祥麟、水支楣、水焕祥、水启璜、水叔人、水惕人、水耀章、水天宏、水尧臣刊登，通告族人踊跃认购家谱。通讯处设在上海四川中路水明昌木器公司水氏家庙驻沪修谱委员会、宁波永耀电灯公司水尹保处、鄞西凤岙水氏家庙水赠槐处。

《鄞西凤岙市水氏家庙续修宗谱公告》，《宁波时事公报》1948年5月14日。

按语：该族曾在民国四年(乙卯年，1915年)十月续修宗谱。

该公告由宗长水兴让、主任委员水祥云、委员水子珊、水德怀、水赠槐、水佑均刊登。本次系第十一届续修宗谱，专门印发有《世系考》一种，要求族人限期在1948年8月15日之前按照调查表详细填报、寄送修谱资料，不另外组织采访。通讯处设在上海四川路北京路水明昌处、宁波碶闸街127号水天吉处、鄞西凤岙市天生堂。

该公告又刊5月15日至18日《宁波时事公报》，5月14日、16日至18日《宁波日报》。

《水氏家庙修谱截止公告》,《新闻报》1948年11月11日。

  按语:该公告由主任委员水祥云、委员水子珊、水德怀、水赠槐、水佑均刊登,通告族人报送修谱资料截止日期延至1948年11月底。收件处设在上海河南中路80弄8号(电话号码10826)、宁波象鼻巷28号(电话号码2038)。

《水氏家庙修谱截止公告》,《宁波日报》1948年12月30日。

  按语:该公告由宗长水兴让、主任委员水祥云、委员水志(子)珊、水德怀、水佑均刊登,通告族人报送修谱资料截止日期延至1949年1月底,要求未入谱族人从速补报;"再,此次修谱经费依照卅三年十一月间宗族会议决定,征收丁口、灶亩、捐谷,以资开支。上项捐谷应由各派、各房负责征集,听候本会派员到地提取,以资结束。事关续修宗谱,希勿延误"。通讯处设在鄞西凤岙市天生堂转、本源堂。

《水氏家庙修谱委员会通告》,《宁波人报》1949年8月20日。

  按语:该通告由委员水祥云、水子珊、水德怀、水佑均刊登,要求族人限期在1949年8月31日之前将需付印文件寄至水氏宗祠;"又修谱经费,需用至急,未付丁口、捐谷者,亟盼及早准备,听候本会派员提用,以资结束"。通讯处设在鄞西凤岙市转天生堂交水氏宗祠。

  该通告又刊8月21日、22日《宁波人报》。

【乌】

《浙省镇邑西管乡乌隘西乌乌氏修谱广告》,《申报》1915年4月14日。

按语:本次修谱要求迁居外地族人从速报送资料。通信处设在上海蔡同懋参号、宁波江厦孚慎钱庄、宁波江东恒大木行。

该广告又刊4月15日至5月13日《申报》。

附:

《浙省镇邑西管乡乌隘西乌乌氏修谱广告》:"本族由宗房长会议新修宗谱,凡房下有徙移他处者,速开具行第、字号、生卒、配葬报明本族,以便统宗合谱。通信处上海蔡同懋参号、宁波江厦孚慎钱庄、江东恒大木行。"(《申报》1915年4月14日)

《镇海西管乡乌氏修谱》,《新闻报》1924年9月9日。

按语:该族曾在清光绪初年由乌显焕修订谱牒,距此时(1924年)已有四十余年。

该启事由宗房长刊登,内称"吾族乌氏自明性四公迁居于兹,名其村曰东乌,历有三百余年,顾谱牒散失已久"。本次修谱要求族人从速报送资料。通讯处设在上海法大马路中市泰昌酒店、宁波江北岸元大酱园。

该启事又刊9月10日至12日、17日、10月9日至13日《新闻报》。

【车】

《镇海车氏继志堂重修家谱》,《新闻报》1929 年 3 月 12 日。

按语：该启事落款时间为"己巳正月"，内称"我车氏自迁镇以来，九世祖定元公于乾隆十八年创立家谱，嘉庆庚辰十二世祖自明公与其侄汉沛公重修之，越道光丙戌而告成，今又百余年"。己巳年即1929 年。乾隆十八年即 1753 年。"嘉庆庚辰"即嘉庆二十五年（1820 年）。"道光丙戌"即道光六年（1826 年）。本次修谱要求十四世朝金公、朝铮公、朝宏公、朝锺公、朝钦公五房后裔限期在 1929 年 5 月 8 日（阴历三月底）之前报送详细资料。通讯处设在宁波镇海县福康庄转车氏继志堂。

该启事又刊 3 月 14 日、16 日、18 日、20 日、22 日、24 日、26 日、28 日、30 日《新闻报》，3 月 17 日、19 日、23 日《申报》。

附：

《镇海车氏继志堂重修家谱》："窃我车氏自迁镇以来，九世祖定元公于乾隆十八年创立家谱，嘉庆庚辰十二世祖自明公与其侄汉沛公重修之，越道光丙戌而告成，今又百余年矣。我宗人汇议重加修辑，惟十四世朝金公、朝铮公、朝宏公、朝锺公、朝钦公五房不知迁居何处，为特登报声明，凡此五房后裔见报务将本身住址、祖父、子孙、男女、嫁娶、生卒、葬地详细开列，邮寄镇海福康庄转交车继志堂汇收入谱。以今年阴历三月底截止，望勿迟误为祷。已巳正月日启。"(《新闻报》1929 年 3 月 12 日)

【石】

《四明鄞南石氏修谱》,《申报》1909年7月15日。

　　按语：此系鄞县南乡三里石家东房修谱启事。该族曾在清光绪六年(庚辰年,1880年)修谱。

　　该启事由敦本堂董事刊登,称本次重修宗谱自宣统元年(1909年)阴历三月开始,计划至十月底结束,要求迁居外地族人见报后从速将修谱资料寄至宁波崔衙前涵生庄。

　　该启事又刊7月16日至24日《申报》。另,又曾在《时报》刊登。

《鄞南石家西石石氏修谱广告》,《新闻报》1925年3月27日第1版。

　　按语：该族曾在清光绪十六年(庚寅年,1890年)由石开学编修草谱。

　　该广告由"宗房干"刊登,内称"吾族迁鄞始祖宋国子监丞、提举明州教授延庆公来自新昌,再传至仕义公、仕礼公、仕智公,分为大、二、小三房"。本次修谱要求族人限期在1925年3月底之前报送资料。敦伦堂通信处设在上海咸瓜街元丰药行、上海怡大丰参行、宁波崔衙前涵生庄。

　　该广告又刊3月31日、4月1日《新闻报》。

《浙江鄞县南乡石氏敬爱堂重修宗谱启事》,《新闻报》1929年3月14日。

　　按语：该族曾在清乾隆二十三年(戊寅年,1758年)创修谱牒,至光绪二十三年(丁酉年,1897年)续修。

该启事称本次重修宗谱由宗干等发起,自 1929 年 2 月 24 日(阴历正月十五日)开始采访,要求迁居外埠族人限期在 5 月 8 日(阴历三月底)之前将详细修谱资料寄至通讯处,以便纂辑入谱。通讯处设在浙江鄞县南乡石家石氏义庄、上海致远街满春坊 1 弄锦丰宁庄、上海北四川路东崇福里磊英学校。

该启事又刊 3 月 16 日、18 日《新闻报》,3 月 19 日《申报》。

本次所修即《鄞塘石氏家乘》,共五卷、首一卷,石士谔(謇臣)续修,石宁江(兴顺)、石昌定(来生)、石昌隆等修。民国十八年(1929年)敬爱堂木活字本,八册。天一阁有藏。

《鄞南三里石家石氏敦本堂修谱委员会通告》,《新闻报》1947 年 6 月 15 日。

按语:该族曾在清宣统二年(庚戌年,1910 年)重修宗谱。

本次修谱要求迁居各地族人限期在 1947 年 7 月底之前将资料寄至鄞南三里石家石氏敦本堂修谱委员会。通讯处设在宁波陈婆渡石家明龙小学内石氏敦本堂修谱委员会、上海陕西北路 155 号永生百货商店石奇湘处。

《鄞南三里石家石氏敦本堂修谱委员会通告》,《宁波时事公报》1947 年 6 月 29 日。

按语:该通告内容同《新闻报》1947 年 6 月 15 日《鄞南三里石家石氏敦本堂修谱委员会通告》,但通讯处为宁波陈婆渡石家明龙小学内石氏敦本堂修谱委员会、宁波江东新河路 128 号升茂酒行石文楚处。

该通告又刊 6 月 30 日、7 月 1 日《宁波时事公报》,6 月 29 日、30 日《宁波日报》。

【史】

《浙江余姚史氏闰一二三房修谱》,《申报》1913年5月9日。

按语：此系余姚史氏闰一房、闰二房、闰三房合修宗谱启事。该族始迁祖史德,字克明。前修宗谱即《余姚史氏宗谱》,共十一卷、首二卷、末二卷、附本支百世一卷,史光等纂修。清咸丰六年(1856年)木活字本,十一册。南开大学图书馆有藏。

该启事由余姚南城史氏谱局刊登,要求迁居外地族人从速报送修谱资料。

该启事又刊5月10日至23日《申报》。

本次所修即《余姚史氏宗谱》,共十二卷、首二卷、末三卷,史良书等纂修。民国三年(1914年)木活字本,十四册。上海图书馆、浙江图书馆、国家图书馆、南京图书馆、余姚市文物保护管理所、中国社会科学院历史研究所图书馆、北京大学图书馆、河北大学图书馆、思绥草堂、美国犹他家谱学会等有藏。

《宁波古藤史氏修谱通告》,《新闻报》1929年8月25日。

按语：该族始祖史惟则,字天问；宋代时其子史成由吴迁至四明；古藤支祖史奎伯。曾在清宣统二年(庚戌年,1910年)重修宗谱,即《四明古藤史氏宗谱》,共六卷,孙觐宸(勉山)、史济铿(丕扬)等纂修。宣统三年(1911年)八行堂木活字本,八册。版心题《古藤史氏宗谱》。天一阁有藏。

该通告由宁波古藤史氏宗祠谱局刊登,内称"吾族自后唐一世祖惟则公由溧阳徙吴门，遂隐于吴。二世祖成公宋时由吴转徙四明，至十世祖奎伯公卜居于鄞县东乡之古藤下，为古藤之始祖"。本次修谱于1928年发起，自1929年春开始采访，要求族人限期在9月15日之前报送资料。通信处设在上海虹口吴淞路东长安里1261号慎康保险公司、宁波古藤史氏宗祠谱局。

南宋史浩、史弥远、史嵩之及清顺治十二年(1655年)状元史大成(立庵)出自该族。

该通告又刊8月26日、27日《新闻报》。

本次所修即《四明古藤史氏宗谱》，共八卷，吴之才、史济铿等纂修。民国十八年(1929年)八行堂木活字本，八册。版心题《古藤史氏宗谱》，书名页题《四明史氏宗谱》。天一阁、上海图书馆有藏。

《鄞县史家码史氏宗祠重修宗谱启事》，《申报》1943年5月1日。

按语：该族曾在民国十二年(癸亥年，1923年)修谱。

本次修谱要求族人限期在1943年6月底之前向史家码史氏宗祠报送资料。通讯处设在上海天津路363号美兴行、宁波江东灰街史协和铁行。

该启事又刊5月3日、5日、7日、9日、10日《申报》，5月2日、4日、6日、8日《新闻报》。

《四明古籐(张斌桥)史氏修谱葺祠通告》，《宁波时事公报》1946年6月14日。

按语：该通告称"本族为叶母与八行公下，五大支中之第二支"，"经阖支人等公意允许，准在葺祠之际，兼修宗谱"，其中修谱即日起开始采访，要求族人限期在1946年8月15日之前报送资料。谱局总办事处设在宁波东郊路 82 号史氏祠堂内,分办事处设在上海金隆街 40 弄 4 号至 6 号恒昌甡和记史济渭处,江厦通讯处设在宁波东大路史炳记,认捐收款处设在宁波江厦街瑞康钱庄、上海后马路安裕钱庄。

该通告又刊 6 月 16 日、20 日、24 日、26 日《宁波时事公报》,6 月 21 日《宁波日报》,6 月 22 日、25 日、27 日《新闻报》,6 月 28 日《申报》。

《鄞东史家湾史氏重修宗谱启事》,《宁波时事公报》1946 年 12 月 27 日。

按语:该族曾在民国十一年(壬戌年,1922 年)纂修宗谱。

该启事由鄞东史家湾史氏重修宗祠宗谱筹备处刊登,称即日起开始采访,要求迁居外地族人限期在 1946 年 3 月底之前报送修谱资料。通讯处设在鄞东史家湾史氏宗祠。

该启事又刊 1946 年 12 月 28 日至 30 日、1947 年 1 月 5 日《宁波时事公报》。

《鄞东史家湾史氏八行堂修谱通告》,《申报》1947 年 7 月 6 日。

按语:该族曾在民国十一年(壬戌年,1922 年)重修宗谱。

该通告称本次修谱于 1946 年底开始采访,定于 1947 年 7 月 19 日(六月初二日)开始修谱、10 月 10 日(八月二十六日)进主,要求散居各地族人限期在 7 月 17 日(阴历五月底)之前向通讯处报送详细修谱资料及丁费,以便汇编入谱。通讯处设在上海扬州路 208 弄 175 号。

《宁波东乡史家码史氏宗祠晋主公告》,《申报》1948 年 3 月 5 日。

按语:该公告系通知史氏族人参加定于 1948 年 3 月 23 日(阴历

二月十三日)举行的贺谱晋主典礼,并要求欲晋主者事先向通讯处挂号邮寄资料,以便登记。通讯处设在上海新闻路 290 号兴康祥铜锡号史久湝处、宁波江东后塘路成大昌铁行史悠全处、鄞东同保乡史家码史氏宗祠。

该公告又刊 3 月 6 日、7 日《申报》,3 月 8 日、9 日《新闻报》。

《鄞东史家码史氏宗祠晋主公告》,《宁波时事公报》1948 年 3 月 7 日。

按语:该公告由八行堂史家码宗长史致泉及房干等刊登,内容同《申报》1948 年 3 月 5 日《宁波东乡史家码史氏宗祠晋主公告》,但将通讯处"宁波江东后塘路成大昌铁行史悠全"改为"宁波江东新河路四五号史协和"。

该公告又刊 3 月 8 日《宁波时事公报》。

《鄞东雅庄史雅祀重修宗谱通告》,《宁波时事公报》1948 年 8 月 26 日。

按语:该族曾在民国九年(庚申年,1920 年)修谱。

该通告由雅庄史雅祀刊登,要求迁居外地族人将修谱资料寄至上海林森中路福昌里 17 号永丰酿酒公司史兆甫处。

该通告又刊 8 月 27 日《宁波时事公报》。

【白】

《镇海白氏重修宗谱通告》,《时事公报》1935年11月25日。

按语:该族曾在清光绪八年(壬午年,1882年)重修宗谱。

本次修谱要求迁居外地族人限期在一个月内将资料寄至镇海县白家浦白氏修谱局。

附:

《镇海白氏重修宗谱通告》:"窃吾白氏自逊清光绪八年重修之后,迄今复有五十余载。今特邀集各房汇议续修,凡我远居子姓务请于一月内将未入宗谱之名号、生卒、配葬及寿序、碑铭、行状等函寄镇海白家浦白氏修谱局内。事关谱系,幸勿自惧。"(《时事公报》1935年11月25日)

《镇海白氏重修宗谱通告》,《申报》1935年12月5日。

按语:该通告内容同《时事公报》1935年11月25日《镇海白氏重修宗谱通告》,但指出上海通讯处设在虹口百老汇路源昌路庆记五金号白钦甫处。

该通告又刊12月7日、9日《申报》,12月6日《新闻报》。

【包】

《甬东包氏重修宗谱广告》,《申报》1911年4月15日。

按语：该族前修宗谱即《甬东包氏宗谱》,共十九卷、首一卷,包诗福等纂修。清光绪十三年(1887年)木活字本,八册。日本国立国会图书馆、美国斯丹佛大学东亚图书馆、美国犹他家谱学会有藏。

该广告由甬东包氏刊登,落款时间为宣统三年(1911年)三月。本次重修宗谱要求族人至宁波江东包氏宗祠报送资料。

该广告又刊4月16日至24日《申报》。

附：

《甬东包氏重修宗谱广告》:"吾族自丁亥岁修谱,至今已二十五年。瓜绵椒衍,子姓益繁,老幼之生卒、男女之婚嫁、房从之迁徙、嗣续之过从,年复一年,日益增广,不急修葺,诚恐散而无稽,为此公议重修宗谱。除各房采访外,如有远处别省、府、州、县确系甬东的派者,务望各具履历赴甬东包氏宗祠报名、注册,慎勿自惧。宣统三年三月日甬东包氏谨启。"(《申报》1911年4月15日)

《声明包氏修谱》,《申报》1912年9月3日。

按语：该启事由镇海蛟东包氏宗房刊登,内称"吾包氏自世忠公迁至镇海东管乡,聚族而居已几世矣。宗谱未修,将近廿载"。本次修谱要求迁居各地族人限期在1913年2月5日(壬子年年底)之前报送资料。通讯处设在上海河南路包平和鞋铺包茂生转、镇海县东管乡庄市镇横河堰包人和酒坊。

该启事又刊 9 月 4 日至 22 日《申报》。

附：

　　《声明包氏修谱》："吾包氏自世忠公迁至镇海东管乡，聚族而居已几世矣。宗谱未修，将近廿载。兹特邀集宗房议决集资延师设局，重修开办有期。凡我本支侨居各城乡者，请将各项逐一开明，即寄上海英界河南路包平和鞋铺包茂生转交，或直寄镇海东管乡庄市镇横河堰包人和酒坊，俾可载入谱内。期限壬子年年底为止。恐未周知，特此通告。蛟东包氏宗房公启。"（《申报》1912 年 9 月 3 日）

《镇海东管乡横河堰锤包村包氏续修宗谱》，《新闻报》1919 年 10 月 29 日。

　　按语：该族始迁祖包世忠。曾在清康熙四十九年（庚寅年，1710 年）由宗长包仲会创修宗谱；乾隆四十四年（己亥年，1779 年），宗长包文恺会同房长等续修宗谱并建造宗祠。

　　该启事由包氏务本堂谱局刊登，内称"吾族自十二世祖元吉公扈跸南渡，居临安御药园，越十三世祖彰公、十四世祖荣公、十五世祖仲宽公，至十六世祖世忠公始来宁波，家于定海东管乡。定海即今镇海"。本次修谱要求迁居外地族人限期在 1920 年 2 月 19 日（阴历十二月底）之前报送资料。谱局设在镇海县东管乡包氏宗祠，分局设在上海棋盘街包平和鞋店。

　　该启事又刊 10 月 31 日，11 月 2 日、4 日、6 日、8 日、10 日、12 日、

14日、16日、18日、20日、22日、24日、26日《新闻报》。

本次所修即《镇海东管镇包氏重修宗谱》,共六卷、首一卷、末一卷,谢觐蔵(彤黼)纂修。民国九年(1920年)务本堂木活字本,六册。书签题《镇海东管包氏宗谱》,版心题《镇海包氏宗谱》。天一阁、国家图书馆、河北大学图书馆、山西省社会科学院家谱资料研究中心、美国犹他家谱学会有藏。

《镇海东管包氏修谱启事》,《时事公报》1940年7月4日。

按语:该启事由宗长包祖积刊登,要求族人限期在1940年9月底之前向包氏祠堂修谱处报送资料,以便汇纂入谱。

该启事又刊7月5日、7日、8日、11日、24日、27日,8月1日、2日《时事公报》。

《镇海庄市镇横河堰包氏宗祠修谱通告》,《新闻报》1947年2月2日。

按语:本次修谱定于1947年3月1日开始采访,要求迁居各地族人限期在3月底之前向谱局或各分办事处报送资料。谱局设在镇海县庄市横河堰包氏宗祠,分办事处设在上海南京东路599号大中华电料行、上海云南中路355号新华电料行、上海金陵东路471号吕义泰铜锡号、上海中正北一路372号大新绒线百货号。

"世界船王"包玉刚(起然)及包玉书出自该族。

该通告又刊2月4日《新闻报》。

本次所修即《镇海横河堰包氏重修宗谱》,共六卷、首一卷、末一卷,董佑栻(天览)纂修。民国三十六年(1947年)务本堂木活字本,六册。书签题《镇海横河堰包氏宗谱》,书名页题《包氏宗谱》,版心题《镇海包氏宗谱》。天一阁、上海图书馆等有藏。

附：

《镇海庄市镇横河堰包氏宗祠修谱通告》："查吾族宗谱已历廿八年未修,兹经族□重行纂修,定于即日起设立谱局开始采访,并备有采访表格。除分给各房、各办事处分别填写外,凡我族人散居各处者,请向本谱局或各分办事处领取空白表格,将世系、房派、名讳、别号、生卒年月日时、配偶姓氏、安葬地址、子女嫁娶以及文献、勋绩等详细事实按表填明,投交本祠谱局或各分办事处,俾便汇集纂辑,并限于国历三月底截止。望勿延误。特此通告。

谱局：镇海庄市横河堰本宗祠,分办事处：上海南京东路五九九号大中华电料行、云南中路三五五号新华电料行、金陵东路四七一号吕义泰铜锡号、中正北一号三七二号大新绒线百货号。"(《新闻报》1947年2月2日)

《镇海庄市镇横河堰包氏宗祠修谱通告》,《宁波时事公报》1947年2月25日。

按语：该启事称本次续修宗谱定于1947年3月1日开始采访,要求迁居各地族人限期在3月底之前向谱局报送资料。谱局设在镇海县庄市横河堰包氏祠堂前包家。

该通告又刊2月26日、28日,3月2日、4日《宁波时事公报》。

《鄞东陆村包氏存仁堂创始编纂宗谱通告》,《宁波时事公报》1947年9月30日。

按语：该族迁居鄞东陆村已有十余世,期间未曾修谱。本次修谱要求散居各地族人限期在1947年10月底之前报送资料。通信处设在鄞东陆村包家包裕藩(即包氏宗长)处、宁波江北岸同兴巷福余里协顺报关行包庚华处、上海长阳路辽阳路口亚洲鞋店包庆甫处、上海民国路 350 号延源海味行包祖彪处。

该通告又刊 10 月 1 日至 6 日《宁波时事公报》。

《宁波鄞东陆村包氏存仁堂创始编纂宗谱通告》,《新闻报》1947 年 10 月 23 日。

按语:该通告内容同《宁波时事公报》1947 年 9 月 30 日《鄞东陆村包氏存仁堂创始编纂宗谱通告》。

该通告又刊 10 月 24 日、26 日《新闻报》。

《江东包氏谱局成立通告》,《宁波时事公报》1948 年 5 月 21 日。

按语:该族前修宗谱即《甬东包氏宗谱》,共十九卷、首一卷,包礼忠纂修。民国六年(1917 年)木活字本,十册。国家图书馆有藏。

该通告由谱局主干包鞠庭刊登,要求族人限期在两个月内报送修谱资料。包鞠庭系受宗长(即包乐根)、房长委任为谱局主干。本次修谱谱局设在宁波江东包氏宗祠,上海通讯处设在中正中路 417 号华昌毛织厂、泗泾路 5 号同庆钱庄。

该通告又刊 5 月 23 日、25 日《宁波时事公报》,5 月 22 日、24 日《宁波日报》。

本次所修即《甬东包氏宗谱》,共二十卷、首一卷,宗长包乐根等纂修。民国三十八年(1949 年)木活字本,十册。天一阁有藏。

《宁波江东包氏谱局成立通告》,《新闻报》1948 年 6 月 2 日。

按语:该通告由宗长包乐根、谱局主干包鞠庭刊登,要求族人限期在两个月内报送修谱资料。谱局设在宁波江东大河路 30 号,上海通讯处设在中正中路 379 号华昌毛织厂。

该通告又刊 6 月 4 日、7 日《新闻报》。

《江东包氏谱局通告》,《宁波日报》1948 年 11 月 26 日。

按语:该通告由谱局主干包鞠庭刊登,落款日期为民国"卅七年十一月廿四日",系催告各房自登报之日起半个月内报送修谱资料。

该通告又刊 11 月 28 日《宁波日报》。

【叶】

《重修叶氏宗谱》,《申报》1880 年 6 月 19 日。

按语:此系慈豁县北乡鸣鹤场叶氏重修宗谱启事。该族始迁祖叶梦祥。曾在清康熙五十六年(丁酉年,1717 年)由叶逢霖修订宗谱。

该启事由叶引敬堂宗长刊登,落款时间为"光绪五年阳余月"。本次修谱要求迁居外地族人从速向谱局报送资料,或寄杭州叶种德堂转交谱局。谱局设在慈豁县鸣鹤场叶氏大宗祠内。

该启事又刊 6 月 20 日《申报》。

本次所修即《慈豁鸣鹤叶氏宗谱》,共二十六卷、首一卷、图系一卷、总图四卷、末二卷,叶履谦等纂修。光绪十六年(1890 年)引敬堂木活字本,共印三十部,每部二十四册。书签题《鸣鹤叶氏宗谱》。天一阁(藏谱字号为过字册,存十八册,即第二至四、七、八、十至十七、十九、二十、二十二至二十四册)、思绥草堂(存四册,即第一、三、二十三、二十四册)有藏。另,据《中国家谱总目》著录,吉林大学图书馆藏有该宗谱卷首、卷四、卷二十一、卷末。

《崇邱坞嘉洋叶氏修谱》,《申报》1913 年 4 月 7 日。

按语:该族曾在清道光年间由叶汇春始修谱牒,距此时(1913 年)已有七十余年。

该启事由镇海县崇邱乡(今属宁波市北仑区)坞嘉洋叶氏宗房长、司事人刊登。本次修谱自 1913 年阴历二月开始,定于翌年阴历二月完成,要求族人从速报送详细资料。通讯处设在崇邱乡坞嘉洋叶孝房楼上谱局,或交上海南市森盛和煤炭号叶佐金、杭州菜市桥洽兴水果行转谱局。另,该启事特别指出"间有派异根殊、希图攀缘附合者,一经繙阅旧谱无支可以继续,本族概置不录"。

该启事又刊 4 月 9 日、11 日、13 日、15 日《申报》,4 月 8 日、10 日、12 日、14 日、16 日《新闻报》。

本次宗谱由叶辅□纂修。

附:

《崇邱坞嘉洋叶氏修谱》:"窃维我族之谱于道光年间汇春公始修谱牒,迄今已阅七十余载矣。未及修葺,而朝夕轸念,云忝为宗长,恐历时久远,稽查弥艰,爰偕各房长暨族之贤而能者汇同起议,以癸丑年阴历二月间起、至甲寅年阴历二月间汇集成编。凡我子姓或迁居异地,或入赘某家,或随母至某姓及为某地某姓义子者,一见此报速将先人名号、生卒年月日时、配葬、姓氏、地名、坐向,尤其要者详明第几世某某公迁居某邑某地,一一子细详抄具函。如远地,致信于上海南市森盛和煤炭号叶佐金先生,或杭省菜市桥洽兴水果行转达于谱局。若近地,致信于叶孝房楼上谱局。间有派异根殊、希图攀缘附合者,一经繙阅旧谱无支可以继续,本族概置不录。特此布闻。镇邑崇邱乡坞嘉洋叶氏宗房长、司事人启。"(《申报》1913 年 4 月 7 日)

《镇北施山叶氏修谱》,《申报》1920 年 5 月 5 日。

按语:该族叶祖俞(名世伟)北宋时由处州(今丽水市)松阳县括苍至鄞县任明州推官,后迁居慈谿县五甲,其子叶谨由慈谿县五甲转迁定海县(今镇海)施公山(简称施山,今属慈溪市龙山镇施公山村)。曾在清康熙三十年(辛未年,1691年)、乾隆五十五年(庚戌年,1790年)、道光十年(庚寅年,1830年)纂修宗谱。

该启事要求迁居外地的万二公派下族人限期在1920年9月11日(阴历七月底)之前将修谱资料寄至镇海县施公山叶氏宗祠,或寄宁波西门元生烛号叶元璨代收。

该启事又刊5月6日、7日《申报》。

本次所修即《施山叶氏宗谱》,共八卷,华文淙(锦泉)纂修,叶安德、叶元丙修,叶元青、叶元璨采访。民国十年(1921年)崇本堂木活字本,共印二十部,每部八册。版心、卷端题《叶氏宗谱》。上海图书馆、国家图书馆、河北大学图书馆、吉林大学图书馆有藏。

附:

《镇北施山叶氏修谱》:"我祖祖俞公由松阳而官于鄞、迁于慈。祖俞公之子谨公由慈迁于镇北施公山,先世皆因宦而家焉。至十三世祖万七、万八复由施山迁于黄杨古窑,十四世祖森四赘居官庄,均与我万二公为弟侄行,然黄杨古窑、官庄源虽同,而派则异。今仍查我万二公派下或因宦、商而寄迹他方者,务祈将历代名号、官阶、生卒、配葬详细开示,寄至镇北施公山叶氏宗祠内,或寄宁波西门元生烛号叶元璨君代收。限夏历七月底截止。恐未周知,故特登报以声明之。"(《申报》1920年5月5日)

《余姚马渚叶氏西河、云楼两宗祠修谱广告》,《新闻报》1922年8月25日。

按语:该族始祖叶道传;始迁祖叶彪,字龙文,生二子,即叶尹贤

(系西河支祖)、叶尹贞(系云楼支祖)。前修宗谱即《余姚马渚叶氏宗谱》,共八卷,首一卷、末一卷,叶璿(允时)等纂修。清嘉庆十八年(1813年)天秩堂木活字本,册数不详。目录题《叶氏宗谱》。中国科学院图书馆、上海图书馆(存四册,即卷首、卷一、三、四、六至八、卷末)有藏。

该广告称"吾族自宋道传公世籍括苍,后为明州教授,以官卜居慈谿县石步,为迁宁始祖。九传至龙文公,由慈徙姚之马渚,生二子,曰尹贤公,居西河;尹贞公,居云楼。迄今两宗并峙,世守罔替"。本次合修宗谱于1922年夏议决发起,要求西河、云楼支族人限期在10月底之前报送资料。通讯处设在余姚马渚下叶云楼叶氏宗祠、上海英租界兴仁里均泰庄。

该广告又刊8月27日、29日、31日,9月2日、4日、6日、8日、10日、12日、13日、16日、18日《新闻报》。

本次所修即《余姚马渚叶氏宗谱》,共二十卷、首一卷、末一卷,叶松楹(丹庭)等纂修。民国十二年(1923年)天秩堂木活字本,八册。书名页题《余姚叶氏宗谱》。上海图书馆、南京图书馆、中国社会科学院历史研究所图书馆、南开大学图书馆、河北大学图书馆、吉林大学图书馆、美国犹他家谱学会等有藏。

《镇海沈郎桥叶氏修谱》,《申报》1927年10月9日。

按语:该族曾在清光绪十七年(辛卯年,1891年)由叶成忠(澄衷)修谱。后,其子叶贻钊等重修宗谱,即《沈郎桥叶氏宗谱》,共八卷、首一卷、末一卷,光绪三十三年(1907年)永思堂木活字本,三册,书签题《蛟川叶氏宗谱》,中国社会科学院历史研究所图书馆有藏。

该启事由宗长叶志崧刊登,要求迁居外地的茂春、茂二公派下西、东两房族人限期在 1927 年阴历十月之前将修谱资料寄至宁波庄市叶氏义庄。

宁波帮著名人物叶澄衷出自该族。

本次所修即《镇海东管乡沈郎桥叶氏宗谱》,共十二卷、首一卷、末一卷,金贤松(楸墅)纂修。民国十九年(1930 年)永思堂木活字本,四册。书签、书名页题《镇海沈郎桥叶氏宗谱》,版心题《沈郎桥叶氏宗谱》。上海图书馆有藏。

《慈谿西乡上新桥叶氏修谱广告》,《申报》1928 年 7 月 31 日。

按语:该族曾在清光绪初年修订宗谱,距此时(1928 年)已将近五十年。

该广告称"吾叶氏始祖承务公、讳橹,为石林公之第五子,宋南渡时迁居石龙(在上新桥附近,故址已湮),迄今历年八百,聚族数千。子姓有迁居扬州、杭州及鄞稠岭、定海白泉等处"。本次重修宗谱由旅沪族人发起,要求族人将修谱资料寄至通讯处,以便汇纂入谱。通讯处设在上海外滩 7 号中国通商银行叶伯允处、上海南市咸瓜街元丰润药行叶春樵处。

该广告又刊 8 月 2 日、4 日、6 日、8 日、10 日、12 日《申报》,8 月 1 日、3 日、5 日、7 日、9 日、11 日、13 日《新闻报》。

附:

《慈谿西乡上新桥叶氏修谱广告》:"吾叶氏始祖承务公讳橹,为石林公之第五子,宋南渡时迁居石龙(在上新桥附近,故址已湮),迄今历年八百,聚族数千。子姓有迁居扬州、杭州及鄞稠岭、定海白泉等处者,而宗谱自光绪初年修订后,将届五十年,惧久而遂湮,爰由旅沪族人发起重修。凡属吾族宗支,请即详开世系、派别、住址、年龄、职业、妻妾、子女、生卒等项函通讯处,以便汇刊。此启。通讯处:外滩七号中国通商银行叶伯允、南市咸瓜街元丰润药行叶春樵。"(《申报》1928年7月31日)

《慈谿西乡上新桥叶氏谱局启事》,《新闻报》1929年4月14日。

按语:该启事系催告族人限期在1929年5月8日(阴历三月底)之前报送修谱资料,以便汇刊入谱。通讯处设在上海南市咸瓜街元丰润药行叶春樵处。

该启事又刊4月16日、18日《新闻报》,4月15日、17日、19日《申报》。

《镇海县崇邱乡胡家洋叶氏重修宗谱》,《时事公报》1939年12月8日。

按语:该族前修宗谱由叶辅□纂修,距此时(1939年)已有二十五年。

该启事由宗长叶君从刊登,要求旅居外地族人限期在1940年9月30日之前将修谱资料寄至宁波日新街同源煤炭行叶君赓处、宁波梅墟成大米号叶君钰处,以便转交修谱办事处汇纂入谱。

该启事又刊12月14日、16日《时事公报》。

《鄞南定桥叶氏宗祠重修宗谱通告》,《时事公报》1944年8月22日。

按语:该族宗谱年久失修。

本次重修宗谱自1944年8月22日(阴历七月初四日)开始采访,要求迁居外地族人限期两个月内报送资料。通讯处设在宁波江东演武街 87 号□大柴炭行叶树霖处、鄞南定桥大昌杂货号叶孝勤处。

　　该通告又刊 8 月 23 日、24 日《时事公报》。

《慈谿县鸣鹤场叶氏宗祠修谱通告》,《宁波日报》1946 年 11 月 29 日。

　　按语：该族前修宗谱即清光绪十六年(1890 年)版《慈谿鸣鹤叶氏宗谱》。

　　该通告由叶氏引敬堂修谱局刊登。本次修谱自 1946 年 11 月 19 日开始采访,要求族人限期在翌年 3 月底之前报送资料。宁波通讯处设在江厦钜康钱庄叶辅庭处。

　　该通告又刊 11 月 30 日、12 月 1 日《宁波日报》。

《慈谿县鸣鹤场叶氏宗祠修谱通告》,《新闻报》1946 年 12 月 23 日。

　　按语：该通告由叶氏引敬堂修谱局刊登,要求族人限期在 1947 年 3 月底之前报送修谱资料。上海通信处设在河南路如意里 5 号宏昌药行叶鸿勋处。

　　该通告又刊 1946 年 12 月 27 日至 30 日,1947 年 1 月 4 日、5 日《新闻报》。

《鄞县水凫桥叶氏支祠树德堂修谱通告》,《宁波时事公报》1947 年 7 月 22 日。

　　按语：该通告称该族将与慈谿县鸣鹤场引敬堂叶氏宗祠同时汇编修谱,要求迁居各地族人限期在 1947 年 8 月底之前报送资料。通讯处设在宁波中山公园内叶楚三处。

　　该通告又刊 7 月 23 日、24 日《宁波时事公报》。

《鄞东叶公山叶氏修谱筹备处启事》,《新闻报》1949年3月29日。

按语：该族始迁祖叶成一、叶成二,分文、武两房。此前修谱两部,其一为《鄞东叶公山叶氏宗谱》,共十卷、首一卷,蔡和铿(芝卿)纂修,宗长叶富松(根法)、房长叶贵炳(炳积)、叶贵钧(善发)、叶贵至(桂赍)等修。民国十八年(1929年)世卿堂木活字本,册数不详。卷端题《鄞东叶氏宗谱》,版心题《叶氏宗谱》。天一阁有藏(存五册,即卷首、卷一至六)。其二为《鄞东叶氏宗谱》,共八卷、首一卷,庄崧甫纂修,宗长叶贵本(鼎福)、房长叶贵至、叶贵暄等修。民国二十二年(1933年)世卿堂木活字本,册数不详(疑共四册)。书签题《叶公山叶氏家乘》,目录题《鄞东叶氏家乘》,版心题《叶氏家乘》。天一阁有藏(存三册;即卷首,卷一至四、六至八)。

该启事由修谱筹备处主任叶荣章刊登,称经公议议决即日开始纂修宗谱,要求旅沪族人从速向筹备处领取、填报采访表,以便汇纂入谱。筹备处设在上海天津路285号中国玻璃公司内。

该启事又刊3月29日《中央日报》、3月30日《新闻报》。

《鄞东湖塘下叶氏太史堂重修宗谱通告》,《宁波日报》1949年4月20日。

按语：该族曾在民国四年(乙卯年,1915年)重修宗谱。

本次修谱要求族人从速报送资料,以便汇编入谱。通讯处设在鄞东湖塘下叶氏太史堂办事处。

该通告又刊4月21日、22日《宁波日报》。

《叶氏家谱续修公告》,《新民晚报》2018年12月5日。

按语：此系慈溪市龙山镇(原属镇海县)施公山叶氏崇本堂修谱

公告。该族曾在民国十年(辛酉年,1921年)纂修宗谱。

该公告由慈溪市三北施公山村叶氏宗谱续编委员会刊登,称该族于2018年10月开始续修宗谱,要求在外族人积极报送简历、业绩等资料,以便纂修入谱,使宗谱更趋完整。另,还公布有联系人叶泽龙联系电话。

本次所修即2020年版《叶氏宗谱》,共九册,线装,叶志文主编。2021年6月8日,慈溪市施公山叶氏崇本堂向天一阁捐赠该宗谱。另,上海图书馆等亦有藏。

【冯】

《冯氏修谱》,《申报》1888 年 10 月 16 日。

按语：此系余姚兰塘冯氏纂修家谱启事。该族始祖冯端瑞。

该启事由遗安堂刊登,落款时间为"光绪戊子九月"。"光绪戊子"即清光绪十四年(1888 年)。本次修谱要求迁居外地族人限期在一年内将修谱资料寄至余姚兰塘冯氏宗祠或上海山家园恒升木作,以便汇编入谱。

该启事又刊 10 月 17 日至 11 月 14 日《申报》。

附：

《冯氏修谱》："浙绍余姚兰塘冯氏宗祠现拟修辑家谱,系始祖端瑞公后裔有仕、商寄居在外者,务将三代存没并自己、儿媳、子孙名氏开明,或寄本祠,或寄上海山家园恒升木作,以便纂入。限一年为期,速寄毋迟,望勿自误。特白。光绪戊子九月遗安堂公具。"(《申报》1888 年 10 月 16 日)

《鄞西布政乡西王漕冯家冯氏重修宗谱通告》,《新闻报》1947 年 9 月 29 日。

按语：本次修谱要求族人限期在登报之日起一个月内向修谱筹备处报送资料,以便汇编入谱。通讯处设在上海厦门路衍庆里 21 号、宁波滨江巷 7 号。

该通告又刊 10 月 2 日、3 日《新闻报》。

《鄞县布政乡西王漕冯氏大树堂重修宗谱通告》,《宁波时事公报》1947年10月2日。

按语:该族宗谱年久失修。

该通告由宗房长刊登,要求迁居各地族人限期在1947年11月12日(阴历九月底)之前报送修谱资料。通讯处设在宁波滨江巷7号、上海厦门路行庆里21号。

该通告又刊10月3日、4日《宁波时事公报》。

《鄞西浣锦冯氏(后仓冯家)重修宗谱通告》,《宁波时事公报》1948年3月17日。

按语:该族曾在清光绪元年(乙亥年,1875年)、光绪二十六年(庚子年,1900年)、民国十年(辛酉年,1921年)纂修宗谱。前修宗谱即《浣溪冯氏宗谱》,共三十六卷、首一卷、末一卷,宗长冯圣谟等修,冯义圻(俊翰)总纂。民国十八年(1929年)木活字本,十册。版心题《冯氏宗谱》,天一阁、上海图书馆有藏。

该通告称经宗房长议决即日开始采访,要求永安堂、孔安堂支派族人限期在1948年7月6日(阴历五月底)之前将修谱资料寄至通讯处,以便汇编入谱。修谱筹备处设在鄞西冯家敦本义庄,通讯处设在上海五马路复兴园冯和霖(梅琯)处、宁波北大路鄞县县立商校冯蓊馆、冯和珪(均康)处。

作家苏青(冯允庄)出自该族。

该通告又刊3月19日、21日、23日、25日、27日、29日、31日,4月2日、4日,5月23日、24日《宁波时事公报》,3月18日、30日,4月3日、5日,5月25日《宁波日报》,4月14日、15日上海《中央日报》。其中《中央日报》标题作《鄞西浣锦冯氏(后仓)(冯家)重修宗谱通告》。

　　本次所修即《浣溪冯氏宗谱》,共三十六卷、首一卷、末一卷,冯义法(涨法)、冯义煌(德云)、冯义修(宝元)等修,冯中鋆(莼馆)总纂,冯中楸(逸凡)、冯中鉴(蓉馆)、冯中鏧(兰寿)等协纂。民国三十八年(1949年)铅印本,十册。版心题《冯氏宗谱》。天一阁有藏。

【乐】

《镇海湖塘乐氏修谱启》,《申报》1928年9月21日。

按语:该族曾在清光绪二十六年(庚子年,1900年)纂修宗谱。

该启事称本次重修宗谱于1928年7月14日议决即日发起,要求族人向通讯处报送修谱资料,以便汇纂入谱。通讯处设在上海新闸路口胶州路公益营造厂乐俊堂处、宁波濠河头盐引公所乐秀澄处、芜湖戈矶山下近海邮船社乐俊壬处。

该启事又刊9月22日至27日《申报》、9月21日至27日《新闻报》。

《镇海灵岩金泉乡湖塘乐氏惇叙堂宗谱局通告》,《宁波日报》1949年3月5日。

按语:该通告称该族已开始纂修宗谱,要求迁居外地及邻村族人从速向镇海县金泉乡湖塘(今属宁波市北仑区)乐氏惇叙堂宗谱局报送修谱资料,以便汇纂入谱。

该通告又刊3月6日、7日《宁波日报》。

【卢】

《敬睦堂卢氏修谱通告》,《宁波时事公报》1946年9月12日。

按语：此系宁波城内君子街敬睦堂卢氏修谱通告。该族始迁祖卢家锦,字鄞峰,明嘉靖年间自金塘山(今属舟山市)迁至此地。前修宗谱即《甬上卢氏敬睦堂宗谱》,共八卷、首一卷、末一卷,黄家来、章心泉纂修。清光绪二十九年(1903年)敬睦堂木活字本,六册。书名页题《卢氏宗谱》,天一阁、日本国立国会图书馆、美国斯丹佛大学东亚图书馆、美国犹他家谱学会有藏。

本次修谱自1946年9月开始采访,要求天房、地房、人房及戚隘桥支系族人限期在12月底之前向敬睦堂卢氏修谱筹备处报送详细资料。通讯处设在宁波君子街18号敬睦堂卢氏修谱筹备处卢松涛处、上海民国路238号大同五金号卢大章处。

清代藏书家、抱经楼主人卢址及卢绪章出自该族。

该通告又刊9月13日至26日《宁波时事公报》。

本次所修即《甬上卢氏敬睦堂宗谱》,共八卷、首一卷,袁声伯(廷泽)主编,卢宗侃(运夫)编辑。民国三十六年(1947年)敬睦堂木活字本,八册。书签题《浙鄞卢氏宗谱》。天一阁、上海图书馆、国家图书馆、杭州市萧山区图书馆、吉林大学图书馆、美国犹他家谱学会等有藏。

附：

《敬睦堂卢氏修谱通告》:"吾族宗谱自光绪癸卯年重修以

来,迄今已四十余年。房下子姓繁衍,人事更迁日多,业经各房公议自本年九月开始采访。凡我天、地、人三房下子姓以及戚隘桥支系,请将丁口、婚嫁、生卒、配葬、传志、文献等项,限本年十二月底以前详细抄录送交本处,俾便纂辑。幸勿自误。特此通告。来件寄君子街十八号敬睦堂卢氏修谱筹备处卢松涛、上海民国路二三八号大同五金号卢大章。"(《宁波时事公报》1946年9月12日)

《宁波君子营卢氏敬睦堂修谱通告》,《新闻报》1946年9月30日。

按语:该通告称本次续修宗谱自1946年9月开始在宁波登记,要求天房(又分元、亨、利、贞四房)、地房、人房及戚隘桥支系族人限期在12月底之前报送详细修谱资料,以便汇纂入谱。通讯处设在宁波君子街18号卢氏修谱筹备处卢松涛处、上海民国路大同玻璃五金行卢绪延(耿臣)转。

该通告又刊10月5日《申报》,10月20日、25日天津《大公报》。

《宁波君子营卢氏敬睦堂修谱通告》,《新闻报》1946年10月6日。

按语:该通告内容同《新闻报》1946年9月30日《宁波君子营卢氏敬睦堂修谱通告》。另,该通告末通知旅沪族人参加定于1946年10月6日下午二时在上海南市小北门万竹街玻璃业公会召开的会议,以讨论修辑宗谱等事宜。

《宁波君子营敬睦堂卢氏修谱局紧要通告》,《宁波时事公报》1946年12月1日。

按语:该通告称本次修谱采访即将结束,催告族人限期在1946

年12月底之前向谱局报送修谱资料,以便汇纂入谱。通讯处设在宁波泥桥街卢氏宗祠内。

该通告又刊12月2日至4日、6日至15日《宁波时事公报》。

《鄞县江北佑安卢氏(范德堂系)纂修宗谱通告》,《宁波时事公报》1947年8月3日。

按语:该族曾在清同治五年(丙寅年,1866年)创修宗谱,并在民国二十五年(丙子年,1936年)续修。

该通告由卢国黼刊登。本次修谱自1947年7月开始,要求族人限期在9月底之前领取、填报调查表。通讯处设在宁波江北岸槐树路71号卢瑞余处,筹备处设在江北岸宝记巷2号。

该通告又刊8月4日《宁波时事公报》。

【戎】

《浙宁鄞东一都戎氏修谱》,《新闻报》1908年10月9日。

按语：该启事由干事刊登,内称"我族始祖封柳邱侯,名赐,至子云公居湖广江陵,后嗣分派蕃衍,迁居各处,慈谿、镇海、象山、定海、余姚、杭州、剡县、天津等其最著者"。戎子云,字作霖。本次修谱要求族人限期在清光绪三十四年十月底(1908年11月23日)之前将详细资料寄上海四马路平和洋行戎诚斋转递戎氏谱局。谱局设在鄞东一都天官第戎氏宗祠内。

该启事又刊10月10日至28日《新闻报》。

《宁波天官第戎氏宗祠修谱通告》,《申报》1947年3月18日。

按语：该族曾在清宣统元年(己酉年,1909年)重修宗谱。

本次修谱要求族人限期在1947年5月底之前报送资料。谱局设在鄞东一都天官第戎氏宗祠,通讯收件处设在上海广东路322弄8号好吃来公司戎维垒处、宁波钱塘街永泰丰海味行戎维植处；另,上海通讯处电话号码为90453。

该通告又刊3月19日、20日《申报》,3月21日、22日、24日《新闻报》。

本次所修即《鄞东一都天官第戎氏宗谱》,共四卷、首一卷,宗长戎祥富(富生)等修,徐子敬主编。民国三十六年(1947年)八月惇叙堂木活字本,共印十二部,每部五册。书签题《戎氏宗谱》。天一阁有藏。

附：

《宁波天官第戎氏宗祠修谱通告》:"吾族宗谱自民国前三年重修后,迄今又将卅九载,子孙繁衍,亟待续修。兹经各房决议,自即日起设立谱局开始采访。凡我族人散居各处者,请向本祠谱局或通讯处将丁口、婚嫁、生卒、承继、配葬、传志、文献等详细事实填明来局,俾便汇编,并限于国历五月底前截止。望勿延误,特此通告。通讯收件处:上海广东路322弄8号好吃来公司戎维垒先生、宁波钱塘街永泰丰海味行戎维植先生接洽,谱局:宁波天官第本宗祠。上海通讯处电话90453号。"(《申报》1947年3月18日)

《鄞东一都天官第戎氏宗祠修谱通告》,《宁波时事公报》1947年3月28日。

按语:该通告由宗长戎祥富及各房长、干事刊登,要求迁居各地族人限期在1947年6月底之前向谱局或通讯处报送修谱资料。谱局设在戎氏宗祠内,通讯处设在宁波江厦街永泰海味行戎维植处、宁波东大路元泰和五金号戎赓和处、上海广东路322弄8号好吃来公司戎松年处。

该通告又刊3月30日,4月3日、5日、7日、8日《宁波时事公报》;3月29日,4月2日、9日《宁波日报》。

【吕】

《宁城沙井头吕氏修谱》,《德商甬报》1899年1月6日。

按语:该族始迁祖吕可正。

该启事由吕氏宗长刊登,内称"吾吕自明初从奉川方门迁鄞,始祖至今十有九世"。奉川即奉化。本次修谱要求迁居外地族人限期在清光绪二十四年(1898年)十二月底之前向宁波丝巷弄仁安公所旁吕氏宗祠内修谱局报送资料。

本次所修即《宁城木栏桥吕氏宗谱》,共二十二卷、首一卷,宗长吕原沄、吕原炟等修,吕庆熊纂修。光绪二十五年(1899年)扶雅堂木活字本,六册。天一阁、吉林大学图书馆有藏。

《鄞南东林市跟吕氏洪祀下支派修谱启事》,《时事公报》1940年12月11日。

按语:该支派曾在清代修谱。

该启事由宗房长、干事刊登,称本次重修支谱即将付印,并定于1941年2月3日(正月初八日)进主,要求迁居外地族人从速报送修谱资料。

该启事又刊12月12日、13日《时事公报》。

【朱】

《镇海虹桥朱氏修谱》,《新闻报》1908年8月23日。

按语:该族由朱公再自福建迁居镇海县城西白营,后由朱启迪迁虹桥,至此时(1908年)已有五百余年。

该启事由宗长朱光涞刊登,落款时间为光绪三十四年(1908年)三月,内称该族"虽有旧谱,残缺难稽,乾隆、咸丰两次修辑,均以限于经费,未及广为搜罗"。本次修谱自光绪三十四年三月开始采访,要求族人限期在翌年二月底之前报送资料。谱局设在镇海县虹桥协和堂药铺内朱峨峰宅,通信处设在上海四川路地亚士洋行朱衡斋处、宁波方井头合森柴行朱传炎处、镇海县树行街乾孚木行朱敬夫处。

上海总商会会长、中国通商银行总董、宁波旅沪同乡会会长朱葆三(佩珍)、上海商业会议公所、上海商务总会、上海总商会议董朱衡斋(钧)及朱忠煜(彬绳)出自该族。

该启事又刊8月25日、27日、29日、31日,9月2日、4日、6日、8日、10日、12日、14日、16日、18日、20日、22日、24日、25日、27日、29日,10月3日、5日、7日、9日、11日、13日、15日、17日、19日、21日、23日、25日、27日、29日、31日,11月2日、4日、6日、8日、10日、12日、14日、16日、18日《新闻报》;9月17日《申报》。

本次所修即《镇海虹桥朱氏重修族谱》,共十二卷、首一卷、末一卷,谢觐黻(彤黼)总纂,王思燦协修。清宣统二年(1910年)徽荫堂木活字本,八册。书签题《蛟川朱氏宗谱》,书名页题《朱氏宗谱》,版心题《虹桥朱氏族谱》。宁波市镇海区档案馆、上海图书馆(存五册;

即卷首,卷一、二、五至九)有藏。

附:

《镇海虹桥朱氏修谱》:"我族自考亭文公四世孙公再公由闽迁居本邑城西之白营,越二传启迪公再由白营迁居虹桥,迄今已五百余年。虽有旧谱,残缺难稽,乾隆、咸丰两次修辑,均以限于经费,未及广为搜罗。兹特邀同宗人公议设局重修,先行采访,以今年三月起,至明年二月止。凡系虹桥本派迁居异地者,速将历代世系、名讳、事实并生卒年月日时、葬所及妻妾、子女逐一详细开明送与本局,俾可汇登。如藏有旧谱,并祈即行寄局,以备参考。幸勿延误,是所政盼。此布。●局所现设镇海虹桥协和堂药铺内朱峨峰家。●通信处:(一)上海英界四川路地亚士洋行朱衡斋、(一)宁波方井头合森柴行朱传炎、(一)镇海树行街乾孚木行朱敬夫。来信邮力自理,并祈书明发信人里居及转递处,以便信札往还。光绪三十四年三月 日宗长光涞告白。"(《新闻报》1908年8月23日)

《鄞县西成区藕缆桥前漕朱氏继述堂重修宗谱启事》,《申报》1929年1月10日。

按语:该族始迁祖朱夔,字秀整,号云溪,于南宋时因避乱由苏州迁居四明(今宁波)大皎山张家渚。朱夔生三子即孝杰、孝良、孝庆,其中朱孝杰系藕缆桥支祖。曾在宋隆兴元年(癸未年,1163年),明嘉靖二十一年(壬寅年,1542年)、隆庆六年(壬申年,1572年),清乾隆四十七年(壬寅年,1782年)、道光十二年(壬辰年,1832年)、同治五年(丙寅年,1866年)纂修宗谱。前修宗谱即《四明藕桥朱氏宗谱》,共四卷、首一卷,朱充炽纂修。光绪二十五年(1899年)继述堂木活字本,五册。书签、版心题《朱氏宗谱》。天一阁、浙江图书馆、中国社会科学院历史研究所图书馆等有藏。

该启事由宗房长刊登。本次重修宗谱自1928年12月22日(长至节)开始编纂,要求迁居外地族人限期在1929年2月9日(戊辰年十二月底)之前将详细修谱资料寄至通讯处,以便编修入谱,并指出"倘或辗转迁徙,同族中有知其住址者,希即转告"。通讯处设在上海宁波路同和里丰余呢绒号朱家骍(善助)处、宁波东街中实药房朱贵穆(积锭)处。

著名实业家朱绣山(系朱锦玉次子)出自该族。

该启事又刊1月12日、16日、20日《申报》,1月11日、14日、21日《新闻报》。

本次所修即《四明藕桥朱氏宗谱》,共四卷、首一卷,朱善晋等纂修。民国十八年(1929年)四月继述堂木活字本,六册。书签、目录题《朱氏宗谱》。天一阁、国家图书馆、吉林大学图书馆有藏。

附:

《鄞县西成区藕缆桥前漕朱氏继述堂重修宗谱启事》:"吾族宗谱已届重修之期,经宗房议决爰于长至节后从事编纂。本族子孙有寓住外地者,须将世系、生讳、葬配、子女以及先人传序、赞略等从详抄录,务于年内寄至下列通讯处,以便纂辑。倘或辗转迁徙,同族中有知其住址者,希即转告。诚恐采访不周,为特登报通告。宗房长仝启。通讯处:上海英租界宁波路同和里丰余呢绒号朱家骍君、宁波东街中实药房朱贵穆君。"(《申报》1929年1月10日)

《余姚朱氏修谱通告》,《申报》1930年3月8日。

按语：该族始祖朱廷碧、迁居余姚龙泉山始祖为朱端二、朱端三。曾在清同治十二年（癸酉年，1873年）纂修宗谱。前修宗谱即《余姚朱氏宗谱》，共二十卷、首一卷，朱九畴、朱心龢、朱镜涵等纂修。清光绪三十年（1904年）一本堂木活字本，二十册。书签题《光绪余姚朱氏谱》。上海图书馆、国家图书馆、南京图书馆、中国社会科学院历史研究所图书馆、余姚市文物保护管理所（藏谱字号为第陆拾壹部）、吉林大学图书馆、美国犹他家谱学会有藏。

本次修谱要求"自始迁龙山二世祖端二公以下及端三公支止斋公以下各房子姓"限期在1930年6月底之前将资料寄至余姚老西门朱义庄修谱办事处，以便汇编入谱。

朱舜水、朱兰出自该族。

该通告又刊3月10日、12日、14日、18日、20日、22日、24日、26日、28日、30日,4月1日、3日、5日《申报》;3月9日、11日、13日、15日、17日、19日、21日、23日、25日、27日、29日、31日,4月2日、6日《新闻报》。

本次所修即《余姚朱氏宗谱》，共二十卷、首一卷，朱元树等纂修。民国二十年（1931年）一本堂木活字本，二十册。书签题《民国余姚朱氏谱》。上海图书馆、浙江图书馆、国家图书馆、中国社会科学院历史研究所图书馆、余姚市文物保护管理所、思绥草堂、美国犹他家谱学会有藏。

附：

《余姚朱氏修谱通告》："本宗祠自光绪甲辰年修谱,迄今近三十年。兹经族房公议继续修辑,即日开办,族大支繁,散居各处,采访恐有未周,爰登《申》《新》两报,凡自始迁龙山二世祖端二公以下及端三公支、止斋公以下各房子姓,务希将先人之世次、名号、排行、生卒、履历、坟墓、配某氏、生几子及本身子孙之世次、名号、排行、生日、妻子、履历、住址并远宗何支、近宗何代详晰开明,于本年六月末日以前妥寄余姚老西门朱义庄修谱办事处,以便汇编入谱。幸弗稽误。特此通告。"(《申报》1930年3月8日)

《鄞东海月塘朱氏修谱公告》,《新闻报》1936年12月10日。

按语:该族始祖朱光大;始迁祖朱谌,由鄞县一都迁至此地。曾在清光绪二十三年(丁酉年,1897年)纂修宗谱。

该公告由立本堂宗房长刊登,要求族人限期在1936年10月5日至1937年1月12日期间报送修谱资料。

该公告又刊12月11日、12日《新闻报》。

本次所修即《鄞东海月塘朱氏宗谱》,不分卷,王廷翰纂修。民国二十五年(1936年)立本堂木活字本,二册。上海图书馆有藏。

《鄞东邵家弄朱敦睦堂续修宗谱通告》,《时事公报》1943年6月22日。

按语:该族曾在民国十二年(癸亥年,1923年)续修宗谱。

本次修谱要求迁居外地族人限期在1943年8月底之前将资料寄至通讯处,以便编入宗谱。通讯处设在宁波江厦街11号元丰纱布号朱善才处,鄞东莫枝镇松丰学校朱荣根处。

该通告又刊6月25日《时事公报》。

《鄞县渔源乡邵家衕朱氏续修宗谱启事》,《宁波时事公报》1946年5月3日。

按语:该族前修宗谱距此时(1946年)已有二十三年。1946年清明节,议决发起重修。

该启事由朱氏修谱事务所刊登,称本次修谱已开始采访,要求迁居外地族人限期在 1946 年 7 月底之前报送资料。通讯处设在鄞东渔源乡邵家弄丽华丝光染织工厂、上海宁波路永清里新大纱布号、宁波江厦街 11 号新章花纱号。

该启事又刊 5 月 4 日至 6 日、8 日《宁波时事公报》。

《镇海张鑑碶朱氏修谱通告》,《新闻报》1947 年 5 月 4 日。

按语:该族自 1941 年(辛巳年)开始筹备建祠、修谱,但进展缓慢。1947 年 5 月,设立谱局开始采访。

该启事由镇海县张鑑碶朱氏谱局刊登,要求族人限期在 1947 年 11 月底之前报送修谱资料。上海通讯处设在重庆中路太和里 20 号朱克恽处(电话号码 50649)、镇海通讯处设在张鑑碶朱文斌处。

该通告又刊 5 月 7 日、14 日《新闻报》。

《鄞东朱桑朱氏天叙堂重修宗谱通告》,《宁波时事公报》1948 年 4 月 16 日。

按语:该族始迁祖朱瑄。曾在清嘉庆年间创修宗谱,后年久失修。

本次重修宗谱要求族人限期在 1948 年 7 月底之前报送资料。通讯处设在宁波咸塘街 139 号晋昌祥顾绣店、鄞东五权乡朱桑朱氏宗祠、上海民国路民国里 15 号志昶针线厂、上海方浜东路源丰鱼行朱友土(《新闻报》1948 年 4 月 17 日《鄞东朱桑朱氏天叙堂重修宗谱通告》作"朱有土")处、上海民国路尼山里 1 号余昶针线厂。

该通告又刊 4 月 18 日、20 日、22 日、24 日、26 日、28 日、30 日《宁波时事公报》。

本次所修即《鄞东朱氏宗谱》，共十卷、首一卷、末一卷，吴之才总纂，陈肇翰编纂，朱忠瑞主修。民国三十七年（1948年）天叙堂木活字本，册数不详。书签题《朱氏宗谱》。上海图书馆有藏（存一册，即卷首、卷一、二、四、卷终）。

《鄞东朱桑朱氏天叙堂重修宗谱通告》，《新闻报》1948年4月17日。

按语：该通告内容同《宁波时事公报》1948年4月16日《鄞东朱桑朱氏天叙堂重修宗谱通告》，但仅公布设在上海的通讯处，即民国路民国里15号志昶针线厂、民国路897弄1号余昶针线厂、小东门源丰鱼行朱有土处。

该通告又刊4月19日、22日、23日、25日，5月3日、6日、7日《新闻报》。

《宁波西门外藕缆桥龙舌朱氏永思堂修谱公告》，《新闻报》1948年5月25日。

按语：该族始迁祖朱夔，字秀整，号云溪；藕缆桥支祖系朱夔长子朱孝杰。前修宗谱即《四明朱氏宗谱》，不分卷，朱充鋆（秉金）、朱善孝、朱锦涛（永清）等纂修。清宣统元年（1909年）永思堂木活字本，四册。藕缆桥朱氏族人、宁波市鄞州区（大学园区）图书馆（存三册）有藏；另，天一阁存有电子扫描版（四册）。

该公告由永思堂谱局、宗长朱善福刊登，称经族内房派议决续修宗谱，要求迁居各地族人限期在1948年6月15日之前报送修谱资料。通讯处设在上海四马路浙江路正丰大楼宝丰呢号、上海中正北一路30号万利百货商店、宁波东门街朱顺泰蓖箕号、宁波方井头朱三泰旧布店。

《鄞县西门外藕桥龙舌朱氏永思堂八届修谱公告》,《宁波日报》1948年6月3日。

　　按语：该公告由宗长朱善福刊登,称经族内房派议决续修第八届宗谱,要求迁居各地族人限期在1948年6月底之前报送修谱资料,以便汇纂入谱。通讯处设在上海中正北一路30号万利百货店朱锦愚处、宁波鼓楼前蔡家巷16号徐子敬修谱事务所朱氏办事处、宁波方井头朱三泰旧布号朱积利处、宁波西郊路29号嘉泰草帽行朱锦坊处,电话号码1562。

《鄞县西门外藕缆桥龙舌朱氏永思堂八届修谱公告》,《宁波时事公报》1948年6月6日。

　　按语：该公告由宗长朱善福刊登,内容同《宁波日报》1948年6月3日《鄞县西门外藕桥龙舌朱氏永思堂八届修谱公告》。

　　该公告又刊6月7日《宁波时事公报》。

《宁波西乡藕缆桥龙舌朱氏永思堂修谱(二次)公告》,《新闻报》1948年6月9日。

　　按语：该公告由永思堂谱局、宗长朱善福刊登,内容同《新闻报》1948年5月25日《宁波西门外藕缆桥龙舌朱氏永思堂修谱公告》,但要求迁居各地族人限期在1948年7月15日之前报送修谱资料。

《宁波江东铸坊巷(石墙门)朱氏修谱通告》,《宁波时事公报》1948年7月31日。

　　按语：该族始迁祖朱君宠,字国表,于明崇祯年间自三北滕家山下迁居宁波江东铸坊巷,至此时(1948年)已有三百余年。乾房六世祖朱显志曾创修家谱。

该通告由宗长(即朱凤樟)刊登。本次修谱由朱竹霖、朱竹润等发起并征得宗长同意,要求族人自通告刊登之日起一个月内报送资料。通讯处设在上海闸北宝通路324号谦益木行朱积昌处、宁波天宝绸缎局朱友黻处、鄞县县银行朱竹君处、新丰米行朱竹洲处。

《宁波江东铸坊巷石墙门朱世德堂修谱通告》,《宁波时事公报》1948年8月2日。

按语:该通告由宗长朱凤樟刊登,内容同《宁波时事公报》1948年7月31日《宁波江东铸坊巷(石墙门)朱氏修谱通告》。

该通告又刊8月4日《宁波时事公报》。

《宁波南乡甲村朱宝训堂修谱通告》,《新闻报》1948年9月26日。

按语:该通告由宁波甲村朱氏谱局刊登,要求旅居外地族人限期在两个月内报送修谱资料。通讯处设在上海泥城桥西藏路永吉里6号朱继善处。

《宁波江东铸坊巷石墙门朱世德堂修谱通告》,《新闻报》1948年10月15日。

按语:该通告由宗长朱凤樟刊登,要求族人自通告刊登之日起一个月内将修谱资料寄至宁波鄞县县银行朱竹君处、上海闸北宝通路324号谦益木行朱积昌处。

该通告又刊10月17日《新闻报》。

《鄞西章村朱氏人和堂重修宗谱》,《宁波日报》1949年3月17日。

按语：该族始迁祖朱廷玉。曾在清嘉庆十三年(戊辰年,1808年)、道光二十七年(丁未年,1847年)、光绪三年(丁丑年,1877年)、光绪二十四年(戊戌年,1898年)纂修宗谱。前修宗谱即《四明章溪朱氏宗谱》(五修本),共六卷,朱久来、朱久定、朱久华等修,徐廷璋(伯玉)编纂。民国八年(1919年)人和堂木活字本,二册。书签题《朱氏宗谱》。天一阁有藏。

该启事称本次续修宗谱即日开始采访,要求迁居各地族人限期在1949年3月底之前报送详细修谱资料,以便汇纂入谱。通讯处设在宁波章村(又作樟村)朱汤学校转朱氏修谱处。

据1998年朱传布主修、朱祥太编纂的《四明章溪朱氏宗谱》系六修本可知,1949年朱氏人和堂重修宗谱最终并未完成。

【任】

《镇海后绪乡佳溪任氏修谱》,《申报》1910年6月13日。

按语：该族始祖任仲渊,行锺三。曾在清道光二十六年(丙午年,1846年)重修宗谱。

该启事由任敦睦堂刊登,要求迁居外地族人从速将详细修谱资料寄宁波镇北(即镇海北)任氏谱局,或寄上海三马路美华利钟表行任康伯、上海咸瓜街同昌参号任玉臣转寄谱局。

该启事又刊6月14日至27日《申报》。

附：

《镇海后绪乡佳溪任氏修谱》："我族宗谱重修于道光丙午年,阅六千(十)五载于今矣,深恐历年愈久汇辑愈难,为特公议续修。凡我始祖行锺三、讳仲渊公下派有移居他处者,请即将世系、名讳、生卒、嫁娶、住址、葬所、职衔等项详细开列,径寄宁波镇北任氏谱局,或寄至上海三马路美华利钟表行任康伯及咸瓜街同昌参号任玉臣转寄亦可。务希赶紧,弗迟为荷。任敦睦堂谨启。"(《申报》1910年6月13日)

《鄞县南乡丰和区任氏修谱》,《新闻报》1925年2月11日。

按语：该族始祖任魏,字大邦,号东闾;始迁祖任景求,字贞颖,于唐代由苏州迁鄞县,其后裔定居鄞南鄞塘乡。鄞塘任氏分为东任、西任,其中东任又分两派,东派祖任朝五(端甫),西派祖任朝七(子奇)。曾在清道光二十年(庚子年,1840年)、同治九年(庚午年,1870年)、光绪二十九年(癸卯年,1903年)纂修谱牒。

该启事由宗房长刊登,内称"吾族祖居二十七甲,自朝五公、朝七公徙居以来,历有数百余年"。本次修谱要求族人限期在1925年3月23日(阴历二月底)之前报送资料。通讯处设在上海天津路320号晨社任锡藩处、宁波江北岸德昌号任照坤处、任家横西店桥洪泰米行。

该启事又刊2月13日、15日《新闻报》。

本次所修即《古堇任氏宗谱》,共十六卷,任良球、任方洪、任正垚监修,张永睦纂修。民国十四年(1925年)敦伦堂木活字本,十六册。书签题《四明任氏家宝》。天一阁有藏。

《鄞南丰北乡蔡郎桥西任家横任氏宗祠庆余堂修谱通告》,《时事公报》1944年3月14日。

按语:该通告由任庆余堂刊登,系通知族人参加定于1945年2月18日(阴历正月初六日)举行的贺谱进主典礼。

该通告又刊3月15日、16日《时事公报》。

《奉化尚田任氏修谱通告》,《宁波时事公报》1946年8月29日。

按语:该族曾在民国二年(癸丑年,1913年)续修宗谱。

该通告由任氏重修家乘编纂所刊登。本次修谱于1946年春发起,要求旅居外地族人限期在11月23日(阴历十月底)之前报送资料。通讯处设在奉化尚田任氏宗祠内。

该通告又刊8月30日、31日《宁波时事公报》。

【江】

《奉化江氏修谱启》,《申报》1920年5月5日。

　　按语:该启事由奉化棠岙江氏刊登,系通告族人定于1920年6月2日(阴历四月十六日)开版,要求迁居外地族人在一个月内至棠岙接洽修谱事宜。

　　该启事又刊5月6日、7日、19日《申报》。

《鄞县济阳江氏修谱广告》,《时事公报》1924年2月14日。

　　按语:该族分为孝房、悌房、慈房,前修宗谱距此时(1924年)已有二十六年。

　　该广告由鄞县济阳江氏宗长刊登,要求迁居远方、在外经商的族人限期在1924年4月3日(阴历二月底)之前报送修谱资料。通讯处设在上海中虹桥崇德学校江福卿处、宁波湖西虹桥江功甫处、原宁绍台道署后秃水桥江云生处。

　　该广告又刊2月19日至21日《新闻报》、2月20日《申报》。

《镇海灵岩西山下江氏修谱通告》,《新闻报》1932年3月21日。

　　按语:该期通告及3月22日《新闻报》原标题均误作《镇江灵岩西山下江氏修谱通告》。3月25日、26日《新闻报》刊登通告时,标题改为《镇海灵岩西山下江氏修谱通告》,内容均相同。

　　该族曾在清光绪十八年(壬辰年,1892年)编修宗谱。

　　本次重修宗谱系第十修,指出"先遣采访员出门采访(除携有采访册外,兼带老谱系图一本为凭)",要求族人限期在1932年清明节之前报送资料。通讯处设在宁波江东正生昌纸行江槐堂处、杭州华成烟公司江森裕处、上海宁波路渭水坊福泰煤号江祥庆处。

《镇海西山下江氏修谱通告》,《新闻报》1932年4月18日。

按语:该通告系催告镇海县灵岩西山下江氏族人限期在1932年立夏之前报送修谱资料。通讯处设在宁波江东正生昌纸行江槐堂处、杭州华成烟公司江森裕处、上海宁波路渭水坊福泰煤号江祥庆处。

《奉化棠岙江氏修谱通告》,《宁波时事公报》1946年4月16日。

按语:本次重修宗谱自1946年4月开始,要求旅居外地族人限期在7月底之前向各自房派报送资料,以便汇纂入谱;另,通告族人宜晚堂派此次合并编入宗谱。

该通告又刊4月17日、18日《宁波时事公报》。

本次所修即《江氏宗谱》,共十二卷,陈毓川总裁,江寿南、江良森、江良敦等总理,宗长江傅兴主修。民国三十五年(1946年)木活字本,十二册。宁波市奉化区棠云村村委会有藏。

《奉化棠岙江氏修谱通告》,《新闻报》1946年7月3日。

按语:本次重修宗谱自1946年4月开始,要求旅居外地族人限期在7月底之前向各自房派报送资料,以便汇纂入谱;另,通告族人老江派此次合并编入宗谱。

该通告又刊7月4日、5日《新闻报》。

【许】

《鄞东陶公山许氏修谱通告》,《新闻报》1946 年 9 月 10 日。

  按语:该族曾在民国二年(癸丑年,1913 年)重修宗谱。

  该通告由宗房长刊登。本次修谱自 1946 年 9 月开始采访,要求族人限期在 11 月底之前报送资料。通信处设在上海太仓路 169 号大陆旅社许富康处、上海杨树浦鱼市场义记鱼行许生鸣处。

  该通告又刊 9 月 12 日、14 日《新闻报》。

《鄞东陶公山许氏修谱启事》,《宁波日报》1946 年 11 月 23 日。

  按语:该启事由"宗族房长干等"刊登,称本次修谱即日起开始采访,要求迁居各地族人限期在 1947 年 1 月 6 日之前报送详细资料,以便汇纂入谱。

  该启事又刊 11 月 24 日至 26 日《宁波日报》。

《镇海石高塘许氏修谱》,《宁波日报》1947 年 7 月 27 日。

  按语:该族前修宗谱距此时(1947 年)已有三十余年。

  该启事由宗长许学宸刊登,要求迁居外地族人限期在 1947 年 8 月 30 日之前将修谱资料寄至镇海县石高塘许良水处,以便汇纂入谱。

  该启事又刊 7 月 28 日《宁波日报》、8 月 3 日《宁波时事公报》。

《鄞西章村许氏修谱通告》,《宁波日报》1948 年 4 月 19 日。

  按语:该族曾在民国初年纂修宗谱,距此时(1948 年)已有三十余年。

该通告称经宗族会议议决即日开始重修宗谱,要求旅居外地族人限期在1948年6月6日(阴历四月底)之前报送资料,以便汇纂入谱。通讯处设在宁波灵桥路信昌祥钟表店许久赓处、上海三马路同安大楼112号许祖赓处。

该通告又刊4月20日、21日《宁波日报》。

《告示》,《慈溪日报》2011年8月9日。

按语:该告示要求余姚、慈溪两地许氏族人限期在2011年12月底之前联系入谱,并公布联系人许才方、许书年、许志锋、许勇元电话号码。

该告示又刊8月16日《慈溪日报》。

附:

《告示》:"余姚、慈溪两市的许姓家族,正在开展续谱工作,请许姓家族见报后,前来联系入谱。联系时限至2011年底止。

联系人:许才方13506749＊＊＊　许书年18957868＊＊＊　许志锋15168113＊＊＊　许勇元15867321＊＊＊、62240＊＊＊。"(《慈溪日报》2011年8月9日)

【阮】

《宁波鄞东石山弄阮氏续修宗谱》,《新闻报》1929年4月18日。

按语:该族始迁祖阮允祥,一作允详,字吉甫,号应瑞,行云六,自宋代迁居该地。曾在清光绪十九年(癸巳年,1893年)由吴尚宾纂辑宗谱。

本次修谱要求迁居外地族人限期在1929年6月6日(阴历四月底)之前报送资料。通讯处设在上海大马路鸿仁里协裕金号、宁波江厦成丰钱庄。

该启事又刊4月20日、22日、24日、26日、28日、30日,5月4日《新闻报》;4月19日、21日、23日、25日、27日、29日,5月1日《申报》。其中《申报》标题作《宁波鄞东石山巷阮氏续修宗谱》。

本次所修即《鄞东鹿峰阮氏宗谱》,共十二卷、首一卷,吴之才纂修。民国十九年(1930年)名贤堂木活字本,二册。书衣题《阮氏宗谱》。天一阁有藏。

【华】

《宁波鄞西十士港后门华氏重修宗谱通告》,《申报》1929年7月15日。

按语:"十士港"今作集士港。该族前修宗谱距此时(1929年)已有四十余年。

该通告由宗长刊登,要求迁居外地族人限期在1929年8月4日(阴历六月底)之前报送修谱资料。通讯处设在上海浙江路四马路口万祥袜厂华铭辉处、宁波车桥弄口大椿烛号华林富处。

该通告又刊7月17日、19日、21日《申报》,7月16日、18日、20日《新闻报》。

《华氏家谱续修公告》,《新民晚报》2017年9月19日。

按语:该族始祖华原泉,行三一,宋代人;始迁祖华宏,字魁远,行季六,元至元年间由明州(今宁波)迁居定海县(今镇海)施公山(今属慈溪市)。曾在元皇庆元年(壬子年,1312年),明永乐十一年(癸巳年,1413年)、成化年间、嘉靖十五年(丙申年,1536年)、万历四十三年(乙卯年,1615年)、清康熙十九年(庚申年,1680年)纂修宗谱。前修宗谱即《华氏宗谱》,共十九卷、首三卷、末一卷,华大贵、华安静、华炳苑等纂修。光绪二十四年(1898年)木活字本,十六册。上海图书馆有藏;另,天一阁藏有十四册,系慈溪市龙山镇施公山华氏宗谱编委会于2020年4月捐赠。

该公告由慈溪市龙山镇施公山惇叙堂华氏宗谱续编委员会刊

登，落款日期为"2017年9月19日"，要求迁居外地及在外工作族人积极报送修谱资料，以便纂修入谱。另，还公布有联系方式。

该公告又刊9月19日《宁波晚报》、9月20日《钱江晚报》，但均无落款日期。

本次所修即2017年版《华氏宗谱》，共十八册，线装，华南成主编。2020年4月13日，慈溪市龙山镇施公山华氏宗谱编委会向天一阁捐赠该宗谱。另，上海图书馆等亦有藏。

《华氏家谱续修公告》，《宁波日报》2017年9月21日。

按语：该公告由慈溪市龙山镇施公山村村民委员会刊登，内容同《新民晚报》2017年9月19日《华氏家谱续修公告》，但均无落款日期。

该公告又刊9月26日《慈溪日报》。

《慈溪梅川华氏宗族续谱公告》，《慈溪日报》2018年2月7日。

按语：该族始迁祖华千二，于宋代自无锡迁至余姚梅川乡（今属慈溪市），后裔分为散塘房、明房、魏房、操房、深房、岳房、隆房、元房、左房、东华房、西华房十一房。曾在清乾隆十年（乙丑年，1745年）、嘉庆八年（癸亥年，1803年）、咸丰三年（癸丑年，1853年）修谱。前修宗谱即《姚江梅川华氏宗谱》，共十九卷、首一卷、末一卷，华沄、华肇垣续编。光绪二十四年（1898年）思永堂木活字本，共印二十六部，每部十二册。版心、书名页题《姚江华氏宗谱》。慈溪市博物馆有藏（存九册）；另，据2021年版《梅川华氏宗谱》记载，慈溪华家桥村华立忠藏有十一册（缺第十八卷）。

本次续修家谱由二十二世孙、二十三世孙等发起，要求族人领取、填写《本家世代传承一脉表》,以便入谱。另,还公布有武陵桥总部及武陵桥组、东华(高河塘)组、西华头组、轻纺(界堰路)组、华家桥降桥组、胜山组、东岙妙山组等分组联络人、联系方式。

《公告》,《慈溪日报》2019 年 12 月 10 日。

  按语:此系慈溪武陵梅川华氏修谱公告,称本次续谱采访工作将于 2019 年 12 月 31 日截止并付印,要求尚未登记族人从速登记。联系地址在慈溪市白沙路街道武陵桥村祠堂内,联系人华焕康。另,还公布有联系电话。

【庄】

《镇海庄氏东祠修谱通告》，《申报》1929年5月4日。

　　按语：该族曾在清光绪三十二年(丙午年，1906年)修谱。

　　该通告由镇海县庄市东祠修谱事务所刊登，要求旅居外地族人限期在1930年1月29日(己巳年年底)之前报送修谱资料。通讯处设在上海叶天德堂庄鲁卿处、宁波《时事公报》社庄禹梅处、镇海县庄市谦益斋庄耀庭处。

　　该通告又刊5月5日至8日《申报》、5月5日至8日《新闻报》。

　　附：

　　《镇海庄氏东祠修谱通告》："窃维我族自前清光绪年间修谱以来，去今二十余年矣。子姓繁衍，为数匪尠，又有远居他方为本祠之所不及知者，年久代远，稽查为难。本祠有鉴于此，爰邀集宗房长、各柱首、监察等从详讨论，认为急须重修，当场通过。现已设立事务所，凡我子姓之旅居他方者，自登报日起、至己巳年旧历年底为止，速向后列地点报名，以便列入谱内。恐未周知，特此通告。通讯处：上海叶天德堂庄鲁卿君、宁波《时事公报》社庄禹梅君、庄市谦益斋庄耀庭君。庄市东祠修谱事务所启。"(《申报》1929年5月4日)

《镇海庄氏东祠修谱通告第二号》，《新闻报》1929年8月8日。

　　按语：该通告由镇海县庄氏东祠修谱事务所刊登，系通告族人报送修谱资料截止日期已做调整,即本地族人限期1929年9月2日(阴历七月底)、外埠族人限期10月2日(阴历八月底)。

该通告又刊8月9日、10日《新闻报》。

《镇海西管乡庄氏西祠堂续修宗谱》,《新闻报》1930年5月13日。

按语:该族曾在民国七年(戊午年,1918年)重修宗谱。

该启事由镇海县庄氏西祠惇本堂修谱事务所刊登,内称"吾族宗谱十年一修,明载谱牒"。本次修谱要求族人限期在1930年12月底之前报送资料,事务所设在宁波北乡庄市西祠堂内。

该启事又刊5月15日、17日、19日、21日《新闻报》,5月14日、16日、18日、20日、22日《申报》。

附:

《镇海西管乡庄氏西祠堂续修宗谱》:"吾族宗谱十年一修,明载谱牒。自民七重修,迄今已阅十有三年,理应照章再修。凡我族人有迁居他方者,见报即将祖父、本身名讳、事实、配氏、生卒、寿葬、著作等件详细开载,或亲送、或函达至本祠'宁波北乡庄市西祠堂修谱事务所',以便编纂。限国历十二月底截止,过期不收,幸勿自误。特此声明。庄氏西祠惇本堂修谱事务所告白。"(《新闻报》1930年5月13日)

《镇海庄市庄氏西祠(惇本堂)修谱》,《新闻报》1947年4月7日。

按语:该族曾在民国二十年(辛未年,1931年)编修宗谱。

本次修谱要求族人限期在1947年7月底之前报送资料。通讯处设在宁波庄市西祠堂修谱事务所、上海厦门路尊德里41号堃记号。

该启事又刊 4 月 8 日至 11 日《新闻报》。

《镇海庄市庄氏西祠惇本祠修谱通告》,《宁波时事公报》1947 年 4 月 21 日。

按语:该通告内容同《新闻报》1947 年 4 月 7 日《镇海庄市庄氏西祠(惇本堂)修谱》。

该通告又刊 4 月 22 日至 25 日《宁波时事公报》。

《镇海庄氏东祠修谱通告》,《宁波日报》1949 年 1 月 6 日。

按语:该族曾在民国十八年(己巳年,1929 年)续修宗谱。

本次修谱于 1949 年 1 月 1 日成立谱局,要求旅居外地族人限期在 1 月 30 日之前报送资料。通讯处设在宁波江北岸宝记巷 9 号庄禹梅处、镇海县庄市谦益斋药号。

该通告又刊 1 月 7 日、8 日《宁波日报》。

【孙】

《奉化孙氏修谱》,《德商甬报》1899 年 5 月 21 日。

按语：该族以唐代奉化县令孙原甫为始祖,后因谱残次失、名讳无从稽查,故后世修谱奉二十六世孙惟善、孙惟仲、孙惟尧为一世始祖。曾在明嘉靖十九年(庚子年,1540 年)由孙宪(号钝斋)创修宗谱,后在清康熙五十六年(丁酉年,1717 年)、乾隆四十年(乙未年,1775 年)、嘉庆十四年(己巳年,1809 年)、道光十八年(戊戌年,1838 年)、同治九年(庚午年,1870 年)、光绪二十五年(己亥年,1899 年)续修。

本次修谱要求族人限期在清光绪二十五年八月底(1899 年 10 月 4 日)之前向奉化萧王庙孙氏义学报送资料,以便查核入谱,并指出"如有家藏旧谱可续二十五世者,能珍送至族内义塾,敬当厚谢"。

该启事又刊 5 月 23 日、24 日,6 月 7 日、11 日、12 日、14 日《德商甬报》。

本次所修即《泉溪孙氏宗谱》,光绪二十五年木活字本。卷数、纂修者、册数不详。书签、版心题《孙氏宗谱》。宁波市奉化区博物馆有藏(存一册,即卷十四、十五)。

《浙江宁波奉化泉口孙氏修谱》,《新闻报》1899 年 6 月 7 日。

按语：该启事内容同《德商甬报》1899 年 5 月 21 日《奉化孙氏修谱》。

该启事又刊 6 月 8 日至 14 日、16 日至 7 月 8 日《新闻报》。

《余姚孙氏续修宗谱》，《申报》1912年5月21日。

按语：该启事由"孙庆四公派下房董"刊登，内称"我余姚龙泉孙氏自唐封乐安侯、汉长官讳偓、号龙光公率子宏四公由睦州徙姚之四明乡，再传广七公兵部尚书，至十世孙炳炎公由四明乡转徙龙泉乡，建祠诒谋堂，尊宏四公为始祖。至十二世荣一公生庆一、庆四二公"。本次续修谱牒要求迁居外地的庆四公派下族人限期在1912年10月15日之前向祠堂报送修谱资料。通讯处设在余姚东横河天益堂药材转递孙氏诒谋堂谱所、上海六马路同源祥煤号。

本次所修即《余姚龙泉孙氏谱系》，不分卷，孙莲舫纂修。慈溪市地方志编纂委员会办公室存有民国元年(1912年)诒谋堂抄本复印本(存四册)。

《鄞县北渡孙氏修谱广告》，《新闻报》1918年4月28日。

按语：该族始祖孙功荢，唐代人；始迁祖孙暹(即学录公)，字文萃，行季三，于南宋德祐年间由奉川(即奉化)棠溪迁至鄞县北渡。曾在明成化五年(己丑年，1469年)、嘉靖十六年(丁酉年，1537年)、嘉靖二十八年(己酉年，1549年)，清康熙年间、乾隆四十四年(己亥年，1779年)、道光二十八年(戊申年，1848年)纂修宗谱。前修宗谱即《北渡孙氏宗谱》，共二十二卷、首一卷，邬锡藩(维彦)纂修，孙礼美(字其远)、孙高恒(字生才)、孙高文等主修，孙高伦(字顺意)、孙高潘(字廷源)等总理。光绪十七年(1891年)化育堂木活字本，二册。上海图书馆有藏。

该广告由鄞县北渡孙氏宗房长孙崇银刊登，称本次修谱于1918年4月25日(阴历三月十五日)开设谱局采访，要求迁居外省族人限期在8月6日(阴历六月底)之前报送资料。通讯处设在上海美华利总号孙梅堂处、宁波东门内美华利转孙氏谱局。

"钟表大王"孙梅堂出自该族。

该广告又刊 4 月 30 日、5 月 2 日、4 日、6 日、8 日、11 日、15 日、17 日、19 日、21 日、23 日、25 日、27 日、29 日《新闻报》;5 月 10 日、14 日、16 日《申报》。

本次所修即《鄞县北渡孙氏宗谱》,共十八卷、首一卷、末一卷,傅毓璇(运甫)纂修,孙礼彪、孙崇银、孙崇新(生泰)等主修,孙宗壕(梅堂)总理。民国八年(1919 年)可继堂木活字本,共印二十部,每部十七册。书名页题《孙氏宗谱》,卷端题《北渡孙氏新修宗谱》,版心题《北渡孙氏宗谱》。天一阁有藏。

附:

《鄞县北渡孙氏修谱广告》:"启者:吾宗自学录公、讳运由奉川棠溪迁鄞县南乡北渡地方,迄今已历数世。兹因纂修族谱,谨择阴历三月十五日开局采访,凡我房下有流寓他省者,务望将某公某房支派下谱名或字号及乳名、生卒、配葬、年月日时及里居住址并子女配适详细开示,赶紧邮寄上海美华利总号交孙君梅堂,或宁波东门内美华利转交谱局,以便收入册内。限期以阴历六月底为止,望勿迟延为盼。北渡孙氏宗房长崇银启。"(《新闻报》1918 年 4 月 28 日)

《慈谿南乡车厩孙氏修谱》,《申报》1921 年 5 月 21 日。

按语:车厩即厩山。车厩孙氏曾在清光绪三年(丁丑年,1877 年)纂修宗谱。

该启事称"吾族始祖唐八部将军柳山公寓居车厩,厥后派分慈城高义坊、乌桕树下、七部车头暨鄞邑寺弄口、集士港、蒋山堰、姚邑湖清垫、天元市等支"。本次修谱要求族人限期在1921年9月30日(阴历八月底)之前报送资料。事务所设在慈谿县南乡车厩柏村学校,通信处设在上海南京路日新里源盛股票号孙子雯处、宁波江东立生北号孙虹笙处、余姚彭桥天生药号孙开初处。

该启事又刊5月22日至26日《申报》、5月21日至26日《新闻报》。

《宁波江北岸浮石亭孙氏修谱》,《申报》1923年1月29日。

按语:该启事由裕彦堂孙氏谱局刊登,内称"我族自始祖槐荫公由余姚迁甬江北岸居住,四传至资善公又迁浮石亭为祖基,生七子,分唐、诗、晋、字、汉、文、章七房,迄今二百余载"。该族于1922年冬至日议决创修宗谱,要求族人将资料寄至孙氏义庄内谱局,或交上海裕达银行转递谱局。

该启事又刊2月4日、8日、10日《申报》。

本次所修即《鄞邑甬北乐安孙氏宗谱》,卷数不详,孙馨銮纂修。民国十二年(1923年)裕彦堂木活字本,册数不详。版心题《甬北孙氏宗谱》。上海图书馆有藏(存三册,即卷一至九)。

《奉化萧王庙孙氏修谱通告》,《宁波民国日报》1927年6月17日。

按语:该族前修宗谱即光绪二十五年(1899年)版《泉溪孙氏宗谱》。1926年,宗房长、干事议决自翌年阴历三月起由各房分别采访、六月开设谱局编印、十一月初六日进谱。

本次修谱要求族人限期在1927年阴历六月之前将资料寄至萧

王庙湖澜书塾(原文误作潮澜书塾)内谱局。

该通告又刊6月21日《宁波民国日报》、7月2日至8日《新闻报》。

本次所修即《泉溪孙氏宗谱》,共十六卷、首一卷,孙礼锵总理。民国十六年(1927年)木活字本,十二册。书签、版心题《孙氏宗谱》。宁波市奉化区博物馆有藏(藏谱字号为己字号)。

《四明敦本堂孙氏修谱续告》,《新闻报》1927年7月9日。

按语:该族曾在清道光二十五年(乙巳年,1845年)重修宗谱。1927年春,再次发起修谱。

该通告由宗长孙友甫刊登,内称"吾族始祖竹庵公自明嘉靖间由鄞西碧溪迁居城中小沙泥街,二世祖继庵公生四子,分元、亨、利、贞四房,惟利房升阳公传三世而止,贞房华阳公传三世迁居余姚,后嗣未详。在鄞城者元房春阳公,下分仁、义、礼、智、信五房,亨房葵阳公,下分乾、坤、艮三房,合建宗祠于小沙泥街"。本次修谱要求族人限期在1928年1月22日(丁卯年十二月底)之前向谱局报送资料。通信处设在上海四明商业银行孙衡甫处、上海老闸桥元丰纱号孙联笙处、上海四马路五洲药房孙平阶处、宁波鼎恒钱庄孙友甫处。

上海四明商业银行总经理、四明保险股份有限公司董事长、上海总商会会董孙衡甫(遵瀍)出自该族,并承担本次修谱经费。

该通告又刊7月10日、12日、14日《新闻报》。

本次所修即《四明章溪孙氏宗谱》,共十卷、首一卷、末一卷,周毓邠(苇渔)纂修。民国十七年(1928年)敦本堂木活字本,八册。天一阁、上海图书馆有藏。

附：

《四明敦本堂孙氏修谱续告》："吾族始祖竹庵公自明嘉靖间由鄞西碧溪迁居城中小沙泥街,二世祖继庵公生四子,分元、亨、利、贞四房,惟利房升阳公传三世而止,贞房华阳公传三世迁居余姚,后嗣未详。在鄞城者,元房春阳公下分仁、义、礼、智、信五房,亨房葵阳公下分乾、坤、艮三房,合建宗祠于小沙泥街。自道光乙巳重修宗谱后,迄今八十余年,子孙散居分迁,若不继续修辑,恐昭穆失序、尊卑莫辨。今春特邀集阖族议决续修,凡我子姓速将名讳、字号、生卒、配葬、职衔、子嗣以及传赞、志铭、著述等项,详细钞录送局,以便采辑。前已登报通告,今再展限至阴历十二月底截止。切勿再误。又,春阳公曾在苏州开设孙春阳肆,闭歇后子孙多有家于苏州者,年久不通音问。今值重修宗谱,千万速即照上列各项详细钞录送局,幸毋自弃为要。

▲上海通信处:四明银行孙衡甫君、老闸桥元丰纱号孙联笙君、四马路五洲药房孙平阶君,宁波鼎恒钱庄孙友甫君。

宗长友甫启。"(《新闻报》1927年7月9日)

《四明孙氏敦本堂修谱续告》,《申报》1927年7月13日。

按语:该通告由宗长孙友甫刊登,内容同《新闻报》1927年7月9日《四明敦本堂孙氏修谱续告》,但称报送修谱资料截止日期调整为1927年9月25日(丁卯年八月底)。

该公告又刊7月17日、21日、25日《申报》,7月16日、18日、20日、22日、24日、26日《新闻报》。

《浙江宁波慈谿县盆山孙氏修谱通告》,《新闻报》1929年3月27日。

按语：该族曾在清乾隆三十二年(丁亥年,1767年)续修家谱。

该通告由慈谿县盆山孙氏修谱筹备处刊登,内称"我族自一世祖唐廿九奉议公讳日盛、字庭实、号节斋,于唐末天祐元年避朱温乱,自鄞县迁居慈谿仙鸡山,即鸡鸣山之阳。迨我十二世祖理学公讳桂茂、字子芳,又于元大德年间迁居盆山,即文山,是为我盆山派之祖,迄今又二十余世"。本次修谱要求迁居外地族人限期在1930年1月29日(己巳年十二月底)之前将资料寄慈谿县城内袁府门头同发南货号转盆山孙氏修谱筹备处孙亘钊。通讯处设在上海咸瓜街元丰润药行孙楚生处,上海三马路冯存仁药号孙荣昌处,镇江厚生义药行孙以康处,湖州源兴药行孙源龙处,杭州三慎药行孙家源、孙家梁处。另,该通告还特别指出"他派宗人有志于我慈谿统谱而愿合作者,倘蒙接洽,亦所欢迎"。

该通告又刊3月29日、31日,4月2日、4日、6日、8日《新闻报》;3月28日、30日,4月1日、3日、5日、7日、9日《申报》。

附：

《浙江宁波慈谿县盆山孙氏修谱通告》："我族自一世祖唐廿九奉议公讳日盛、字庭实、号节斋,于唐末天祐元年避朱温乱,自鄞县迁居慈谿仙鸡山,即鸡鸣山之阳。迨我十二世祖理学公讳桂茂、字子芳,又于元大德年间迁居盆山,即文山,是为我盆山派之祖,迄今又二十余世。而我家乘则自清乾隆卅二年续修之后,久未踵修。今乃召集宗人续修盆山支谱,凡我盆山本支族人之迁居在外者,务将历代世系、名号、生卒、配葬、子女、婚嫁、行述、职衔、铭志、墓表、传赞、文翰、著作之类,连同住址一应开录。

如有小谱,亦宜一并缮正。限于本年阴历年底为止,速寄慈谿城中袁府门头同发南货号转交盆山本筹备处孙亘钊收,以便采录入谱。凡我族人幸勿自惧。再者,如有他派宗人有志于我慈谿统谱而愿合作者,倘蒙接洽,亦所欢迎。特此通告。慈谿盆山孙氏修谱筹备处启。通讯处:上海咸瓜街元丰润药行孙楚生,三马路冯存仁药号孙荣昌,镇江厚生义药行孙以康,湖州源兴药行孙源龙,杭州三慎药行孙家源、孙家梁。"(《新闻报》1929年3月27日)

《浙江余姚孙魏镇孙氏修谱通告》,《申报》1930年10月20日。

按语:孙铁卿曾在1929年拟纂修宗谱,但不幸逝世。

该通告称"我孙氏自寿七公由万石桥迁居马鞍山,聚族繁衍,已二十余世"。本次修谱要求族人限期在1931年清明日之前报送资料。通讯处设在余姚孙魏镇孙氏修谱局;另,也可交余姚北城衡济庄孙家声、上海北京路福兴里同甡银号孙华庵、上海南市豆市街永丰杂粮号孙福康转交修谱局。

该通告又刊10月23日、26日、29日、11月1日、4日、7日《申报》;10月20日、21日、24日、27日、30日,11月2日、5日《新闻报》;10月20日、22日、23日、25日、28日、31日、11月3日、6日《民国日报》。

附:

《浙江余姚孙魏镇孙氏修谱通告》:"我孙氏自寿七公由万石桥迁居马鞍山,聚族繁衍,已二十余世矣。去年十九世裔孙铁卿公欲辑宗谱,事将开始,不幸逝世。今各房公议继志进行,凡我祠下子姓或迁居客地者，务将世系、行次、名讳、职衔、生卒年月日时、墓地方向、妻妾、子女及女适某姓一一详细抄录。如有嘉言懿行足资矜式者，亦请撰述事略寄至下列等处，以便纂修。幸勿遗误，恐未周知，特此登报声明。（期限）民国二十年清明日截止，（通讯处）：（一）余姚孙魏镇孙氏修谱局，（二）余姚北城衡济庄孙家声君，（三）上海北京路福兴里同姓银号孙华庵君，（四）上海南市豆市街中永丰杂粮号孙福康君转交修谱局。"（《申报》1930年10月20日）

《浙江余姚孙境续修宗谱广告》，《新闻报》1930年11月4日。

按语：该族始迁祖孙岳，行广十八。曾在元至正，明正统、天顺、正德、嘉靖、万历年间纂修族谱。前修宗谱即《余姚孙境宗谱》，共二十八卷、首一卷，孙仰唐总纂，孙云裳协修。清光绪二十五年（1899年）燕翼堂木活字本，二十八册。目录题《余姚孙境世谱》。国家图书馆、中国社会科学院历史研究所图书馆、河北大学图书馆、余姚市文物保护管理所（存二十七册，即卷首、卷一、卷二、卷四至二十八）、慈溪市档案馆（存十五册）等有藏。

该广告由孙氏燕翼堂刊登，要求散处他乡或侨居海外族人限期在1931年7月底之前向设在该祠堂的谱局报送修谱资料。通讯处设在浙江余姚东横河美成号。

孙应时、孙燧、孙鑛、孙嘉绩出自该族。

该广告又刊11月5日、8日、9日、12日、14日、16日、21日、23日、25日《新闻报》，11月5日、7日《申报》。

本次所修即《余姚孙境宗谱》，共三十二卷、首一卷，宗长孙梁盛等纂修。民国二十一年（1932年）燕翼堂木活字本，三十二册。目录题《余姚孙境世谱》。上海图书馆、南开大学图书馆、慈溪市档案馆（存五册）、美国犹他家谱学会有藏。

《宁波孙家山孙氏报本堂修谱通告》，《申报》1931年5月15日。

按语：该族曾在清光绪三十二年（丙午年，1906年）重修总谱。

该通告由"房干"刊登，要求族人限期在1931年6月底之前向报本堂报送修谱资料，或将资料挂号邮寄至上海东棋盘街38号爱华瑞记香皂厂孙学甫处、宁波江东后塘街汪仁泰铜号孙正芳处。另，本次修谱采取族人集资办法。

该通告又刊5月16日《申报》，5月15日、16日《新闻报》。

附：

《宁波孙家山孙氏报本堂修谱通告》："我孙氏报本堂总谱自光绪三十二年丙辰重修，迄今已有二十六年。现经房干等议决集款再修，但越年已久，子姓中不免有迁居异地者，以致无从探访，为此登报通告，凡我房下子姓后将名号、职衔、子女、生卒、配葬并事迹、著述等通限于国历六月底以前务希来堂报告，或至下列各处详告。如不能亲到，可由邮局寄上海东棋盘街三十八号爱华瑞记香皂厂孙学甫君或宁波江东后塘街汪仁泰铜号孙正芳君。惟来件须要挂号，以免途失，幸勿迟悞为荷。房干特白。"
（《申报》1931年5月15日）

《浙江余姚孙魏镇孙氏修谱催告》，《新闻报》1931年5月19日。

按语：该通告由孙惇叙堂刊登，系告知族人报送修谱资料截止日期延至1931年8月底；另，定于翌年春修谱完成时举行进主典礼。通讯处设在余姚孙魏镇孙氏谱局、余姚北城衡济庄孙家声处、上海北京路鸿生里同甡银号孙华庵处、上海南市豆市街永丰杂粮号孙福康处。

该通告又刊5月21日、23日、25日、27日《新闻报》，5月20日、22日、24日、26日、28日《申报》。

附：

《浙江余姚孙魏镇孙氏修谱催告》："吾孙氏自寿七公由万石桥迁居马鞍山，聚族蕃衍已二十余世矣。凡我祠下子姓经商远处或徙居客地者，所在多有，务将世系、行次、名讳、职衔、节孝、行述、生卒年月日时、墓地方向、妻妾、子女及女适某姓一一详细惠录。曾于去年八月间登报广告，限期民国廿年清明日为止，今限期已过，诚恐远地族人或未周知，特再展限至国历八月底截止。凡我族人务请赶紧抄下，以便纂辑、付印。幸勿延悮。再者，今拟定明春谱成时开例进主，顺此附告。（通讯处）余姚孙魏镇孙氏谱局、余姚北城衡济庄孙家声君、上海北京路鸿生里同甡银号孙华庵君、上海南市豆市街永丰杂粮号孙福康君。孙惇叙堂启。"（《新闻报》1931年5月19日）

《杭州孙氏鉴》，《申报》1932年6月27日。

按语：此系余姚孙魏镇孙氏修谱启事。

该启事由孙惇叙堂刊登，内称"今付梓在即，查原藏老谱中分居杭州者为数颇繁，故于今春四月间特派妥员周君炳奎、单君荣华前往采访，奈以人地生疏、时世不靖，以致不能遍查为憾"，故特在报纸刊登启事，借以催告迁居杭州族人限期在1932年7月底之前报送详细修谱资料，以便编入、付印。

附：

《杭州孙氏鉴》："吾孙氏自寿七公由余姚开源乡万石桥迁居姚西兰风乡新湖塘下（即今称孙魏镇），聚旅（族）蕃（繁）衍已二十余世矣。凡我祠下子姓经商远处或徙居客地者所在多有，务将世系、行次、名讳、职衔、节孝、行述、生卒年月日时、墓地方向、妻妾、子女一一详细惠录。曾于十九年八月间登《新》《申》《民国日》各报广告，后于二十年五月间再登《申》《新》各报，限期催告。今付梓在即，查原藏老谱中分居杭州者为数颇繁，故于今春四月间特派妥员周君炳奎、单君荣华前往采访，奈以人地生疏、时世不靖，以致不能遍查为憾。诚恐遗漏尚多，故特再为催告，凡我族人务请于国历七月底以前赶速抄下，以便汇纂付印。幸勿再延，并拟定谱成之后、今年初冬照例进主，顺此附告。通讯处：甬绍线五夫站孙魏镇孙氏谱局、上海北京路鸿生里同牲银号孙华庵君转。孙惇叙堂启。"（《申报》1932年6月27日）

《续修朴树下（孙家塘头）孙氏宗谱启事》，《慈溪日报》2018年12月18日。

按语：该族始迁祖孙金一，于元至元年间由余姚马渚万石桥迁居梅川朴树下（今慈溪市浒山街道孙塘社区）。曾在清道光元年（辛巳年，1821年）、道光二十七年（丁未年，1847年）、光绪二十二年（丙申年，1896年）纂修宗谱，其中道光元年版宗谱于2020年由朴树下孙氏宗谱编委会影印六十部，每部六册，天一阁、国家图书馆、上海图书馆、浙江图书馆、宁波图书馆、慈溪市图书馆、余姚市图书馆等有藏。前修宗谱即《余姚朴树下孙氏宗谱》，共二十一卷、首二卷、末一卷，孙唐封（号陟南）等纂修。民国十二年（1923年）绳武堂木活字本,共印二十四部,每部十四册。书签题《朴树下孙氏宗谱》。朴树下孙氏族人有藏。

该启事由朴树下孙氏编写委员会(即朴树下孙氏宗谱编委会,又称朴树下孙氏宗谱续修编委会、朴树下孙氏宗谱续修编辑委员会)刊登,落款日期为"二〇一八年十二月十八日",内称"孙氏宗谱《绳武堂》在民国续修至今百年未修,海内外子孙寻根寻祖陆续时有,族人需求,期盼续修新谱。为了完善宗谱完整性,希朴树下孙氏《绳武堂》子孙见本启事后相互告知,并与国内外族人亲兄堂弟联络,尽快与续修宗谱小组联系"。修谱联系地址为慈溪市浒山街道担山南路65号孙塘社区。另,还公布有联系人"孙先生""孙老师"联系电话。

该启事又刊12月21日、24日《慈溪日报》。另,2021年版《朴树下孙氏宗谱》亦全文收录该启事。

本次所修即2021年版《朴树下孙氏宗谱》,共印二百五十八部,每部二十二册,线装,孙培权纂修。2021年5月4日,朴树下孙氏宗谱编委会向天一阁捐赠该宗谱(藏谱字号为宇字部)。另,国家图书馆、上海图书馆、浙江图书馆、宁波图书馆、慈溪市图书馆、余姚市图书馆等亦有收藏。

《宗谱续修告知》,朴树下孙氏宗谱编写委员会2018年12月发布(2021年版《朴树下孙氏宗谱》卷末上)。

按语:该启事由朴树下孙氏宗谱编写委员会于2018年12月发布,内称"孙氏志愿者成立孙氏宗谱编写委员会,对近百年未修的宗谱进行一次深入调查和整理,希望各孙氏子孙踊跃参加,积极投入,为朴树下孙氏宗谱编修出工、出力,慷慨解囊"。修谱联系地址为慈溪市担山南路65号孙塘社区居委会一楼。另,还公布有联系人"孙老师""孙同志"及孙氏宗谱续修办联系电话。

《朴树下孙氏宗谱信息调查表》,朴树下孙氏宗谱编委会2019年2月发布(2021年版《朴树下孙氏宗谱》卷末上)

按语:该启事由朴树下孙氏宗谱编委会于2019年2月发布,内对如何填报宗谱信息调查表作出"名字与身份证同,出生日期填阴历""常住地址详细到村"等九项规定。

《告朴树下孙氏族人书》,《慈溪日报》2019年12月3日。

按语:该通告由朴树下孙氏宗谱续修编辑委员会刊登,落款日期为"二〇一九年十二月三日",内称宗谱信息收集工作即将结束,要求尚未入谱族人限期在2019年12月31日之前补报资料。修谱联系地址为慈溪市浒山街道担山南路65号孙塘社区、慈溪市坎墩街道担山北路1736号。另,还公布有联系电话。

该通告又刊12月5日、9日《慈溪日报》。另,2021年版《朴树下孙氏宗谱》亦全文收录该启事。

《邀请书》,朴树下孙氏宗谱编委会2021年5月发布(朴树下孙氏宗谱编委会提供)。

按语:该邀请书由朴树下孙氏宗谱编委会于2021年5月发布,系邀请族人参加定于2021年5月4日(阴历三月二十三日)上午七时在慈溪市孙塘社区文化礼堂举行的《朴树下孙氏宗谱》圆谱祭祖仪式;另,圆谱庆典及就餐地点位于光辉社区文化礼堂(即孙家塘东文化礼堂)。

《通知》，朴树下孙氏宗谱续修编委会 2021 年 5 月 3 日发布（慈溪市浒山街道光辉社区文化礼堂内所贴通知）。

按语：该通知由朴树下孙氏宗谱续修编委会于 2021 年 5 月 3 日发布，系通告族人于 5 月 4 日下午一时三十分至慈溪市担山南路 65 号孙塘社区一楼领取《朴树下孙氏宗谱》。

【邬】

《奉化县禾嘉桥竖江邬氏重修宗谱》,《新闻报》1947年4月30日。

按语：该族曾在民国九年(庚申年,1920年)修谱。

该启事由邬氏谱局刊登。本次重修宗谱定于1947年5月开始,要求迁居外地族人报送修谱资料。通讯处设在奉化邬氏宗祠内修谱事务所、上海林森中路嵩山路口道德书局邬康寿处、宁波东门四明药房邬裕勤处。

该启事又刊5月7日《新闻报》。

《奉化县禾嘉桥儒江邬氏重修宗谱启事》,《宁波时事公报》1947年5月12日。

按语：该启事由邬氏谱局刊登,内容同《新闻报》1947年4月30日《奉化县禾嘉桥竖江邬氏重修宗谱》,但通讯处名单内无"上海林森中路嵩山路口道德书局邬康寿"。

该启事又刊5月13日至18日《宁波时事公报》。

《奉化县禾嘉桥儒江邬氏修谱限期截止启事》,《宁波时事公报》1947年7月15日。

按语：该启事由邬氏谱局刊登,系催告迁居外地族人限期在1947年8月15日(阴历六月底)之前将修谱资料寄至禾嘉桥邬氏谱局。

该启事又刊7月16日、17日《宁波时事公报》,7月15日至17

日《宁波日报》。

《奉化西坞惇叙堂即新祠堂下信三房修谱通告》,《宁波时事公报》1947年7月29日。

  按语：此系奉化西坞邬氏惇叙堂(即新祠堂)信三房修谱通告。该支房谱年久失修。

  该通告由惇叙堂编纂委员会刊登,称即日起开始采访,要求散居各地族人限期在1947年12月11日(阴历十月底)之前将修谱资料挂号邮寄至西坞邬烈耀处,以便汇纂入谱。

  该通告又刊7月30日至8月1日《宁波时事公报》。

《奉化西坞让房修谱通告》,《宁波时事公报》1947年9月3日。

  按语：此系奉化西坞邬氏让房修谱通告。该房曾在民国五年(丙辰年,1916年)修谱。

  该通告称本次修谱采访时间为1947年9月1日至12月31日,要求迁居各地的让房派下族人在此期间报送详细资料,以便汇纂入谱。通讯处设在上海白克路228弄25号邬鹏大律师处、奉化西坞宏大号让房修谱委员会办事处。

  该通告又刊9月4日至9日《宁波时事公报》。

《奉化西坞让房修谱通告》,《新闻报》1947年10月1日。

  按语：该通告称本次修谱采访时间为1947年10月1日至12月31日,要求迁居各地的让房派下族人在此期间报送详细资料,以便汇纂入谱。通讯处设在上海白克路228弄25号邬鹏律师事务所、奉化西坞宏大号让房修谱委员会办事处。

该通告又刊 10 月 2 日至 5 日《新闻报》。

《奉化西坞文房派下仲房修谱通告》,《宁波时事公报》1947 年 9 月 12 日。

按语：此系奉化西坞邬氏文房派下仲房修谱通告。该房曾在民国八年(己未年,1919 年)修谱。

该通告由西坞邬氏橘泉堂修谱办事处刊登,要求迁居各地族人限期在三个月内将修谱资料寄至通讯处,以便编印入谱。通讯处设在上海香港路银行公会邬华棠处。

该通告又刊 9 月 14 日、16 日、18 日、20 日《宁波时事公报》。

《奉化西坞俭房重修宗谱通告》,《宁波时事公报》1948 年 1 月 9 日。

按语：此系奉化西坞邬氏俭房重修宗谱(实为房谱)通告。该房曾在民国二年(癸丑年,1913 年)修谱。

该通告由奉化西坞俭房重修宗谱筹备处刊登,称即日起开始采访,要求散处各地族人限期在 1948 年 5 月底之前报送资料,以便汇纂入谱。通讯处设在西坞祥众祠。

该通告又刊 1 月 10 日至 15 日《宁波时事公报》。

《奉化西坞俭房重修宗谱通告》,《新闻报》1948 年 3 月 9 日。

按语：该通告由西坞邬氏俭房重修宗谱局刊登,要求散居各地族人限期在 1948 年 6 月 6 日(阴历四月底)之前报送资料。通讯处设在西坞祥众祠、上海二马路石路义成衣庄邬永康处、宁波海神庙跟咸塘街 45 号同吉祥贳衣顾绣庄邬志芳处。

该通告又刊 3 月 11 日、14 日、21 日《新闻报》,3 月 9 日、10 日、

12 日至 15 日《宁波时事公报》。

《奉化西坞镇孟房续修支谱通告》,《宁波时事公报》1948 年 7 月 21 日。

按语：此系奉化西坞邬氏孟房续修支谱通告。该房支谱年久失修。

该通告由介眉堂修谱委员会刊登,称本次续修支谱已开始采访,要求迁居外地族人限期在登报之日起两个月内报送修谱资料,以便汇编入谱。

该通告又刊 7 月 22 日、23 日《宁波时事公报》。

《奉化西坞镇季六下诗众续修支谱通告》,《宁波时事公报》1948 年 7 月 21 日。

按语：此系奉化西坞邬氏季六房续修诗众支谱通告。该支谱年久失修。

该通告由思成堂修谱委员会刊登,称续修诗众支谱已开始采访,要求在外族人限期在登报之日起两个月内报送修谱资料,以便汇编入谱。

该通告又刊 7 月 22 日、23 日《宁波时事公报》。

《奉化西坞邬氏修谱通告》,《宁波日报》1948 年 9 月 14 日。

按语：该族曾在民国五年(丙辰年,1916 年)修谱。

该通告由奉化西坞邬氏季六房礼二泉承新堂房长刊登。本次修谱自 1948 年元旦议决发起,定于翌年 1 月 12 日进谱,要求旅居外地族人从速报送资料。

该通告又刊 9 月 15 日、16 日《宁波日报》。

《奉化西坞孝思堂（即晏桥头和房祠堂）重修宗谱通告》，《宁波日报》1948 年 10 月 12 日。

按语：奉化西坞晏桥头和房曾在民国五年（丙辰年，1916 年）续修房谱。

该通告由奉化西坞孝思堂重修宗谱办事处刊登，要求族人限期在 1948 年 11 月 10 日（阴历十月初十日）之前将修谱资料寄至通信处，以便汇纂入谱。通信处设在宁波塔前街 1 号邬祥余处、奉化西坞和房邬仁宝处。

该通告又刊 10 月 13 日、14 日《宁波日报》。

【汤】

《镇海横河堰汤氏修谱》,《申报》1922年11月8日。

按语：该族曾在明嘉靖十四年(乙未年,1535年)创修谱牒、清光绪八年(壬午年,1882年)续修。

该启事由宗长刊登,要求迁居外地族人限期在1923年3月16日(癸亥年正月底)之前报送修谱资料。通信处设在镇海县横河堰汤氏宗祠,代收信处设在宁波郡庙前林延春药铺汤贤乾处、镇海县庄市镇太和烛铺汤炳生处、上海外虹口瑞昌顺五金号汤国年处、上海铁马路协源祥布庄汤贤鏮处、上海棋盘街甬和公保关行汤芝卿处(《时事公报》作"汤子卿")。

该启事又刊1922年11月22日《申报》、1923年2月22日《时事公报》。

《镇海庄市汤氏崇德堂重修宗谱启事》,《申报》1943年5月16日。

按语：该族曾在民国十三年(甲子年,1924年)创修宗谱。

该启事由宗长汤佑春刊登,称即日开始筹备修谱,要求族人限期在1943年8月底之前向设在祠堂的修谱筹备处报送资料,以便汇纂入谱。另,在上海金隆街金隆里8号甬和公行、宁波庄市镇八四房庄兆熊处亦设有筹备处。

该启事又刊5月17日《申报》。

《鄞东吞汤汤氏光裕堂重修宗谱通告》,《宁波日报》1949年4月

21 日。

  按语：该族曾在清光绪二十三年(丁酉年,1897 年)重修宗谱。

  本次修谱要求族人从速报送资料,以便汇编入谱。通讯处设在鄞东岙汤汤氏光裕堂办事处汤春裕处。

  该通告又刊 4 月 22 日《宁波日报》。

【刘】

《刘氏修谱》,《申报》1895年5月24日。

按语：此系宁波镇海县灵绪乡(今属宁波市北仑区)里外新屋刘氏重修宗谱启事。

本次修谱要求迁居外地族人从速向宗柱报名入谱。

该启事又刊5月25日至6月6日《申报》。

《余姚开元刘氏修谱》,《时报》1909年5月19日。

按语："开元"又作开原。该族始迁祖刘景崇，字德元，号德庵，行添廿四，于南宋时由上虞迁至此地。前修家谱即《余姚开元刘氏家谱》，共十六卷、首一卷，刘海滟等纂修。清嘉庆二十四年(1819年)敦睦堂木活字本，十册。上海图书馆有藏。

该启事由余姚开元刘祠谱局刊登，落款时间为宣统元年四月初一日(1909年5月19日)。本次修谱要求族人限期在宣统元年十一月底(1910年1月10日)之前报送资料。通讯处设在余姚方桥兹源米铺转谱局、茂康米铺转谱局。

该启事又刊5月20日、21日、23日至6月2日、10日、11日、14日、15日、16日、18日至24日《时报》。

本次所修即《余姚开原刘氏宗谱五编》，共十四卷、首一卷、末一卷，刘戬廷等纂修。清宣统二年(1910年)敦睦堂木活字本，十四册。上海图书馆、中国社会科学院历史研究所图书馆、香港大学冯平山图书馆、思绥草堂、美国犹他家谱学会等有藏。

《慈谿山北刘氏世德堂修谱广告》,《申报》1914年4月16日。

按语：该族始祖刘鼎三,由温州迁居慈谿县山北周家团,至此时(1914年)已历二十三世,族人后有迁居舟山岱山、余姚方桥等地。

该广告由"世德堂宗房"刊登,系通告刘氏同宗族人前来咨照,以便采访入谱。本次修谱通讯处设在慈北周家团宏兴南货店转刘颐年、上海抛球场罗威药房刘铭之处。

该广告又刊4月17日至5月6日《申报》,4月16日、18日至5月4日、12日《新闻报》。

附：

《慈谿山北刘氏世德堂修谱广告》："吾族始祖鼎三公由温迁居周团,迄今二十三世。考旧族有迁舟岱山者,有迁姚邑方桥者,并有移居他处为旧谱所未载者,故今特登广告,凡我同宗务祈前来咨照,以便采访,其函件请寄慈北周家团宏兴南货店转交刘颐年君不误。凡旅居苏州、上海者,如有函件可就近交抛球场罗威药房内刘铭之君代收转交可也。世德堂宗房公启。"(《申报》1914年4月16日)

《镇北沙河头里外新屋刘氏修谱》,《新闻报》1915年2月22日。

按语：该启事要求迁居外地族人限期在一个月内向上海爱而成路(应为爱而近路)刘太乙堂药铺、上海电气灯桥东有恒路诚德堂药铺报送修谱资料。

该启事又刊2月23日《新闻报》。

《宁波镇北沙河头里外新屋刘氏修谱》,1915年2月24日。

  按：该启事内容同《新闻报》1915年2月22日《镇北沙河头里外新屋刘氏修谱》。

  该启事又刊2月25日至28日《新闻报》。

《宁波北乡刘杜镇刘氏修谱通告》,《新闻报》1931年4月17日。

  按语：该族曾在清咸丰三年(癸丑年,1853年)修谱。

  该通告由宗长刘意信刊登,要求旅居外地族人限期在1931年10月之前报送修谱资料。修谱事务所设在该族西成小学内,通讯处设在上海南市福佑门泰利五金号刘绍谦处、宁波外滩中国通商银行内源泉煤号刘四海处。

  该通告又刊4月19日、21日、23日《新闻报》,4月18日、20日、24日《申报》。

  附：

  《宁波北乡刘杜镇刘氏修谱通告》:"本族自咸丰三年修谱后,迄今七十余年。兹由宗人公同议决继续纂修,设修谱事务所于本族西成小学内,凡我宗人如有族居他乡,见报祈速将历代名号、生卒、配葬、子女、事迹于国历十月前来所报告,或径函接洽,以便纂编。特登《新》《申》两报通告。宗长刘意信启。通讯处上海南市福佑门泰利五金号刘绍谦君、宁波外滩通商银行内源泉煤号刘四海君。"(《新闻报》1931年4月17日)

《宁波镇海崑亭佑启堂刘氏修谱通告》,《新闻报》1931年9月6日。

  按语："崑亭"又作崐亭、昆亭,今属宁波市北仑区。崑亭佑启堂刘氏曾在明嘉靖元年(壬午年,1522年)由刘敏昊创修宗谱。清光绪十二年(丙戌年,1886年),第六次续修。该族第十一世起行第为"济世齐家美经纶佐圣明"。

该通告由宗长刘家雪、房长刘美朔、刘美生、刘美碑、谱局主任刘允安、刘粲芳刊登,内称"我刘氏始祖传集公当南宋之末,痛国族沦亡,隐居崑亭,历元、明、清三代,子姓繁延,蔚为镇海东南之大族"。本次修谱要求族人限期在1931年12月底之前报送资料,并指出"外埠采访员带收修谱费,本局备有双联收据,出费者可向来人掣取,以凭核实"。通信处设在镇海县柴桥崑亭刘氏佑启堂谱局。

该通告又刊9月8日《新闻报》。

《镇海县崑亭乡刘氏明德堂修谱通告》,《宁波时事公报》1946年11月1日。

按语:该族曾在民国六年(丁巳年,1917年)重修宗谱。

该通告由刘氏明德堂刊登。本次修谱自1946年11月1日开始采访,要求族人限期在翌年5月底之前报送资料,以便汇纂入谱。通讯处设在镇海县崑亭明德堂。

该通告又刊11月2日、4日《宁波时事公报》。

《奉化北街文昌刘氏修谱启事》,《宁波时事公报》1947年5月31日。

按语:该启事称本次修谱采访即将结束、开始付印,故催告迁居各地族人限期在1947年7月17日(阴历五月底)之前补报资料;另,通告族人定于12月2日(阴历十月二十日)进谱。

该启事又刊6月1日《宁波时事公报》。

《鄞县首南乡周宿渡金家漕刘氏续修宗谱通告》,《宁波时事公报》1947 年 10 月 1 日。

按语：该族宗谱年久失修。

本次续修宗谱定于 1947 年 10 月 1 日至 11 月 1 日为采访期,要求族人将资料寄至通讯处,以便汇纂入谱。谱局设在刘氏祠堂,通讯处设在宁波方怡和南货号刘东甫(《宁波时事公报》1947 年 12 月 20 日《鄞南周宿渡金家漕刘世彩堂续修宗谱采访截止通告》作"刘东富")处、上海天潼路 754 弄 78 号刘哲人处。

该通告又刊 10 月 2 日、3 日《宁波时事公报》,10 月 2 日、3 日、5 日《新闻报》。

《奉化北街文昌刘氏谱局启事》,《宁波时事公报》1947 年 11 月 16 日。

按语：此系奉化北街文昌刘氏谱局倡导节俭修谱、谢绝赠礼之启事,内称"敝族今届修谱,适值邦国多艰,民生凋敝,实行节约,一切从简,如蒙惠礼,谨敬璧谢"。

该启事又刊 11 月 17 日《宁波时事公报》。

《鄞南周宿渡金家漕刘世彩堂续修宗谱采访截止通告》,《宁波时事公报》1947 年 12 月 20 日。

按语：该通告要求族人限期在 1948 年 1 月 10 日(丁亥年十一月底)之前报送修谱资料。通讯处设在上海宁波路 244 弄 2 号新大祥纱布号刘哲人处、宁波大道头方怡和南货号刘东富处、鄞南周宿渡金家漕刘氏宗祠谱局。

该通告又刊 12 月 21 日、22 日《宁波时事公报》。

《镇海团桥半西刘刘氏宗祠续修宗谱通告》,《新闻报》1949 年 3 月 29 日。

按语：该通告称"吾西刘宗祠宗谱自民初续修以后,已有卅余载"(《宁波日报》1949 年 4 月 11 日《镇海县团桥乡半西刘刘氏续修宗谱通告》则称该族曾在清光绪二十八年续修宗谱)。本次重修宗谱经族务会议决定于 1949 年 3 月 1 日成立谱局,要求旅居外地族人限期在 4 月底之前报送资料,以便汇纂入谱。上海通讯处设在大名路 162 号义成五金号总号、江西路 42 号义成五金号分号、中正中路 515 号亚尔无线电厂。

该通告又刊 3 月 30 日《新闻报》。

《镇海县团桥乡半西刘刘氏续修宗谱通告》,《宁波日报》1949 年 4 月 11 日。

按语：该通告称"吾西刘宗祠自前清光绪壬寅年续修以后,已有四十余载"。"光绪壬寅"即光绪二十八年(1902 年)。本次修谱要求族人限期在 1949 年 4 月底之前报送资料。宁波通讯处设在宁波济阳巷 14 号刘朗庭处、镇海县半西刘刘广斋处、镇海县汤家池刘梅亭处。

该通告又刊 4 月 12 日《宁波日报》。

【毕】

《鄞东土桥毕氏修谱通告》,《时事公报》1930年7月1日。

  按语:该通告由土桥毕氏修谱局刊登,内称"本族自二十九世之后,尚未修过谱牒。若果再不兴修,恐年代久远、事迹湮没,欲修更难矣"。本次修谱要求迁居外地族人限期在1930年10月底之前向谱局报送资料。通讯处设在上海带钩桥源泰里华洋联益会毕景甫处、宁波应家衖市情日刊社毕维萼处。

【李】

《镇海李氏修谱》,《新闻报》1899年2月20日。

按语:该启事称"吾镇海李氏系出宋明州录事参军讳顗,初占籍鄞县,传十一世至信之公,始迁邑之新堰头,又四传至均祥公,有子四人,其分徙小浃口者,盖大宗胜宗公与次奉宗公后也,丁口尤繁衍;三讳仕宗,徙之姚墅岙;四讳承宗,徙之渝州城,是为本族四支祖。四百年来,谱法未具。同治初元,稍因旧稿之遗,采辑草创,亦未竟厥功"。本次修谱于清光绪二十五年(1899年)正月在镇海县小浃口(今属宁波市北仑区)李氏义庄设馆(谱局)重修,要求族人向该义庄报送资料。

该启事又刊2月21日至27日《新闻报》,2月20日至22日、24日至26日《申报》。

本次所修宗谱于光绪二十七年(1901年)完成。

《李氏修谱》,《德商甬报》1899年3月15日。

按语:此系镇海李氏修谱启事,内容同《新闻报》1899年2月20日《镇海李氏修谱》。

该启事又刊3月24日、29日,4月8日、10日、13日至24日、26日至5月5日、7日、8日、16日、17日、21日、23日、24日,6月7日、11日、12日、14日《德商甬报》。

《宁波砌街车桥三藩节制、鄞东汇纤桥牌门李李氏修谱启》,《申报》1906年4月24日。

按语：该启事由该族宗人刊登，内称"我李氏为宋太尉忠襄公之后来孙守真公，占籍鄞城车桥里，二传分东、中、西三支，八传侍御公，析居鄞东汇纤桥，今名牌门李，一支徙居东南乡萧皋碶，东支向无稽考，西支徙居柴桥，代有名人，不胜记述"。本次修谱要求迁居外地族人限期在清光绪三十二年（1906 年）五月起、翌年五月止报送资料。谱局总局设在鄞东汇纤桥李氏宗祠内，分局设在鄞城三藩节制李宅内。

该启事又刊 5 月 13 日至 20 日、5 月 22 日至 6 月 11 日《申报》。

《三江李氏续修宗谱广告》，《新闻报》1917 年 7 月 16 日。

按语：三江即姚江、蕙江、甬江。该族曾在清道光十年（庚寅年，1830 年）纂修宗谱。前修宗谱即《三江李氏宗谱》，共二十二卷、首一卷、末一卷，李士辉等修，李广铨、李景宝、李岱宗、李挺枝总茸。光绪十二年（1886 年）木活字本，二十四册。中国社会科学院历史研究所图书馆、余姚市文物保护管理所、河北大学图书馆、日本东洋文库、美国犹他家谱学会、上海图书馆（存十四册，即卷首，卷一、五、八、十、十二、十三、十六至十九、二十一、二十二，卷末）等有藏。

该广告由"浙东三江各支支长"刊登，要求族人限期在 1918 年 4 月 10 日（戊午年二月底）之前报送修谱资料。通信处为：蓝溪支、叶峚支，设在宁波慈西陆家埠锦大洋货号；奉川支、仲夏支，设在宁波江北复泰当李梓生处；江东支、江北岸支，设在宁波东门内方锦彰绸号李祥麟处。

该广告又刊 7 月 21 日、26 日、8 月 1 日、5 日、10 日、16 日、20 日、25 日、30 日，9 月 4 日、9 日《新闻报》。

本次所修即《三江李氏宗谱》，共三十二卷、首一卷、末一卷，李民开等修，李顺林、李英恭、李东升等纂修。民国七年（1918 年）木活字本,三十四册。天一阁、上海图书馆、国家图书馆有藏。

《宁波西门外后河迎恩李氏重修宗谱》,《新闻报》1920 年 6 月 10 日。

按语:该族始迁祖李鼎,行百二。前修宗谱即《迎恩李氏宗谱》,共十八卷、首一卷、末一卷,李祖镛纂修。清道光二十三年(1843 年)木活字本,六册。南京图书馆有藏(缺卷末)。

本次修谱要求族人限期在 1920 年年底之前报送资料。通讯处设在宁波三角地赉余当李载琴处、上海英大马路万成昶呢绒号李永扬处、上海老靶子路口 142 号遂初精舍李蕃夫处。

该启事又刊 6 月 11 日至 13 日、15 日至 20 日《新闻报》,6 月 14 日、16 日《申报》。

本次所修即《迎恩李氏宗谱》,共二十卷、首一卷,李继汉(子佩)、李炳陛(振玉)、李炳奎(廉逊)等修,李汉臣(佐君)纂修。民国十六年(1927 年)函道堂木活字本,六册。天一阁、上海图书馆、国家图书馆、美国犹他家谱学会有藏。

《栎社李氏宗祠修谱》,《新闻报》1923 年 10 月 24 日。

按语:该启事称"敝族自始祖茂园公修谱以来,迄今已历年所。宗谱失修,今年宗祠开会讨论,从新修谱"。本次修谱要求族人见报后从速报送资料。通信处设在上海大马路华盛顿李祖乔处、宁波丰源庄李梦钦处、李氏宗祠修谱事务所李大盛处。

该启事又刊 10 月 25 日、26 日《新闻报》。

《李氏修谱》,《新闻报》1926 年 9 月 17 日。

按语:该启事由镇海李氏义庄刊登,内称"吾镇海李氏先世由闽来明,居奉化之泉口;又徙江口,传十世至信之公官总辖,始迁邑之新堰头,又分徙小浃港口。光绪己亥,族户部公致仕家居,从事修辑。阅二年,而谱始成"。本次修谱由李厚培等编修,要求族人向义庄报送修谱资料。

该启事又刊 9 月 18 日至 30 日《新闻报》。

《鄞县前徐圆塳李氏创谱》,《宁波民国日报》1927 年 7 月 10 日。

按语:该族始迁祖李贤一,于明嘉靖年间迁居此地后未曾修谱。

该启事由李氏创谱筹备处刊登,要求族人报送修谱资料,以便汇纂入谱。修谱总收件处设在鄞县东乡前徐圆塳李氏祠堂,代收件处设在鄞县双街乾泰米号。

本次所修即《鄞东圆塳李氏宗谱》,卷数不详,李光林等修,陈宪曾编纂。民国十六年(1927 年)十月鸣凤堂木活字本,册数不详。天一阁有藏(存一册,即卷首、卷一、五、卷末,实系大房派房谱)。

《鄞南三里李氏承惠堂修谱通告》,《申报》1928 年 9 月 14 日。

按语:该族始迁祖李夷庚。曾在清道光元年(辛巳年,1821 年)、咸丰九年(己未年,1859 年)、光绪二十九年(癸卯年,1903 年)纂修宗谱。

该通告称本次修谱定于 1928 年 9 月 28 日(中秋节)后开始编纂,要求族人限期在 1929 年 7 月 6 日(阴历五月底)之前报送资料。收件处设在上海小东门内得茂骨行、宁波后塘街北荣来铁行。

该通告又刊 9 月 15 日至 19 日《申报》。

本次所修即《鄞南李氏宗谱》,共七卷、首一卷,陈宪曾纂修,宗长李正采主修。民国十八年(1929 年)承惠堂木活字本,册数不详。书名页题《李氏宗谱》。天一阁有藏(存四册,即卷首、卷一、三至五)。

《鄞东十八都李氏修谱广告》,《申报》1929 年 5 月 18 日。

按语:该族曾在清光绪十五年(己丑年,1889 年)重修谱牒。

该广告由宗长李高和刊登,要求迁居各地族人限期在 1929 年 10 月 2 日(阴历八月底)之前报送修谱资料。通讯处设在宁波双街协兴信局李慎生处、宁波大道头东来纸号李时峰处、上海虹庙弄李慎兴木器店李莲塘处、上海法马路西首磨坊街美华甡布店李慎初处。

该广告又刊 5 月 20 日、22 日《申报》,5 月 19 日、21 日、23 日《新闻报》。

《鄞县东南乡十八都李氏修谱展期止告》,《申报》1930 年 4 月 7 日。

按语:该族于 1929 年 5 月在《申报》《新闻报》刊登《鄞东十八都李氏修谱广告》,要求族人限期在 10 月 2 日之前报送资料;同年,又刊登启事,延期至 1929 年年底之前报送修谱资料。

该启事由宗长李高和刊登,系通告族人报送修谱资料截止日期延至 1930 年 5 月 10 日;另,定于 10 月 23 日为进主贺谱之期。通信处设在上海虹庙巷李慎兴木器店李莲塘处、宁波大道头东来纸号李时峰处。

该启事又刊 4 月 8 日《申报》。

附:

《鄞县东南乡十八都李氏修谱展期止告》:"本祠崇礼堂前年发起修谱,去年登《申》《新》两报声明限期去年终,迄今采访尚未到齐,今再展限,准于国历五月十日截止。因进主贺谱日期择定国历十月二十三日即废历九月初二日,岂非开印在即,迟到万难加入。凡我族子姓、行名、生卒、配葬速即抄来,万勿再延自悞。宗长李高和再启。通信处:上海虹庙巷李慎兴木器店李莲塘、宁波大道头东来纸号李时峰。"(《申报》1930年4月7日)

《鄞邑东南乡十八都李氏修谱展期告止》,《新闻报》1930年4月7日。

按语:该启事由宗长李高和刊登,内容同《申报》1930年4月7日《鄞县东南乡十八都李氏修谱展期止告》。

该启事又刊4月8日《新闻报》。

《甬江李氏续修支谱启事》,《新闻报》1932年11月18日。

按语:该族曾在民国七年(戊午年,1918年)续修宗谱。

该启事系催告各采访人员从速将草谱造齐送交谱局,以便汇编甬江派五柱支谱。

该启事又刊11月19日、20日《新闻报》。

《浙江宁波栎社镇江沿宅李氏续修宗谱启事》,《新闻报》1933年5月27日。

按语:该族曾在清光绪三十年(甲辰年,1904年)编修宗谱。

该启事由宗长李仁绍刊登,要求族人限期在1933年7月底之前报送修谱资料。通讯处设在宁波东门外大有利广货号、宁波栎社镇时新昶、上海北京路庆顺里恒裕钱庄。

该启事又刊5月28日至30日、6月1日《新闻报》。

《宁波鄞南铜盆浦李花桥里立本堂李氏修谱声明》,《新闻报》1933年11月7日。

　　按语：该族宗长、房长、干事于1933年10月议决纂修宗谱。

　　该声明由立本堂宗长李贤平、总干事李松寿刊登,要求族人限期在1934年2月13日(癸酉年十二月底)之前报送修谱资料。通讯处设在高塘桥转李花桥李松寿。

　　该声明又刊11月8日《新闻报》。

《三江李氏仲夏派修谱》,《时事公报》1940年7月13日。

　　按语：宁波三江李氏各派此前合修宗谱,即民国七年(1918年)版《三江李氏宗谱》。1940年5月,仲夏派发起分修宗谱。

　　该启事由宗房干等刊登,称本次纂修仲夏派宗谱定于1940年7月19日(阴历六月十五日)开始采访,要求迁居外地的仁、义、礼、智、信五房下子孙限期在7月20日之前报送资料,以便汇纂入谱。

《鄞县东乡五乡碶牌门李李氏修谱通告》,《时事公报》1944年3月6日。

　　按语：该族曾在清宣统二年(庚戌年,1910年)创修宗谱。

　　该通告由宗长李承周、天房长李维富、干事李植锦、李翊瑾刊登,要求迁居外地族人限期在1944年5月底之前报送修谱资料。收件处设在宁波应家巷5号李梓美处、宁波东乡五乡碶汇纤桥承德堂药号。

　　该通告又刊3月7日、8日《时事公报》。

《浙江鄞东沙家垫李氏修谱通告》,《新闻报》1946年4月3日。

　　按语：该族曾在民国六年(丁巳年,1917年)修谱。

本次修谱要求族人限期在登报之日起一个月内报送资料。修谱筹备委员会及登记处设在上海金陵路（应为金陵东路）65 号协祥公内（电话号码83304）。

该通告又刊 4 月 5 日、8 日《新闻报》。

《鄞东渔源乡沙家垫李氏续修宗谱通告》，《宁波时事公报》1946 年 5 月 14 日。

按语：该族曾在民国六年（丁巳年，1917 年）重修宗谱。

该通告由李氏续修宗谱筹备处刊登，要求旅居外地族人限期在两个月内向筹备处报送修谱资料。通讯处设在上海金陵东路 65 号协祥公内（电话号码83304）、宁波鄞东莫枝堰李筱炳转。

该通告又刊 5 月 15 日、16 日《宁波时事公报》，5 月 15 日《宁波日报》。

《宁波东乡下万龄李氏修谱通告》，《宁波时事公报》1946 年 7 月 21 日。

按语：该族曾在清光绪三十四年（戊申年，1908 年）重修宗谱。

该通告由李氏嘉泽堂刊登，称已聘请纂修先生（即谱师）开始续修宗谱，要求省内外族人从速报送资料。

该通告又刊 22 日至 25 日《宁波时事公报》。

《鄞县礼嘉桥李氏修谱通告》，《宁波时事公报》1946 年 8 月 1 日。

按语：该族前修宗谱距此时（1946 年）已有二十余年。

本次续修宗谱要求迁居外地族人限期在 1946 年 8 月底之前报送资料。通讯处设在鄞县礼嘉桥李氏祠堂内。

该通告又刊 8 月 2 日、3 日《宁波时事公报》。

《宁波鄞县南乡上李家李氏滋德堂修谱通告》,《申报》1946 年 10 月 23 日。

按语：该族曾在清宣统三年(辛亥年,1911 年)重修宗谱。

本次续修宗谱定于 1946 年阴历十一月开始采访,要求迁居各地族人限期在年底之前报送详细修谱资料,以便汇纂入谱。通讯处设在上海湖北路 203 弄 12 号精美号、宁波鄞南上李家李氏修谱处。

该通告又刊 10 月 24 日至 27 日《申报》、10 月 25 日至 29 日《新闻报》。

本次所修即《四明李氏宗谱》,共四卷、首一卷,王贤勋总裁。民国三十六年(1947 年)滋德堂木活字本,四册。宁波市鄞州区云龙镇上李家村村委会有藏。

附：

《宁波鄞县南乡上李家李氏滋德堂修谱通告》："吾族宗谱自逊清宣统三年重修以后,迄今三十六载,子孙繁衍,亟宜续修。兹经公议,定今庚农历十一月开始采访,凡我族移居各处者请将丁口、婚嫁、生死、传志、文献详细抄录送来,俾便汇纂。限定年底截止,望勿延误。恐未周知,特此公告。通讯处：上海湖北路二〇三弄十二号精美号、宁波鄞南上李家镇修谱处。"(《申报》1946 年 10 月 23 日)

《鄞南上李家李滋德堂修谱启事》,《宁波时事公报》1946 年 11 月 5 日。

按语：该启事内容同《申报》1946 年 10 月 23 日《宁波鄞县南乡上李家李氏滋德堂修谱通告》,并公布通信处设在鄞县丰东镇上李家李氏修谱处,宁波通讯处设在江东镇安桥升大号。

该启事又刊 11 月 6 日至 9 日《宁波时事公报》。

《鄞西淵港塎(俗呼松架塎)李氏续修宗谱通知李安荣启事》,《宁波时事公报》1946 年 11 月 29 日。

按语:该启事由李氏智房房干等刊登,称该族已开始修谱,催促李安荣见报后从速报送修谱资料,以便汇纂入谱。

该启事又刊 11 月 30 日《宁波时事公报》。

《鄞东高隘李氏诒谷堂修谱通告》,《宁波时事公报》1947 年 2 月 28 日。

按语:该族曾在民国八年(己未年,1919 年)重修宗谱。

该通告由李氏宗房干事刊登。本次修谱自 1947 年 2 月开始采访,要求迁居外地族人限期在 6 月底之前报送资料。通讯处设在宁波公园路 15 号李世康律师处,电话号码 2587。

该通告又刊 3 月 1 日、2 日《宁波时事公报》。

《宁波鄞东高隘李氏诒谷堂修谱通告》,《新闻报》1947 年 3 月 21 日。

按语:该通告由李氏诒谷堂修谱办事处刊登。本次修谱自 1947 年 2 月开始采访,要求族人限期在 6 月底之前报送资料。上海通讯处设在福州路 477 号李永昌钟表行、静安寺路 1621 号美康洋酒食物号、龙潭街 10 号李正芳处。

该通告又刊 3 月 23 日、24 日《新闻报》。

《江东百丈街李氏续修宗谱通告》,《宁波时事公报》1947 年 5 月 23 日。

按语:此系宁波江东百丈街李氏续修宗谱通告。该族前修宗谱完成于清光绪十一年(乙酉年,1885年)。

该通告由"孝思堂李"宗长李芳云刊登,要求迁居各地族人限期在1947年8月15日(阴历六月底)之前报送修谱资料。通讯处设在江东大步街6号李相君处。

该通告又刊5月24日至26日、29日、31日,6月2日、4日《宁波时事公报》。

《鄞东鸣凤乡圆塸李氏鸣凤堂修谱通告》,《宁波时事公报》1947年10月26日。

按语:该族曾在民国十六年(丁卯年,1927年)纂修宗谱。

该通告由圆塸李氏鸣凤堂宗干刊登,称即日起开始采访,要求族人限期在1947年11月底之前报送修谱资料。通讯处设在宁波后塘路132号乾泰米厂李令藻处、上海北京路462号大源五金号李聚康处。

该通告又刊10月27日至31日《宁波时事公报》。

《鄞东福明桥柳隘李氏秉华堂重修宗谱通告》,《宁波时事公报》1948年5月1日。

按语:该族曾在清光绪十九年(癸巳年,1893年)纂修宗谱。

本次修谱要求旅居外地族人限期在1948年6月底之前报送资料。通讯处设在鄞东柳隘李氏祠堂、上海云南路230号华祥记"李君"处、宁波车轿街103号李宗裕灶桌号。

该通告又刊5月3日、4日《宁波时事公报》。

《鄞西仲夏李氏秉华堂续修宗谱》,《宁波日报》1948年11月12日。

按语:该启事称本次修谱定于1948年11月30日开始纂修,要求族人限期在11月20日之前报送修谱资料,以便编纂宗谱。通讯处设在上海老大沽路110弄6号李玉书处、宁波江北岸晋泰当李良梓处。

据仲夏李氏族人回忆,本次续谱曾告完成,但毁于"文化大革命"。

《寻找宗亲启事》,《宁波晚报》2017年8月16日。

按语:此系宁波三江李氏奉鄞派仲夏支秉华堂续修支谱启事。

该启事要求仲夏支后裔限期在2017年8月底之前登记入谱,并公布联系人、电话;另,联系地址设在宁波市海曙区洞桥镇仲夏(原属鄞州区)李家。

该启事又刊8月18日《宁波晚报》。

本次所修即2017年版《三江仲夏李氏宗谱》,共七册,线装,李华章主编。2018年12月4日,三江李氏奉鄞派仲夏支续修宗谱理事会向天一阁捐赠该宗谱(实为支谱)。另,宁波市海曙区档案馆亦有收藏。

【吴】

《慈北东山镇吴氏修谱广告》，《新闻报》1922年8月7日。

按语：该广告由德鋆堂刊登，落款日期为"民国十一年夏历六月十五日"（即1922年8月7日），内称"吾族家谱向有流传，分列西成、邻后、昂义、建六、中正为五房，因明末之际遭倭寇扰乱，致宗谱遗失，迄未纂辑"。本次修谱自1922年阴历六月开始办理，要求族人限期在八个月内报送资料。另，事务所设在慈北东山镇德余堂。

该广告又刊8月8日至13日《新闻报》。

《宁波江东雷公桥吴氏修谱》，《新闻报》1925年5月7日。

按语：该启事由宗长吴甲芝刊登，内称"吾族自十世族希贤公由苏迁宁，至六传，分为仲、季两房，于今六百余载谱牒未修"。本次修谱要求族人限期在1925年12月15日（阴历十月底）之前报送修谱资料。通讯处设在上海法租界永安街三德里鸿兴花号吴梅卿处、宁波建船厂跟鸿兴宁庄吴梅卿处、宁波江东雷公桥第2号门牌吴寿房、江东雷公桥奎记衙底16号门牌吴信房。

该启事又刊5月9日、11日、13日、15日《新闻报》。

本次所修即《甬上雷公桥吴氏家谱》，共十六卷，汪崇幹、梁秉年总纂，石之英编纂，吴甲芝主修。民国十六年（1927年）一月承德堂木活字本，十册。天一阁、日本国立国会图书馆、美国犹他家谱学会有藏。

《鄞县甬东彩虹桥吴氏修谱》，《申报》1936 年 7 月 11 日。

  按语：该族前修谱牒因年久失传。

  该启事称"吾族自明一世祖少江公由奉川迁鄞，卜居于甬东槐里之彩虹桥，迄今垂三百年"。本次修谱于 1936 年清明节由宗长、房长等发起，要求族人限期在 8 月 16 日（阴历六月底）之前报送资料。谱局设在吴氏宗祠内，通讯处设在上海小东门吴宝兴皮箱店吴光照处、宁波江东雷公巷吴氏义庄袁树棠处。

  该启事又刊 7 月 12 日、13 日《申报》，7 月 11 日至 13 日《新闻报》。另，在《时事公报》亦有刊登。

《奉化金家堰吴氏江、源、浩三房重修宗谱通告》，《新闻报》1946 年 3 月 24 日。

  按语：奉化金家堰吴氏江房、源房、浩房曾在清宣统二年（庚戌年，1910 年）重修宗谱。

  本次修谱系第七修，要求族人限期在 1946 年 4 月 15 日之前将资料寄至吴能品处。

  该通告又刊 3 月 25 日、26 日《新闻报》。

《鄞县段塘吴氏续修宗谱启事》，《宁波时事公报》1946 年 5 月 6 日。

  按语：该族前修宗谱距此时（1946 年）已有二十余年。

  该启事称本次重修宗谱已开始采访，要求迁居外地族人限期在 1946 年 6 月底之前报送修谱资料，以便编入宗谱。通讯处设在宁波江厦街永安五金号吴青耿处。

  该启事又刊 5 月 7 日、8 日《宁波时事公报》。

《鄞县段塘吴氏续修宗谱启事》,《宁波时事公报》1946 年 7 月 28 日。

按语:该启事称本次修谱采访工作结束,要求旅居外地族人限期在一个月内将资料寄至通讯处,以便汇编入谱。通讯处设在段塘吴氏宗祠内。

该启事又刊 7 月 29 日、30 日《宁波时事公报》。

《宁波南乡段塘镇吴氏宗祠修谱通告》,《新闻报》1946 年 9 月 4 日。

按语:该族曾在民国九年(庚申年,1920 年)重修宗谱。

本次修谱于 1946 年春议定开始采访,要求族人限期在 10 月底之前报送资料。通讯处设在上海浙江路 211 花园饭店吴家庭处、宁波南乡段塘镇吴氏宗祠内。

该通告又刊 9 月 5 日、6 日《新闻报》。

《鄞南丰北乡陆家堰吴氏敦本堂修谱通告》,《宁波时事公报》1946 年 11 月 22 日。

按语:该族曾在民国初年修谱。

该通告由宗长吴阿银、干首吴世根、吴林根、吴余庆、吴兴康、吴后荣、吴阿炳、吴根苗、吴金官、吴生发、吴宝康等发起人刊登,要求族人从速向修谱处报送资料。通讯处设在宁波新河路 108 号吴永昌盐行。

该通告又刊 11 月 23 日至 25 日、27 日至 30 日《宁波时事公报》。

《鄞县段塘吴氏宗祠进主通告》,《宁波时事公报》1947 年 3 月 6 日。

按语:该通告由宗长刊登,称吴氏宗谱已编修完成,通知族人参加定于 1947 年 4 月 2 日(阴历闰二月十一日)举行的进主贺谱典礼。

该通告又刊 3 月 7 日、8 日《宁波时事公报》。

《鄞东姜村镇吴氏崇礼堂续修宗谱通告》,《宁波时事公报》1948年10月1日。

按语：该族曾在清光绪二十一年(乙未年,1895年)创修宗谱。

该通告由宗长吴水成、干首吴安甫刊登,称本次修谱采访工作自1948年10月1日开始、至年底结束,"本族蛉子亦准入谱"。通讯处设在鄞东姜村吴同德号。

该通告又刊10月2日、3日《宁波时事公报》。

《鄞东五乡碶夹塘高隘沿墩吴氏明伦堂重修宗谱》,《宁波日报》1949年2月21日。

按语：该族前修宗谱距此时(1949年)已有二十余年。

该启事称本次续修宗谱即日起开始采访,要求迁居各地族人限期在1949年8月底之前报送资料。通讯处分设六处,即鄞东五乡碶吴氏谱局、鄞东宝幢吴光荣处、宁波双街同源米行吴子章处、上海河南路丰泰呢绒号吴薪初处、上海昭通路交通工业原料行吴增福处、南京白下路德泰木行吴才赓处。

该启事又刊2月23日、25日、27日,3月3日、5日、7日、10日、11日、13日、17日《宁波日报》。

《宁波五乡碶夹塘高隘沿墩吴氏明伦堂重修宗谱》,《新闻报》1949年3月27日。

按语：该启事内容同《宁波日报》1949年2月21日《鄞东五乡碶夹塘高隘沿墩吴氏明伦堂重修宗谱》。

该启事又刊3月28日、29日《新闻报》。

【岑】

《余姚岑氏章庆堂(即前祠)续修宗谱通告》,《宁波时事公报》1947年4月13日。

按语:该族始迁祖岑肃。前修宗谱即《余姚岑氏章庆堂宗谱》,共二十六卷、首一卷、末二卷,岑若英等纂修。清光绪三十四年(1908年)章庆堂木活字本,二十册。书名页题《姚江上林岑氏章庆堂宗谱》,版心题《余姚岑氏宗谱》。国家图书馆、日本东洋文库、美国犹他家谱学会等有藏。

该通告由余姚逍路头岑氏章庆堂修谱委员会刊登,要求旅居外地族人限期在1947年8月底之前向该委员会抄寄修谱资料,以便汇编宗谱。宁波通讯处设在君子街10号恒昌隆药行、碶闸街251号久大药行。

该通告又刊4月14日《宁波时事公报》。

《余姚岑氏章庆堂(即前祠)续修宗谱通告》,《新闻报》1947年4月18日。

按语:该通告由余姚逍路头岑氏章庆堂修谱委员会刊登,内容同《宁波时事公报》1947年4月13日《余姚岑氏章庆堂(即前祠)续修宗谱通告》,但指出上海通讯处设在赫德路葆生堂岑枝生处。

该通告又刊4月22日《新闻报》。

【何】

《鄞西何氏修谱》,《新闻报》1897 年 5 月 13 日。

  按语：该启事由鄞西何氏宗长刊登，内称"宁郡西门外白龙祠前曲水何氏，自明成化间讳德秀、号太初公迁居鄞西罂湖，为吾族之始祖"。本次修谱要求族人限期在清光绪二十三年（1897年）六月底之前报送资料，并称"至若需费浩大，颇形支绌，惟愿量力资助，俾收集腋之功"。

  该启事又刊 5 月 14 日、15 日、17 日、19 日、21 日至 29 日、31 日，6 月 2 日、3 日、8 日、9 日、11 日、12 日、14 日、16 日、27 日、28 日、30 日，7 月 2 日、4 日、6 日、8 日、11 日、27 日、28 日《新闻报》。

《余姚何家闵何氏修谱广告》,《新闻报》1925 年 3 月 25 日。

  按语：该族始祖何元英、始迁祖何扬能。曾在清康熙四十九年（庚寅年，1710 年）、嘉庆五年（庚申年，1800 年）、同治三年（甲子年，1864 年）纂修谱牒。

  该广告由何肃在堂谱局刊登，内称"我始祖扬能公名下三房，长又敬公，次紫敬公，三允敬公，由狭山迁于余姚开元乡何家闵"。"狭山"应作峡山，位于绍兴。本次修谱要求族人限期在 1925 年年底之前报送资料。通信处设在上海虹口立大煤号、余姚马渚生和号转谱局。

  该广告又刊 3 月 28 日、31 日，4 月 2 日、5 日、8 日、11 日、14 日、17 日、20 日《新闻报》。

本次所修即《余姚开原何氏续谱》,共十卷、首一卷、末一卷,宗长何潮运主修,何嘉采(礼堂)、何家传(福昂)、何雨春(玉润)等纂修。民国十五年(1926年)肃在堂木活字本,共印二十五部,每部十二册。上海图书馆、美国犹他家谱学会有藏。

《鄞东何家洋何氏宗祠修谱启事》,《新闻报》1946年4月23日。

按语:该族曾在清光绪三十四年(戊申年,1908年)重修宗谱。

该启事由宗长何诗锡刊登,内称"我宗族因抗战军兴,散处四方,未刊入宗谱者为数众多,亟应再事修纂,以垂久远"。本次修谱要求族人从速报送详细修谱资料,以便汇纂入谱。通讯处设在上海中正北一路244号华泰隆记木器厂。

该启事又刊4月24日、25日《新闻报》,4月23日《申报》。

附:

《鄞东何家洋何氏宗祠修谱启事》:"查我族宗谱自逊清光绪三十四年重修以来,迄今将届四十年矣。在此期间,我宗族因抗战军兴,散处四方,未刊入宗谱者为数众多,亟应再事修纂,以垂久远。兹经房族公议自即日起登报公告,凡我族内长幼迅将生配卒葬事实详细填明送下,以便汇集修纂。幸勿自误。特此通告。宗长诗锡启。通讯处:上海中正北一路二四四号华泰隆记木器厂。"(《新闻报》1946年4月23日)

《鄞南蔡郎桥柯何董何氏修谱启事》,《宁波时事公报》1946年4月26日。

按语:该族有每隔二十四年重修宗谱的定例。

本次重修宗谱自1946年阴历三月开始,要求迁居外地族人限期在阴历四月底之前报送资料。通讯处设在上海北京路295号锦丰五金号、宁波日新街星星书局、何氏修谱局。

该启事又刊4月27日、28日《宁波时事公报》。

《鄞东何家洋何氏宗祠限期修谱启事》,《新闻报》1946年5月10日。

按语:该启事由宗长何诗锡刊登,系催告族人限期在1946年5月底之前报送修谱资料。通讯处设在上海中正北一路244号华泰隆记木器厂。

该启事又刊5月11日《新闻报》。

《鄞南上何何叙伦堂修谱通告》,《宁波时事公报》1947年3月2日。

按语:该族曾在民国五年(丙辰年,1916年)重修宗谱。

本次修谱自1947年3月开始采访,要求旅居外地族人限期在5月底之前报送资料。通讯处设在宁波镇明路333号何瑞芝律师事务所。

该通告又刊3月3日至6日《宁波时事公报》。

《宁波栎社镇车何墩何氏续修宗谱公告》,《新闻报》1948年5月24日。

按语:该族曾在民国三年(甲寅年,1914年)纂修宗谱。

该公告由宗长何定安,主任委员何云章,委员何瑞堡、何瑞祥、何瑞芝、何珍琯刊登。本次系第四届续修宗谱,要求族人限期在1948年9月17日(阴历八月十五日)之前报送修谱资料。通讯处设在上海四马路浙江路正丰大楼107号天源呢绒号、宁波江厦街成泰花庄。

该公告又刊5月25日、26日、29日、30日、6月2日、3日《新闻报》。

《栎社乡车何墥何氏续修宗谱公告》,《宁波时事公报》1948年9月7日。

　　按语：该公告由宗长何定安,主任委员何云章,委员何瑞堡、何瑞祥、何瑞芝、何珍琯刊登,要求旅居外地族人限期在1948年9月25日之前报送资料。通讯处设在上海四马路浙江路正丰大楼107号天源呢绒号、宁波江厦街成泰花庄。

　　该公告又刊9月8日至13日、16日、18日、20日、22日、24日《宁波时事公报》。

《鄞西栎社镇车何墥务本堂紧要启事》,《宁波日报》1949年2月17日。

　　按语：该启事由鄞西栎社镇车何墥何氏务本堂何宗炎、何定安刊登,称宗谱业已编纂完成,定于1949年3月5日(阴历二月初六日)举行祭祖贺谱典礼。

　　该启事又刊2月21日《宁波日报》。

《鄞南下何何氏三桂堂重修宗谱通告》,《宁波日报》1949年3月10日。

　　按语：该族前修宗谱距此时(1949年)已有三十年。

　　该通告称本次重修宗谱即日开始采访,要求迁居各地族人限期在1949年11月底之前报送修谱资料,以便汇纂入谱。通讯处分设四处,即鄞南周韩下何何氏谱局、宁波江东银杏巷8号何翔生处、宁波药行街225号协昌木器号何保甫处、上海合肥路光明邨74号何春裕处。

　　该通告又刊3月11日《宁波日报》。

【邱】

《宁波邱隘邱氏修谱》,《新闻报》1924 年 7 月 4 日。

　　按语：该族曾在清光绪二十年(甲午年,1894 年)纂修宗谱。

　　该启事由诒谷堂(即后祠堂)宗长邱方鳌刊登。本次修谱自 1924 年 6 月启动,要求族人限期在 1925 年 6 月之前报送资料。通讯处设在上海南市盐码头大昌皮毛行邱廷献处、宁波钱行街恒春钱庄邱汝和处。

　　该启事又刊 7 月 6 日、8 日、10 日、12 日《新闻报》。

《宁波邱隘镇思敬堂修谱启事》,《时事新报》1927 年 10 月 31 日。

　　按语：此系宁波邱隘邱氏思敬堂(即前祠堂)修谱启事。

　　该启事由思敬堂宗长刊登,称该族于本月开办修谱,要求迁居外地族人限期在 1927 年 11 月 8 日(阴历十月十五日)之前报送修谱资料。

《鄞东邱隘邱氏诒谷堂即后祠堂修谱通告》,《新闻报》1947 年 7 月 2 日。

　　按语：该族曾在民国十五年(丙寅年,1926 年)纂修宗谱。

　　该通告由诒谷堂宗长邱世朝刊登,要求族人限期在 1947 年 9 月底之前报送修谱资料。通讯处设在上海江西路 309 号楼上华德电器行邱廷芳处、上海湖北路 20 号鸿兴皮行邱普庆处、宁波江厦街钜康钱庄邱绍志处、邱隘诒谷堂谱局。

该通告又刊 7 月 7 日、8 日、10 日、13 日、20 日、22 日、26 日、28 日，8 月 4 日《新闻报》；7 月 3 日、8 日、15 日、22 日、29 日上海《大公报》；7 月 11 日、17 日、20 日、23 日、26 日、29 日、8 月 1 日《宁波日报》；7 月 20 日、26 日、30 日、8 月 6 日宁波《大报》；7 月 6 日、10 日、14 日、18 日、26 日、30 日、8 月 3 日、7 日、11 日《宁波时事公报》。

《鄞东邱隘思敬堂邱氏修谱通告》，《宁波时事公报》1948 年 3 月 14 日。

按语：该族曾在民国十六年（丁卯年，1927 年）修谱。

该通告由思敬堂谱局刊登，称即日起开始采访，要求迁居外地族人限期在 1948 年 4 月 30 日之前向谱局报送修谱资料，以便汇纂入谱。通讯处设在上海中正东路 438 弄 10 号大威电料厂邱文卿处、上海南市方斜路 460 号大成制糖厂邱成华处、宁波日新街口新立成咸货号邱尹耕处。

该通告又刊 3 月 15 日、16 日、18 日、20 日、22 日、24 日《宁波时事公报》，3 月 21 日《宁波日报》。

《鄞东邱隘邱氏思敬堂修谱通告》，《宁波时事公报》1948 年 3 月 26 日。

按语：该通告由宗长邱方球刊登，要求族人限期在 1948 年 4 月 30 日之前将修谱资料寄至各通讯处，以便汇纂入谱。通讯处设在上海中正东路 438 弄 10 号大威电料厂邱文卿处、上海南市方斜路 460 号大成制糖厂邱成华处、宁波日新街口新立成咸货号邱尹耕处。

该通告又刊 3 月 28 日、30 日,4 月 1 日、3 日、5 日《宁波时事公报》。

《鄞东邱隘邱氏思敬堂即前祠堂截止通告》,《宁波时事公报》1948 年 5 月 7 日。

按语:该通告由宗长邱方球刊登,系告知散居各地族人报送修谱资料截止日期延至 1948 年 5 月 15 日。

该通告又刊 5 月 9 日、11 日《宁波时事公报》。

《宁波邱隘邱氏思敬堂即前词堂修谱通告》,《新闻报》1948 年 5 月 15 日。

按语:"前词堂"应作"前祠堂"。

该通告由宗长邱方球刊登,内称修谱采访员由宁波专程来沪,暂住上海大新街五马路口大新旅社 240 号,修谱接洽仅限三天,此后将采取通讯接洽方法。通讯处设在上海中正东路 438 弄 10 号大威电料厂邱文卿处、上海南市方斜路 460 号大成制糖厂邱成华处。

该通告又刊 5 月 16 日、17 日《新闻报》。

《鄞县东乡邱隘邱氏诒谷堂(后祠)为贺谱晋主公告》,《新闻报》1948 年 11 月 24 日。

按语:该公告由宗长邱世潮刊登,系通告族人定于 1948 年 12 月 13 日(阴历十一月十三日)举行贺谱、晋主典礼。通讯处设在上海江西中路 309 号华德电器行邱廷芳处、上海湖北路 20 号鸿兴皮行邱普庆处、上海徐家汇路 37 弄 34 号劳工袜厂邱瑞卿、宁波江厦街钜康钱庄邱绍志处、邱隘诒谷堂。

《鄞东邱隘邱氏宗祠(贻谷堂即后祠堂)为贺谱晋主公告》,《宁波日报》1948年11月26日。

  按语:该公告由宗长邱世潮刊登,系通告族人参加定于1948年12月13日(阴历十一月十三日)举行的贺谱、晋主典礼。

  该公告又刊11月27日《宁波日报》。

【余】

《余氏修谱》，《申报》1888年3月26日。

按语：此系余姚上塘乡余氏续修家谱启事。该族家谱年久失修。

本次修谱设有谱局，要求迁居外地族人限期在清光绪十四年（1888年）八月之前将资料寄至余姚县上塘乡余氏思源堂或上海北泥城桥兴记木作。

该启事又刊3月27日至31日《申报》。

附：

《余氏修谱》："浙绍余姚县上塘乡余氏家乘久已失修，代远年湮，不免鲁鱼亥豕，亟宜续辑，于本月设局采访，以八月为限，为此登报布告同支徙居他乡者，承上启下详细开明支派，即寄上塘思源堂或寄上洋北泥城桥兴记木作均可，务勿观望。此布。"（《申报》1888年3月26日）

《镇海余氏修谱》，《德商甬报》1899年3月15日。

按语：此系镇海西管乡余氏修谱启事。镇海余氏系出宋朝朝散大夫余觐。

该启事由"谱干"刊登，称该族于清光绪二十五年（1899年）春议决修谱，要求迁居外地族人将资料寄至镇海县大市堰交经畲馆主人，以便汇编入谱。

该启事又刊 3 月 24 日、29 日、4 月 8 日、10 日、13 日至 22 日、5 月 4 日、5 日、7 日、8 日《德商甬报》。

《镇海余氏修谱》，《德商甬报》1899 年 5 月 16 日。

按语：此系镇海庙东村余氏修谱启事。

该启事由"谱干"刊登，称该族于清光绪二十五年（1899 年）正月在镇海县大市堰余氏家塾内设馆（谱局）重修谱牒，要求族人将修谱资料送交甬东源润北号，或直接寄余氏谱局交经畲馆主人，以便汇编入谱。

该启事又刊 5 月 17 日、21 日、23 日、24 日，6 月 7 日、11 日、12 日、14 日《德商甬报》。

附：

《镇海余氏修谱》："吾镇余氏系出宋朝散大夫讳觐公，初占籍福建，为浙东县尉。四传至源发公、讳涤公，始迁鄞邑。生四子，长子炳公，一传为天锡公，此千岁坊一支也；弟天任公，再传为晦公，此梅湖一支也。次子晔公，此鄞东钱湖一支也。三子焕公，后嗣为麟公，再传为洵公，此鄞郡紫薇街一支也。四支娃公，十二传为永麟公，再传文敏公，此我伯祖行也，则我镇西庙东村一支其为娃公后无疑矣。惟年深代远，谱法未讲，故难竟厥功耳。兹于己亥正月就大市堰本家塾内设馆重辑，凡属支裔各将履历、支派、名号、官爵、生卒年日、墓葬、妻子逐一书明，送甬东源润北号或直寄本局交经畲馆主人收，以便照登。千勿迟误。谱干具启。"（《德商甬报》1899 年 5 月 16 日）

《宁波鄞东余氏修谱》,《新闻报》1928年3月11日。

按语：该族曾在清光绪五年(己卯年,1879年)纂修宗谱。前修宗谱即《鄞东冰厂跟余氏宗谱》,共十二卷、首一卷、末一卷,余章乾、余章山、余世发、余德朝纂修。光绪三十一年(1905年)锦乐堂木活字本,四册。书名页题《冰厂跟余氏宗谱》,版心题《鄞东余氏宗谱》。天一阁有藏。1927年冬,该族议决翌年续修宗谱,并公举余光财、余盛燕为采访员。

该启事由"锦乐堂余"刊登,内称"吾余氏始祖天锡公自宋代迁居鄞县江东冰厂跟余隘,历二十余代,子姓四百余户,自成一谱"。本次修谱要求迁居外地族人限期在1928年6月底之前报送详细资料。通讯处设在上海天津路陈星记余葆三处、宁波双街甬生祥余榆生处。

宁波帮人士余芝卿(茂芳)、余葆三出自该族。

该启事又刊3月13日、15日、17日、19日、21日、23日、25日、27日、29日,4月1日、2日、4日、6日《新闻报》;3月14日、16日、18日,4月7日《申报》。

本次所修即《鄞东冰厂跟余氏宗谱》,共十五卷、首一卷,余光纹、余茂芳、余盛煜主修,李向荣(畔南)纂修,石聘玉(美光)编辑。民国十七年(1928年)锦乐堂木活字本,六册。书签、版心题《鄞东余氏宗谱》,书名页题《冰厂跟余氏宗谱》。浙江图书馆、天一阁(存二册,即卷四至七)有藏。

笔者曾对鄞东冰厂跟余氏历次修谱进行过考察,详见《寻根》2017年第5期《鄞东冰厂跟余氏宗谱概述》。

附：

《宁波鄞东余氏修谱》："吾余氏始祖天锡公自宋代迁居鄞

县江东冰厂跟余隘,历二十余代,子姓四百余户,自成一谱。自前清光绪乙巳岁续修后,迄今复逾二十三载矣。去冬,由宗族议决于今庚再行续修,公举本族光财、盛燕二君为采访员。惟我族分支繁多,此二十余年中不无迁徙异地者,希即书明地址寄于通讯处,以便前来采访,或即将生卒、配葬及一切功名、行谊、传赞、文件从详抄寄亦可,但以本年六月终截止。幸勿自误为祷。恐采访不周,特登报通告。通讯处:上海天津路陈星记余葆三、宁波双街甬生祥余榆生。锦乐堂余公启。"(《新闻报》1928年3月11日)

《宁波鄞东钱湖余氏修谱》,《新闻报》1928年4月19日。

按语:该族曾在清光绪二十一年(乙未年,1895年)续修谱牒。1927年冬,议决再次续修谱牒。

该启事由陶公山余氏刊登,内称"吾族始祖兴公自迁居鄞邑东钱湖以来,历二十余代"。本次修谱要求迁居外地族人限期在1928年5月底之前报送资料。通讯处设在上海棋盘街美生书馆、上海十六铺长源猪行。

该启事又刊4月21日、23日《新闻报》。

《鄞县大公乡余氏四本堂修谱通告》,《宁波时事公报》1948年4月25日。

按语:该族曾在民国十七年(戊辰年,1928年)纂修宗谱。

本次修谱要求族人限期在1948年5月底之前报送资料。通讯处设在宁波灰街新泰昌五金号、宁波鄞县陶公山余氏四本堂谱局。

该通告又刊4月27日《宁波时事公报》。

《鄞县陶公山余氏四本堂续修宗谱通告》,《新闻报》1948 年 4 月 26 日。

按语：该通告内容同《宁波时事公报》1948 年 4 月 25 日《鄞县大公乡余氏四本堂修谱通告》,但称通讯处设在上海棋盘街美生纸行、宁波陶公山余氏谱局。

该通告又刊 4 月 30 日《新闻报》。

《鄞县陶公山余氏四本堂修谱通告》,《宁波时事公报》1948 年 4 月 29 日。

按语：该通告内容同《宁波时事公报》1948 年 4 月 25 日《鄞县大公乡余氏四本堂修谱通告》。

【忻】

《鄞东忻氏修谱广告》,《申报》1914年3月11日。

按语：鄞东陶公山忻氏奉忻颙(字公信,号继陶,行端一)为一世祖。该族下分四房,即老大房(听彝堂)、老二房(亦政堂)、老三房(本仁堂)、老四房(竹介堂)。亦政堂支谱创修于清光绪元年(乙亥年,1875年),由董沛、忻孝育、忻成佑等纂修。光绪二十一年(乙未年,1895年),忻渭邻等续修。

此系鄞东陶公山忻氏亦政堂重修支谱广告。该广告由"忻亦政堂谱局"刊登,要求迁居外地族人限期在1914年清明节至端午节期间报送修谱资料,并指出"惟经费一项,议定每丁捐大洋四角、每口二角、田地每亩六角,务望及时附缴,以充公用"。通讯处设在鄞东陶公山忻氏祠堂谱局,或交上海南市永安里源大猪行忻文尧转谱局。

光绪三十年(1904年)进士忻江明(绍如)出自该族。

该广告又刊3月12日至24日《申报》。

本次修谱由忻德渠、忻祖焘、忻礼嵩等纂修。

附：

《鄞东忻氏修谱广告》："陶公山忻氏亦政堂支谱向章二十年续修一次,今届甲寅年,宗房殷干公议重修。凡本派下之迁徙(徙)外乡者,限期于清明日起至端午节止,历代生卒、配葬各自抄录,或由邮寄,或亲到本谱局报明,悉从各便。惟经费一项,议定每丁捐大洋四角、每口二角、田地每亩六角,务望及时附缴,以充公用。今设局在本祠内,为期已迫。惟恐逾限不及收录,特此声明,幸勿自误(如在本埠,可邮寄南市永安里源大猪行忻文尧君收转,如由邮直寄本谱局亦可)。忻亦政堂谱局启。"(《申报》1914年3月11日)

《宁波陶公山忻氏亦政堂修谱通告》,《申报》1931年5月6日。

按语:该通告由鄞东陶公山忻氏亦政堂"房干"刊登,要求族人限期在1931年6月底之前至谱局报送修谱资料,或将资料挂号邮寄至上海中虹桥元芳里谦和木行忻庆和处、上海南市十六铺永安里长顺猪行忻文尧处、宁波城内广济桥忻壹律师事务所、鄞东陶公山许家屿忻氏亦政堂谱局。

该通告又刊5月7日至10日《申报》、5月11日至15日《新闻报》。

本次所修即《董东陶公山忻氏支谱》,忻德寿、忻德塌、忻德华等主修,忻壹总修,忻益圊等协修。民国二十年(1931年)十月新昌石氏木活字本,册数不详。书名页题《董东忻氏支谱》,版心题《鄞东忻氏支谱》。上海图书馆、宁波市奉化区博物馆有藏(各存一册,不分卷);另,天一阁藏有残本一册,但与上海图书馆、宁波市奉化区博物馆所藏版式不同。

附:

《宁波陶公山忻氏亦政堂修谱通告》:"我忻氏亦政堂支谱自民国三年重修,迄今已十有八年。现经房干等议决集款重修,但越年已久,子姓中不免有迁居异地者无从采访,为此登报通告,凡我房下子姓见报后,速将名号、职衔、子女、生卒、配葬并事迹、著述等通限于国历六月底以前,务希来局报告,或至下列各处详告。如不克亲到,可邮寄上海中虹桥元芳里谦和木行忻庆和君、南市十六铺永安里长顺猪行忻文尧君、宁波城内广济桥忻壹律师事务所,或径寄鄞东陶公山许家屿亦政堂谱局亦可。惟来件必须挂号,幸勿迟误。房干特白。"(《申报》1931年5月6日)

《宁波陶公山忻氏老三房本仁堂重修宗谱启事》,《新闻报》1945年7月8日。

按语:鄞东陶公山忻氏老三房本仁堂曾在清同治六年(丁卯年,1867年)、光绪二十年(甲午年,1894年)纂修支谱。前修支谱即《鄞东忻氏老三房支谱》,共十二卷、首一卷,戴廷祐、忻世良等纂修。民国八年(1919年)本仁堂木活字本,十二册。版心题《鄞东忻氏支谱》。天一阁有藏。

本次重修宗谱(实为本仁堂支谱)要求族人限期在1945年7月底之前报送修谱资料。

该启事又刊7月9日《新闻报》。

本次所修即《忻氏本仁堂支谱》,忻礼营等修,忻启陶等纂。民国三十五年(1946年)本仁堂木活字本,册数不详。版心题《鄞东忻氏支谱》。舟山市档案馆、舟山市图书馆均存有该谱复印本(存一册,不分卷)。

《宁波陶公山忻氏老三房修谱启事》,《新闻报》1946年5月18日。

按语:鄞东陶公山忻氏老三房本仁堂本次重修支谱自1945年开始,至此时即将结束。该启事系催告族人限期七日内向谱局报送修谱资料,并定于1946年9月12日(阴历八月十七日)举行祠堂进主、庆祝新谱完成典礼。修谱接洽处设在上海十六铺德昌鱼行忻锡九处。

《宁波鄞东陶公山忻氏老四房重修支谱启事》，《宁波时事公报》1946年10月27日。

按语：鄞东陶公山忻氏老四房（即大小房）竹介堂前修支谱即《忻氏竹介堂支谱》，共四卷，戴廷祐总纂。民国八年（1919年）竹介堂木活字本，四册。版心题《鄞东忻氏支谱》。宁波东钱湖陶公山忻氏宗祠管理委员会存有该谱复印本（存卷二、三）。

该启事由忻氏老四房（即大小房）宗房干刊登，要求迁居外地族人自登报之日起须将修谱资料寄至通讯处，以便汇编入谱。通讯处设在宁波半边街丰记鱼行。

该启事又刊10月28日、30日，11月1日《宁波时事公报》。

本次所修即《忻氏竹介堂支谱》，共四卷，忻启陶总纂，忻自绅主修。民国三十六年（1947年）竹介堂木活字本，四册。目录、版心题《鄞东忻氏支谱》。宁波东钱湖陶公山忻氏宗祠管理委员会存有该谱复印本（存卷一、四）。

【汪】

《鄞邑章溪汪氏修谱》,《申报》1914年4月14日。

按语：该启事由汪氏宗长刊登,内称"庄溪汪氏子孙蕃延,或迁湖北,或迁乌镇,或迁慈邑、定邑,不胜枚举"。本次纂修宗谱于1914年春公议发起,要求族人限期在5月9日(阴历四月望)之前前来认族或报送修谱资料。

该启事又刊4月15日至20日《申报》。

《镇海清水浦汪氏修辑宗谱广告》,《申报》1915年3月18日。

按语：该广告由族长汪莲谟刊登,内称"吾族明季蕞奇祖自皖省移居清水浦,迄今数百年。子姓蕃衍,不下数百户"。本次创修宗谱由汪显述、汪鋆述出资,要求迁居外地族人限期在1915年1月至6月底期间报送资料。通讯处分设汉口、上海、宁波三地,即汉口一码头日清公司汪炳生处、上海四马路望平街大阪渝行汪忠耿处、宁波镇海县西门庆华银楼汪翔声处、镇海县清水浦养蒙学堂内汪氏修谱办事处。

该广告又刊3月19日至6月14日《申报》。另,民国三十三年版《镇邑洪氏宗谱》卷十六亦有收录,标题作《镇海清水浦汪氏修谱》,内容有删节。

本次所修即《镇邑汪氏宗谱》,共四卷、首一卷,陈继穰(止泉)总纂。民国四年(1915年)聚德堂木活字本,共印十八部,每部四册。卷端题《镇邑清水浦汪氏宗谱》。日本国立国会图书馆、美国犹他家谱学会有藏。

附：

《镇海清水浦汪氏修辑宗谱广告》:"窃吾族明季荳奇祖自皖省移居清水浦,迄今数百年。子姓蕃衍,不下数百户。苟无宗谱,子孙散居愈久,则愈难追查。嗣孙显述、鋆述兄弟二人有鉴于此,出资谨修。凡我族人分居他处,祈将历代宗谱详秩函告,以便汇纂。汉口寄一码头日清公司汪炳生君,上海寄四马路望平街大阪渝行汪忠耿君,宁波寄镇海西门庆华银楼汪翔声君。如直寄清水浦交养蒙学堂内汪氏修谱办事处亦可。以民国四年正月起、六月终截止。谨启。族长莲谟白。"(《申报》1915 年 3 月 18 日)

《镇海清水浦汪氏修谱》,《新闻报》1933 年 2 月 10 日。

按语:该族曾在民国四年(乙卯年,1915 年)创修宗谱。

该启事由宗长汪祖尚刊登,要求族人限期在 1933 年 5 月底之前报送修谱资料。上海通讯处设在麦加利银行汪清源处。

该启事又刊 2 月 12 日、14 日、16 日、18 日《新闻报》。

《宁波鄞东中塘河岙里汪汪氏修谱通告》,《新闻报》1933 年 10 月 27 日。

按语:该族前修宗谱距此时(1933 年)已有四十五年。

该通告由宗长汪瑞生、房干汪杏春刊登。本次重修宗谱推举汪松赓担任采访员,要求旅居外地族人限期在 1933 年 12 月 2 日(阴历十月十五日)之前向上海百老汇路太平路茂利篷行汪松赓报送资料,或将资料寄宁波鄞东泗港镇保和堂药材号收转。

该通告又刊10月28日《新闻报》、10月30日至11月1日《申报》。

附：

《宁波鄞东中塘河岙里汪汪氏修谱通告》："径启者：我族宗谱已有四十五年未修，兹经宗长、房干等议决重修，已推族人松赓担任采访。凡我族之旅居外埠者，请于旧历十月十五日以前向上海百老汇路太平路茂利篷行汪松赓君详细开报，或径寄宁波鄞东泗港镇保和堂药材号收转。深恐不及周知，爰特分登《新》《申》两报，务祈从速开报，俾免遗漏为盼。宗长汪瑞生、房干汪杏春同启。"（《新闻报》1933年10月27日第6版）

《镇海清水浦大宗汪正式续修宗谱通告》，汪氏宗房长等民国二十五年(1936年)三月发布(民国三十三年版《镇邑汪氏宗谱》卷十六)。

按语：1935年,镇海县清水浦汪氏议决续修宗谱。

该通告由汪氏宗房长等刊登,要求迁居外地未入宗谱的族人限期在三个月内将修谱资料寄至清水浦汪氏养蒙小学内修谱筹备处（谱局），以便补入宗谱。

该通告又刊1936年3月16日、17日、19日、20日《镇海报》,标题作《镇海汪氏正式修谱通告》,内容有删节。

《奉化汪家村上汪、下汪、潘岙汪氏重修宗谱启事》，《新闻报》1946年5月11日。

按语：本次重修宗谱自1946年5月1日开始,要求族人限期在

6月底之前将修谱资料报送至各村办事处。

该启事又刊5月12日、13日《新闻报》。

本次修谱成果之一即云溪上汪《汪氏宗谱》,共十二卷,袁祖黄总裁,汪成协总理,汪鹤章纂修。民国三十五年(1946年)木活字本,共印五部(以唐虞夏商周编号),每部三册。今其族人有藏。

《清水浦大宗汪宗祠启事》,《宁波时事公报》1946年12月8日。

按语:镇海县清水浦大宗汪汪氏此前由汪立孝等发起重修宗谱,至此时(1946年)已有十年。

该启事称镇海县清水浦大宗汪汪氏宗谱已完成重修,通知族人参加定于1946年12月22日(冬至日)举行的敬神、祭祖、贺谱典礼。

该启事又刊12月9日《宁波时事公报》。

本次所修即《镇邑汪氏宗谱》,共十七卷,董天览、吴运昭、汪崇幹纂,汪立孝等修。民国三十三年(1944年)聚德堂木活字本,六册。书签、书名页题《汪氏宗谱》,目录、卷端题《镇海清水浦大宗汪汪氏宗谱》。上海图书馆有藏。

《鄞东姜村镇汪崇德堂续修宗谱暨加入义子通告》,《宁波日报》1947年2月14日。

按语:该族曾在清光绪二十八年(壬寅年,1902年)续修宗谱。

该通告要求迁居外地族人报送修谱资料;另,称"查旧谱世系图中向无螟蛉、承祧,而今加入义子一并抄录,望清明节前寄下"。通讯处设在宁波灵桥西塅恒和泰五金号汪鸿春处、上海山东路243号开明印刷局汪天曙处。

该通告又刊 2 月 15 日、17 日、19 日、21 日、25 日、27 日《宁波时事公报》。

《鄞东姜村汪氏崇德堂修谱暨加义子通告》，《新闻报》1947 年 5 月 22 日。

按语：该通告称"世系图中向无式谷子孙，而今加入闰谱，希一并抄录，以便汇编"，并要求散居各地族人限期在 1947 年 8 月底之前报送修谱资料。通讯处设在上海山东路 243 号开明印刷局汪天曙处、宁波灵桥西塍恒和泰五金号汪鸿春处。

该通告又刊 5 月 25 日、26 日《新闻报》。

《奉化城内汪惇叙堂众为修谱实行节约敬告诸亲友》，《宁波时事公报》1947 年 12 月 5 日。

按语：汪琏自武毅县迁至四明双溪，被奉为奉邑（奉化）始祖。该族曾在清乾隆五十四年（己酉年，1789 年）、道光七年（丁亥年，1827 年）、咸丰五年（乙卯年，1855 年）、光绪九年（癸未年，1883 年）、民国二年（癸丑年，1913 年）纂修宗谱。民国二十九年（1940 年），曾聘请陈训正等纂修宗谱，后因战事影响，被迫停顿。

该启事系通告族人定于 1947 年 12 月 19 日（阴历十一月初八日）举行圆谱典礼，内称"值兹国家多故、民生凋敝之秋，为履行节约起见，经集众决议所有亲友惠礼概行璧谢，以节耗费"。

该启事又刊 12 月 6 日、7 日《宁波时事公报》。

本次所修即《汪氏宗谱》，共十二卷、首一卷，方汝舟纂修。民国三十六年（1947 年）惇叙堂木活字本，三册。宁波市奉化区博物馆有藏。

【沈】

《沈氏修谱》,《申报》1888年10月5日。

按语：此系余姚兰风乡五车堰沈氏宗祠修谱启事。该族始祖沈庄,字居仁；始迁祖沈思,字持正,于北宋时由湖州迁至此地。前修宗谱即《兰风沈氏宗谱》,共八卷,沈天德(锡杰)主修,沈承钧纂修。清道光十二年(1832年)肃雝堂木活字本,共印三十八部,每部八册。书名页题《沈氏家乘》,版心题《兰风沈氏家谱》。上海图书馆、国家图书馆等有藏。

该启事由沈氏刊登,落款时间为"光绪十四年九月",要求迁居外地族人限期在一年内将修谱资料寄至上海北市元甡钱庄,或寄余姚五车堰甡记布庄转交沈氏谱局。光绪十四年即1888年(戊子年)。

该启事又刊10月6日至11月3日《申报》。

附：

《沈氏修谱》："浙绍余姚兰风乡五车堰沈氏宗祠续修家谱,凡士、商迁居在外者,速将道光十二年起世系存没载明,寄上海北市元甡庄或寄余姚五车堰甡记布庄交沈氏谱局,以便补纂。限一年为期,速寄毋迟,望勿自悮。特此告白。光绪十四年九月沈氏公具。"(《申报》1888年10月5日)

《沈氏修谱》,《申报》1895年5月4日。

按语：此系余姚兰风乡五车镇沈氏修谱启事。

该启事落款时间为"光绪廿一年四月",要求迁居外地族人限期在一年内将修谱资料邮寄至余姚五车镇甡记布庄、上海北市元牲钱庄。光绪二十一年即1895年(乙未年)。

该启事又刊5月5日、6日,6月3日至18日《申报》;6月4日至7月1日、7月3日至8月2日《新闻报》,但均无落款时间。

本次所修即《续修兰风沈氏宗谱》,共十三卷、首一卷,沈起仁、沈克贤主修,沈德沧纂修。光绪二十四年(1898年)肃雝堂木活字本,十四册。书名页题《沈氏家乘》,版心、书签题《兰风沈氏宗谱》。上海图书馆、国家图书馆、中国社会科学院历史研究所图书馆、北京大学图书馆、河北大学图书馆、美国犹他家谱学会有藏。

附:

《沈氏修谱》:"浙绍余姚县五车镇沈氏续修家谱启:维吾始祖持正公自宋代迁居,今拟重修,理须博访,凡我子姓之分居异地者,速将支派查明、绘图,邮寄余姚五车镇甡记布庄、上海北市元牲钱庄代收,俾可汇登。以一年为限,祈弗观望是幸。光绪廿一年四月。"(《申报》1895年5月4日)

《四明栎社沈氏修谱》,《新闻报》1906年5月1日。

按语:该启事称"吾族自吴兴居鄞,始于吴越王时之宦明州号中林者,则因宋时由城而乡,迁居栎社中林里",要求"各处有愿认族者先期至鄞南栎社问乾泰木行查核,其有远省不能离身者,须先回信至甬江钜康钱庄转交,以便稽查"。本次重修谱牒于清光绪三十二年(1906年)正月开始,定于十一月完成。

该启事又刊5月2日至15日《新闻报》。

《鄞东梅墟潭头沈氏修谱》,《新闻报》1913 年 12 月 1 日。

　　按语：该启事由宗长沈四衡刊登，内称"本族谱牒自前清光绪七年宗祠修葺后告成，迄今三十余年，祠宇倾坏，由各房捐助集资重修，择民国二年阴历十二月初三日进主，并进女主"，要求各房族人报送修谱资料，以便重行修谱。

　　该启事又刊 12 月 3 日、5 日、7 日、9 日、11 日《新闻报》。

《沈氏修谱》,《申报》1915 年 10 月 9 日。

　　按语：慈谿师桥沈氏始迁祖沈恒，行三百八，分为十二大房，即亮东房、亮西房、明三房、明六房、明十房、明廿五房、杲东房、杲西房、伦二房、伦四房、伦五房、恭房。此系杲西房修谱启事。

　　该启事由杲西房房长沈顺楚刊登，内称该族"自宋三百八，朝奉公迁居慈北沈师桥，子孙繁盛，分为廿四房。今聚族万户"。本次修谱要求族人限期在 1915 年 12 月 6 日（阴历十月底）之前持沈氏支谱至沈师桥向杲西房首事沈松培、沈锦钰报送资料。

　　该启事又刊 10 月 10 日至 11 月 6 日《申报》。

附：

　　《沈氏修谱》："自宋三百八、朝奉公迁居慈北沈师桥，子孙繁盛，分为廿四房。今聚族万户，谱不易修。虽咸丰初年间曾经修续，而杲西房派下只到第十四世孝字行而止，至今本房已有第廿八世者生焉，其间未续者十有四辈。倘本房派下有迁居在外者，可持支谱至沈师桥向本房首事松培、锦钰二君处详细谱入。以乙卯十月底为限，过此则需下届再行归宗。此布。杲西房房长沈顺楚启。"（《申报》1915 年 10 月 9 日）

《镇海江南衙前沈氏宗祠进主预备修谱广告》,《申报》1916年7月20日。

按语：该族曾在清咸丰五年(乙卯年,1855年)纂修谱牒。光绪二十二年(丙申年,1896年),始建宗祠。

该广告由镇海衙前(今属宁波市北仑区)沈氏宗长沈荣珍刊登,内称"我始祖达公官宋明州录事参军,以官为家,累赠参知政事、少保、尚书、左仆射,传至五世祖叔晦府君进士及第,赠朝奉大夫、直华文阁学士,赐谥端宪,敕祀镇城南山书院,合祀宁郡四贤祠,传至十一世祖君瑞府君始迁镇海衙前村,绵衍七百余载"。本次预备修谱要求族人限期在1916年阴历九月、十月内将世系寄至镇海县江南衙前沈氏宗祠;另,定于冬至日举行进主仪式。

该广告又刊7月21日、22日、24日、25日、8月2至5日、7日至11日《申报》。

《浙江镇海江南衙前沈氏修谱广告》,《申报》1918年6月12日。

按语：该族曾在清咸丰五年(乙卯年,1855年)纂修谱牒。

该广告由镇海衙前沈氏宗长沈荣珍刊登,落款时间为"民国七年戊午岁二月",内称"我始祖宋赠少保达公自婺州官明州,遂居定海即今镇海沈家山下。五世祖讳焕公、谥端宪,历传十一世祖君瑞公又迁居衙前村。厥后子姓繁衍,分居王家洋及迁居他省、他县、他乡者颇多"。本次修谱谱局于1918年正月设立,分设两处,即镇海衙前沈氏宗祠、镇海县城内南山书院,要求族人向谱局报送资料;另,在上海法租界公和来颜料号、汉口后花楼太和里振新煤号、定海北门沈家为迁居外地族人提供查阅旧谱(即前修谱牒)服务。

该广告又刊6月13日、14日、23日至28日,7月1日至8月8日《申报》;9月17日《四明日报》。

附：

《浙江镇海江南衙前沈氏修谱广告》："我始祖宋赠少保达公自婺州官明州,遂居定海即今镇海沈家山下。五世祖讳焕公、谥端宪,历传十一世祖君瑞公又迁居衙前村。厥后子姓繁衍,分居王家洋及迁居他省、他县、他乡者颇多。惟谱牒自前清咸丰乙卯年纂修,迄今六十余年未经赓续,诚恐年湮代远,更难采辑,故捐资于本年正月设局续修。凡我本支将排行、生卒、墓葬及住居、官阶、善行一一钞明,或躬诣,或邮寄衙前本宗祠及镇海南山书院两处谱局。如偏僻村落采访不及到者,应请各亲房互相传播。因费短期促,催其速行来局报告,免致遗漏。幸勿自误。犹有居外埠未悉世系者欲阅前谱,上海法界可向公和来颜料号、汉口后花楼太和里振新煤号、定海北门沈家可也。民国七年戊午岁二月日镇海衙前沈氏宗长荣珍特白。"(《申报》1918年6月12日)

《浙江镇海县江南衙前沈氏修谱限期截止广告》,《新闻报》1919年3月17日。

按语：该广告由镇海衙前沈氏宗长沈大廉刊登,系催告族人限期在1919年7月26日(阴历六月底)之前报送修谱资料。通讯处设在镇海县衙前沈氏宗祠、镇海县城内南山书院。

该广告又刊3月18日至4月15日、4月19日至5月18日《新闻报》。

《沈氏修谱》,《新闻报》1930年7月9日。

按语：此系宁波鄞东梅墟潭头河沈氏修谱启事。

该启事由宗长沈德权刊登。本次续修宗谱于1930年启动,要求族人限期在12月22日(冬至日)之前报送修谱资料。通讯处设在上海蓬路北河南路口925号沈森泰号、宁波老江桥塥乾和铁行沈佐廷处。

该启事又刊7月10日、11日《新闻报》。

《修谱广告》，余姚峙岭沈氏四支支长民国二十年(1931年)二月发布(民国《余姚峙岭沈氏宗谱》卷一)。

按语：此系余姚峙岭(今柿林)沈氏纂修宗谱广告。该族始迁祖沈太隆(行林十五)，由江口下坝迁居峙岭。曾在清道光十八年(戊戌年，1838年)、光绪元年(乙亥年，1875年)、光绪三十一年(乙巳年，1905年)纂修宗谱。

该广告由余姚峙岭沈氏四支支长发布，落款时间为"民国二十年二月"，指出本次修谱谱局设在莲峰庵，1931年4月15日至5月底为采访期、6月1日至7月底为编辑期、8月1日至11月底为开版期，族人"如欲出资印一部者，必须赶先通知本局，以便预采原料"，并对修谱经费来源作了具体规定，即"先由族众补贴捌拾金归老四房均派，再由每家每丁蠲银叁钱陆分、每妇人市勸粟壹升"。

2020年版《余姚柿林沈氏宗谱》亦收录该广告。

本次所修即《余姚峙岭沈氏宗谱》，共七卷，沈述和等纂修。民国二十年(1931年)木活字本，七册。书签题《峙岭沈氏宗谱》，版心下题"屏山楼"。天一阁有藏(略有残缺)，系余姚柿林沈氏宗谱编纂委员会于2021年4月29日捐赠。

《余姚兰风五车镇沈氏续修宗谱》，《新闻报》1933年12月4日。

按语：该启事由沈肃雕堂刊登，内称"我族始祖持正公由湖州迁姚,宗谱肇于宋,修于明,再修于清,自康熙己丑以迄光绪乙未,续修者四"。"康熙己丑"即康熙四十八年(1709年)。"光绪乙未"即光绪二十一年(1895年)。本次修谱要求族人限期在1935年2月3日(甲戌年年底)之前报送资料。通讯处设在上海天津路44号亚东银行沈滨掌处、余姚五车镇仁昌南货店转聚东房沈庆林。

该启事又刊12月6日《新闻报》。

本次所修即《续修兰风沈氏宗谱》,共十四卷、首二卷,沈庆林等纂修。民国二十四年(1935年)肃雕堂木活字本,十六册。书名页题《沈氏家乘》,版心、书签题《兰风沈氏宗谱》。上海图书馆、中国科学院图书馆、中国社会科学院历史研究所图书馆、北京大学图书馆、河北大学图书馆、南开大学图书馆、上虞市图书馆、天一阁(存十一册,即卷首下,卷一至六、九、十一、十二、十四)、美国犹他家谱学会等有藏。

《余姚兰风五车镇沈氏续修宗谱》,《新闻报》1933年12月11日。

按语:该启事由沈肃雕堂刊登,修谱报送日期、通讯处等内容同《新闻报》1933年12月4日《余姚兰风五车镇沈氏续修宗谱》,但篇幅有所减少。

该启事又刊1933年12月14日、18日、21日、25日、28日;1934年1月1日、5日、10日、13日、17日、20日、23日、26日、29日、2月1日、9日、10日、17日、19日、21日、23日、25日、27日、3月1日、3日、5日、7日、9日、11日、13日、15日、17日、19日、21日、23日、25日、27日、29日、31日《新闻报》。

《鄞西圆墣沈氏修谱通告》,《宁波时事公报》1947年2月21日。

按语:该族宗谱年久失修。

该通告由沈氏修谱处刊登,要求迁居、旅居外地族人限期在1947年6月底之前报送修谱资料,指出修谱处和代递处均备有采访表可供族人领取,其中修谱处设在宁波广济街游河巷21号沈懋锵处,代递处设在鄞县县前美最时鞋店沈昭芳处、鄞县又新街23号衍泰布号沈懋祥处、鄞县西郊路泽民庙弄口沈氏祠堂内、上海宁波路隆庆里10号天一染织厂发行所沈懋正处。

2月22日至25日《宁波时事公报》、2月27日《宁波日报》。

《关于续修宁波三北沈氏宗谱的启事》,《慈溪日报》2014年3月10日。

按语:该族曾在宋、元、明多次纂修宗谱。前修宗谱即《师桥沈氏宗谱》,共十五卷,沈春华等纂修。民国二年(1913年)中华图书馆铅印清咸丰元年(1851年)刻本,共印一千部,每部八册。天一阁、慈溪市档案馆、慈溪市博物馆、上海图书馆、国家图书馆、中国社会科学院历史研究所图书馆、北京大学图书馆、河北大学图书馆等有藏。

本次修谱要求族人限期在2014年6月底之前与沈氏宗谱续编办公室联系,以便报送资料。办公地址设在慈溪师桥镇中路142号,并公布联系人(沈维烈)、邮箱、"师桥沈氏宗谱"博客、办公电话号码。

该启事又刊6月18日《慈溪日报》,但未标注"师桥沈氏宗谱"博客。

本次所修即2016年版《师桥沈氏宗谱》,共五十册,线装,沈敏赛主编。2016年12月,入藏天一阁(由师桥沈氏宗谱续编办公室捐赠)。另,宁波图书馆亦有收藏。

附：

《关于续修宁波三北沈氏宗谱的启事》:"宁波三北沈师桥沈氏,脉自河南沈丘。自宋以降,沈氏多次纂修族谱,迄今,沈氏已有百年没有修谱了。

树有根,水有渊(源),慎终追远,乃是人伦之根本。现今沈氏长老发起续编家谱,宗乡沈氏族人欢欣鼓舞。本次进谱男女一概视同。

鉴于家谱年久失修,族人外出者众多,居住分散,讯息不通,给修谱工作带来不便。望沈氏宗亲见告后互相告知。尽快与沈氏宗谱续编办公室联系(截止[至]6月底)。

联系人:维烈(手机)13958358＊＊＊)、467949364@qq.com

邮箱:师桥沈氏宗谱 http://blog.163.com/ipq6000@126/

办公电话:0574-63661＊＊＊

办公地址:浙江宁波慈溪师桥镇中路142号。"(《慈溪日报》2014年3月10日)

《沈师桥沈氏宗谱续修启事》,《慈溪日报》2014年4月14日。

按语:此系慈溪师桥沈氏续修宗谱启事,内容同《慈溪日报》2014年3月10日《关于续修宁波三北沈氏宗谱的启事》。

附：

《沈师桥沈氏宗谱续修启事》:"沈师桥沈氏,脉自河南沈丘。自宋以降,沈氏多次纂修族谱。树有根,水有渊(源),慎终追远,乃人伦之根本。今欣逢盛世,沈氏续编家谱,历经数载,已近尾声。本次进谱,男女一概视同。为补阙遗轶,弘扬门风,兴家强国,请沈氏宗亲互相告知,尽快与沈氏宗谱续编办公室联系(截止[至]6月底)。

办公室电话:0574-63661＊＊＊

邮箱:沈师桥沈氏宗谱 http://blog.163.com/ipq6000@126/

地址:浙江宁波慈溪师桥镇中路142号

联系人:维烈(手机)13958358＊＊＊;邮箱:467949364@qq.com)。"(《慈溪日报》2014年4月14日)。

《重修余姚柿林沈氏宗谱公告》,《余姚日报》2018年10月22日。

按语:该族前修宗谱即民国《余姚峙岭沈氏宗谱》。2017年,开始续修宗谱。

该公告由《余姚柿林沈氏宗谱》编委会刊登,要求愿意入谱族人从速补报修谱资料,并指出"尤其需要上溯1930年之前祖宗准确名号,以便于顺利续谱"。本次修谱编委会设在余姚柿林村村委会。另,公布有修谱联系人(李先生)、主编(竺先生)手机(微信)号码、电子邮箱。

该公告又刊10月24日《余姚日报》。

本次所修即2020年版《余姚柿林沈氏宗谱》,共二册,精装,沈炳荣主修,竺济法主编。2021年4月29日,余姚柿林沈氏宗谱编纂委员会向天一阁捐赠该宗谱。另,宁波图书馆、宁波市档案馆亦有收藏。

《重修〈余姚柿林沈氏宗谱〉公告》,《宁波晚报》2018年10月27日。

按语:该公告由《余姚柿林沈氏宗谱》编委会刊登,内容同《余姚日报》2018年10月22日《重修余姚柿林沈氏宗谱公告》。

《关于编纂和续修姚北〈沈氏宗谱〉的公告》,《慈溪日报》2019年1月10日。

  按语：该公告由姚北沈氏家谱编纂办公室刊登,落款日期为"二〇一九年一月十日",内称"我姚北沈氏家谱失修年久,现由爱心宗亲发起续编沈氏家谱。这是我们沈氏宗亲百多年来的一件特大幸事。今特告各沈氏宗亲,希望宗亲积极参与并献计献策,把我们续谱编纂工作做得更加完美"。本次修谱要求族人向慈溪市崇寿东大道98号沈氏家谱编纂办公室报送个人、家庭、家族、旧家谱等详细资料。

【宋】

《镇海宋氏修谱》,《申报》1909年3月12日。

　　按语:该启事由镇海县东管乡宋家汇头宗长宋子璇刊登,落款时间为"宣统纪元己酉二月",内称"敝族自始迁祖武三府君于明万历间由福建莆田县徙居本邑东管乡宋家汇头,迄今已三百余年矣,向来有支谱而无宗谱"。本次编纂宗谱设有谱局,要求迁居外地族人限期在清宣统元年(己酉年,1909年)六月之前将修谱资料寄至谱局,以便查核后编纂入谱。

　　该启事又刊3月13日至4月10日《申报》。

《浙江余姚宋氏修谱通告》,《申报》1915年6月8日。

　　按语:此系余姚宋氏敦睦堂、聚斯堂合修宗谱通告。该族始迁祖宋朝祖,号端严。前次修谱在清同治九年(庚午年,1870年)。

　　该通告由余姚浒塘敦睦堂、南城聚斯堂刊登,内称"我宋氏迁姚祖端严公下向传智、仁、勇三房,后分两祠,曰浒塘敦睦堂,曰南城聚斯堂,然祠分而谱仍合"。本次修谱自1915年阴历五月开始采访,要求迁居外地族人限期在十二月底之前报送资料。谱局设在敦睦堂宗祠内,通讯收件处设在余姚南城花园桥泉昌米号转谱局。

　　该通告又刊6月9日至17日《申报》、6月18日至27日《新闻报》。

　　本次所修即《余姚宋氏宗谱》,共二十二卷、首一卷、末一卷,敦睦堂、聚斯堂裔孙合修,宋子兰、宋百猷等纂修。民国七年(1918年)十一月善继堂木活字本,二十六册。卷一卷端题《余姚宋氏重修宗谱》。上海图书馆、浙江图书馆、国家图书馆、中国社会科学院历史研究所图书馆、南开大学图书馆、河北大学图书馆、山西省社会科学院家谱资料研究中心、美国犹他家谱学会等有藏。

附：

　　《浙江余姚宋氏修谱通告》："我宋氏迁姚祖端严公下向传智、仁、勇三房,后分两祠,曰浒塘敦睦堂,曰南城聚斯堂,然祠分而谱仍合。旧谱自前清同治庚午年修葺(茸),迄今已四十余年。若再迟迟有待,恐年淹代远,手续益繁,爰集两宗祠族房公同议决,自今夏五月起、至今冬十二月止先行采访,其有侨居异地无从采访者,除遍通告外,合再登报声明,务望限期内亲来报告或函示本局。如有肖像、行述、传赞并寄尤佳。(谱局设敦睦堂宗祠内,来件寄余姚南城花园桥泉昌米号转)浙江余姚浒塘敦睦堂、南城聚斯堂仝启。"(《申报》1915年6月8日)

《余姚上林宋氏统宗堂修谱》,《新闻报》1946年3月1日。

　　按语：该族宗祠统宗堂位于宋家漕,前修宗谱即《余姚上林宋氏族谱》,共二十四卷、首一卷,宋元英总修。清光绪十九年(1893年)统宗堂木活字本,八册。慈溪市博物馆有藏(系残本)。1946年春,议决续修宗谱。

　　本次修谱要求族人从速向余姚小路头宋师涛医院采访处报送资料。

　　该启事又刊3月4日、5日《新闻报》。

《奉化广平宋氏修谱启事》,《宁波时事公报》1946 年 4 月 7 日。

按语：此系奉化北山、驻跸、冷西、芦村宋氏合修宗谱启事。

本次修谱于 1946 年 2 月开始采访，拟在秋季付印，要求自北山、驻跸、冷西、芦村等村外迁族人从速将资料寄至所属村落，以便汇纂入谱。

该启事又刊 4 月 8 日至 13 日《宁波时事公报》。

【邵】

《邵氏修谱启》,《申报》1885年7月2日。

按语：此系余姚城内邵氏（即姚江邵氏）纂修宗谱启事。该族始祖邵雍，谥康节；始迁祖邵忠，字诚之，一字克诚，号抑庵，行千八。前次修谱在清乾隆末年。

该启事由"姚江邵祠"刊登，称自清光绪十一年（1885年）夏季开始编修宗谱，要求迁居各地族人将修谱资料寄至上海道署或余姚县城中晋和钱庄邵履斋处。

邵廷采、邵晋涵、邵友濂出自该族。

该启事又刊7月3日至31日《申报》。

本次所修即《余姚邵氏宗谱》，共十六卷、首一卷、贻编七卷，邵日濂等纂修。光绪十三年（1887年）木活字本，二十四册。书签题《姚江邵氏宗谱》。上海图书馆、浙江图书馆、国家图书馆、中国社会科学院历史研究所图书馆、北京大学图书馆、南开大学图书馆、思绥草堂、天一阁（存二十三册，即卷首，卷一至十、十二至十六，贻编七卷）、美国犹他家谱学会等有藏。

附：

《邵氏修谱启》："绍兴府余姚县城中邵氏宗谱于本年夏季开修，所有迁居各处未得周知者，恐致遗漏，特此布告，请即将本支先世讳字、生卒、配葬及本生、兄弟、子女详细抄稿，或寄上海道署中，或寄余姚县城中晋和钱庄邵履斋处，并祈阅报诸君子传

告邵氏后裔知悉,感激之至。姚江邵祠公启。"(《申报》1885年7月2日)

《邵氏修谱催单》,《申报》1886年3月20日。

按语:此系余姚城内邵氏(即姚江邵氏)催报修谱资料启事。

该启事由"姚江邵祠"刊登,称报送修谱资料者寥寥,故再次登报要求族人将资料寄至上海道署或余姚县南城邵氏宗祠谱局。

该启事又刊3月21日至29日《申报》。

《余姚邵氏宗谱重修告竣启事》,约光绪十三年(1887年)发布(天一阁藏光绪《余姚邵氏宗谱》内夹页)。

按语:该启事无标题,此系笔者所加。

该启事称光绪《余姚邵氏宗谱》业已告成并分送各房,指出考虑到"代远年湮,其间或不无遗漏、舛讹之处,尚祈诸同宗匡其不逮,详加检阅,遇有应增、应补、应删、应改者,随时逐条摘出,交东水闸本族义庄收存,俾得将来汇集各条公同酌定重付手民,以期尽善"。

《镇海崇邱邵氏修谱广告》,《申报》1910年8月5日。

按语:镇海崇邱(今属宁波市北仑区)下邵邵氏曾在清咸丰、同治年间续修谱牒。

该广告由宗长邵维莲、司事邵永谕刊登,内称"我族自宋康节公传至四世太源公始迁慈谿,递至十一世二庵公又由慈迁镇,卜居崇邱下邵村"。"康节公"即邵雍。本次修谱要求族人限期在清宣统二年

(1910年)六月起、十二月底止报送资料,"除掌谱者在就地按年录入草谱外,凡分迁异地、采访不及者,希即将本支自行开列明晰,亲赴下邵修谱处报明,以便收入家乘。其或不能自行报告者,亦须速来修谱处商酌办法"。

该广告又刊 8 月 7 日、9 日、11 日、13 日、15 日、17 日、19 日、21 日、23 日、25 日、27 日、29 日、31 日,9 月 1 日《申报》;8 月 6 日、8 日、10 日、12 日、14 日、16 日、18 日、20 日、22 日、24 日、26 日、28 日、30 日,9 月 1 日、3 日《新闻报》。

《新闻报》1946 年 12 月 11 日《镇海县崇姚乡下邵邵氏修谱启事》称"我族宗谱自逊清末叶、宣统辛亥岁修后,迄今已垂卅余载",据此可知本次纂修宗谱于宣统二年(1910 年)发起,并完成于宣统三年(1911 年)。

《余姚邵氏修谱办事处启》,《申报》1928 年 10 月 19 日。

按语:该族前修宗谱即清光绪十三年(1887 年)版《余姚邵氏宗谱》。

该启事称"稽谱载康节公九传至行千八转迁余姚。千八公讳忠,字克诚,官宋扬州路都巡,是为迁姚始祖"。本次修谱要求族人限期在 1929 年 2 月 9 日(戊辰年十二月底)之前将资料寄余姚邵氏义庄收转。

该启事又刊 10 月 21 日、23 日、25 日、27 日、29 日、31 日,11 月 2 日、4 日、6 日、8 日、10 日、12 日《申报》;10 月 20 日、22 日、24 日、26 日、28 日、30 日,11 月 1 日、3 日、5 日、7 日、13 日、15 日、17 日《新闻报》;12 月 10 日天津《大公报》。

本次所修即《余姚邵氏宗谱》,共十八卷、首一卷、贻编七卷,邵是同修,邵诜如纂。民国二十一年(1932年)铅印本,二十六册。书签题《姚江邵氏宗谱》。上海图书馆、国家图书馆、余姚市文物保护管理所、中国社会科学院历史研究所图书馆、四川省图书馆、北京大学图书馆、南开大学图书馆、山西省社会科学院家谱资料研究中心、美国犹他家谱学会等有藏。

《宁波慈东西邵分支大河头敦德堂邵氏重修宗谱通告》,《申报》1935年12月11日。

按语:该族曾在民国十四年(乙丑年,1925年)编修宗谱(即"草谱")。

该通告由敦德堂刊登,内称"吾邵氏自河南迁居于宁属慈东,数传而后子姓繁衍,旋分为东邵、西邵、堰头邵、牛压邵以及大河头邵,条分而缕晰,虽数支,实一姓也"。本次修谱鉴于民国十四年所修宗谱存在错误、漏收等原因,故决定发起重修,要求族人限期在一个月内报送资料,并指出"此后正式新谱成立,所成草谱作废"。登记处设在上海爱多亚路西金玉里华兴电器厂邵锡九处、宁波钱行后街复隆号邵香九处。

该通告又刊12月13日《申报》,12月11日、12日《民报》,12月12日、14日《新闻报》。

附:

《宁波慈东西邵分支大河头敦德堂邵氏重修宗谱通告》:"窃吾邵氏自河南迁居于宁属慈东,数传而后子姓繁衍,旋分为东邵、西邵、堰头邵、牛压邵以及大河头邵,条分而缕晰,虽数支,实一姓也。在民国十四年曾经草草集成宗谱,然而其中多有错误,其错误之原因,非吾族子孙者亦滥以入谱,而吾族同系者则反未入谱,长此以往,殊多紊乱。如再勿更正,将后不堪设想,为此邀集阖族议妥重修宗谱。凡吾族同系,务请于一月内前来登记,幸勿自误。此后正式新谱成立,所成草谱作废。特此通告。登记处:上海爱多亚路西金玉里华兴电器厂邵锡九、宁波钱行后街复隆号邵香九。敦德堂启。"(《申报》1935 年 12 月 11 日)

《鄞东福明乡四都邵家修谱通告》,《时事公报》1944 年 10 月 4 日。

按语:该族曾在民国五年(丙辰年,1916 年)纂修宗谱。

该通告由邵氏德本堂宗干刊登,要求散居各地族人限期在 1945 年 1 月 13 日(甲申年十一月底)之前将修谱资料寄至祠堂或通讯处。通讯处设在宁波江厦街邵圣祥处、上海天津路 120 号信裕钱庄邵咏祥处。

该通告又刊 10 月 5 日至 10 日《时事公报》。

《镇海县崇姚乡下邵邵氏修谱启事》,《新闻报》1946 年 12 月 11 日。

按语:该族曾在清宣统三年(辛亥年,1911 年)纂修完成宗谱。

该启事称本次修谱自登报之日起开始采访,要求族人限期在 1947 年 1 月底之前报送资料,以便汇纂入谱。通讯处设在镇海县下邵 909 号信箱邵氏修谱办事处、上海河南路昌兴里 37 号立德染织厂。

该启事又刊 12 月 13 日、15 日《新闻报》,12 月 12 日《申报》。

《镇海下邵邵氏修谱通告》,《宁波时事公报》1947 年 1 月 1 日。

按语:该通告由邵氏宗房干事刊登,要求迁居外地或采访不周之族人限期在 1947 年 1 月底之前报送修谱资料。通讯处设在镇海县下邵 909 号信箱邵氏修谱办事处。

该通告又刊 1 月 5 日至 8 日《宁波时事公报》。

《鄞南张俞镇何邵邵氏思德堂续修宗谱并准许螟蛉通告》,《宁波时事公报》1947 年 3 月 25 日。

按语：该族曾在清光绪十九年(癸巳年,1893 年)续修宗谱。

本次修谱要求迁居外地族人限期在 1947 年 6 月 23 日(端午节)之前报送资料,并特别指出"查旧例向无螟蛉、承祧,而今准许领养,以补式微"。通讯处设在宁波鄞南张俞镇何邵邵位章处(《新闻报》1947 年 5 月 25 日《宁波鄞南张俞镇何邵邵氏思德堂续修宗谱并准许螟蛉通告》作"邵惠章")。

该通告又刊 3 月 26 日、27 日《宁波时事公报》。

《宁波鄞南张俞镇何邵邵氏思德堂续修宗谱并准许螟蛉通告》,《新闻报》1947 年 5 月 25 日。

按语：该通告内容同《宁波时事公报》1947 年 3 月 25 日《鄞南张俞镇何邵邵氏思德堂续修宗谱并准许螟蛉通告》。通讯处设在宁波鄞南张俞镇何邵邵惠章处。

该通告又刊 5 月 26 日《新闻报》。

《象山县昌国卫邵氏重修宗谱公告》,《宁波日报》1949 年 2 月 27 日。

按语：该族前修宗谱距此时(1949 年)已有三十年。

该公告称本次重修宗谱即日起开始采访,要求散居各地族人限期在 1949 年 4 月 27 日(阴历三月底)之前报送详细修谱资料,以便汇纂入谱。通讯处设在象山县昌国卫邵氏重修宗谱局。

该公告又刊 2 月 28 日《宁波日报》。

《通告》，邵氏宗祠管理小组 2019 年 12 月 10 日发布（邵国良先生提供）。

按语：此系四明章溪邵氏纂修宗谱通告。该族始祖邵颖；始迁祖邵万拙，于宋代迁至此地。曾在清乾隆三十年（乙酉年，1765 年）、道光二十四年（甲辰年，1844 年）、光绪三年（丁丑年，1877 年）、光绪二十八年（壬寅年，1902 年），民国十九年（庚午年，1930 年）纂修宗谱。前修宗谱即《四明章溪邵氏宗谱》，共六卷（其中卷六并入卷一，故实为五卷），宗长邵祖凤、房长邵邦材（字小赉）、邵邦绚（字朱宝）等修，邵国裕（字圣葆）纂修。民国三十六年（1947 年）太和堂木活字本，二册。书签题《邵氏宗谱》。天一阁有藏。

该通告由邵氏宗祠管理小组发布，就本次纂修宗谱进度缓慢的情况，提出"我邵氏族人应以大局为重，积极填写表格及有关资料，有关成员继续磋商研究，群策群力，以谋良计，以早日完成这一历史使命，以慰祖宗"。

【陆】

《宁波鄞县姜村镇陆氏修谱建祠通告》,《新闻报》1921年4月29日。

按语：该族曾在民国元年(壬子年,1912年)修谱。

该通告由宗长陆友宁、房长陆世高刊登。本次重修宗谱、建筑宗祠于1921年启动,其中要求族人限期在7月4日(阴历五月底)之前报送修谱资料。通信处设在上海盆汤弄桥南陆竹廷牙医局、宁波陆财宝处。

该通告又刊4月30日至5月5日《新闻报》。

《宁波鄞县东乡虹麓陆氏修谱广告》,《新闻报》1923年7月1日。

按语：该广告由"辅政堂陆"刊登。本次重修族谱于1923年初启动,要求族人限期在7月15日之前报送资料。通信处设在宁波江东灰街同和铁行陆舜祥处、上海四马路甬裕泰陆昌坤处。

该广告又刊7月2日至7日《新闻报》。

《鄞东盛垫桥陆氏修谱启事》,《申报》1933年7月3日。

按语：该族由鄞县高钱迁至盛垫桥,曾在清光绪三十二年(丙午年,1906年)修谱。

该启事由宗长陆良鹤刊登。本次系第五次修谱,要求族人限期在1933年8月20日(阴历六月底)之前将资料寄盛垫桥陆秋生转宗长陆良鹤家;另,上海接洽处设在牛庄路691号汾兴公司陆汉庭处。

该启事又刊7月5日、7日、9日、11日《申报》,7月4日、6日、8

日、10日、12日《新闻报》。

附：

《鄞东盛垫桥陆氏修谱启事》："我陆氏由高钱迁盛垫桥以来，谱凡四修，前次在光绪丙午，距今二十八年矣。阖族公议发起续修，除登甬报外，恐旅居外地者未及周知，为此再登《申》《新》报声明，望我子姓速将先世及本身子孙、生卒、配葬、营业、住址暨遗存之诰敕、传赞、志铭等缮录清稿，的限阴历六月底寄盛垫桥陆秋生转宗长家。上海接洽处：牛庄路六九一号汾兴公司陆汉庭。幸勿延误，特此通告。宗长良鹤氏启。"(《申报》1933年7月3日)

《宁波月湖陆氏修谱通告》，《申报》1934年1月15日。

按语：该族始迁祖陆元，自慈谿县迁居鄞县月湖。曾由陆瑜创修宗谱，陆金滕续修宗谱。

本次修谱要求族人限期在1934年5月内报送详细资料。通讯处设在上海法租界辣斐德路成裕里13号陆吟生处、上海南市永盛码头恒源泰花行陆荣堂处、嘉兴外洋关巷石条街祥记报关行陆敬甫处、宁波西门外乙未坊天顺纸店陆琳荪处、宁波鼓楼前仁和钱庄陆卓人处。

陆宝、陆世科出自该族。

该通告又刊1月17日、19日、21日、23日、25日、3月30日、4月2日、6日、10日、14日《申报》；1月16日、18日、20日、22日、24日、26日、3月31日、4月4日、8日、12日、16日《新闻报》。

本次所修即《四明月湖陆氏宗谱》，共十二卷、首一卷、末一卷，陆德生（益明）主修，陆吟生（本豫）总修，王德光（聘琛）、陈运鹏（健飞）协修。民国二十四年（1935年）绳武堂木活字本，十册。目录题《四明月湖陆氏重修宗谱》。天一阁、上海图书馆、中国社会科学院历史研究所图书馆、山西省社会科学院家谱资料研究中心有藏。

附：

《宁波月湖陆氏修谱通告》："吾族始祖元，由慈谿徙鄞县月湖，越五世，分七柱，一柱祖瑀、二柱祖琪、三柱祖珑、四柱祖理、五柱祖瑜、六柱祖璘、七柱祖琏，厥后子孙繁盛，至今已二十余世矣，其中有远迁燕、湘、皖、苏各省暨本省杭、湖、奉、象、台、绍等县。考吾宗谱牒始纂于五世祖瑜，继修于九世祖金縢，迄今已十有余世。若不编纂增修，难免数典忘祖。凡我同宗乞将历代名号、出身、职业、生卒、配葬及著作、传记、行状等详细抄录，于国历五月内付邮寄下，以资考订，而绵奕世。通讯处：上海法租界辣斐德路成裕里十三号陆吟生、南市永盛码头恒源泰花行陆荣堂、嘉兴外洋关巷石条街祥记报关行陆敬甫、宁波西门外乙未坊天顺纸店陆琳苏、鼓楼前仁和钱庄陆卓人。"（《申报》1934年1月15日）

《宁波鄞西西陆陆氏维则堂修谱通告》，《新闻报》1947年3月6日。

按语：该族曾在清光绪二十三年（丁酉年，1897年）重修宗谱。

该通告由陆氏维则堂重修宗谱办事处刊登。本次重修宗谱自1947年2月开始采访，要求旅居外地族人限期在8月底之前向修谱委员会报送资料，以便汇纂入谱。上海通讯处设在七浦路632号中国道德总会内陆馥卿处。

该通告又刊3月8日《新闻报》,3月7日、9日《申报》。

附:

《宁波鄞西西陆陆氏维则堂修谱通告》:"本族宗谱自民前十五年重修以来,迄今五十余载,其间子孙繁衍,亟待重修。经宗房干等公同议决,自本年二月开始采访。凡我子孙族居外乡者,务须于八月底前将生卒、配葬、传志、文献以及德行、事略等抄寄本会,以便汇纂,幸勿观望为要。自廿一世'荣'字行起。陆氏维则堂重修宗谱办事处。上海通讯处:七浦路六三二号中国道德总会内陆馥卿。"(《新闻报》1947年3月6日)

《鄞东虹麓陆氏辅政堂续修宗谱通告》,《宁波时事公报》1947年3月12日。

按语:该族曾在民国十三年(甲子年,1924年)重修宗谱。

本次修谱要求散居各地族人限期在1947年6月底之前向祠堂或通讯处报送资料,以便汇编入谱。通讯处设在上海金陵东路297号司惠司钟表行、宁波望江街冷藏公司,修谱筹备处设在鄞东虹麓陆氏祠堂。

该通告又刊3月13日、15日、17日、19日、21日、24日、25日、27日、29日、31日,4月2日、4日、6日、8日《宁波时事公报》;3月22日、29日、30日《宁波日报》;3月28日,4月6日《新闻报》,其中《宁波日报》《新闻报》标题均作《鄞东虹麓陆氏辅政堂续修宗谱通告》。

本次所修即《虹麓陆氏宗谱》,共八卷,陆世昌等纂修。民国三十七年(1948年)辅政堂木活字本,十册。书衣题《陆氏家谱》,卷端题《四明虹麓陆氏宗谱》。宁波市鄞州区(大学园区)图书馆有藏。

《鄞西西陆陆氏维则堂重修宗谱通告》,《宁波时事公报》1947年4月20日。

按语：该通告称本次重修宗谱要求旅居外地族人限期在1947年中秋节之前向修谱委员会报送资料，以便汇纂入谱，并指出"允许螟蛉入祠，以广宗族"。上海通讯处设在七浦路632号中国道德总会内陆馥卿处。

该通告又刊4月22日、24日、26日、28日《宁波时事公报》，4月27日《宁波日报》。

《关于续修余姚樣山陆氏（东宅二房南墩支）宗谱的启事》,《慈溪日报》2014年4月15日。

按语：余姚樣山（又作漾山，今属慈溪市宗汉街道）陆氏曾在民国五年（丙辰年，1916年）续修宗谱。

该启事由余姚樣山陆氏（东宅二房南墩支）续谱小组刊登，落款日期为"二〇一四年四月十五日"，要求从南墩外迁族人见报后相互转告，并限期在6月底之前与该续谱小组联系。另，公布有联系电话。

本次所修即2015年版《樣山陆氏东宅二房南墩支宗谱》，共八册，线装，陆金如主编。2017年9月24日，陆立其先生向天一阁捐赠该宗谱。另，宁波图书馆亦有收藏。

附：

《关于续修余姚樣山陆氏（东宅二房南墩支）宗谱的启事》："樣山陆氏，源远流长。民国五年，宗谱续修，今已近百年。追根溯源，续编家谱，男女同等，众人拥护。因族人繁衍兴旺，外出者

众多,为今续谱带来诸多不便。望从南墩外迁的陆氏见告后互相告知,尽快与本续谱小组联系。(截止时间:6月底)

联系电话:13906743540、13706743188

余姚樣山陆氏(东宅二房南墩支)续谱小组

二〇一四年四月十五日。"(《慈溪日报》2014年4月15日)

《续修余姚漾山陆氏西宅大房五进屋(宗汉庙山)支宗谱的启事》,《慈溪日报》2018年12月10日。

按语:该启事由余姚漾山陆氏西宅大房五进屋支宗谱续编组刊登,内称"余姚漾山陆氏宗谱,历史久远。现存宗谱为民国五年续修,距今已百余年。续修新谱,族人期盼。因诸多原委,外迁者众多,给续谱带来不少困难"。本次修谱要求从五进屋(宗汉庙山村)外迁族人见报后相互转告,并限期在2019年2月底之前与宗谱续编组联系。另,还公布有联系人陆岱生、陆金泗电话、邮箱。

该启事又刊12月11日《慈溪日报》。

本次所修即2019年版《樣山陆氏西宅大房五进屋支宗谱》,共四册,线装,陆金泗主编。2020年1月17日,樣山陆氏西宅大房五进屋支宗谱续编工作组向天一阁捐赠该宗谱。

【陈】

《陈氏修谱》,《新闻报》1897年6月20日。

按语:该启事由"镇海西乡隔河陈"刊登,内称"吾族自前明曾一府君由金塘迁此,嗣后徙居余姚、舟山及各处者不少"。本次重修宗谱要求族人限期在清光绪二十三年(1897年)十月底之前将修谱资料寄至宁波行远银楼,以便查核后入谱。

该启事又刊6月21日至23日、25日、26日《新闻报》。

《镇西压赛堰陈氏修谱》,《德商甬报》1899年1月6日。

按语:该族始祖陈延禄。七世祖陈桧曾获宋理宗赐谱,后其随兄弟陈坚迁居镇海县西管乡。明万历年间,二十世祖陈国仁增订家谱。

该启事称"我族修谱开局采访已经一载,春间曾登《申报》,广贴招纸"。本次修谱要求迁居外地族人限期在清光绪二十五年(1899年)四月底之前向甬东阜泰纸行或谱局报送资料。谱局设在压赛堰陈明房(后期启事改作"陈明开")。

该启事又刊3月15日、24日、25日、29日《德商甬报》。

《镇西压赛陈氏修谱》,《德商甬报》1899年4月8日。

按语:该启事系催告镇海县西管乡压赛堰陈氏族人限期在清光绪二十五年(1899年)七月底之前报送修谱资料。通讯处设在压赛堰陈氏宗祠内经理人处。

该启事又刊 4 月 10 日、13 日至 16 日、18 日至 24 日、26 日至 5 月 5 日、7 日、8 日、16 日、17 日、21 日、23 日、24 日《德商甬报》。

《陈氏修谱》，《新闻报》1904 年 6 月 5 日。

按语：此系慈谿县东乡石米湾陈氏修谱启事。该族曾在清咸丰十一年(辛酉年，1861 年)纂修宗谱。

该启事由慈谿县东乡石米湾陈氏刊登。本次重修宗谱由陈端甫、陈律甫等发起，要求族人限期在光绪三十年八月底(1904 年 10 月 8 日)之前报送资料。通讯处设在上海南市长泰土行陈律甫处、宁波药行街宝和药行陈宛亭处。

该启事又刊 6 月 6 日至 11 日《新闻报》。

《宁波仓基陈氏修谱广告》，《申报》1910 年 2 月 25 日。

按语：该族前修宗谱即《仓基陈氏宗谱》，卷数不详，陈子芹纂修。清光绪六年(1880 年)遗忠堂木活字本，共印三十二部，每部册数不详。版心题《宁城仓基陈氏宗谱》。天一阁有藏(存一册，即卷四十二至四十七，系《旌忠录》，由陈祖确辑)。

该广告由宁波仓基陈氏刊登，要求迁居外省族人限期在宣统二年三月底(1910 年 5 月 8 日)之前将详细修谱资料寄至上海三马路庆和里万顺丰号陈蓉馆处、宁波城内仓基翰香初等小学堂。

宁波旅沪同乡会理事、上海四明公所公义联合会董事陈蓉馆出自该族。

该广告又刊 2 月 26 日、27 日《申报》。

本次所修即《仓基陈氏家谱》，共三十二卷、首一卷，陈隆泽总修，陈隆奎等纂修。清宣统二年(1910 年)遗忠堂木活字本，十册。书签、书名页题《宁波仓基陈氏家谱》，目录题《仓基陈氏家谱》、版心题《宁城仓基陈氏家谱》。天一阁有藏。

附：

《宁波仓基陈氏修谱广告》："本族宗谱自光绪庚辰修订后，迄今三十年，例届重修，惟族支多有寄寓外省者，阅报后速将支派、世次、名字、职衔、生卒、配葬、子女详细开列，函寄上海三马路庆和里万顺丰号陈蓉馆处，或直寄宁波城内仓基本族翰香初等小学堂。限三月底截止，切勿自误。宁波仓基陈氏启。"（《申报》1910年2月25日）

《凡姓陈者注意》，《申报》1910年2月25日。

按语：此系宁波仓基陈氏修谱启事。

该启事由宁波仓基陈氏谱局刊登，内称"本族自宋庄靖公、讳矜以侍御史知明州，遂家于鄞之走马塘，十九传至明江西贵溪县知县梅轩公、讳檗，由走马塘迁居城南仓基，我仓基陈氏乃始立支祠、另编支谱，世故称为仓基陈氏也。按梅轩公生五子讳烜、讳炜、讳熠、讳燿、讳灼，分仁、义、礼、智、信五房，礼、智两房今已乏传，我仁、义、信三房子姓繁多，有迁居北京一派、四川一派、河南归德府一派、湖北襄阳府一派、江苏六合县一派及温州、台州、象山、奉化、乍浦等处，并有出外未详者"。本次修谱于清宣统元年（1909年）长至日（即冬至日）议决重修，要求迁居外地的仁房、义房、信房后裔将详细资料寄上海三马路庆和里万顺丰号陈蓉馆或宁波城内仓基陈氏翰香高等小学堂。

该启事又刊3月1日至14日《申报》。

附：

《凡姓陈者注意》："本族自宋庄靖公、讳矜以侍御史知明州，遂家于鄞之走马塘，十九传至明江西贵溪县知县梅轩公、讳檗，由走马塘迁居城南仓基，我仓基陈氏乃始立支祠，另编支谱，世故称为仓基陈氏也。按梅轩公生五子讳烜、讳炜、讳熠、讳燿、讳灼，分仁、义、礼、智、信五房，礼、智两房今已乏传，我仁、义、信三房子姓繁多，有迁居北京一派、四川一派、河南归德府一派、湖北襄阳府一派、江苏六合县一派及温州、台州、象山、奉化、乍浦等处，并有出外未详者。今于去年长至日公议重修，凡我仁、义、信三房子姓寄寓远处者，阅报后速将支派世次、名字、职衔、生卒、配葬、子女详细开列，函寄上海三马路庆和里万顺丰号陈蓉馆处，或直寄宁波城内仓基陈氏翰香高等小学堂。限三月底截止，切勿自悮。宁波仓基陈氏谱局启。"（《申报》1910年2月25日）

《四明乌楼陈氏修谱》，《申报》1910年7月20日。

按语：该启事由陈氏宗房长刊登，内称"我陈氏始祖鄮庵公自奉邑迁宁西后河地方名曰乌楼建造宗祠"。本次修谱要求迁居北京、保定、苏州、武陵、慈谿、定海、宁海等地族人报送资料，以便纂修入谱。通讯处设在宁波湖西小巷陈星联处。

该启事又刊7月21日、22日、24日至26日《申报》。

附：

《四明乌楼陈氏修谱》："启者：我陈氏始祖鄮庵公自奉邑迁宁西后河地方名曰乌楼建造宗祠。今查宗谱两代未修，前有服官经商至北京、保定、苏州山塘上、武陵、严州、京师、湖州、新墅、乌镇、慈谿、定海、宁海桑洲穿郭各等处均未归谱。兹因重修谱藉,诚恐在外族人未及周知,为此登报务将世系、名号、官阶、婚嫁、生卒年月以及有行述可传者抄录汇送,以备纂修。幸勿延悮。来信即寄宁波湖西小巷巷陈星联处检收为盼。陈氏宗房长公启。"(《申报》1910年7月20日)

《宁波定桥陈氏报本堂修谱广告》,《新闻报》1915年3月26日。

按语:该族曾在清光绪十七年(辛卯年,1891年)纂修谱牒。

该广告由"宗房干"刊登。本次修谱于1915年春发起,要求族人限期在6月底之前报送资料。通讯处设在上海贵州路一言亭大菜馆转陈生昇。

该广告又刊3月27日至4月10日《新闻报》。

《宁波鄞东横泾陈氏修谱广告》,《新闻报》1917年7月11日。

按语:该族始迁祖陈昌,字得全,行仰一,南宋时期人。曾在明宣德年间、正统九年(甲子年,1444年)、弘治六年(癸丑年,1493年)、万历二十八年(庚子年,1600年)、清乾隆元年(丙辰年,1736年)、道光二十年(庚子年,1840年)纂修宗谱。

该广告由"昼锦堂陈"刊登,要求迁居外地族人从速将修谱资料寄至鄞东横泾陈氏宗祠内修谱事务所,或交宁波江厦信源庄陈祖悦、上海盆汤弄安定里洽丰丝头号陈渭泉转修谱事务所。

该广告又刊7月13日、15日、17日、19日、21日、23日、25日、27日、29日、31日,8月2日、6日至8日《新闻报》;11月26日《申报》。

附：

　　《宁波鄞东横泾陈氏修谱广告》："吾族道光年间修谱以来，至今已八十余年，丁口渐增，迁徙散处者亦不少。若不再行修谱，年湮代远，更难稽查。现经合族议决重修宗谱，凡我宗支有迁居他方者，务将住址、行第、名号并某公房下以及功名、事迹、配娶、葬地、男女生卒等事速寄本宗祠内修谱事务所，或宁波江厦信源庄陈祖悦君、上海盆汤弄安定里洽丰丝头号陈渭泉君均能转达。特此布告。昼锦堂陈启。"（《新闻报》1917年7月11日）

《镇海蛟河村陈氏建祠修谱》，《新闻报》1919年10月5日。

　　按语：该启事由族长陈文贵刊登，内称"本族由金塘迁此，向无宗祠，至第六世宏发公创订宗谱。曾经再修，今秋始公议建筑宗祠又续修宗谱"。本次修谱要求迁居各地族人报送资料，以便纂修入谱、祠堂建成后进主。通讯处设在上海小东门义利恒号、上海永安街泰来烟叶行、宁波东门后市生记绸缎庄。

　　该启事又刊10月7日、9日、11日、13日、15日、17日《新闻报》。

　　本次所修即《镇海蛟河陈氏宗谱》，共十卷、首一卷，陈文贵等纂修。民国十一年（1922年）光裕堂木活字本，十册。国家图书馆有藏。

《宁波西门外天灯下陈氏修谱启》，《申报》1920年6月30日。

　　按语：该族曾在清光绪二十六年（庚子年，1900年）修谱。

　　该启事由宗长刊登，要求族人在1920年6月30日至7月30日（阴历五月十五日至六月十五日）期间报送修谱资料。通讯处设在上海永安街允新糖行陈庆生处、宁波晋大糖行陈鸿哉处、宁波张斌桥老永吉陈咏芝处。

该启事又刊7月1日至6日《申报》。

《余姚鹦山陈氏修谱》，《新闻报》1922年2月27日。

按语：该族始迁祖陈照，行千一。曾在明正德年间由八世祖陈清慎、十世祖陈静庵纂辑、续修世系；后，嘉靖三十八年（己未年，1559年）由十二世祖陈敬斋、天启七年（丁卯年，1627年）由十四世祖陈采、清康熙十八年（己未年，1679年）由十七世祖陈九牧、乾隆九年（甲子年，1744年）由十七世祖陈毓瑞、十九世祖陈鼎泰、乾隆四十年（乙未年，1775年）由十九世祖陈德光、道光十九年（己亥年，1839年）由二十世祖陈宏吉先后续修。

该启事称"吾族自宋护驾亲军马步都指挥使千一公随驾南迁，卜居余姚兰风之鹦山，是为迁山始祖，绵延至今，历世二十有奇"。本次续修宗谱于1921年（辛酉年）冬至节发起，定于1922年春开始纂修，要求族人限期在5月26日（阴历四月底）之前报送资料。通讯处设在汉口德丰庄陈椿堂处、上海晋安庄陈萱堂处。

该启事又刊2月28日，3月1日至5日、7日至12日、14日至24日、26日至29日《新闻报》。

本次所修即《鹦山陈氏宗谱》，共六卷，陈士岢等纂修。民国十一年（1922年）德星堂木活字本，六册。北京大学图书馆、上海图书馆（存五册，即卷一、二、四至六）有藏。

《镇海江南墓孝村陈氏修谱通告》，《新闻报》1922年5月6日。

按语：该通告由陈氏宗房长刊登，内称"吾族之谱自清康熙时被寇残燬，幸赖学曾、忠寅二公搜罗残编，俾先人名讳有绪，然存稿未曾修葺继续,乞(迄)今二百余载"。本次修谱自1921年3月10日(辛酉年二月初一日)开始,定于1922年8月22日(壬戌年六月底)结束,要求迁居外地族人从速报送资料。通讯处设在宁波梅墟镇天一药号转陈守庆处。该通告还特别声明"设有派异根殊,本族概置不录"。

该通告又刊5月8日、10日、12日、14日、16日、18日《新闻报》。

本次所修即《镇邑墓孝陈陈氏宗谱》,共十二卷、首一卷、末一卷,陈崇海修,周永赉纂。民国十二年(1923年)聚星堂木活字本,十二册。书签题《陈氏宗谱》,版心题《墓孝陈陈氏宗谱》。上海图书馆有藏。

《镇海菱漕头陈氏续修宗谱通告》,《新闻报》1925年9月6日。

按语:该通告由陈氏修谱局刊登,要求迁居外地族人限期在1926年1月13日(乙丑年十一月底)之前向通讯处报送资料,以便汇纂入谱。修谱事务所设在镇海县菱漕头崇本学校,通讯处设在上海洋行街志和糖行陈祖庆处、宁波元大钱庄陈庆全处。

该通告又刊9月7日至12日《新闻报》。

《慈谿幽远经堂陈氏世德堂修谱通告》,《新闻报》1926年10月7日。

按语:该族曾在清道光十年(庚寅年,1830年)重修宗谱。

该通告称"我陈氏自河南迁慈,始祖幽远公,再传为寿二(横街派)、寿三(砖桥派)、寿五(学东、学西、学后派)三房"。本次修谱要求族人限期在1926年12月底之前报送资料。通讯处设在上海西藏路宁波旅沪同乡会陈宾旸处、上海天津路鸿胜庄陈莲邨处、慈谿县城内义和当陈任舟处、慈谿县议会陈月升处。

该通告又刊10月9日、11日、13日、15日《新闻报》。

《四明青石桥陈氏修谱》,《新闻报》1930年9月24日。

按语:该启事要求"文二府君分支房下子孙"在见报之日起三星期内报送修谱资料。通讯处设在宁波千岁坊陈云汀处、上海新闻报馆陈雪岑处。

该启事又刊9月26日、28日《新闻报》。

《宁波姜山雨钞堂修谱通告》,《新闻报》1931年4月9日。

按语:此系宁波姜山陈氏雨钞堂续修宗谱通告。

该通告称定于1931年12月15日举行进主典礼,要求碧潭公派下后裔限期在5月6日(立夏节)之前报送详细修谱资料。通讯处设在宁波姜山雨钞堂修谱通信处陈树标转。

该通告又刊4月11日、13日、15日《新闻报》,4月10日、12日、14日、16日《申报》。

附:

《宁波姜山雨钞堂修谱通告》:"兹经宗族会议议决续修宗谱,谨定国历十二月十五日举行进主典礼。凡我碧潭公派下之裔孙有散居外地者,务于立夏节前将本人三代生卒、配葬、官阶、职衔详细列表,径寄(姜山雨钞堂修谱通信处陈树标先生)核转。事关世系,幸勿自误。"(《新闻报》1931年4月9日)

《镇海城内双司前横巷陈氏修谱通告》,《申报》1932年1月20日。

按语:该族前修宗谱距此时(1932年)已有五十余年。

本次修谱由陈叙澄、陈叙华等发起,自1932年1月起、至3月底止为采访期,要求迁居外地族人见报后将资料寄至镇海县半街第一区40号陈氏修谱筹备处,以便4月开始编纂宗谱。

该通告又刊1月22日、24日《申报》,1月21日、23日、25日《新闻报》。

附:

《镇海城内双司前横巷陈氏修谱通告》:"吾族宗谱失修业已五十余年,若再延缓,必致访查不易。今由叙澄、叙华等发起,经阖族议决准自一月起、至三月底止为采访之期,四月间编对就绪,遂即付印。凡吾本族迁居在外者,见报后务望开明履历,详载生卒年月,备函直寄镇海半街第一区四十号陈氏修谱筹备处,以便依期编纂,而免遗漏。倘过期未到,概不负责。特此通告。"(《申报》1932年1月20日)

《镇海大碶头周隘陈大本堂陈氏修谱启事》,《申报》1933年2月25日。

按语:该族宗谱失修多年。

该启事由大本堂陈氏修谱办事处刊登。本次重修宗谱由宗长等发起,自1933年1月开始采访,并在宗祠内设有修谱办事处,要求族人从速向该办事处报送详细资料。

该启事又刊2月27日,3月1日、3日、5日《申报》,且原结尾处"大本堂陈氏修谱办事处谨启。申通讯处。特此登报声明,惟希从速,幸勿迟悞为盼"均改作"特此登报声明,惟希从速,幸勿迟悞为盼。大本堂陈氏修谱办事处谨启"。

附:

《镇海大碶头周隘陈大本堂陈氏修谱启事》:"窃吾族宗谱

失修多年,今由宗长等发起重修,已于一月起开始采访,设办事处于本宗祠内。凡我族人须各将上代名讳、生卒、葬配及衔志、传序、子女、婚嫁等详细抄列直寄办事处,或亲自前来报告。大本堂陈氏修谱办事处谨启。申通讯处。特此登报声明,惟希从速,幸勿迟悮为盼。"(《申报》1933年2月25日)

《浙江鄞县仓基陈氏续修宗谱通告》,《新闻报》1933年3月1日。

按语:该族前修家谱即清宣统二年(1910年)版《仓基陈氏家谱》。

该通告称"凡有关于吾族世系者,限国历六月底以前致函本事务所(仓基翰香小学)登记,以便随时派员调查"。

该通告又刊3月2日、4日、6日《新闻报》。

本次所修即《仓基陈氏家谱》,共三十二卷、首一卷、附《旌忠录》二卷,陈贤凯总修,陈隆瀍、陈隆湘、陈贤才等纂修。民国二十三年(1934年)遗忠堂木活字本,十二册。书签、版心题《四明仓基陈氏家谱》,书名页题《四明仓基陈氏宗谱》。天一阁有藏;另,上海图书馆、国家图书馆、南京图书馆所藏均系残本。

《宁波西乡楼厦陈陈氏修谱》,《新闻报》1934年5月23日。

按语:该族曾在民国二年(癸丑年,1913年)续修宗谱。

该启事由族长陈儒域刊登。本次修谱要求迁居外地族人限期在1934年8月9日(阴历六月底)之前将详细资料挂号寄上海棋盘街新昌呢绒号陈善福代收。

该启事又刊5月25日、27日、29日《新闻报》,6月1日、3日、5日《申报》。

附：

《宁波西乡楼厦陈陈氏修谱》："吾族宗谱自民国癸丑九续修后,迄今已历二十一年,恐代远年久,稽考维艰,爰集各房长及干事议决十续重修。凡我子孙有迁居各省、县、乡者,务请将世系、排行、名讳、生卒、葬地、子妇、婚配、职衔、住址以及行状、传序、墓志等希于废历六月底以前详细抄示,以便汇编。幸勿自误。邮寄挂号,以昭慎重。来信寄上海棋盘街新昌呢绒号陈善福君代收。族长陈儒域启。"(《新闻报》1934年5月23日)

《鄞县宝幢陈氏遗忠堂重修宗谱启事》,《时事公报》1941年4月11日。

按语：该族曾在清光绪十八年(壬辰年,1892年)创修宗谱。1940年冬,陈昌年召集宗房长议决延师(即谱师)重修。

该启事由干事陈昌年刊登,要求散居外地族人见报后限期在两个月内报送修谱资料,以便编纂入谱。通讯处设在鄞东宝幢。

该启事又刊4月12日至16日、19日《时事公报》。

《鄞南走马塘陈季众修谱通告》,《宁波日报》1946年3月14日。

按语：鄞南走马塘陈季众(五脚众)陈氏此前未曾纂修房谱。

该通告由鄞南走马塘陈季众修谱委员会刊登,要求族人限期在1946年5月30日(阴历四月三十日)之前报送详细修谱资料,以便汇纂入谱。通讯处设在上海五马路棋盘街口中欧药房陈荣安转、宁波鄞南走马塘同文小学转。

《宁波鄞南走马塘陈季众(五脚众)修谱通告》,《新闻报》1946年3月24日。

按语：该通告由鄞南走马塘陈季众修谱委员会刊登，内容同《宁波日报》1946年3月14日《鄞南走马塘陈季众修谱通告》。

该通告又刊3月26日、28日《新闻报》。

《鄞东南乡武陵桥即缪家桥陈氏修谱通告》，《宁波时事公报》1946年6月10日。

按语：该族曾在清光绪三十一年（乙巳年，1905年）重修宗谱，即《武陵桥陈氏宗谱》，共四卷、首一卷，陈家锐等修，袁政襄纂。光绪三十一年（1905年）敦厚堂木活字本，一册。上海图书馆有藏。

该通告由陈氏敦厚堂谱局刊登。本次修谱自1946年6月开始采访，要求移居各地族人限期在8月底之前向谱局报送详细资料。通讯处设在上海宁波路620弄永平安11号丰大棉布号、宁波灵桥路立大南货号、宁波江东灰街丽华百货店。

该通告又刊6月11日至13日、15日、17日、19日、21日、23日、25日《宁波时事公报》，6月21日《宁波日报》。据《宁波时事公报》1947年7月8日《鄞东南乡缪家桥又名武陵桥陈氏修谱通告》可知，该族于1946年6月间曾在《新闻报》刊登过修谱启事。

本次所修即《武陵桥陈氏宗谱》，共六卷、首一卷，陈声华修，叶伯允纂。民国三十六年（1947年）敦厚堂木活字本，二册。上海图书馆有藏。

《鄞南陈家团陈氏修谱通告》，《宁波时事公报》1946年7月24日。

按语：该族曾在民国六年（丁巳年，1917年）重修宗谱。

该通告由鄞南丰北乡陈家团修谱局刊登，称本次续修宗谱定于1946年8月开始采访，要求迁居各地族人限期在10月底之前报送资料。

该通告又刊 7 月 26 日、28 日、31 日《宁波时事公报》,7 月 29 日、8 月 3 日《宁波日报》。

《鄞南陈家团陈氏修谱通告》,《新闻报》1946 年 8 月 2 日。

按语:该通告由鄞南丰北乡陈家团修谱局刊登,正文内容同《宁波时事公报》1946 年 7 月 24 日《鄞南陈家团陈氏修谱通告》,但公布上海通讯处设在浙江路 462 号二楼 217 室陈华泰处。

该通告又刊 8 月 3 日、4 日《新闻报》。

《奉化县金水乡东陈重修东房宗谱通告》,《宁波时事公报》1946 年 9 月 13 日。

按语:此系奉化县金水乡东陈村陈氏东房重修宗谱(实为房谱)通告。该族曾在民国六年(丁巳年,1917 年)纂修东房房谱。

本次修谱要求陈氏东房支裔限期在 1947 年清明节之前报送资料,并规定路近者由采访员汇送,路远者寄委托处收转。总收件处设在奉化县金水乡东陈村重华堂陈氏宗祠,委托收件处设在上海周家嘴路中美烟厂、宁波灵桥路万昌烟行。

该通告又刊 9 月 14 日、15 日《宁波时事公报》。

《鄞东观音庄陈氏光远堂修谱通告》,《宁波时事公报》1946 年 9 月 17 日。

按语:该族曾在民国八年(己未年,1919 年)重修谱牒。

该通告由陈氏光远堂修谱办事处刊登,要求旅居外地族人限期在 1946 年 11 月 30 日之前报送详细修谱资料。通讯处设在鄞东观音庄光远堂、上海南京路华德钟表行。

该通告又刊9月18日至10月1日《宁波时事公报》,9月20日、21日、23日《宁波日报》。

附:

《鄞东观音庄陈氏光远堂修谱通告》:"本族谱牒自民国八年重修以来,迄今已有二十余载,子姓繁衍,亟宜重修。经宗房干等公同议决,自即日起开始采访,凡我子姓旅居外乡者应将自民国八年以后生卒、配葬、子女、嫁娶、学位、官阶、著作、发明、序传、志铭以及有关文献各件详细抄示,以便汇纂。采访以国历十一月卅日为限。幸勿延误。通讯处:鄞东观音庄光远堂、上海南京路华德钟表行。陈氏光远堂修谱办事处启。"(《宁波时事公报》1946年9月17日)

《浙江鄞县观音庄陈氏光远堂修谱通告》,《新闻报》1946年9月25日。

按语:该通告由陈氏光远堂修谱办事处刊登,内容同《宁波时事公报》1946年9月17日《鄞东观音庄陈氏光远堂修谱通告》。

该通告又刊9月27日、29日,10月1日、3日、5日、7日《新闻报》;9月28日,10月2日、4日、6日、8日《申报》。

《宁波鄞县东南乡武陵桥又名缪家桥陈敦厚堂修谱启事》,《新闻报》1946年9月28日。

按语:本次重修宗谱要求旅居外地族人务必在两个月内报送详细资料。通讯处设在上海福州路89号中兴大楼一楼142号协大呢绒号陈声铠处、上海广东路17号二楼天祥洋行陈庆兆处。

该启事又刊9月30日,10月1日、3日《申报》。

附:

《宁波鄞县东南乡武陵桥又名缪家桥陈敦厚堂修谱启事》:"窃吾陈氏宗谱自于逊清光绪乙巳年修辑以后,已阅四十二年。兹经族人合议重修,凡吾旅居外地族人务于二个月内将世系、婚配、生卒、墓地、事迹等详细函报上海福州路八九号中兴大楼一楼一四二号协大呢绒号陈声铠或广东路十七号二楼天祥洋行陈庆兆处登记为要。"(《新闻报》1946年9月28日)

《余姚浒山陈氏百世堂开例进主修谱通告》,《宁波时事公报》1946年10月1日。

按语:该通告由宗长陈益顺刊登,内称"本支始祖石盘公于洪武初自瓯迁浒,历六百年,经二十世,子孙繁衍遍及各地",并定于1946年12月22日(冬至日)进主、续修宗谱,要求族人从速报送资料。通讯处设在余姚浒山(今属慈溪市)中街万昌点心店。

该通告又刊10月2日《宁波时事公报》。

《鄞南定桥镇陈氏宗祠修谱通告》,《新闻报》1946年11月10日。

按语:该族曾在民国四年(乙卯年,1915年)重修宗谱。

该通告由鄞南定桥陈氏宗祠修谱委员会刊登。本次修谱自登报之日起开始采访,通讯收件处设在宁波东南乡定桥镇培本学校、宁波江北岸外马路20号环球厂、上海虹口霍山路647号快乐药棉厂、上海九江路607号友义服装用品社、上海闸北新民路来安里47号陈宅。

该通告又刊11月12日、13日、15日、16日《新闻报》。

《奉化县金水乡东陈村重修西房宗谱通告》，《宁波时事公报》1946年12月10日。

按语：此系奉化县金水乡东陈村陈氏西房重修宗谱（实为房谱）通告。该族曾在民国六年（丁巳年，1917年）纂修西房房谱。

本次修谱要求陈氏西房支裔限期在1947年清明节之前报送资料，并规定路近者由采访员汇送，路远者寄委托处收转。总收件处设在东陈村敦叙堂陈氏宗祠，委托收件处设在宁波咸塘街鸿昌木器号、上海虹口武进路（即老靶子路）429号永祥洋服店陈安生处。

该通告又刊12月12日、14日、16日、18日《宁波时事公报》。

《宁波鄞南姜山镇陈氏德馨堂修谱通告》，《宁波日报》1947年1月17日。

按语：该族曾在民国十六年（丁卯年，1927年）修谱。

该通告由陈氏重修家乘编纂所刊登。本次修谱自1947年1月开始采访，要求旅居外地族人限期在4月份之前报送资料。通讯处设在鄞南姜山镇陈氏德馨堂。

该通告又刊1月28日、30日，2月3日、27日《宁波日报》。

《鄞南定桥陈氏报本堂修谱通告》，《宁波时事公报》1947年3月5日。

按语：本次修谱要求旅居外地族人限期在1947年6月18日（阴历四月底）之前报送详细修谱资料。通信处设在宁波江北岸外滩19

号环球糖果厂、上海霍山路607号(应为647号)快乐药棉厂。

该通告又刊3月6日至9日《宁波时事公报》、3月22日《宁波日报》。

《鄞南定桥镇陈氏宗祠修谱通告》,《新闻报》1947年3月12日。

按语：该通告由宗长陈兆同刊登,要求族人限期在1947年6月18日(阴历四月底)之前报送修谱资料,并称定于11月14日(十月初二日)进主。通讯收件处设在宁波东南乡定桥镇培本学校、宁波江北岸外马路20号环球厂、上海虹口霍山路647号快乐药棉厂、上海九江路607号友义服装用品社、上海闸北新民路来安里47号陈宅。

该通告又刊3月13日、14日《新闻报》。

《宁波姜山陈氏德馨堂支祠修谱通告》,《新闻报》1947年5月22日。

按语：该族前修支谱距此时(1947年)已有二十余年。

该通告由鄞县姜山德馨堂谱局刊登,要求族人限期在1947年6月之前将修谱资料抄寄该谱局。上海接洽处设在蒲石路49号陈孟居处。

该通告又刊5月25日、26日《新闻报》,5月22日《申报》。

《鄞南姜山陈氏德馨堂修谱通告》,《宁波时事公报》1947年5月24日。

按语：该通告由鄞南姜山陈氏德馨堂谱局刊登,内容同《新闻报》1947年5月22日《宁波姜山陈氏德馨堂支祠修谱通告》,并公布宁波接洽处设在药行街源茂米厂陈彭年处。

《鄞南姜山陈氏支祠德馨堂修谱通告》,《宁波时事公报》1947年5月25日。

  按语：该通告由鄞南姜山陈氏德馨堂谱局刊登,内容同《宁波时事公报》1947年5月24日《鄞南姜山陈氏德馨堂修谱通告》。

  该通告又刊5月26日至6月2日《宁波时事公报》。

《宁波鄞南首南乡慧灯寺跟陈氏德星堂修谱采访通告》,《新闻报》1947年5月26日。

  按语：该族宗谱年久失修。

  该通告要求族人限期在1947年中秋节之前报送修谱资料,并称定于12月11日(阴历十月底)完成修谱工作。通讯处设在宁波首南乡陈行达处、上海朱葆三路(今溪口路)12号中国天丰造纸厂陈宁荃处、上海云南路265弄28号傅方弼律师事务所、宁波江东杏阳桥傅方来医师诊所间陈庆豪处。

  该通告又刊5月28日、6月2日《新闻报》。

《宁波鄞南首南乡慧灯寺跟陈氏德星堂修谱采访通告》,《宁波时事公报》1947年6月2日。

  按语：该通告内容同《新闻报》1947年5月26日《宁波鄞南首南乡慧灯寺跟陈氏德星堂修谱采访通告》,并增加两处通讯处,即宁波江东灰街和丰五金号陈沧海处、宁波江东两眼桥泰昌机器厂陈连卿处。

  该通告又刊6月3日《宁波时事公报》。

《鄞南姜山乡陈氏一峰公支下择、揆二房紧要声明》,《宁波时事公报》1947年6月4日。

按语：该声明由鄞南姜山陈氏一峰公支下择房、揆房刊登，系反对借纂修宗谱名义出售择房、揆房、援房等三房所置位于荷花桥的祖堂及东、西两间堂房。

该声明又刊 6 月 5 日《宁波时事公报》，6 月 4 日、5 日宁波《大报》。

《陈德馨堂宗长陈贤伦、干事陈希亮为发见刊登鄞南姜山乡陈氏一峰公支下择、揆二房紧要声明之驳正》，《宁波时事公报》1947 年 6 月 8 日。

按语：此系陈氏德馨堂宗长陈贤伦、干事陈希亮就鄞南姜山陈氏一峰公支下择房、揆房刊登在 1947 年 6 月 4 日《宁波时事公报》上的紧要声明（即《鄞南姜山乡陈氏一峰公支下择、揆二房紧要声明》）提出驳正意见，认为出售一峰公支下择房、揆房、援房等三房堂前东、西两间堂房，将所得经费用于修理宗祠、纂修宗谱，符合俗例且此前已经三房房长代表会议议决同意。

该启事又刊 6 月 9 日、10 日《宁波时事公报》。

《鄞东横泾陈氏昼锦堂重修宗谱通告》，《宁波时事公报》1947 年 6 月 15 日。

按语：该族前次纂修宗谱在民国八年（己未年，1919 年）。

该通告由陈氏昼锦堂谱局刊登，称经各柱房长、干首议决即日起设立委员会开始进行修谱事宜，要求散居各地族人限期在 1947 年 8 月底之前向谱局报送修谱资料。通讯处设在上海牛庄路 732 号陈永甫处、宁波灵桥路 40 号恒成泰碗行。

该通告又刊 6 月 17 日、19 日、21 日、23 日《宁波时事公报》，6 月

18日、20日、22日、24日《宁波日报》。

本次所修即《横泾陈氏宗谱》，共四十卷，宗长陈信芳等修，戴薇笙编纂。民国三十七年（1948年）昼锦堂木活字本，四十册。书签题《鄞县陈氏宗谱》，目录题《鄞县东乡横泾陈氏宗谱》。上海图书馆有藏（存第一册）；另，横泾陈氏族人亦有藏。

《鄞东横泾陈氏昼锦堂重修宗谱通告》，《申报》1947年6月28日。

按语：该通告由陈氏昼锦堂谱局刊登，内容同《宁波时事公报》1947年6月15日《鄞东横泾陈氏昼锦堂重修宗谱通告》，并公布通讯处设在宁波灵桥路40号恒成泰碗行、上海金陵东路183弄吉如里8号盈记运输行。

该通告又刊6月29日、30日《新闻报》。

《鄞东南乡缪家桥又名武陵桥陈氏修谱通告》，《宁波时事公报》1947年7月8日。

按语：该通告由陈氏敦厚堂修谱局刊登，称宗谱即将付印，催告族人限期在1947年7月25日之前向谱局报送修谱资料。通讯处设在上海广东路17号天祥洋行、宁波灵桥路17号立大南货号、宁波新河路3号丽华百货号。

该通告又刊7月9日至12日《宁波时事公报》、7月11日至13日《宁波日报》。

《鄞东南乡缪家桥又名武陵桥陈氏修谱通告》，《新闻报》1947年7月13日。

按语：该通告由陈氏敦厚堂修谱处刊登，内容同《宁波时事公报》

1947年7月8日《鄞东南乡缪家桥又名武陵桥陈氏修谱通告》,但增加一处通讯处,即上海福州路89号中兴大楼142室协大呢绒号。

该通告又刊7月18日、21日《新闻报》。

《鄞东横泾昼锦陈氏谱局限期截止通告》,《宁波时事公报》1947年8月6日。

按语:该通告由鄞东昼锦陈氏谱局刊登,系催告迁居外地族人限期在1947年8月底之前报送修谱资料。通讯处设在上海金陵东路183弄吉如里8号盈记报关行、宁波濠河头恒成泰碗行陈聚宝处。

该通告又刊8月7日、10日、11日《宁波时事公报》,8月6日、9日《宁波日报》。

《鄞东姜村陈氏存德堂修谱通告》,《宁波时事公报》1947年8月16日。

按语:该族曾在民国元年(壬子年,1912年)纂修宗谱。

该通告由存德堂宗干刊登,要求族人限期在1947年9月底之前报送修谱资料。通讯处设在宁波方井街富康钱庄陈裕高处、上海巨鹿路207弄(《新闻报》作"133弄")2号锦华烟厂陈裕发处、宁波鄞县姜村陈愈柱处。

该通告又刊8月17日至25日《宁波时事公报》,8月17日至19日《宁波日报》,8月22日、24日《新闻报》。

《鄞东横泾陈氏昼锦堂重修宗谱最后通告》,《新闻报》1947年8月17日。

按语:该通告系催告迁居外地族人限期在1947年8月底之前报

送修谱资料。通讯处设在上海金陵东路吉如里 8 号盈记运输行陈焕章转谱局。

《鄞南茅山后高田塍星元堂修谱通告》，《宁波时事公报》1947 年 9 月 21 日。

按语：此系鄞南茅山后高田塍陈氏星元堂修谱通告。该族曾在民国初年纂修宗谱。

本次修谱要求迁居各地族人限期在两个月内报送资料，以便编印入谱。通讯处设在宁波三湾巷 8 号陈雨淼转、鄞南高田塍小学。

该通告又刊 9 月 22 日《宁波时事公报》、9 月 21 日至 23 日宁波《大报》。

《鄞南定桥陈氏报本堂进主紧要启事》，《宁波时事公报》1947 年 10 月 1 日。

按语：该启事由报本堂宗长陈兆同刊登，称定于 1947 年 11 月 14 日（阴历十月初二日）进主；另，宗谱即将付印，催告族人限期在 10 月 13 日（阴历八月底）之前向宗祠报送修谱资料。

该启事又刊 10 月 2 日《宁波时事公报》、10 月 2 日《宁波日报》、10 月 2 日宁波《大报》。

《鄞南定桥陈氏宗祠进主通告》，《新闻报》1947 年 10 月 1 日。

按语：该通告由宗长陈兆同刊登，称宗谱已纂修完成，通知族人参加定于 1947 年 11 月 14 日（阴历十月初二日）举行的进主贺谱典礼。

该通告又刊 10 月 2 日、3 日《新闻报》。

《鄞东横泾昼锦堂陈氏谱局截止通告》,《宁波时事公报》1947 年 12 月 19 日。

按语：该通告由鄞东横泾陈氏谱局刊登，称报送修谱资料截止日期延至 1947 年 12 月底，要求迁居外地族人从速向谱局报送资料，以便编纂入谱。

该通告又刊 12 月 20 日、21 日《宁波时事公报》。

《余姚眉山陈氏修谱》,《西湖日报》1948 年 3 月 27 日。

按语：该启事由陈氏崇孝堂宗长陈谓文刊登，称陈氏"相传为江左陈帝之裔，宋时始祖景山公、讳崧葬卜阳巷，五传至孝廉皋公、字宝湾定居眉山，又二传至宝一、曾五、曾九公，支分三房"，并指出本次修谱即日起开始采访，要求族人将资料交余姚马家路陈万茂烟号收转。杭州接洽处设在清泰路 397 号陈家骅处。

《鄞县横泾陈氏昼锦堂贺谱进主通告》,《宁波时事公报》1948 年 9 月 12 日。

按语：该通告由鄞东横泾陈氏昼锦堂刊登，系通知族人定于 1948 年 10 月 7 日（阴历九月初五日）举行贺谱进主。

《鄞东横泾陈氏昼锦堂贺谱进主通告》,《宁波时事公报》1948 年 9 月 13 日。

按语：该通告由鄞东横泾陈氏昼锦堂刊登，内容同《宁波时事公报》1948 年 9 月 12 日《鄞县横泾陈氏昼锦堂贺谱进主通告》。

该通告又刊9月14日《宁波时事公报》。

《鄞东横泾昼锦堂陈氏宗祠进主贺谱启事》,《新闻报》1948年9月24日。

按语:该启事系通告族人定于1948年10月7日(阴历九月初五日)举行贺谱进主。

《鄞东南乡陈浪岸陈氏续修宗谱通告》,《宁波时事公报》1948年10月8日。

按语:该族曾在民国四年(乙卯年,1915年)纂修宗谱。

该通告称本次续修宗谱经族务会议决定自1948年阴历九月初开始采访,要求旅居外地族人限期在十二月初之前报送修谱资料,以便汇编入谱。通讯处设在上海林森中路2号至8号万丰绸缎庄、宁波江北岸二横街62号陈宅、宁波江东荷庄巷2号陈宅。

该通告又刊10月9日、10日、12日至23日《宁波时事公报》,10月10日、12日至14日《宁波日报》。

《鄞东南乡陈浪岸陈氏续修宗谱通告》,《新闻报》1948年10月17日。

按语:该通告称本次续修宗谱经族务会议决定自1948年阴历九月初开始采访,要求旅居外地族人限期在十一月底之前报送修谱资料,以便汇编入谱;另,定于翌年二月初四日(1949年3月3日)进主。通讯处设在上海林森中路2号至8号万丰布庄、宁波江北岸二横街62号陈宅、宁波江东荷庄巷2号陈宅。

该通告又刊10月18日、19日《新闻报》。

《鄞西北渡陈氏星聚堂续修宗谱通告》,《宁波时事公报》1948年10月18日。

按语：该族始迁祖陈瑊，于明末自苏州迁至此地。曾在清康熙十五年(丙辰年，1676年)，及乾隆、道光、同治、光绪各年间纂修宗谱。前次修谱在民国十三年(甲子年，1924年)。

该通告由宗长陈友浩刊登，称经族务会议议决即日成立谱局、开始采访，要求迁居外地的南房、北房族人限期在1948年11月底之前报送资料。通讯处设在宁波江厦街慎康钱庄陈连根转谱局。

该通告又刊10月19日、20日《宁波时事公报》。

本次所修即《北渡陈氏宗谱》，共四卷、首一卷、末一卷，张传保、鲍仁声等纂修。民国三十七年(1948年)星聚堂木活字本，二册。天一阁有藏。

《张宗绍律师代表横泾陈氏昼锦堂紧急声明》，《宁波时事公报》1948年10月21日。

按语：此系张宗绍律师代表鄞东横泾陈氏昼锦堂就《宁波时事公报》1948年10月20日刊登《横泾陈姓圆谱兴讼 地院制止不服处分》一文发布紧急声明，称1948年10月7日系该族祠堂进主，所有新旧宗谱均由祠堂封存于陈顺初家中，并未举行圆谱贺谱典礼；另，陈永甫(系陈氏旅沪同宗会会长、上海义勇警察组长)等族人招待、陪同法院执达员来乡视察，并无出枪示威之事。

该声明又刊10月22日《宁波时事公报》，10月21日、22日《宁波日报》。

《宁波鄞西北渡陈氏星聚堂续修宗谱通告》，《新闻报》1948年11月16日。

按语：该通告由宗长陈友浩刊登。本次修谱设有谱局，要求旅居外地的南房、北房族人限期在1948年11月底之前报送资料,并定于1949年3月10日(阴历二月十一日)举行贺谱典礼。通讯处设在宁波江厦街慎康钱庄陈连根处、上海老靶子路福生路慎福里20号陈万年纸盒厂(电话号码[02]60992)陈启赓处。

该通告又刊11月18日《新闻报》。

《奉化陡亹头陈追远堂修谱》,《宁波日报》1948年11月30日。

按语:该族曾在清光绪三十四年(戊申年,1908年)纂修宗谱。

该启事称经族务会议议决即日开始采访,要求迁居外地族人限期在1948年12月底之前报送修谱资料,以便汇纂入谱。收件处设在陈氏谱局。

该启事又刊12月3日《宁波日报》。

《余姚双桥陈氏修谱通告》,《新闻报》1949年3月13日。

按语:该通告由"陈氏族房"刊登,内称"我惇叙堂自始祖友二公隐姚之东塘以来,已历二十余世。虽有谱牒,但失修已久,而祠下子孙迁徙他往,散处不一,艰于查考。若不接续修辑,诚恐愈久愈难"。本次修谱要求族人限期在1949年6月1日(端午节)之前报送资料。通讯处设在余姚东塘港恒和字号,采访局设在余姚东塘港陈氏宗祠。

该通告又刊3月14日、15日《新闻报》。

《姜山思本堂邦梅房修谱启事》,《宁波日报》1949年4月10日。

按语:此系鄞县姜山陈氏思本堂邦梅房修谱启事。该族曾在民国十八年(己巳年,1929年)纂修思本堂支谱。

本次修谱要求散居各地的御史公后裔在1949年6月1日(端午

节)之前向姜山墙弄横街思本堂修谱事务所陈良源报送资料,以便汇纂入谱;另定于12月16日(阴历十月二十七日)举行进主典礼。

该通告又刊4月11日、12日《宁波日报》。

《重修慈溪市(姚北)东塘陈氏宗谱告族人书》,《慈溪日报》2012年9月2日。

按语:该族曾在民国三十七年(戊子年,1948年)修谱。

该启事由慈溪市东塘陈氏宗族理事会刊登,落款日期为"二〇一二年九月二日",要求迁居外地族人见报后与该理事会联系,并称"如有珍藏陈氏旧谱或其他史料的族人,务请无私地提供给我们,复印后当即归还"。本次重修宗谱办公地址设在慈溪市桥头镇五丰村办公楼一楼(原余姚县道路头陈家路),并公布联系人陈佐定、陈尧根、陈惠钿电话号码。

该启事又刊9月9日《慈溪日报》。

本次所修即2019年版《上林湖东塘义门陈氏宗谱》,共印五十部,每部十二册,线装,陈联飞主编。2021年10月26日,陈联飞先生向天一阁捐赠该宗谱。

附:

《重修慈溪市(姚北)东塘陈氏宗谱告族人书》:"树有根,水有源,国有史,家有谱。我东塘陈氏宗谱自1948年修缮以来,距今已达六十四年,岁月沧桑,世异事移,宗谱损毁遗失严重,众多热心族人热忱倡议,积极支持,决心重修宗谱,望远离故乡的东塘陈氏后裔,见报后相互转告,并来人来电联系,如有珍藏陈氏旧谱或其他史料的族人,务请无私地提供给我们,复印后当即归

还。此致

办公地址：慈溪市桥头镇五丰村办公楼一楼（原余姚县逍路头陈家路）

联系人及电话：陈佐定 13486616＊＊＊ 陈尧根 13008955＊＊＊ 陈惠钿 62362＊＊＊。

慈溪市东塘陈氏宗族理事会

二〇一二年九月二日。"(《慈溪日报》2012年9月2日)

【张】

《四明李家弄张氏东房修谱》,《新闻报》1907年5月12日。

按语：该启事由张德荫刊登,内称"我始祖自溥公迁鄞三十余世而未有谱",遂于清光绪三十二年(丙午年,1906年)发起修谱。此系催告族人从速补报修谱资料,并寄至宁波后塘街养元药铺陈润之,以便汇编入谱。

该启事又刊5月13日至16日《新闻报》。

《鄞邑槎潭张氏修谱》,《申报》1910年7月12日。

按语：该族迁鄞始祖为张逢龙,至此时(1910年)已繁衍至将近四十世,分为城中、水圆、圆塂大房、圆塂二房、圆塂三房、槎亭桥、大包桥、张家漕、汪家坟头等九派,自清代以来已四次重修宗谱。前次修谱在同治初年。

该启事由宗长张绍诚刊登,内称"同治初元时,因兵氛未靖,道路梗塞,致远处采访未能遍及。兹届重修,理应悉心采辑"。本次重修宗谱要求迁居外地族人限期在宣统二年(1910年)八月底之前报送详细资料。通信处设在宁波隆昌扇号转圆塂张心茂、上海大东门外仁元涌席栈转新场张信昌。

该启事又刊7月13日至21日《申报》。

附：

《鄞邑槎潭张氏修谱》："吾族自逢龙公迁鄞以来,支繁族密,迄今将四十世,分九派,曰城中、曰水圆、曰圆塥大房、圆塥二房、圆塥三房,系第拾八世伯熙公派也,曰槎亭桥、曰大包桥、曰张家漕、曰汪家坟头,系第十八世友六公派也。国朝以来,四次重修宗谱,惟后次同治初元时,因兵氛未靖,道路梗塞,致远处采访未能遍及。兹届重修,理应悉心采辑。兹查城中派其伦公子讳启琪迁居嵊县、圆塥大房派启贤公长子讳绍麟、次子讳绍龙迁居余杭、圆塥二房派启行公次子讳绍宁、三子讳绍才迁居宜兴,又绍金公三子讳修芳迁居青江,又绍滢公长子讳修礼迁居苏州,大包桥派修应公长子讳衡铨、次子讳衡钧迁居乍浦,又绍庆公子讳修元迁居杭州,槎亭桥派启懋公子讳绍禄迁居吴江,又绍漳公四子讳修嘉迁居□江镇,又五子讳修萱迁居吴江,张家漕派□公子讳本招迁居常山,又德茂公四子讳大□、五子讳大纬迁居松江秀野桥,以上各房见报望即将祖、父及本身生卒、配葬、名讳、位号详细抄示,俾即辑入。限八月底截止,幸勿有悮。通信处:宁波隆昌扇号转交圆塥张心茂、上海大东门外仁元涌席栈转寄新场张信昌。此布。宗长张绍诚谨启。"(《申报》1910年7月12日)

《浙江姚北三墙门张氏树德堂修谱启》,《申报》1914年2月27日。

按语:该族始祖张孟常;始迁祖张元瑜,于南宋后期由鄞县桃源乡迁至余姚县云柯乡;三墙门支祖张塈,号习斋,行斌六。曾在清嘉庆三年(戊午年,1798年)纂修宗谱。

该启事称"我祠自元瑜公迁姚、斌六公建祠暨周八、周九、周十三公分东、西、中三房以来,族派繁衍,丁口庶富,已数百年于兹矣"。本次修谱要求迁居外地族人向谱局或通讯处报送资料。谱局设在姚北三墙门张氏祠堂,通讯处设在姚北长和市张德大处、新塘下张瑞泉二号。

该启事又刊2月28日至3月14日、3月16日至4月27日《申报》。

本次所修即《余姚三墙门张氏宗谱》,共二十八卷,张振鹭等纂修。民国五年(1916年)树德堂木活字本,二十八册。书名页题《姚江三墙门张氏谱》,目录、版心题《姚江三墙门张氏宗谱》。上海图书馆、浙江图书馆、中国社会科学院历史研究所图书馆、河北大学图书馆、日本东洋文库、美国犹他家谱学会等有藏。

《慈谿马径张氏修谱》,《新闻报》1917年6月26日。

按语:本次修谱要求始祖张明卿后裔从速将资料寄至慈谿县马径(今属宁波市江北区)张雪峣家,或交上海盆汤弄宁波路口张百铭医寓、上海费文元银楼张梅舫转。另,以上三处均备有采访册可供族人领取、填报。

该启事又刊6月28日、30日,7月2日、4日、6日、8日、10日、12日、14日、16日、18日、20日、22日、24日、26日、28日、30日,8月1日、3日、5日、7日、9日、11日、13日、17日、19日、22日、23日、25日《新闻报》;7月13日、19日,8月16日、18日、20日《申报》。

《慈谿马径张氏修谱广告》,《申报》1921年2月22日。

按语:该广告由宗长张肇川刊登,内称"我族宗谱失修已七十余年,自民国七年发起重修,又因条例不合,缠讼经年,谱亦停修,实属不成事体。兹特决定照道光三十年以前列祖列宗所订之成规,责令修谱主任张百铭克期修正",并指出"螟蛉子曾经载入旧谱者,亦祈报知,或用附录登明,或列入外编,一并收入"。本次修谱要求迁居外地族人从速领取、填报采访册。通讯处设在上海南香粉弄鼎泰号、慈谿县马径(今属宁波市江北区)张坤房转。

清末外交官张斯桂、张斯枸出自该族。

该广告又刊2月22日《新闻报》。另,据《申报》1921年3月8日《慈谿马径张氏谱局启事》称,该广告又曾在2月20日、21日《四明日报》《时事公报》刊登。

附:

《慈谿马径张氏修谱广告》:"我族宗谱失修已七十余年,自民国七年发起重修,又因条例不合,缠讼经年,谱亦停修,实属不成事体。兹特决定照道光三十年以前列祖列宗所订之成规,责令修谱主任张百铭克期修正。凡我族人迁居在外者,速将生卒、年月、职业、住址重行抄示,及螟蛉子曾经载入旧谱者,亦祈报知,或用附录登明,或列入外编,一并收入。刻又另印采访册,请即领回填明。上海寄南香粉弄鼎泰号或交马径张坤房收转,则宗谱可成明统系,以息纷争。阖族幸甚。宗长张肇川启。"(《申报》1921年2月22日)

《慈谿马径张氏谱局启事》,《申报》1921年3月8日。

按语:该启事反对张肇川在1921年2月20日、21日《四明日报》《时事公报》、2月22日《申报》《新闻报》刊登《慈谿马径张氏修谱广告》提出的责令张百铭克期修正宗谱、允许螟蛉派以附录登明或列入外编,认为"肇川此项广告非但以个人资格擅更祖宗成规,抑且以参加地位(按:张肇川在张朗斋一方,为从参加人)违抗官厅成案,本局万难承认"。

该启事又刊3月9日、10日《申报》,3月8日至10日《新闻报》。

《霞浦张氏修谱广告》，霞浦张孝友堂宗柱民国十年（1921年）阴历三月发布（陈一鸣先生提供）

按语：此系镇海霞浦（今属宁波市北仑区）张氏修谱广告。该族始迁祖张立恩，字允敬，行原一，于宋代自奉川（奉化）迁居此地。曾在清道光三十年（庚戌年，1850年）纂修宗谱。前修宗谱即《霞浦张氏宗谱》，共二十四卷，宗长张有丰等修，谢光枢等纂修。光绪十五年（1889年）孝友堂木活字本，二十四册。宁波市北仑区霞浦街道文化站有藏。

该广告由霞浦张孝友堂宗柱发布，落款时间为"中华民国十年夏正三月"，称本次重修宗谱定于1921年先行采访、1922年开办谱局，要求族人提前备好生卒、配葬等详细资料，以便采访。

中国共产党早期党员张人亚、电影艺术家张石川、"樵斋"主人张季言出自该族。

附：

《霞浦张氏修谱广告》："窃我族谱牒自前清光绪十三年纂修，迄今已历三十余载。族大支繁，其间迁徙他方亦复不少。若再迟延，恐年长日久更难稽查，为此议定重修，今庚预行采访，明年开局编纂。凡我族人务将生卒、配葬预先切实检查、详细开列，以便采访。其有过于僻远之处，并祈广为传宣，俾得从速报局，不致遗漏。事关伦序，各宜慎重。谨此布闻。

排行列左：

（原一）庚埪丙坡肇　贤明方正广

　　　　庆静元通泰　端谦和惠敏

　　　　仁义嗣维章　继绪英才盛

修谱经费	
固有费	每丁　大洋叁角正 每口　大洋贰角正 每灶　大洋五角正
特别费	特捐另议

中华民国十年夏正三月　日霞浦张孝友堂宗柱公启。"

《鄞县华山张氏修谱启》,《新闻报》1922年5月28日。

按语:"华山"即张华山。该族始迁祖张圣莱。曾在清光绪十九年(癸巳年,1893年)由张定斋纂修宗谱。

本次修谱在上海设有采访处,要求旅居外地族人限期在1922年6月30日之前至三马路谦吉栈侧、清河里恒源润张澄水处报送资料。

该启事又刊5月30日,6月1日、3日《新闻报》;5月29日《申报》。

本次所修即《华山张氏宗谱》,共六卷、首一卷,张守顺、张为珣(馥荪)、张持广等修,谢作庸纂修。民国十一年(1922年)贞忠堂木活字本,六册。天一阁有藏。

《鄞县华山张氏修谱启》,《时事公报》1922年5月29日。

按语:该启事由张华山张氏宗祠刊登。本次修谱在宁波设有采访处,要求旅居外地族人限期在1922年6月30日之前报送资料。宁波采访处设在甬江财神殿跟复泰拆兑店张芗葆处。

该启事又刊5月30日、31日《时事公报》。

《宁波张华山张氏修谱启》,《申报》1922年6月4日。

按语:该启事内容同《新闻报》1922年5月28日《鄞县华山张氏

修谱启》。

该启事又刊 7 月 3 日《申报》；6 月 5 日、7 日、9 日、13 日、14 日、15 日、18 日、19 日、21 日、23 日、26 日、29 日、30 日、7 月 2 日、4 日、5 日、6 日《新闻报》。

《镇海霞浦张氏修谱广告》，《新闻报》1922 年 6 月 25 日。

按语：本次修谱要求族人限期在 1923 年 4 月 15 日（癸亥年二月底）之前报送资料。通信处设在上海新开河恒泰报关行、上海盆汤弄张元利铜店、上海贵州路明星影片公司、杭州太平桥东升砖瓦行、宁波药行街洪大参号、镇海县霞浦张源来咸货行、霞浦张三和杂货号。

该广告又刊 6 月 26 日至 7 月 4 日、6 日、7 日《新闻报》。

《宁波同盆浦西张张氏修谱》，《新闻报》1922 年 10 月 28 日。

按语：该族于 1922 年 8 月开始创修宗谱。

该启事由宗长张初传刊登，内称"吾族自明嘉靖间邦奇公卜宅于槎湖，后裔信庆公由槎湖迁西张。二百年来，统系莫考"。本次修谱要求迁居外地族人报送资料。通讯处在上海中虹桥蓬路华昌号、宁波崔衙前同德衣庄。

该启事又刊 10 月 29 日、30 日《新闻报》。

《浙江鄞县桃江张氏修谱》，《时事公报》1923 年 8 月 1 日。

按语：该族始祖张伯原、张季原；始迁祖张贯，字一之，号觉云，行宗一。曾十余次纂修世系（家谱）。前修宗谱即《桃江张氏宗谱》，共八卷、首一卷，袁政襄、张吟泉、张本初、张南憩等纂修，宗长张光龙（隆甫）、副宗长张祖椿（筱茅）监修。清光绪二十一年（1895 年）大本堂木活字本,四册。天一阁有藏。

该启事由桃江张氏宗祠修谱处刊登,内称"续修谱牒为吾族第一要务,壬戌冬至节宗祠冬祭,族人咸集,公议续修,爰定今秋积极进行",要求族人限期在1923年9月10日(阴历七月底)之前将修谱资料寄至张氏宗祠。

《慈东马径张氏修谱告成》,《新闻报》1926年7月7日。

按语:该启事由张氏家庙谱局刊登,内称该族自民国六年(丁巳年,1917年)起重修家谱,"嗣因后房螟蛉派希图入谱,涉讼数年,致谱事停止进行。今幸讼事次第终结,谱事又逐一修整,于前月初开印"。此系催告族人限期在1926年7月24日(阴历六月十五日)之前补报修谱资料。

该启事又刊7月8日、9日《新闻报》。

本次所修即《慈东马径张氏宗谱》,共十卷、首一卷、末一卷,张宏订、张锡尧纂修。民国十五年(1926年)永思堂木活字本,十册。天一阁、上海图书馆、美国犹他家谱学会有藏。

《镇海压赛堰庙前张氏修谱》,《新闻报》1926年7月15日。

按语:该族曾在清道光十年(庚寅年,1830年)修订宗谱。

该启事由"世德堂张"刊登,要求族人限期在丙寅年(1926年)十二月之前报送修谱资料。通信处设在上海城内方浜路张德昌塴坊、宁波东渡门内同荣昌张子卿处。

该启事又刊7月16日至21日《新闻报》。

《慈谿明孝乡支溪盓张氏修谱》,《时事公报》1926年10月10日。

按语:该族曾在清嘉庆二十一年(丙子年,1816年)修谱,即《支溪张氏宗谱》,共四卷,张维铨等纂修。嘉庆二十一年敦本堂木活字本,四册。思绥草堂有藏。

该启事由敦本堂宗长张周麟刊登,内称"我族始祖宋神宗熙宁间讳戡公卜籍斯土,历年八百余,传世二十六"。本次修谱要求北宅、中宅、西宅、南宅族人限期在1926年年底之前将资料抄寄谱局。通讯处设在宁波药行街大乙斋张呈祥处。

本次所修即《慈谿支溪㟮张氏家谱》,共六卷,石之英纂修。民国十六年(1927年)敦本堂木活字本,四册。余姚市文物保护管理所有藏。

《宁波云龙碶张氏修谱》,《申报》1928年5月4日。

按语:该族前修宗谱即《云龙张氏宗谱》,共十九卷、末一卷,纂修者不详。清光绪三十一年(1905年)明义堂木活字本,册数不详。天一阁有藏(存九册,即卷三至十四、十六至十八、卷末,其中卷十四系残页)。1927年冬,议决翌年续修宗谱。

该启事由"明义堂张"刊登,内称"吾张氏始祖知白公,传七世用明公为云龙始祖,历有二十余代,子姓千数户"。本次修谱由张存禄任主谱,张咏霓(寿镛)、张葆灵任总理,要求族人限期在1928年8月14日(阴历六月底)之前报送资料。通讯处设在上海外虹桥东首恒昌祥机器厂、宁波天后宫后街福康钱庄。

该启事又刊5月5日至13日《申报》、5月4日至13日《新闻报》、5月25日《时事公报》。

本次所修即《云龙张氏宗谱》,共四十二卷、首一卷、末二卷,张竹坪等纂修。民国十七年(1928年)明义堂木活字本,册数不详。上海图书馆有藏(存一册,系各卷残页)。

《宁波云龙碶张氏重修宗谱启事》，《时事公报》1928年10月22日。

　　按语：该启事由"明义堂张宗房干"刊登，称宗谱定于1928年12月11日（阴历十月底）开印，催告在外经商或寓居族人限期在12月1日（阴历十月二十日）之前向宁波云龙碶云龙学校张氏谱局邮寄资料，以便纂辑入谱。

《宁波梅墟涂田涨张氏修谱》，《申报》1929年3月28日。

　　按语：该族曾在清光绪二十八年（壬寅年，1902年）纂修族谱。

　　该启事由宗长张义尧刊登，内称"本族聚居梅墟涂田涨历年已久，已有二百余家"。本次修谱要求迁居外地族人将资料寄至通讯处，以便编纂入谱。通讯处设在上海外虹口老顺记五金号张琴轩处。

　　该启事又刊3月30日、4月2日、4日、6日《申报》；3月29日、31日，4月3日、5日、7日《新闻报》。

《鄞东宝幢张氏择冬至节行贺谱礼通告》，《新闻报》1929年11月15日。

　　按语：该通告由明伦堂宗长张庆祚刊登。该族自1928年夏开始重修支谱，至此时已完成，定于1929年12月22日（阴历十一月二十二日）举行贺谱典礼。

　　该通告又刊11月17日、19日《新闻报》。

《鄞西皇逃街张氏修谱通告》，《新闻报》1929年12月12日。

　　按语：该通告称"吾族自始祖讳道成公以来，传至四世祖分为元、亨、利、贞四房"。本次修谱要求族人即日起向通讯处报送资料。通讯处设在上海三马路何长丰绸庄张颂南处、上海文监师路利兴烟公司张竹卿处、宁波江东砚瓦弄永泰螟蜅行张昌甫处、宁波东门大街大纶绸庄张赓安处。

该启事又刊12月13日至15日《新闻报》、12月16日至19日《申报》。

《宁波镇海衙前张氏重修宗谱通告》，《申报》1933年4月7日。

按语：该族曾在清宣统元年（己酉年，1909年）重修宗谱。

该通告由张氏谱局刊登，内称"本族自始祖司令公迁居衙前以迄于今，凡二十有五、六世"。本次重修宗谱自1933年2月9日开始、至9月4日截止（阴历正月十五日起、至七月十五日止），要求族人在此期间向谱局报送资料。通讯处设在上海新闻路酱园弄张振新酱园内。

该通告又刊4月9日、11日、13日、15日、17日、19日《申报》。

附：

《宁波镇海衙前张氏重修宗谱通告》："本族自始祖司令公迁居衙前以迄于今，凡二十有五、六世。子姓蕃衍，派别纷岐。自清季宣统己酉年重修后，距今亦二十有五载。若不从事再修，难免有溯典忘祖之概（慨），爰议定于本年夏历正月十五日起、至七月十五日止，为重修宗谱之期。凡我族人无论远近、亲疏，须各自追溯本源、详叙派别。凡在二十五年内未经重修之子姓，逐一开具生卒、嫁娶、子嗣、坟茔（茔）等项，限期报送来局，以便分别采录。逾期不载，幸勿自误。特此通告，维祈公鉴。张氏谱局谨启。通讯处：上海新闻路酱园弄张振新酱园内。"（《申报》1933年4月7日）

《**奉化前隍山张氏仁房重修宗谱通告**》,《新闻报》1934年4月13日。

按语：张氏仁房曾在清光绪三十三年(丁未年,1907年)重修宗谱。

本次重修宗谱要求族人限期在1934年7月11日(阴历五月底)之前报送资料。通讯处设在上海北河南路文监师路钱业公学张勉坚处、奉化南渡九寿堂张炳昌处。

该通告又刊4月15日、17日《新闻报》。

《**镇海清水湖张氏修谱**》,《新闻报》1934年6月23日。

按语：该族原有宗谱在清初遭焚毁,后在乾隆四十一年(丙申年,1776年)重修。

该启事由宗长张立乔刊登,内称"我始祖尚德公元时由河南迁今地,嗣后分为继庭、诚八、诚十四、诚十七、诚二十、诚廿三、孟、仲、季等九房,至今传世二十一代,聚族千家"。本次修谱由族人张开震发起并资助,要求迁居外地族人限期在1934年9月内将详细资料寄至宁波北乡清水湖张氏谱局,以便汇编入谱。

该启事又刊6月24日至26日、28日《新闻报》,6月28日至7月2日《申报》。

附：

《镇海清水湖张氏修谱》："我始祖尚德公元时由河南迁今地,嗣后分为继庭、诚八、诚十四、诚十七、诚二十、诚廿三、孟、仲、秀等九房,至今传世二十一代,聚族千家。旧有宗谱,不幸于清初被焚。乾隆四十一年搜集火余,重新编纂,迄今又历百五十载。今由族人开震发起兴修,助资开办。凡我九房子姓迁居外埠者,迅将世系、名号、职衔、住址、子女、婚配、生卒、葬地、先人著作、寿序、墓志详细书明,限国历九月内妥寄宁波北乡清水湖张氏谱局,以便汇编。幸勿延悞。宗长立乔通告。"(《新闻报》1934年6月23日)

《宁波鄞南石路头张氏修谱》,《新闻报》1935年3月19日。

按语:该族曾在清道光二十八年(戊申年,1848年)、光绪四年(戊寅年,1878年)、光绪三十三年(丁未年,1907年)纂修宗谱。

本次系四修宗谱,要求迁居外地族人限期在1935年6月底之前报送修谱资料。通讯处设在鄞南陈婆渡转石路头张氏家族、上海棋盘街实学通艺馆、宁波崔衙前大丰昶。

本次所修即《石路头张氏宗谱》,共四卷、首一卷、末一卷,宗长张大同(之铭)主修,陈宪曾(月峰)纂修。民国二十四年(1935年)名教堂木活字本,四册。书签题《张氏宗谱》。天一阁、浙江图书馆有藏。

《鄞南石路头张氏修谱》,《时事公报》1935年4月20日。

按语:该启事内容同《新闻报》1935年3月19日《宁波鄞南石路头张氏修谱》,但通讯处名单无上海棋盘街实学通艺馆。

该启事又刊4月21日、22日《时事公报》。

《鄞西藤岭张氏重修宗谱通告》,《时事公报》1936年2月1日。

按语:该族曾在民国五年(丙辰年,1916年)创修宗谱。

本次重修宗谱要求各地族人向宁波通运汽车公司张湘笙、鄞西凤岙市张烈生接洽修谱事宜。

该通告又刊 2 月 2 日《时事公报》。

《慈谿车厩大东澄张氏修谱通告》,《时事公报》1936 年 6 月 9 日。

按语：该族前修宗谱距此时(1936 年)已有四十余年。

本次重修宗谱于 1936 年清明节发起,要求迁居外地族人限期在 8 月之前将修谱资料寄至车厩大东澄张氏祠堂谱局。

该通告又刊 6 月 10 日《时事公报》。

《奉化前隍山张氏礼房续修宗谱启事》,《新闻报》1938 年 5 月 1 日。

按语：该族曾在清宣统三年(辛亥年,1911 年)重修宗谱。

该启事由房长张家让刊登,要求族人限期在 1938 年 5 月 1 日起、8 月 1 日止报送修谱资料。通信处设在奉化南渡三元堂转前隍山中横张元德房。

该启事又刊 5 月 2 日至 7 日《新闻报》。

《慈谿车厩虹曲岭下张氏新辑宗谱通告》,《时事公报》1938 年 5 月 27 日。

按语：该族自鄞东张家谭迁居慈南虹曲岭下,距此时(1938 年)已有四百年。1937 年,建成祠堂,共计五楹。1938 年春,发起创修宗谱。

本次修谱要求迁居外地族人限期在 1938 年中秋节之前将资料邮寄至宁波开明巷 2 号张坤镛律师事务所或慈南车厩镇大生药号收转,以便编入宗谱。

该通告又刊 5 月 28 日至 6 月 3 日,9 日至 18 日、29 日《时事公报》。

《鄞县西郊张崇本堂续修宗谱暨女主入祠通告》，《时事公报》1943年6月3日。

按语：该族曾在清嘉庆年间由六世祖张鄞溪创修宗谱，距此时（1943年）已有一百二十余年。

该通告由张崇本堂续修宗谱委员会刊登，称本次修谱已开始采访，并备有采访册供族人填报，要求迁居外地族人积极报送修谱资料；另，指出"吾族女主向未入祠，现经宗长征得贵房同意，决定以祠堂后第三进为供奉女主之所，凡属吾族女主均得入祠"。通讯处设在鄞县西郊郎官巷张信茂公司、上海北京路627衖15号仁昌五金号。

该通告又刊6月22日、25日《时事公报》。

《宁波布政市、张家潭张氏宗祠贺谱进主通告》，《新闻报》1946年3月28日。

按语：该通告称定于1946年10月23日（阴历九月二十九日）举行贺谱进主，要求旅居本、外埠族人见报后报送修谱资料。通讯处设在宁波鼓楼前张恒德张振兴处、上海吉祥街华业里鼎大号张子卿处、上海南京东路老九章张从新处。

该通告又刊4月11日《新闻报》，3月30日、6月3日上海《大公报》。

《奉化北街张氏修谱启事》，上海《大公报》1946年4月12日。

按语：该族曾在清末修谱。

该启事由奉化北街张氏刊登。本次修谱自1946年清明节前开始采访，要求族人限期在三个月内报送资料，并指出所报送资料"勿尚浮华，详列事实"。通讯处设在奉化北街张永兴号收转。

该启事又刊 4 月 13 日上海《大公报》。

《鄞西布政市、张家潭张氏宗祠贺谱进主通告》,《宁波时事公报》1946 年 8 月 29 日。

按语:该通告称定于 1946 年 10 月 23 日(阴历九月二十九日)举行贺谱进主典礼,要求旅居外地族人限期在 9 月 10 日(阴历八月十五日)之前向通讯处报送修谱资料。通讯处设在上海吉祥街华业里鼎大申庄张子卿处、上海南京路老九章张从新处、宁波鼓楼前张恒德张振兴处、鄞西黄古林张顺成茂全处、鄞西布政市张裕茂昌甫处、鄞西张家潭张永兴高骧处。

该通告又刊 8 月 31 日、9 月 3 日、5 日《宁波时事公报》。

《宁波梅墟孝友堂张氏为创编族谱重修宗祠公告》,《新闻报》1946 年 9 月 25 日。

按语:该族曾在清乾隆十九年(甲戌年,1754 年)、咸丰年间、光绪十四年(戊子年,1888 年)、民国十五年(丙寅年,1926 年)纂修宗谱。另,曾在民国初年重修宗祠。

该公告由宗长张汉基刊登,内称"我族自始祖名一公肇迁鄞邑,卜居梅江,垂今已十三世"。本次修谱自即日开始采访,要求迁居外地族人限期在丙戌年(1946 年)十二月之前报送资料。通讯收件处设在上海南京西路 411 弄 8 号亚光制造公司张惠康处、宁波战船街 17 号中一糖行张兆康处、宁波梅墟太和南货号张圃香处。

本次所修即《梅墟张氏宗谱》,共十二卷、首一卷、末一卷,张汉基、张汉培等修,张龙章总纂。民国三十六年(1947 年)四月孝友堂木活字本,四册。天一阁、上海图书馆(存二册,即卷首、卷一、二、六至八)有藏。

《鄞东梅墟张氏孝友堂创编族谱重修宗祠通告》,《宁波时事公报》1946年10月12日。

  按语：该通告由宗长张汉基刊登,内容同《新闻报》1946年9月25日《宁波梅墟孝友堂张氏为创编族谱重修宗祠公告》,但梅墟通讯处作"梅墟太和南货号张圃季"。

  该通告又刊10月13日、15日《宁波时事公报》。

《鄞南桃江张氏大本堂修谱通告》,《宁波时事公报》1947年2月11日。

  按语：该族前次纂修宗谱在民国十二年(1923年)。

  该通告由张氏大本堂修谱办事处刊登,称本次修谱自1947年2月开始采访,要求旅居外地族人限期在6月底之前报送详细资料,以便汇纂入谱。通讯处设在宁波江北岸扬善路和栈街1号张美岳处(电话号码337)、上海嵩山路林森中路柏林糖果公司(后期通告查无此公司)。

  该通告又刊2月13日、15日、19日、21日、25日、27日,3月1日《宁波时事公报》;2月14日《宁波日报》。

《宁波鄞南桃江张氏大本堂修谱通告》,《新闻报》1947年2月18日。

  按语：该通告由张氏大本堂修谱办事处刊登,内容同《宁波时事公报》1947年2月11日《鄞南桃江张氏大本堂修谱通告》,但未公布通讯处名单。

  该通告又刊2月19日至25日《新闻报》。

《鄞南张家花园张诗礼堂重修宗谱启事》,《宁波时事公报》1947年2月14日。

按语：该族前修宗谱距此时(1947年)已有三十余年。

本次重修宗谱自1947年2月开始采访,要求旅居外地族人限期在6月底之前报送资料。通讯处设在鄞南张氏祠堂内。

该启事又刊2月16至18日、20日、24日、26日、28日,3月2日《宁波时事公报》;2月14日《宁波日报》。

《余姚历山敦伦堂张氏续修宗谱》,《南雷日报》1947年3月11日。

按语：该族始祖张孟常、始迁祖张元瑜;历山支祖张簧,号瀛斋,行斌二,由余姚县云柯乡迁至此地。曾在清光绪十年(甲申年,1884年)、宣统元年(己酉年,1909年)纂修宗谱。

该启事称经房董议决成立谱局,要求散居外地的墙西、下宅、东南、荷花池头、马巷口、漾山、田屋、后岸八房族人限期在1947年10月10日之前将修谱资料寄至余姚历山敦伦堂谱局张吉甫处,以便汇纂入谱。

附：

《余姚历山敦伦堂张氏续修宗谱》："窃吾族谱牒自宣统元年续修,距今已历三十九年。族大支繁,迁徙时有。兹经邀集房董决议成立谱局,从事续修。除近地派员直接调查外,所有墙西、下宅、东南、荷花池头、马巷口、漾山、田屋、后岸等八房散居外籍者,采访容有未周,务望见报迅将前次或未入谱暨宣统元年后出生者之世次、房别、丁名、配氏、学历、功名、墓址、艺文、传略以及生卒年月、现居地址详细填报,以便汇纂。统限于本年双十

节前妥寄本祠谱局张吉甫收。幸勿延误。"(《南雷日报》1947 年 3 月 11 日)

《宁波南乡张家花园张诗礼堂重修宗谱启事》,《新闻报》1947 年 3 月 15 日。

按语:该启事由宗长及各房干刊登。本次重修宗谱自 1947 年 2 月开始采访,要求旅居外地族人限期在 6 月底之前报送资料。通讯处设在宁波南乡甲村张家花园张氏修谱处。

该启事又刊 3 月 16 日、4 月 26 日、28 日、29 日《新闻报》。其中 4 月 26 日、28 日、29 日启事公布通讯处设在上海北京东路 539 号张利昌铜铁厂张取诚处,修谱处设在宁波南乡甲村张家花园。

《鄞南后百丈张氏保受堂重修宗谱通告》,《新闻报》1947 年 5 月 18 日。

按语:该族前修宗谱距此时(1947 年)已有二十七年。

本次修谱要求旅居外地族人限期在 1947 年 7 月底之前报送资料,并定于 11 月 14 日(阴历十月初二日)举行进主典礼。上海通信处设在西藏南路生吉里 8 号张财兴处、同孚路柏德里 15 号张坤森处。

该通告又刊 5 月 18 日、20 日、21 日《新闻报》。

《律师张坤镛受任桃江张氏大本堂常年法律顾问并为修谱采访限期截止通告》,《宁波时事公报》1947 年 8 月 26 日。

按语:此系张坤镛律师代宁波鄞南桃江张氏大本堂刊登修谱通告,催告该族族人限期在 1947 年 9 月 15 日(阴历八月初一日)之前补报修谱资料。

该通告又刊 8 月 27 日《宁波时事公报》、8 月 26 日《宁波日报》。

《宁波东乡湖塘下张氏百忍堂修谱通告》，《新闻报》1947 年 9 月 27 日。

按语：该族曾在民国十四年(乙丑年，1925 年)重修宗谱。

本次修谱自 1947 年 9 月 24 日开始采访，要求族人限期在两个月内报送资料。通讯处设在上海长寿路常德路 1190 弄 34 号胜利帆布厂、鄞东湖塘下百忍堂张修谱处。

该通告又刊 9 月 29 日、30 日《新闻报》。

《鄞东湖塘下张百忍堂重修宗谱通告》，《宁波时事公报》1947 年 10 月 1 日。

按语：该通告由宗长张能相刊登，要求迁居外地族人限期在 1947 年 11 月底之前向各所属房长报送修谱资料。另，本次修谱于 1947 年 9 月 20 日起派遣采访员分赴各地采访。

该通告又刊 10 月 2 日、3 日《宁波时事公报》。

《鄞县桃江乡张六四房大本堂张氏重修宗谱通告》，《宁波时事公报》1947 年 11 月 7 日。

按语：该族始祖张伯原、始迁祖张泽(字春源，行昌六四)，分金、玉、满、堂四房。曾在民国九年(庚申年，1920 年)修谱。

该通告称本次重修宗谱即日起开始采访，要求散居各地族人限期在 1947 年 11 月底之前报送资料。通讯处设在宁波江东华严街立兴烟厂张美豪处、宁波双街恒升咸鱼行张赓祥处。

该通告又刊11月8日《宁波时事公报》。

本次所修即《张氏六四房宗谱》，不分卷，张德诰、张德海、张济廷等纂修。民国三十六年（1947年）大本堂木活字本，二册。上海图书馆有藏。

《鄞南姜山镇张黄村张追远堂修谱通告》，《宁波时事公报》1947年12月14日。

按语：该族始迁祖张荣，字天禄，号鄞塘，于南宋绍兴年间由江苏迁至鄞南鄞塘坊（今属鄞州区姜山镇）。曾在清乾隆中叶、咸丰元年（辛亥年，1851年）、光绪十八年（壬辰年，1892年），民国五年（丙辰年，1916年）纂修宗谱。光绪《鹤颈漕张氏宗谱》，共十六卷、首一卷，宗长张道远（字慕攀）等纂修。光绪十八年追远堂木活字本，十二册。上海图书馆等有藏。民国《鹤颈漕张氏宗谱》，共十六卷、首一卷，宗长张道生（字赉琛）承修，黄宝琮（教鸿）、黄维炜（麟绂）等编纂。民国五年追远堂木活字本，十二册。天一阁、中国社会科学院历史研究所图书馆有藏。

该通告由"宗干"刊登，称定于1948年1月1日开始采访、1948年12月9日（阴历十一月初九日）举行进主典礼，要求鄞南上张、下张、庙前、居敬桥、上塘等地族人限期在1948年5月底之前报送修谱资料，并称"此次谱例经公众议决，凡螟蛉子不论先后，如能衔接，均得入谱"。通讯处设在鄞南王家井头邮局代办所转张氏追远堂修谱局。

该通告又刊12月15日、16日、18日、20日、22日、24日《宁波时事公报》。

《宁波鄞南张氏追远堂修谱通告》，《新闻报》1947年12月15日。

按语：该通告由"宗干"刊登，内容同《宁波时事公报》1947年12月14日《鄞南姜山镇张黄村张追远堂修谱通告》，但称定于1947年12月25日开始采访。

《奉化高岙张氏宗祠重修宗谱启事》，《宁波时事公报》1948年2月24日。

按语：该族曾在民国五年（丙辰年，1916年）纂修宗谱。

本次修谱要求散居各地族人限期在1948年5月10日之前向修谱办事处报送资料。修谱办事处设在奉化溪口高岙张氏宗祠内。

该启事又刊2月25日、26日《宁波时事公报》。

《奉化高岙张氏宗祠重修宗谱启事》，《新闻报》1948年4月15日。

按语：该启事由负责人张英□刊登，要求族人限期在1948年5月10日之前报送修谱资料。修谱办事处设在奉化溪口高岙张氏宗祠内。

该启事又刊4月16日《新闻报》。

《宁波石碶行春敬爱堂张氏修谱通告》，《新闻报》1948年6月3日。

按语：该族曾在明洪武年间，清康熙三十七年（戊寅年，1698年）、乾隆四十二年（丁酉年，1777年）、嘉庆元年（丙辰年，1796年）、咸丰四年（甲寅年，1854年）、光绪七年（辛巳年，1881年）、光绪二十一年（乙未年，1895年）、民国二年（癸丑年，1913年）纂修宗谱，其中民国二年版宗谱由张原炜纂修。

本次修谱要求散居各地族人限期在1948年7月31日之前报送

资料。通讯处设在宁波江北岸中国通商银行张慷观处，办事处设在鄞南石碶张氏宗祠、上海林森中路422号上海洋服公司内宁波石碶张氏旅沪同宗会。

该通告又刊6月12日、20日《新闻报》。

本次所修即《行春张氏宗谱》，共二十卷，张原炜纂修。民国三十八年（1949年）敬爱堂木活字本，册数不详。目录题《行春张氏家乘》，版心题《张氏宗谱》。上海图书馆有藏（存十二册，即卷一至七、九至十三）。

《鄞南石碶行春敬爱堂张氏修谱通告》，《宁波时事公报》1948年6月5日。

按语：该通告内容同《新闻报》1948年6月3日《宁波石碶行春敬爱堂张氏修谱通告》。

该通告又刊6月15日、25日《宁波时事公报》。

《奉化张村修谱紧要启事》，上海《中央日报》1948年7月3日。

按语：此系奉化张村张氏修谱紧急启事。

该启事由"张村谱众干事会"刊登，称定于1948年12月9日（阴历十一月初九日）修谱，要求迁居外地族人限期在8月底之前报送修谱资料，以便纂修、付印。通信处设在奉化江口镇张村张德贵处。

该启事又刊7月5日《中央日报》。

《鄞东张隘张氏续修宗谱启事》，《宁波日报》1948年7月16日。

按语：该族前修宗谱距此时（1948年）已有二十余年。

该启事由宗长张全海刊登，称经宗族会议议决即日起开始采访，要求旅居外地族人限期在 1948 年 9 月 2 日(阴历七月底)之前报送修谱资料。通讯处设在宁波和义路战船街 72 号(《宁波时事公报》1948 年 9 月 10 日《鄞东张隘张氏修谱采访展期通告》作 42 号)、庆安堆栈张厚甫处、鄞东张隘张氏谱局。

该启事又刊 7 月 17 日《宁波日报》。

《奉化张村修谱紧要启事》,《宁波日报》1948 年 7 月 28 日。

按语：此系奉化张村张氏修谱紧急启事。

该启事由"张村谱众"刊登,内容同上海《中央日报》1948 年 7 月 3 日《奉化张村修谱紧要启事》。

该启事又刊 7 月 28 日至 30 日《宁波日报》。

《奉化许江岸永思堂张氏修谱紧要启事》,《宁波时事公报》1948 年 8 月 9 日。

按语：该族始祖张良臣,字武子,一字汉卿,自洪州迁大雷山；始迁祖张四六,由榆林迁居许岸(即许江岸)。曾在清乾隆三十年(乙酉年,1765 年)、嘉庆六年(辛酉年,1801 年)、道光十九年(己亥年,1839 年)、同治十年(辛未年,1871 年)、光绪十五年(己丑年,1889 年)纂修宗谱。前修宗谱即《许岸张氏宗谱》,民国六年(1917 年)木活字本,卷数、纂修者、册数不详,书签题《张氏宗谱》,宁波市奉化区博物馆有藏(存一册,即卷二、四,实系房谱)。1947 年,该族举行祭祖并公议发起重修宗谱。

该启事由"宗干"刊登,称本次修谱采访工作大体完成,即将付印,通知旅居外地族人限期在 1948 年 8 月底之前补报资料。通讯处设在奉化溪口许江岸永思堂。

该启事又刊 8 月 10 日、11 日《宁波时事公报》。

本次所修即《许岸张氏宗谱》，共六卷，毛觉吾（梦龙）总裁。民国三十七年（1948 年）永思堂木活字本，册数不详。书签题《张氏宗谱》。宁波市奉化区博物馆有藏（存一册，即卷一至四、六，其中卷六不全，实系房谱）。

《宁波石碶行春敬爱堂张氏修谱采访截止通告》，《新闻报》1948 年 9 月 7 日。

按语：该通告称本次修谱自 1948 年 6 月 1 日开始采访，指出报送修谱资料截止日期延长至 9 月 30 日。通讯处设在宁波江北岸中国通商银行张慊观处，办事处设在鄞南石碶张氏宗祠、上海林森中路 422 号内宁波石碶张氏旅沪同宗会。

该通告又刊 9 月 10 日、13 日《新闻报》。

《鄞东张隘张氏修谱采访展期通告》，《宁波时事公报》1948 年 9 月 9 日。

按语：该启事由宗长张全海刊登，系通告族人报送修谱资料截止日期延长一个月即至 1948 年 10 月 2 日（阴历八月底）。通讯处设在宁波和义路战船街 72 号庆安堆栈张厚甫处、鄞东张隘张氏谱局。

该通告又刊 9 月 10 日《宁波时事公报》，并将庆安堆栈张厚甫的通讯地址改为战船街 42 号。

《鄞南石碶行春敬爱堂张氏修谱采访截止通告》，《宁波时事公报》1948 年 9 月 10 日。

按语：该通告内容同《新闻报》1948 年 9 月 7 日《宁波石碶行春敬爱堂张氏修谱采访截止通告》。

该通告又刊 9 月 12 日、13 日、18 日《宁波时事公报》, 9 月 11 日、12 日《宁波日报》。

《鄞东张郎漕葛家漕张氏百忍堂重修创编宗谱通告》,《宁波日报》1949 年 1 月 13 日。

按语:鄞东张郎漕张氏曾在清光绪二十八年(壬寅年, 1902 年)纂修宗谱(《新闻报》1949 年 3 月 31 日《宁波鄞东张郎漕葛家漕张氏百忍堂重修创编宗谱通告》作光绪十六年);中房葛家漕一支前次修谱距此时(1949 年)已有一百余年。

该通告由宗长张家汭刊登,要求散居各地族人报送修谱资料。通讯处设在上海棋盘街三茅阁桥堍元承永呢绒号张奉玗转、宁波百丈路蔡春号张崇兴转、宁波日新街明星书局张钦法转。

该通告又刊 1 月 14 日至 16 日《宁波日报》。

《宁波鄞东张郎漕葛家漕张氏百忍堂重修创编宗谱通告》,《新闻报》1949 年 3 月 31 日。

按语:该通告由宗长张家汭刊登,要求族人限期在 1949 年 4 月 27 日(阴历三月底)之前报送修谱资料。通讯处设在上海棋盘街三茅阁桥堍元承永呢绒号张奉玗处、上海北京西路 434 弄 19 号张家汭处。

该通告又刊 4 月 2 日《新闻报》。

《鄞东高塘头张氏百忍堂张庭庚为修谱采访误报更正道歉启事》,《宁波人报》1950 年 3 月 6 日。

按语:该启事由张郎漕张庭庚刊登,就其将张嘉昌三子"庭湘公"误报为"庭洽公"一事致歉,称"因谱已印成,贺谱在即,无法更正,惟于下期修谱再行将误刊更正。本人除承认错误外,特再刊登报端,郑重更正并表歉意"。

《小港衕前寻找张姓族亲》,《今日镇海》2007 年 8 月 15 日。

按语:此系宁波北仑小港衕前(旧属镇海县)张氏修谱启事。该族始祖张辉;始迁祖张子忠,字野先,于元至正年间迁居此地。曾在清康熙、雍正年间及乾隆二十六年(辛巳年,1761 年)、道光十二年(壬辰年,1832 年)纂修宗谱。前修宗谱即《清泉张氏宗谱》,共十二卷、首一卷,张汝蘅纂修。清宣统元年(1909 年)木活字本,八册。上海图书馆、族人张德甫有藏;另,天一阁藏有影印本。

该启事称北仑小港衕前张氏自始迁祖张子忠迁居此地已有六百多年历史,指出"村里藏有一套修于百年前的《清泉张氏宗谱》,现由族人宁波海天集团董事长张静章先生出资对家谱进行续修",要求早年迁居镇海城内、"李衕前"等地族人见报后速与联系人联系,以便编入新谱;另,公布部分排行字辈为"均、锡、汝、模、德、培、金、训、业"。本次修谱联系地址设在宁波市北仑区小港街道海天公园西楼张德夫处。

清光绪十九年(1893 年)举人、上海酱园业巨子、天厨味精厂创办者张逸云(谱名汝桂,字彝年)出自该族。

该启事又刊 8 月 17 日、20 日《今日镇海》。

本次所修即 2009 年版《清泉张氏宗谱》,共印五百部,每部十五册,线装,张静章、张汝英、张汝佩等纂修,华宝斋印刷,天一阁、宁波图书馆、宁波市鄞州区(大学园区)图书馆等有藏。

《公告》，张氏宗亲会组委会2019年8月5日发布（张德海先生提供）。

按语：此系鄞西桃源下兆坑·板仓张氏纂修家谱公告。该公告要求2019年12月31日之前出生的族人及时至板仓张新华、下兆坑张振华处登记，以便在2019年年底、最晚己亥年年底（即2020年1月24日）形成家谱初稿。另，该会倡议张氏子孙为修谱募集经费，"经组委会决定，凡募集500元以上者，赠家谱一套，并在家谱留名传世"。

《告知》，余姚市凤山街道五星村翁张（枫林）张氏乐怀堂三修宗谱委员会2020年6月4日发布（张忠明先生提供）。

按语：此系余姚枫林张氏纂修宗谱告示。该族始迁祖张武元。曾在清道光十四年（甲午年，1834年）纂修宗谱。前修宗谱即《余姚枫林张氏宗谱》，共四卷，张承嘉、张承焕、张维椿等纂修。光绪十一年（1885年）乐怀堂木活字本，四册。版心题《张氏宗谱》。天一阁有藏（略有残缺），系余姚枫林张氏宗谱三修纂编委会于2021年3月3日捐赠。

该告示由余姚市凤山街道五星村翁张（枫林）张氏乐怀堂三修宗谱委员会发布，称翁张（枫林）张氏宗谱即将纂修完成，将向捐助修谱经费800元以上的族人赠送一套宗谱，要求捐助者限期在2020年6月22日之前至张忠明处办理登记手续。

本次所修即2020年版《余姚枫林张氏宗谱》，共四册，线装，张川总编纂，张国森、张才章、张宗明（忠明）等修。2021年3月3日，余姚枫林张氏宗谱三修纂编委会向天一阁捐赠该宗谱。

《告示》，张氏家谱筹委会2020年9月29日发布（张德海先生提供）。

按语：此系鄞西桃源下兆坑·板仓张氏举行圆谱庆典告示。该告示由张氏家谱筹委会发布,系邀请族人参加定于2020年10月25日(阴历九月初九日)上午十时十分举行的圆谱庆典,并称每套家谱象征性收取费用二百元,凡有需要的族人分别与下兆坑张振华、板仓张信华(应为张新华)联系。

本次所修即2020年版《鄞西桃源下兆坑·板仓张氏家谱》,共三册,线装,张武义等纂修。天一阁有藏(系鄞西下兆坑·板仓张氏族谱编纂组捐赠)。

【邹】

《宁波鄞东高塘头邹氏修谱通告》,《新闻报》1933年6月1日。

按语:该族曾在清同治十三年(甲戌年,1874年)纂修宗谱。

该通告由宗长邹行藩刊登,要求族人限期在1933年9月底之前报送修谱资料。通讯处设在上海法租界吉祥街陈天一帽庄邹世才处、宁波江东新河头两眼桥同泰木行邹林生处。

【杨】

《杨氏修谱》,《新闻报》1902年4月8日。

按语：该启事由"宁波后山北松浦杨姓"刊登,内称"吾族自始祖承幹公原籍华阴,授宋明州观察,遂家于鄞。至六世祖公正公又迁松浦,历十四世祖守论公昆季分为四房,至十五世祖澄一公又分九房,前后共为十二房,厥后子孙衍繁,历详于谱。迨道光十八年后遭发匪以来,六十余年久未修续"。松浦位于镇海北,今属慈溪市。"发匪"系对太平军的蔑称。本次修谱要求迁居外地族人从速报送资料。通讯处设在镇海北童家漕头一大染坊转。

该启事又刊4月9日至5月7日《新闻报》。

《余姚廊厦杨氏端本堂修谱广告》,《申报》1910年7月7日。

按语：该族始迁祖杨元甫。曾在清同治初年纂修宗谱。

该广告由杨氏宗祠刊登,要求始迁祖元甫公后裔限期在宣统三年四月底(1911年5月27日)之前向上海北市后马路庶康庄杨松年报送修谱资料,或邮寄至余姚廊厦(今作朗霞)杨氏端本堂修谱事务所,以便编纂入谱。

该广告又刊7月9日、11日、13日、15日、17日、19日、21日、23日、25日、28日、30日、31日,8月2日、4日《申报》;8月6日至12日、14日、16日、18日、20日、22日、24日、26日、28日《新闻报》。

本次所修即《余姚汇头杨氏宗谱》,共二十卷、首一卷、末一卷,杨长贵等纂修。清宣统三年端本堂木活字本,二十册。书签题《余姚汇头杨氏谱》。河北大学图书馆、思绥草堂等有藏。

附：

《余姚廊厦杨氏端本堂修谱广告》："本族宗谱自同治初年修辑后,已阅数十年矣。族支繁多,例届重修,凡同宗有迁居异乡者,自始祖元甫公下何房支派、世次各项开明报告上海北市后马路庶康庄杨松年君处,或邮寄廊厦本族修谱事务所,以便稽核荟入。拟至明年四月底截止,幸勿自误。杨氏宗祠启。"(《申报》1910年7月7日)

《杨氏修谱广告》,《申报》1914年4月14日。

按语：此系宁波青山、镜川杨氏修谱广告。该族前修宗谱即《镜川杨氏宗谱》,共二十六卷、首一卷,杨习镜、杨习梃、杨存本重修,宗长杨益鳌主修。清光绪十年(1884年)分教堂木活字本,十册。天一阁有藏。

本次修谱要求迁居外地族人从速报送资料。通信处设在宁波甬东司道头同慎泰广号杨康年转谱局。

该广告又刊4月15日至5月3日《申报》。

附：

《杨氏修谱广告》："我青山、镜川宗谱自甲申重修以来,已越一世,正在大修之例,爰发起续修,凡房下有徙移他处者,急具字号、行次、生卒、配葬来报,以便统宗合谱云。通信处宁波甬东司道头同慎泰广号杨康年君转递本局。"(《申报》1914年4月14日)

《余姚双桥杨氏修谱》,《申报》1923年11月5日。

　　按语：该族始祖杨袭璋(怀玉)、始迁祖杨鈇、杨钺。前修宗谱即《双桥杨氏宗谱》,清光绪九年(1883年)留清堂木活字本,卷数、纂修者、册数不详。上海图书馆有藏(存二册,即卷十八、二十五、二十六)。

　　该启事由余姚双桥杨氏谱局刊登,内称"我族自宋怀玉公、讳袭璋由安徽迁姚,迄今传世三十,分房十余"。本次续修谱牒自1923年9月开始,定于翌年4月付印,要求散居各地族人限期在1924年阴历二月之前报送资料；另,凡路途极远者可延期一个月报送。通信处设在上海吉祥里宏久银炉、上海带钩桥升泰煤号、余姚泗门同和酱园转寄谱局。

　　该启事又刊11月12日、28日,12月14日、17日《申报》。

　　本次所修即《余姚双桥杨氏甲子谱》,民国十三年(1924年)留清堂木活字本。卷数、纂修者、册数不详。版心题《双桥杨氏续谱》。上海图书馆有藏(存一册,即卷五上)。

《余姚双桥杨氏修谱》,《新闻报》1924年6月16日。

　　按语：该启事由余姚双桥杨氏谱局刊登,要求迁居外地族人限期在1924年阴历七月之前向谱局报送修谱资料。通信处设在上海带钩桥升泰煤号、余姚泗门同和酱园。

　　该启事又刊6月16日、20日、23日、27日、30日,7月4日、7日《新闻报》。

《山阴篷山、余姚马渚杨氏修谱》,《申报》1926年10月21日。

　　按语：该族曾在清嘉庆初年纂修宗谱。

该启事称"我始祖清铭公传自由明纪慈谿迁居山阴之篷山,为篷山始祖。至十世祖如恭公、如秀公、瑞宾公诸系中有分迁余姚马渚,自此篷山渚水,聚族繁衍"。本次修谱要求迁居省外族人限期在1927年8月底之前报送详细资料。谱局设在马渚杨氏宗祠内,通讯处设在余姚马渚镇瑞林堂药号、上海小北门慎昌祥箔庄。

该启事又刊10月21日、23日《新闻报》。

附:

《山阴篷山、余姚马渚杨氏修谱》:"我始祖清铭公传自由明纪慈谿迁居山阴之篷山,为篷山始祖。至十世祖如恭公、如秀公、瑞宾公诸系中有分迁余姚马渚,自此篷山渚水,聚族繁衍。考自嘉庆初年开始缮修宗谱,迄今年湮世远,亟应重修。凡有迁居外省者,请将世系、名讳、生卒、配氏、官阶、住址、坟墓详报来局,以俾汇纂。再,查前者谱内有十一世祖德富公、十二世荣茂公、荣耀公迁住乌镇,十三世祖如锦公迁住崧厦,英焻公迁居上虞,相隔多年,族谊久疏,子孙之散处四方者亦必繁多。谨登报端,各宜注意。本局自登报日起,至明年八月底止。特此布闻。局设马渚本宗祠内。通讯处:余姚马渚镇瑞林堂药号、上海小北门慎昌祥箔庄。"(《申报》1926年10月21日)

《山阴篷山、余姚马渚杨氏修谱》,《新闻报》1926年10月26日。

按语:该启事内容同《申报》1926年10月21日《山阴篷山、余姚马渚杨氏修谱》,但要求迁居省外族人限期在1927年6月底之前报送资料。

该启事又刊 10 月 28 日至 30 日、11 月 1 日、11 日、13 日、20 日至 22 日《新闻报》；10 月 29 日、11 月 14 日《申报》。

《余姚朗霞前名廊厦汇头杨氏修谱》，《申报》1931 年 2 月 19 日。

按语：该族前修宗谱即清宣统三年（1911 年）版《余姚汇头杨氏宗谱》。

该启事由余姚朗霞镇杨端本堂修谱办事处刊登，要求族人向办事处报送修谱资料，并称"若有忠孝、贞烈者，尤宜详具迹略，郑重寄达，以便订立家传，藉事阐扬"。

该启事又刊 2 月 20 日、22 日、24 日、26 日、28 日、3 月 2 日、4 日《申报》；2 月 19 日、21 日、22 日、25 日、27 日、3 月 1 日、3 日《新闻报》。

本次所修即《余姚汇头杨氏谱》，民国端本堂木活字本。目录、版心题《余姚汇头杨氏宗谱》。卷数、纂修者、册数不详。上海图书馆（存五册，即卷一至三、九、十、十上、二十、卷末）有藏。

附：

《余姚朗霞前名廊厦汇头杨氏修谱》："我族自前清季年宗谱告成，距今虽不过二十载，但族大支繁，南北东西，四方散处。窃恐年深月久，搜辑为难，族房董事等关怀及此，爰公同议决自今年国历三月起在祠设立办事处，重行修辑。凡属宗支，请将名讳、字号、配氏、子息、官阶、履历、生卒、葬处向办事处各来登记。若有忠孝、贞烈者，尤宜详具迹略，郑重寄达，以便订立家传，藉事阐扬。除遍贴通告及派人采访外，恐未周知，特登《申》《新》两报，俾得迓迩同闻。余姚朗霞镇杨端本堂修谱办事处启。"

（《申报》1931 年 2 月 19 日）

《鄞南陡亹杨氏四修宗谱通告》,《时事公报》1935年3月1日。

按语:该族始祖为北宋明州(今宁波)观察推官、鲁国公杨庆甫。曾在清道光二十五年(乙巳年,1845年)创修宗谱。该族迁居外地支派主要有象山深水派、鸭屿派、定海北蝉派、里洞岙派等。

该通告由鄞南陡亹杨氏谱局刊登,要求同宗有愿意来族认谱者限期于1935年2月1日至9月30日期间至鄞南里房祠杨氏谱局或上海小西门大兴街陆家浜铜锡公所或宁波灵桥门内全家湾宝大皮货号接洽入谱事宜。

该通告又刊3月2日、3日《时事公报》。

《鄞南陡亹桥杨氏四修宗谱通告》,《时事公报》1935年3月4日。

按语:该通告由鄞南陡亹杨氏谱局刊登,内容同《时事公报》1935年3月1日《鄞南陡亹杨氏四修宗谱通告》。

该通告又刊3月5日至26日《时事公报》。

《宁波城区牌楼巷杨氏重修宗谱启事》,《新闻报》1943年5月20日。

按语:该启事称"本族原为鄞西西杨支祠,现因宗祠重修宗谱业已筹备就绪进行采访",要求杨碧祀后裔限期在1943年6月底之前报送修谱资料。修谱筹备处设在宁波灵桥门内狮子街6号杨宝兴麻袋号、上海北京路498号顺发药房杨志楚处。

该启事又刊5月23日、24日《新闻报》,5月25日《上海宁波公报》。

《宁波鄞南栎斜杨氏修谱启事》,《新闻报》1944年3月23日。

按语:该族曾在民国十年(辛酉年,1921年)纂修宗谱。

该启事由一本堂宗长杨臣琅、宗干杨会沣刊登,要求族人限期在

1944年6月底之前报送修谱资料。通讯处设在宁波鄞南横溪转栎斜杨敬房。

该启事又刊3月25日、26日《新闻报》。

《镇海南乡石礠头杨家(今称龙峰桥)杨氏宗祠重修宗谱启事》,《宁波时事公报》1946年11月10日。

按语:该族自始祖杨自□于明末由鄞南迁居镇海,至此时(1946年)已有三百余年,分为东房、西房元六房等。后,不少族人转迁定海、朱家尖等地。

本次修谱要求迁居外地族人见报后一个月内将资料寄至通讯处,以便编入宗谱,并指出"如因支派众多,手续麻烦,可推代表前来本族,或函知本族派员前来详查均可"。通讯处设在宁波东乡五乡碶东升号转杨氏修谱局。

该启事又刊11月11日《宁波时事公报》。

《镇北杨范杨氏续修宗谱通告》,《新闻报》1947年4月4日。

按语:该族曾在清光绪三十一年(乙巳年,1905年)纂修宗谱。

该通告称经宗房、干首议决即日起开始采访,要求散居外县族人限期在1947年7月底之前报送修谱资料,以便汇纂入谱。表格代发处设在上海金陵中路161号美升裕号,通讯收件处设在宁波镇海县杨范(今属慈溪市龙山镇)杨氏修谱局。

该通告又刊4月6日、7日《新闻报》。

《镇北杨范杨氏续修宗谱通告》,《宁波时事公报》1947年4月13日。

按语:该通告内容同《新闻报》1947年4月4日《镇北杨范杨氏

续修宗谱通告》，但无表格代发处、通讯收件处，仅公布一处通讯处即杨范杨氏修谱局。

该通告又刊4月14日至17日《宁波时事公报》。

《镇北杨范杨氏修谱采访处通告》，《新闻报》1947年11月15日。

按语：该通告落款日期为民国"卅六年十一月十一日"，系催告族人限期在1947年11月底之前报送修谱资料。修谱表格代发处兼收件处设在上海金陵中路161号美升裕号。

该通告又刊11月17日《新闻报》。

《宁波鄞州〈陡亹杨氏宗谱〉续修通告》，《宁波日报》2018年7月19日。

按语：该通告称"鄞州姜山镇茅山村陡亹杨氏（原宁波南乡陡门桥杨家），自始祖北宋鲁国公杨庆甫于元丰二年（公元1079年）卜居发祥，开族九百余年，有大、二、三、四四个房派，宗祠（大厅）堂名'爱敬堂'、支祠'述知堂''遗清堂''德清堂'。本族排行近代所用16字为：'一本相传，于先有光，从善如登，乃得留芳'"。本次系该族第五次续修宗谱，要求族人限期在2018年12月底之前报送修谱资料。

【励】

《鄞县丰北乡励江岸亲睦堂修谱通告》,《宁波时事公报》1947 年 3 月 21 日。

按语：此系鄞县丰北乡励江岸励氏亲睦堂修谱通告。该族曾在民国八年(己未年,1919 年)重修宗谱。

本次修谱要求散居各地族人限期在 1947 年 5 月底之前向修谱处或通讯处报送资料,以便汇编入谱。修谱处设在鄞县丰北乡励江岸励氏亲睦堂,通讯处设在宁波江北岸中马路 8 号元昌号。

该通告又刊 3 月 24 日、25 日、27 日、29 日《宁波时事公报》。

本次所修宗谱未见,但据《鄞邑现存家谱总目提要》一书称,宁波市鄞州区姜山镇励江岸村励重余藏有《励江岸励氏立房谱》民国三十六年(1947 年)抄本,一册;另,励明康存有该抄本复印件。

《〈姚江励氏宗谱〉续修公告》,《慈溪日报》2021 年 11 月 23 日。

按语：该族始祖励持,字守道,号葵斋,行元一;余姚县城东门派支祖励德民;白沙路支祖励悦,号梅隐,于宋代自余姚县从山迁居梅川乡(今属慈溪市)。曾在清乾隆五十七年(1792 年)、道光二十八年(1848 年)、光绪十二年(1886 年)纂修宗谱。前修宗谱即《姚江励氏宗谱》,共十二卷,励森荣总修,励廷泰、励锦泰、励天福等议修。民国十六年思绥堂木活字本,共印十五部,每部十二册。族人有藏;另,思绥草堂藏有影印本。

该公告由姚江励氏修谱委员会刊登,指出"而今我族时逢盛世,人丁兴旺,能人贤士辈出,且交通、通讯便捷,与先祖当年修谱之窘迫已不可同日而语,诚为修谱之最好时机。因此,我等倡议五修家谱,望诸位宗亲相互转告,同心协力,共襄盛举,提供各种资料,献计献策,积极参入,以敦宗睦族,光前裕后,告慰列祖列宗,启示后代子孙",并公布有联系人励渭春、励冠军、励云强电话号码。

该公告又刊11月25日、30日,12月2日《慈溪日报》。

【应】

《鄞东下应应氏修谱》,《时事公报》1923年2月22日。

按语：该族始祖为唐明州刺史应彪,字德彰;始迁祖为南宋资政殿大学士、参知政事应䌹,字之道,号茸汕。曾在清同治十年(辛未年,1871年)创修宗谱。前修宗谱即《续应氏宗谱》,共一百十二卷,应统寅(廷材)、应宗源、应会金(金友)等主修。光绪二十九年(1903年)叙伦堂木活字本,十二册。上海图书馆、美国犹他家谱学会有藏。

该启事由宗长(即应宗兆)刊登,要求迁居外地族人限期在1923年5月15日(阴历三月底)之前抄寄详细修谱资料。通信处设在鄞县下应应氏宗祠,代收处设在上海后马路顺康钱庄应芝庭处、宁波江北利捷公司应道生(会椿)处、宁波江东乾和铁行应鸣和处。

光绪十五年(1889年)举人应朝光(贵先),上海永康、顺康钱庄经理应芝庭(启煌),改建老江桥(灵桥)甬筹备处委员应鸣和(诗凤),宁波旅沪同乡会理事应季审(启藩),第二军医大学副校长应元岳(松盛)均出自该族。

该启事又刊3月28日、4月1日《时事公报》。

本次所修即《甬东湖下应氏宗谱》,共一百十二卷、首一卷、附《甬东湖下应氏文编》三十三卷,族长应宗兆(锺绍)、柱长应宗寅(仁才)、应增元(葆亭)、应会瑝、应会钺、应宗岱主修,柴永祺(莲浦)纂修。民国十二年(1923年)叙伦堂木活字本,十六册(第十三至十六册系《甬东湖下应氏文编》)。目录、版心题《湖下应氏宗谱》。上海图书馆、南京图书馆、吉林大学图书馆、天一阁(存十三册)、美国犹他家谱学会有藏。

附：

《鄞东下应应氏修谱》："吾族之谱自光绪年间大修后,今已二十余年。子孙蕃衍,历世绵长,亟应重修,以明谱系。兹经开祠公议重修,但族人散处他乡,恐未周知,用特登报通告,望各将存殁、履历、婚配、茔墓等项详细抄寄,无任翘盼。收稿限癸亥三月底截止,幸勿延误。通信处：下应应氏宗祠。宗长启。代收处：上海后马路顺康钱庄应芝庭君、宁波江北利捷公司应道生君、宁波江东乾和铁行应鸣和君。"(《时事公报》1923年2月22日)

《鄞东下应应氏续修宗谱通告》,《新闻报》1923年3月19日。

按语：本次修谱要求族人限期在1923年5月15日(阴历三月底)之前报送资料。通讯处设在鄞县东乡下应应氏谱局。

该通告又刊3月21日、23日、25日、27日《新闻报》。

《宁波慈东费市镇应氏重修宗谱启事》,《新闻报》1937年7月11日。

按语：该族即慈东戎溪应氏,奉应彪为发祥始祖,以应斐为一世祖;始迁祖应仕,字自达,于宋嘉定年间自昌国(今舟山)迁居戎溪;后,戎溪应氏无嗣,由蜜岩应中仁(蜜岩应氏亦来自昌国)入继。曾在宋淳祐九年(己酉年,1249年)由应襫创修谱牒即《显爵渊源世系录》,后在明隆庆五年(辛未年,1571年)、万历二十八年(庚子年,1600年)、崇祯四年(辛未年,1631年)、清顺治元年(甲申年,1644年)纂修。前次修谱在道光二十九年(1849年),由应侣笙、应荔塘等纂修。民国十九年（1930年），曾发起纂修宗谱，后因主事者应春源逝世告停。民国二十六年（1937年）春，又发起进行纂修。

该启事称慈东成溪应氏"至裕一、裕四公后，人口大盛，分东、旧、新三宅及慈城"。本次修谱要求族人限期在1937年8月底之前将详细资料挂号寄至应氏宗祠内修谱局，以便编纂入谱。

该启事又刊7月15日、17日、19日、21日、23日、25日、27日、29日、31日，8月2日、4日、6日、8日《新闻报》。另，据《宋敕显爵戍溪应氏宗谱》收录的"民国廿六年三月三日第一次宗族全体大会决议案"称"就近四乡应发贴修谱通告，以一次为度。对外埠登报，分宁波、慈谿、《申》《新》各报"，则该族很可能在《申报》及慈谿报纸也刊登过修谱启事。

本次所修即《宋敕显爵戍溪应氏宗谱》，共二十六卷、首一卷、终一卷，应德孚、应堃藩、应渭渔等修，石渭畈编订。民国二十七年（1938年）敬爱堂木活字本，二十六册。版心题《显爵戍溪应氏宗谱》。国家图书馆有藏。

《慈东费市镇应氏重修宗谱启事》，《时事公报》1937年7月12日。

按语：该启事内容同《新闻报》1937年7月11日《宁波慈东费市镇应氏重修宗谱启事》。

《附启一》，民国二十六年（1937年）发布。（民国《宋敕显爵戍溪应氏宗谱》卷终）

按语：此系慈东成溪应氏纂修宗谱启事，主要对修谱经费募集方式调整进行说明，内称"此次修谱经费曾经宗族会议决议由大宗祠宗长率领各宅总散房长、柱首、管账等分工合作，向子姓劝募，乃适值时事多艰,以致劝募发生障碍,而纂修编订又不能功亏一篑,故应需经费暂由董事堃藩代垫"。

《附启二》,民国二十六年(1937年)发布。(民国《宋敕显爵戍溪应氏宗谱》卷终)

按语:此系慈东戍溪应氏纂修宗谱启事,主要对民国二十六年(1937年)三月三日第一次宗族全体大会议决的第十四条议案即"个人捐助满五十元者,得将本人照相并三代祖墓制版印入宗谱,以资流传;其已纳捐百元者,准其自费制版印入宗谱"进行调整,称"因时事紧张,交通阻塞,且照相制版材料缺乏,事实不能办到,故将此案准作罢议"。

《鄞东湖下应氏叙伦堂续修宗谱通告》,《宁波时事公报》1947年4月18日。

按语:该族前修宗谱即民国十二年(1923年)版《甬东湖下应氏宗谱》。

该通告由应氏叙伦堂修谱委员会刊登,要求散居各地族人限期在1947年6月底之前向该委员会报送修谱资料。通讯处设在上海南京东路慈淑大楼619室鄞东应氏旅沪同宗会(电话号码92009)、宁波下应正德学校。

该通告又刊4月20日、22日、24日、26日、28日、30日,5月3日、5日、7日、9日、11日、13日、15日、17日《宁波时事公报》;4月27日、29日,5月2日《新闻报》;4月27日,5月4日《宁波日报》。

本次所修即《甬东湖下应氏宗谱》,共一百二十二卷、首一卷、附《甬东湖下应氏文编》四卷,宗长应会衡(信根)、柱长应会棋(瑞堂)、应元顺(信表)等主修,应堻元(舜水)纂修。民国三十六年(1947年)叙伦堂木活字本,十六册(第十三至十六册系《甬东湖下应氏文编》)。目录、版心题《湖下应氏宗谱》,卷端题《鄞东湖下应氏宗谱》或《湖下应氏宗谱》。上海图书馆、吉林大学图书馆、宁波市鄞州区(大学园区)图书馆(存十册,即卷首,卷一至十四、七十四至一百〇七卷,《甬东湖下应氏文编》卷三、四)、美国犹他家谱学会有藏;另,天一阁存有电子扫描版。

《鄞西蜜岩应氏宗祠修谱通告》,《宁波日报》1947年4月27日。

按语:该族始迁祖应高,字德广,于宋代迁至鄞县蜜岩(今属宁波市海曙区章水镇)。曾在清雍正五年(丁未年,1727年)、乾隆五十三年(戊申年,1788年)、道光六年(丙戌年,1826年)、咸丰五年(乙卯年,1855年)、同治十二年(癸酉年,1873年)、光绪十八年(壬辰年,1892年)纂修宗谱。前次修谱在民国五年(1916年),由朱炳蕃(号椒石)、应钦荣(字天禄)、应安涨(字张法)等纂修。另,咸丰五年版宗谱现藏思绥草堂。

该通告由宗长应安茂及各房长、干事刊登,要求散居各地族人限期在1947年8月底之前将修谱资料寄至谱局或通讯处,以便汇编入谱。谱局设在鄞西蜜岩应氏宗祠,通讯处设在蜜岩桂馥堂、宁波东门口10号泰昌百货号应德华处、上海西藏路宁波旅沪同乡会应斐章处。

民国闻人应桂馨(夔丞)、"亨得利"钟表创始人之一应启霖、《宁波晨报》社长应斐章、宁波帮人士应圣瑞出自该族。

该通告又刊5月4日《宁波日报》,5月14日、19日、21日《新闻报》,5月13日至15日《申报》,5月24日至6月2日《宁波时事公报》。

本次所修即《蜜岩显爵应氏宗谱》，共九卷、首一卷，夏诵舜（号方林）、应安茂（字谒茂）、应安芬（字唔郎）等纂修。民国三十六年（1947年）木活字本，共印五部（按仁、义、礼、智、信编号，另有草谱一部），每部六册。版心题《显爵应氏宗谱》。宁波市海曙区章水镇蜜岩村村委会有藏（藏谱字号为义字号）。

《鄞东湖下应氏叙伦堂为续修宗谱截止采访通告》，《新闻报》1947年8月18日。

按语：该通告由应氏叙伦堂修谱委员会刊登，系通告族人限期在1947年8月底之前补报修谱资料、9月1日起开始付印。通讯处设在上海南京东路慈淑大楼619室鄞东应氏旅沪同宗会（电话号码92009）、宁波下应正德学校。

该通告又刊8月19日《新闻报》。

《宁波鄞东中万龄应氏忠义堂重修宗谱通告》，《新闻报》1948年2月25日。

按语：该族始祖为唐明州刺史应彪，字德彰；始迁祖应仔，字弥承，行义四，元至正二十七年（丁未年，1367年）迁居鄞东万龄乡。曾在清咸丰三年（癸丑年，1853年）创修宗谱，后在同治十二年（癸酉年，1873年）、光绪二十六年（庚子年，1900年）及民国十二年（癸亥年，1923年）续修宗谱，其中光绪二十六年版《万龄应氏宗谱》由王琳、应世美纂修，不分卷，共三册，天一阁有藏。

本次重修宗谱要求族人限期在1948年清明节之前报送资料。通讯处设在宁波方井街28号"应君"处、上海天津路120号"应君"处。

　　该通告又刊 3 月 1 日《新闻报》;2 月 29 日、3 月 2 日、4 日、6 日、8 日、10 日、12 日、14 日、16 日、18 日、20 日、24 日、26 日、28 日、30 日《宁波时事公报》。

【严】

《宁波慈东严氏修谱知单》,《申报》1883年4月23日。

按语:该启事称"我族系出严子陵先生后,相传谓其裔孙名珏谔者于五代庄宗时来自桐庐出守四明,遂家鄞之大畈田。至前明宗八府君昷公,迁居慈谿东乡费市跟。自迁居慈东以来,已十五六世"。本次修谱对报送资料者采取奖赏,称凡昷公派下转迁远方者"祈持履历亟来对认,果属嫡派,其舟车之费可照远近赏给"。谱局设在慈东严氏宗祠,宁波联络处设在益和糖行严怀素处、上海联络处设在来仪药行严绍唐处。

宁波帮著名人物严信厚(筱舫)出自该族。

该启事又刊4月24日至5月12日《申报》。

《四明严氏修谱》,《申报》1906年5月15日。

按语:此系鄞西中镇桥严氏修谱启事。该族始迁祖为南宋鄞县知事严翘云。前修宗谱距此时(1906年)已有一百余年。

本次修谱要求各地愿认祖者限期在清光绪三十二年(1906年)年底之前将资料邮寄至上海棋盘街兴昌祥严绍基处或宁波云章绸庄严景文处。

该启事又刊5月17日、19日、21日、23日、25日、27日《申报》。

《镇海江南石门符家汇严氏客星堂重修宗谱启事》,《宁波时事公报》1948年3月30日。

按语：该族曾在清光绪年间纂修宗谱。民国三十七年（1948年），议决延师（谱师）重修宗谱。

本次修谱要求族人限期在 1948 年 5 月 8 日（阴历三月底）之前报送资料，以便汇编入谱。

该启事又刊 3 月 31 日、4 月 1 日《宁波时事公报》。

【林】

《宁波氷厂跟林氏修谱广告》,《新闻报》1919年8月27日。

按语：该广告由宗长林世朝、总干林世涵等刊登,系催告族人限期在1919年9月8日(闰七月十五日)之前补报修谱资料。该族曾在民国六年(1917年)由林世朝等发起纂修宗谱兼进女主,截至此时谱稿已完成、准备付印,并定于1919年10月19日进主贺谱。

该广告又刊8月28日至31日《新闻报》。

《鄞县南乡林氏祠竣修谱广告》,《申报》1920年9月16日。

按语：该族世居鄞南林下畈,其宗祠建成于1920年,前修宗谱(即创修宗谱)距此时(1920年)已有十九年。

该广告由宗长林智清刊登,要求迁居外地族人限期在1920年年底之前报送详细修谱资料。通信处设在宁波永义昶信局转寄林氏谱局。

该广告又刊9月17日至22日《申报》。

附：

《鄞县南乡林氏祠竣修谱广告》："本族世居二十都四图林下畈,向无宗祠。年前始阖族公议建筑,今已告竣。宗谱自始纂迄今已十九余年矣。今议决续修,凡我族人迁居他村、外埠者,务将现居地址、名号、先辈、支派、生卒、配葬、本身妻妾等类详细开明，以便纂辑，俾可设主。事关敬宗睦族，幸勿观望自误。限年内截止，希毋逾期，以免遗漏。特此通告。通信处：宁波永义昶信局转寄林氏谱局收。宗长智清启。"(《申报》1920年9月16日)

《鄞县东南乡三桥镇林氏修谱通告》，《新闻报》1925年9月18日。

按语：该族曾在明末续修宗谱，距此时(1925年)已有三百余年。

该通告由宗长林仕福刊登，内称"自五季时，一世祖衍夫公从济南迁居邑西林邨，至五世祖源公由林邨分居三桥，六世祖林保公，七世祖铭、铨二公，八世祖祖洽公至十二世祖殿公，十三世祖浩、瀚二公，乃浩公子派散居未详"。"五季"指后梁、后唐、后晋、后汉、后周。本次修谱要求瀚公派后裔限期在1925年9月18日至12月15日(阴历八月起、十月底止)期间报送资料。通讯处设在上海东棋盘街协昌兴号林双泉处、宁波又新街大酉山房书庄林朝梁处，办事处设在该族祠堂林琛贵处。

该通告又刊9月20日、22日、24日《新闻报》。

《镇海崇邱黄瓦跟林氏修谱启事》，《新闻报》1929年10月6日。

按语：该族于明朝末年由青屿林隘东林庆(《申报》作东林房)迁来此地。

本次修谱要求镇海县崇邱(今属宁波市北仑区)黄瓦跟林氏族人限期在1929年"古历九月三十以前"报送资料，但查是年阴历并无九月三十日。通信处设在上海法租界大马路老万兴、镇海县恒德钱庄(《申报》作恒隆钱庄)、镇海县小港泉丰号。

该启事又刊10月7日、8日《新闻报》，10月9日、10日、12日《申报》。

《鄞西林家墵重修宗谱通告》,《宁波日报》1946 年 3 月 14 日。

按语:该族曾在民国六年(丁巳年,1917 年)重修宗谱。

该通告由宗长林会章刊登,要求迁居外地族人限期在 1946 年 4 月底之前报送修谱资料,以便刊入谱内。通信处设在鄞西屃蛟弄天德堂转茂林学校。

【范】

《四明范氏宣义房续修宗谱通告》,《申报》1934年10月12日。

按语：该族始祖范梦龄；始迁祖范仲齐，字希肃，由进士授宣义郎，北宋庆历二年(1042年)升为明州(今宁波)通判，遂自苏州迁至此地。曾在明崇祯年间由范同泰纂修宗谱，此后近三百年未有续修。1932年冬，公推信厚房范贤祥(莱笙)纂修宗谱。

该通告由宗长范诚才刊登，系催告迁居外地族人限期在1934年11月底之前将修谱资料邮寄至鄞县西门内青石巷7号范贤祥处，或交鄞县冷静街范氏宗祠转递，以便查核后入谱。

该通告又刊10月12日《民报》。

本次所修即《四明范氏宣义房宗谱》，共四卷，范贤祥纂修册数不详。天一阁藏有民国二十二年(1933年)敦本堂抄本《四明范氏宣义房宗谱》(纪事至民国二十五年，存四册)。

附：

《四明范氏宣义房续修宗谱通告》："本族宗谱自明崇桢(祯)年间纂修后，迄今将近三百年未经续修。关于世系、世录，不免有遗漏无查，殊引为憾事。民国廿一年冬，族人公推信厚房贤祥、字莱笙继续纂修，详加采访、搜罗。经两易寒暑，宗谱告成，所虑远处他乡子姓未及周知，用特登报声明，见报希将本房世系、世录等件汇集抄录。限本年十一月内邮寄宁波鄞县西门内青石巷七号范莱笙先生处，或由冷静街范氏宗祠转递，藉资校

对谱入。事关族中系统,幸勿放弃。此告。宗长诚才白。"(《申报》1934年10月12日)

《镇海俞范范氏修谱启事》,《新闻报》1937年6月19日。

按语:该族始迁祖范仲宏,行肃一。曾在清光绪十六年(庚寅年,1890年)纂修宗谱,即《蛟川范氏宗谱》,共四卷,范恒元、范恒益等修,金笠生、范荣椿、范显烈等纂修。光绪十八年(1892年)积善堂木活字本,三册。天一阁有藏。

该启事由发起人范有春、范恒德、范恒良、范恒裕、范恒成等刊登。本次修谱于1937年6月1日起延聘谱师修谱,要求旅居外地族人限期在11月30日之前报送资料。修谱办事处设在上海南市老白渡横街47号恒记行内、镇海县俞范村范氏宗祠。据《新闻报》1948年5月29日《镇海俞范范氏修谱通告》可知,1937年发起的修谱工作最终并未完成。

该启事又刊6月20日、21日《新闻报》。

《镇海俞范范氏续修宗谱》,《时事公报》1937年7月3日。

按语:该启事由宗长范有春、修谱办事处主任范恒良、副主任范大器刊登,要求旅居外地族人限期在1937年11月30日之前将修谱资料寄至镇海县俞范村范氏宗祠内修谱办事处,以便纂修入谱。

《镇海俞范范氏修谱通告》,《新闻报》1948年5月29日。

按语:该族曾在1937年发起重修宗谱,后因抗战爆发而停止修谱。

该通告由宗长范子协、范有诰等刊登，要求族人限期在1948年6月30日之前报送资料。谱局设在俞范村，通讯处设在镇海县银行，旅沪登记处设在上海二马路大舞台。

该通告又刊5月31日《新闻报》。

【茅】

《宁波茅氏创谱》，《新闻报》1927年3月11日。

按语：此系鄞东张斌桥茅氏创修宗谱启事。该族始祖茅成二（大使）；始迁祖茅德弘，字广，号仁萃，于明代迁至此地。

该启事由宁波江东张斌桥上茅门茅氏谱事筹备处刊登，内称"吾族自成二公以来，向无谱牒。今族中议决筹款造谱，先行采访，由远及近"。本次创修宗谱要求族人限期在1927年5月30日（阴历四月底）之前报送修谱资料，以便汇编入谱。通讯处设在上海带钩桥源泰里元大洋货号。

该启事又刊3月12日至24日《新闻报》，3月11日、12日、14日、16日、17日《申报》。

本次所修即《鄞东茅氏创谱》，卷数不详，吴之才总纂。民国十七年（1928年）敦本堂木活字本，册数不详。天一阁有藏（存一册，系"上宅二房派"房谱）。关于天一阁所藏《鄞东茅氏创谱》系房谱的考证，详见应芳舟《天一阁藏民国〈鄞东茅氏创谱〉考论》（刊天一阁博物馆编：《天一阁文丛》第16辑，浙江古籍出版社2019年9月第一版）。

附：

《宁波茅氏创谱》："吾族自成二公以来向无谱牒，今族中议决筹款造谱，先行采访，由远及近。凡我支裔有侨他乡者，务各开具历代房次、行讳及配娶、子女、生卒、墓地等等细册，限本年夏历四月底内前来投报,以便汇纂入谱,幸勿自误。特此通告。

通讯处:上海带钩桥源泰里元大洋货号。宁波江东张斌桥上茅门茅氏谱事筹备处启。"(《新闻报》1927年3月11日)

《余姚黄山湖茅氏续修宗谱》,《宁波时事公报》1947年3月27日。

按语:该族始迁祖茅宁一,行二千九,自余姚龙泉乡迁至此地。曾在清嘉庆元年(丙辰年,1796年)、光绪六年(庚辰年,1880年)纂修家谱。前修家谱即《余姚黄山湖茅氏家谱》,共十二卷、首一卷、末一卷,茅拔茹(芷沅)等纂修。民国七年(1918年)敬爱堂木活字本,十册。书签题《余姚黄山湖茅氏谱》,书名页题《余姚茅氏家谱》。中国社会科学院历史研究所图书馆、山西省社会科学院家谱资料研究中心、美国犹他家谱学会有藏。

该启事称本次修谱除路近者直接派员调查外,要求迁居外地族人见报后从速将资料挂号邮寄至余姚历山黄山湖茅氏宗祠谱局,以便汇纂入谱,并指出"过夏即须锓版,万勿延误"。

该启事又刊3月28日、29日《宁波时事公报》。

本次所修即《余姚黄山湖茅氏家谱》,共二十卷、首一卷、尾一卷,茅可人等纂修。民国三十七年(1948年)敬爱堂木活字本,共印三十二部,每部十册。余姚市文物保护管理所(藏谱字号为宗字部)、思绥草堂有藏。

【郁】

《宁波东南乡萧皋碶郁氏重修宗谱》，《新闻报》1913年6月19日。

按语：该族始迁祖郁觉施，于明末迁居此地。曾在清雍正十三年（乙卯年，1735年）、道光二十年（庚子年，1840年）、同治十年（辛未年，1871年）纂修宗谱。前修宗谱即《新修萧皋郁氏宗谱》（四修本），共五卷、首一卷、附一卷，柴冕藻纂修，郁世进、郁世絃、郁其达等修。光绪二十一年（1895年）务本堂木活字本，四册。书签、版心题《萧皋郁氏宗谱》。天一阁有藏。

该启事称该族迁居萧皋碶已传十七世，本次修谱定于1913年6月底开始付印，要求族人从速报送资料。通讯处设在上海西天津路水木公所郁庭芳处、宁波灰街天生煤炭行郁渍溧（《申报》作"郁积溧"）处。

该启事又刊6月20日至25日《新闻报》、6月20日《申报》。

本次所修即《鄞东南萧皋郁氏宗谱》，卷数（疑为共四卷、末一卷）、纂修者不详。约民国二年（1913年）务本堂木活字本，册数不详（疑为三册）。版心题《萧皋郁氏宗谱》。天一阁有藏（存二册，即卷三、四，卷末）。

《鄞县南乡姜山石柱头郁家修谱通告》，《新闻报》1933年3月15日。

按语：该族宗谱年久失修。

该通告由鄞南石柱头郁氏修谱处刊登，要求族人限期在1933年6月底之前向鄞南高塘桥郁家郁氏修谱处报送资料。

该通告又刊3月16日《新闻报》。

《浙江鄞县东南乡萧皋碶郁氏务本堂修谱通告》,《新闻报》1946年10月3日。

按语:该族前修宗谱距此时(1946年)已有十七年。

该通告由郁氏务本堂修谱办事处刊登。本次修谱自1946年6月初开始采访,要求旅居外地族人限期在10月底之前报送详细资料。通讯处设在宁波灰街天成米行郁信甫处、上海中正南一路33号环球公司郁永棠处、上海南京西路672号顺泉号郁善廉处。

该通告又刊10月5日《新闻报》、10月7日《申报》。

附:

《浙江鄞县东南乡萧皋碶郁氏务本堂修谱通告》:"查吾族宗谱自上届重修,迄今已十七年,亟须重修,业经各房公议自今年六月初开始着手采访。诚恐旅居外乡族人调查不周,兹特登报公告,请将丁口、婚嫁、生卒、迁葬、勋徽、事迹、传略等项于本年十月底前详细抄寄。幸勿延误。

通讯处:宁波灰街天成米行郁信甫、上海中正南一路33号环球公司郁永棠、南京西路672号顺泉号郁善廉。郁氏务本堂修谱办事处启。"(《新闻报》1946年10月3日)

【金】

《鄞县韩岭镇金氏万松堂续修宗谱启事》，《新闻报》1936年3月25日。

按语：该族始迁祖金益㟭，字汉卿，号寿翁，于元末由舜江（指绍兴）迁至鄞东韩岭，后析分为两大支，即老宅（支祖金华，人称白云先生）、新宅（支祖金忠，谥号忠襄），分别建有宗祠，均名万松堂。曾在明弘治十七年（甲子年，1504年）、清康熙二十三年（甲子年，1684年）、道光十二年（壬辰年，1832年）、同治七年（戊辰年，1868年）、光绪二十年（甲午年，1894年）、民国四年（乙卯年，1915年）纂修宗谱。需指出的是，至少光绪二十年版、民国四年版宗谱系老宅、新宅各自分别纂修，故实为支谱。天一阁藏有民国四年万松堂木活字本《鄞东韩岭金氏宗谱》，目录题《鄞东金氏宗谱》，金学泗纂修，存一册（即卷上，实系卷首。据目录可知，《鄞东韩岭金氏宗谱》共四卷、卷上一卷），实为老宅支谱。另，天一阁还藏有同治七年万松堂木活字本《鄞东金氏宗谱》（存一册，即卷一、二）。1936年2月，该族议决续修宗谱。

该启事由宗长金学宜（即学仪）刊登，要求族人限期在1936年6月之前向谱局报送修谱资料。谱局设在鄞县韩岭万松堂金氏祠堂。

该启事又刊3月26日、27日《新闻报》。

本次所修即《鄞东韩岭金氏宗谱》，系老宅、新宅联合纂修，共十二卷、首一卷、末一卷，宗长金学仪、房长金仁学、金圣学等修，金宏伸（士俊）总纂，金宏汝（时慕）编辑。民国二十五年（1936年）万松堂木活字本，共印十一部，每部十二册。天一阁有藏。

《鄞东宝桥金氏谱局启事》,《宁波日报》1947年11月30日。

按语：此系鄞东宝桥金氏谱局所刊启事,回复化名"肃清"者认为某房子孙系非亲出的举报,内称"希于见报后一星期内将详细情形并具真实姓名函知本谱局,或前来面洽,以便派员澈(彻)查,而正血统"。

【周】

《余姚周氏修谱》,《新闻报》1896年3月9日。

按语:该族始迁祖周操,字所自,于南宋建炎年间迁至此地。

该启事由余姚雍睦堂刊登,内称"濂溪公四世孙所自公迁姚,卜居周巷,支分八房"。本次续修宗谱于清光绪二十二年(1896年)启动,要求迁居外地族人从速将修谱资料寄至谱局。通讯处设在周巷老锦丰布庄、上海经正书院周航笙处。

该启事又刊3月11日、13日、15日、17日、19日、21日、23日、25日、27日、29日、31日,4月2日、4日、6日《新闻报》;3月31日、4月2日《申报》。

附:

《余姚周氏修谱》:"濂溪公四世孙所自公迁姚,卜居周巷,支分八房。今岁续修宗谱,凡子姓有系出所自公后者,为迁徙远处,祈即注明住趾(址)及先人生卒、墓所、氏配、男女函寄谱局。此启。一、寄周巷老锦丰布庄;一、寄上洋经正书院周航笙。余姚雍睦堂告白。"(《新闻报》1896年3月9日)

《浙绍余姚水阁周氏续修宗谱》,《申报》1909年5月21日。

按语:该族迁姚始祖周桢,字季友;水阁支祖周遇,字伯雨。曾在清道光末年、光绪八年(壬午年,1882年)纂修宗谱。

该启事由余姚开元水阁周氏谱局刊登,内称"自宋周濂溪公次子、讳寿公之第四子季友公、讳桢为我周氏迁姚始祖,其曾孙讳遇、字伯雨公奠居邑之开元乡水阁里,厥后本支繁衍,分十五房,历今三十余世"。本次修谱要求族人限期在宣统二年(1910年)暮春前将详细资料寄余姚水阁周万丰号南货店转周氏谱局。

该启事又刊5月22日至27日《申报》、5月21日至27日《新闻报》。

附:

《浙绍余姚水阁周氏续修宗谱》:"自宋周濂溪公次子、讳寿公之第四子季友公、讳桢为我周氏迁姚始祖,其曾孙讳遇、字伯雨公奠居邑之开元乡水阁里,厥后本支繁衍,分十五房,历今三十余世。间多远徙外省郡邑者,涣散难稽。幸在光绪八年重修宗谱,既慎且详,但迄今三十载,其间递多生卒,各将年、月、日、时并行名、字号、士、农、工、商等业、配妻某氏或娶妾某氏及住址、墓处,其子女长幼、存亡、系妻或妾所出,如有祖父封典、本身职衔,抑有出继、兼祧或子随母转适他姓,或为他姓螟蛉并妇女所归、所字之姓或有节孝、旌奖,凡此大略,谱中应各详载。即当年已列谱而未全者,亦当补增,务须逐一开明,以便核查纂入。限定来年庚戌暮春截止,望各赶先至局报明。切毋延误。寄函至姚邑水阁周万丰号南货店转致本局可也。除选公正谱练本宗人遍出采访外,犹恐未必周到,特此即登报端布告。余姚开元水阁周氏谱局谨启。"(《申报》1909年5月21日)

《浙江余姚西门外澜水田周氏承恩堂修谱》,《申报》1920年3月24日。

按语：该族始迁祖周季仲，行廿五。

本次修谱于1920年开始采访，定于1921年2月或3月付印，要求族人将资料寄至设在宗祠内的谱局。通信处设在余姚马渚镇恒昌水果店转谱局。

该启事又刊3月25日至4月2日《申报》。

附：

《浙江余姚西门外澜水田周氏承恩堂修谱》："我族自宋季濂溪公后裔廿五公迁余姚之澜水田以来，支派徒实繁，转各地亦复不少。兹议续修宗谱，今年采访、明年二三月开印。凡宜入谱者，务祈男女名号、生卒年月日时及住址、功名、事迹开寄宗词（祠）谱局。幸勿延误。通信处：余姚马渚镇恒昌水果店递交。"（《申报》1920年3月24日）

《余姚东蒲周氏续修宗谱通告》，《新闻报》1920年3月27日。

按语：该族始迁祖周福四。曾在清咸丰七年（丁巳年，1857年）修谱即《余姚东蒲周氏宗谱》，务本堂木活字本。卷数、纂修者、册数不详。版心题《东蒲周氏宗谱》。上海图书馆有藏（存三册，即卷二、六、十三）。

该通告由务本堂谱局事务所刊登，内称"周氏世居浙江绍兴余姚县东蒲洲，始祖福四公，二世祖简三公，生廉四、廉六、廉七公"。本次续修宗谱要求迁居南京、北京、扬州、淮安、常州等地族人见报后务必从速报送详细资料，以便编纂入谱。通信处设在余姚廊厦镇汇源典铺周幹臣处。

该通告又刊3月28日至31日《新闻报》。

本次所修即《余姚东蒲周氏续谱》，共三十八卷，周永智等纂修。民国十年(1921年)务本堂木活字本，册数不详。上海图书馆(存二册，即卷五、六、三十、三十一)、国家图书馆(存卷二十至三十八)有藏。

《慈谿周氏显宗祠修谱》，《新闻报》1923年4月2日。

按语：该族始祖周珹；始迁祖周完孙，行端三，于元至元年间自鄞县月湖迁居慈谿县。曾在明成化年间、弘治十二年(己未年，1499年)、嘉靖二十三年(甲辰年，1544年)、天启七年(丁卯年，1627年)，清雍正九年(辛亥年，1731年)、乾隆二十七年(壬午年，1762年)、乾隆四十九年(甲辰年，1784年)、道光十七年(丁酉年，1837年)纂修宗谱。

该启事由宗长周敬生、房长周仰山等刊登，内称"吾族谱牒燬于辛壬兵燹，六十余年未曾纂辑"。本次修谱要求族人将详细资料寄至慈谿县城内唐家堰桥联壁第内周氏谱局，或送上海法租界蒲石路22号周仰山转寄周氏谱局。

宁绍轮船公司监察人、宁波永耀电气公司总经理、四明商业储蓄银行董事周仰山出自该族。

该启事又刊4月3日至8日《新闻报》。

本次所修即《慈谿周氏显宗祠族谱》，共二十一卷、首一卷、末一卷，周毓邠(苇渔)纂修。民国十五年(1926年)世德堂木活字本，二十册。浙江图书馆有藏(存一册，即卷首)。

附：

《慈谿周氏显宗祠修谱》："吾族谱牒燬于辛壬兵燹，六十余年未曾纂辑。今年公议开局从事，凡属同宗务将世系、配氏、职衔、子孙、生卒、葬地、事实等详细开明邮寄慈谿城中唐家堰桥联璧第内周氏谱局，或送上海法界蒲石路二十二号周仰山转寄亦可。宗长周敬生暨各房长仰山等同启。"（《新闻报》1923年4月2日）

《余姚水阁周氏修谱》，《新闻报》1925年1月30日。

按语：该启事由余姚四门乡水阁周氏谱局刊登，落款时间为"民国十三年甲子冬日"，称本次修谱于1924年初秋在大本堂宗祠内开设谱局，定于1925年完成纂修工作，要求迁居外地族人从速向谱局报送资料。

该启事又刊1月31日、2月1日、3日至5日《新闻报》。

本次所修即《余姚开元周氏宗谱》，共二十四卷、首一卷，周锡贵主修，周缉熙等纂修。民国十五年（1926年）大本堂木活字本，二十四册。卷端题《开元周氏宗谱》，版心题《周氏宗谱》。浙江图书馆、中国社会科学院历史研究所图书馆、南开大学图书馆、上海图书馆（存十册，即卷十二、十三、十六中、十七、十八下、十九下、二十、二十一下、二十三、二十四）等有藏。

《余姚乐安湖闸下周氏修谱广告》，《申报》1930年5月13日。

按语：该族曾在明万历初年、清乾隆四十五年（庚子年，1780年）纂修宗谱。

本次修谱要求克慎公下仁房、义房、礼房、智房、信房，克和公下松房、竹房、梅房，万八公下庙前支等族人限期在1930年7月底之前将详细资料寄至谱局，以便编入宗谱。谱局设在周氏宗祠内，通信处设在上海民国路福余盛柏油号、余姚南城吉元庄、余姚马渚恒和油烛号。

该广告又刊5月14日至16日《申报》、5月17日《新闻报》。

本次所修即《余姚乐安周氏宗谱》，共十卷，周福来、周志龙等纂修。民国十九年(1930年)景濂堂木活字本,十册。书衣题《乐安周氏宗谱》。上海图书馆、河北大学图书馆、山西省社会科学院家谱资料研究中心、美国犹他家谱学会有藏。

附:

《余姚乐安湖闸下周氏修谱广告》:"吾族宗谱自前清乾隆庚子续修,迄今年湮代远,未免散失,为此集议重修。自克慎公下仁、义、礼、智、信五房,克和公下松、竹、梅三房及万八公下庙前支等子孙有移居异乡者,将住址、讳号、职衔、生娶、子女、葬所详细开载世系,从速寄局,以便编入,仰弗自悮。局设本宗祠内,期限七月终止。通信处:上海民国路福余盛柏油号、余姚南城吉元庄、马渚恒和油烛号。"(《申报》1930年5月13日)

《宁波鄞西新庄周氏修谱通告》,《新闻报》1931年4月1日。

按语:该族曾在清光绪三十二年(丙午年,1906年)纂修宗谱。

该通告由宗长周振兰刊登,要求迁居外地族人限期在1931年5月15日之前向通讯处报送详细修谱资料。通讯处设在上海南京路大中华电器公司周廉清处、宁波东门方紫金银楼周源通处。

该通告又刊4月3日、5日《新闻报》。

附:

《宁波鄞西新庄周氏修谱通告》:"吾族宗谱自前清光绪丙午年告辑,越今二十有六年,亟宜重加修纂,藉资稽考。凡我子姓徙居异地或省外者,务将世系、行次、名号、生卒、年岁、葬配、住址、台衔、子女、婚嫁等项详细开具,送达下列各处。如有寿序、传赞、墓志、行状等,亦希抄示,以国历五月十五日为限。幸勿延误。特此通告。宗长振兰启。通讯处:上海南京路大中华电器公司周廉清君、宁波东门方紫金银楼周源通君。"(《新闻报》1931年4月1日)

《宁波鄞西新庄周氏修谱广告》,《申报》1931年4月2日。

按语:该广告由宗长周振兰刊登,内容同《新闻报》1931年4月1日《宁波鄞西新庄周氏修谱通告》。

该广告又刊4月4日、6日《申报》。

《鄞西雅渡桥周氏重修宗谱通告》,《时事公报》1936年7月22日。

按语:该族曾在清光绪十二年(1886年)纂修《雅渡桥周氏宗谱》。另,前修宗谱即《雅渡桥周氏六修宗谱》,共六卷、首一卷、末一卷,水仁良纂修。民国三年(1914年)燕翼堂木活字本,六册。国家图书馆有藏。

该通告由宗长周尔彤刊登。本次修谱设有谱局,自1936年7月18日(阴历六月初一日)开始办公、从事采访,要求族人限期在11月13日(阴历九月底)之前报送资料,以便编纂入谱。通讯处设在宁波宫前大丰布庄周桂庭处、宁波江北岸时事公报社周显章处。

该通告又刊7月23日至29日,8月9日、10日《时事公报》。

《宁波石碶雅渡桥周氏修谱通告》,《新闻报》1936年8月12日。

按语:"宁波石碶雅渡桥周氏"即鄞西雅渡桥周氏。

该通告由宗长(周尔彤)、房长和干首刊登,称自1936年7月18日(阴历六月初一日)开始采访,要求族人限期在两个月内报送修谱资料。通讯处设在宁波时事公报社周显章处。

该通告又刊8月13日、14日《新闻报》。

《鄞南周家埭重修宗谱》，《新闻报》1946年4月5日。

按语：此系鄞南周家埭周氏重修宗谱启事。该族始祖周辅幾，字师道；始迁祖周郯，字大官，号逸传，于宋淳祐年间由鄞县大梁街学士桥迁至此地。曾在明万历六年（戊寅年，1578年），清嘉庆二年（丁巳年，1797年）、道光二十九年（己酉年，1849年），民国二年（癸丑年，1913年）纂修宗谱。

该启事由周氏报本堂修谱办事处刊登。本次修谱于1946年正月议决重修，要求族人从速报送资料。

该启事又刊4月6日、8日《新闻报》。

本次所修即《鄞南周氏家谱》，共十三卷、首一卷、末一卷，周科琨总纂，蔡良初（玉祺）鉴定。民国三十五年（1946年）报本堂木活字本，册数不详。书签题《鄞南周氏家乘》，书名页题《鄞南周家埭家谱》，卷一、卷二卷端题《鄞南周氏支谱》。上海图书馆有藏（存一册，即卷首，卷一至八、十，卷末）。

《镇海（河里周）周氏宗祠重修宗谱》，《宁波时事公报》1946年5月16日。

按语：该启事由发起人周品山刊登，仅有标题，无正文内容。

该启事又刊5月17日《宁波时事公报》。

《镇海（河里周）周氏宗祠重修宗谱》，《新闻报》1946年5月31日。

按语：该启事由发起人周大龙、周宝兴、周品山刊登，仅有标题，无正文内容。

《镇海老河里周修谱结束启事》,《宁波时事公报》1946年10月29日。

按语:该族自1946年3月18日(阴历二月十五日)开始发起修谱、派员采访。

该启事由宗长周大龙、发起人周宝兴、周品山、周大序刊登,系催告散处各地族人从速补报修谱资料,以便付印;另,通知在外族人参加定于1946年冬至日(阴历十一月二十九日)举行的祭祖贺谱典礼,并设有招待所、备有膳宿。修谱接洽处设在镇海县金塘道头4号周恭房。

该启事又刊10月30日《宁波时事公报》。

《浙江鄞县上周墺周氏重修宗谱启事》,《宁波日报》1946年11月25日。

按语:该族前修宗谱距此时(1946年)已有二十八年。

该启事由"鄞县周氏宗干事"刊登。本次修谱自1946年11月1日开始采访,要求族人限期在12月底之前将资料抄寄鄞县东乡塘头街邮局转周宁民、周斌庆汇纂。

该启事又刊11月26日、29日《宁波日报》。

《宁波东乡上画龙庙周家衖周氏修谱通告》,《新闻报》1946年12月10日。

按语:该族前修宗谱距此时(1946年)已有三十年。

该通告由宗长周均海刊登,称本次修谱自1946年12月10日开始采访、纂修,要求迁居外地族人限期在 1947 年 1 月 20 日之前报送资料。通讯处设在上海凤阳路 124 弄大孚金笔厂周淇明处、宁波灵桥西塃成泰隆油行周志和处。

该通告又刊 12 月 11 日《申报》。

《奉化溪口周氏孝思堂纂谱通告》,《宁波时事公报》1947 年 2 月 13 日。

按语:该族曾在民国五年(丙辰年,1916 年)重修宗谱。

该通告由族长周能瑞、周绅矜、周运望、首事周后祥刊登。本次修谱定于 1947 年 2 月底开始采访,要求移居各地族人限期在清明节之前报送资料。办事处设在宁波蔡家巷 3 号周志刚诊疗所。

该通告又刊 2 月 14 日、15 日《宁波时事公报》。

《鄞南周韩周氏惇叙堂修谱通告》,《宁波时事公报》1947 年 4 月 25 日。

按语:该族宗谱年久失修。

该通告由惇叙堂修谱办事处宗长刊登,称即日起开始采访,要求族人限期在 1947 年 8 月 15 日(阴历六月底)之前将修谱资料挂号邮寄至鄞南姜山周韩村,以便入谱、付印。

该通告又刊 4 月 26 日、28 日、30 日,5 月 3 日《宁波时事公报》。

《镇海海和乡(即东管乡)新周周氏彝叙堂暨东门浦隆德堂宗祠修谱通告》,《新闻报》1947 年 5 月 2 日。

按语:该族曾在清光绪二十一年(乙未年,1895 年)重修宗谱。

该通告由周氏彝叙堂宗祠谱局刊登。本次修谱自1947年5月1日开始采访，要求旅居外地族人限期在9月底之前报送资料。上海接洽处设在十六铺平湖街35号协丰行（电话号码86849），宁波接洽处设在濠河头灵桥路129号同春南货号（电话号码2730），镇海接洽处设在西门内顺康当，均备有供族人领取的世系表。

该通告又刊5月4日、7日《新闻报》、5月28日至30日《宁波时事公报》，但《宁波时事公报》无上海接洽处联系方式。

《鄞县东钱湖周家兼湖塘下周家修谱通告》，《新闻报》1947年5月31日。

按语：该族前次重修宗谱距此时（1947年）已有三十年。

该通告由宗长周仍富刊登，要求散居各地族人限期在1947年6月底之前报送详细修谱资料。通讯处设在上海中正东路河南路西首春耕里32号裕记兴行"周君"处、上海福建南路金陵路口吉安里17号周亿源处。

该通告又刊6月15日《新闻报》。

《鄞南周韩周氏惇叙堂修谱通告》，《新闻报》1947年6月4日。

按语：该通告由惇叙堂修谱办事处宗长刊登，要求族人限期在1947年7月17日（阴历五月底）之前向各房采访员报送资料，以便汇纂付印。

该通告又刊6月16日、17日、19日、22日《新闻报》。

《宁波鄞江桥周氏承志堂修谱通告》，《新闻报》1947年6月13日。

按语：该族前修宗谱距此时（1947年）已有三十余年。

本次修谱谱局设在宗祠内，要求散居各地族人限期在 1947 年 8 月底之前报送资料，以便汇编入谱。通讯处设在宁波鄞江桥周氏宗祠、上海新化路 332 号福庆机器厂周必康处。

该通告又刊 6 月 15 日《新闻报》。

《宁波章村岩下梅岙本族修谱通告》，《宁波日报》1947 年 9 月 27 日。

按语：此系宁波章村岩下梅岙周氏修谱通告。该族曾在民国十年(辛酉年，1921 年)修谱。

该通告由思亲堂、忠孝堂修谱办事处刊登，要求移居各地族人限期在 1947 年阴历九月内报送修谱资料，以便编印入谱。通讯处设在宁波小沙泥街 39 号周仲甫处。

该通告又刊 10 月 2 日《宁波日报》。

《鄞东碶桥周氏宗祠修谱通告》，《新闻报》1948 年 3 月 26 日。

按语：该通告由"宜晚堂周"刊登，称本次重修宗谱自即日开始，由各分房长调查、汇编。通讯处设在上海宁海东路 137 号、宁波东大街(今中山东路)周珍泰纸号。

该通告又刊 3 月 28 日、29 日《新闻报》。

《鄞东双桥、碶桥、李家汇周氏宗祠重修宗谱通告》，《宁波日报》1948 年 4 月 28 日。

按语：该族前修宗谱距此时(1948 年)已有三十余年。

本次修谱要求旅居外地族人限期在 1948 年 8 月 4 日(阴历六月底)之前报送资料。通讯处设在宁波中山东路 250 号周珍泰纸号。

该通告又刊 4 月 30 日，5 月 1 日、3 日至 5 日《宁波日报》。

《余姚大庙周周充安堂创谱通告》,《南雷日报》1948 年 8 月 29 日。

按语:该族世居余姚北乡大庙周村。

该通告称经宗族会议议决创修宗谱、开始采访,要求旅居外地族人即日报送详细修谱资料,以便汇纂入谱。通讯处设在上海四川路 485 号志成烟行、余姚朗霞镇介眉堂。

【郑】

《余姚郑氏修谱》,《申报》1911年3月20日。

按语：此系姚江烛溪郑氏修谱启事。该族始迁祖郑炳,字烈甫,行伯一,于南宋建炎初年由遂安县迁至此地。前次修谱在清道光十九年(己亥年,1839年)。

该启事称"我郑氏自伯一公南渡以来,世居姚邑北门外,离城十八里,今名其地曰郑巷"。本次重修宗谱定于清宣统三年(1911年)十月付印,故催告族人从速向余姚郑巷镇郑协和号报送修谱资料,以便核对后刊入宗谱。

该启事又刊3月21日至29日、4月1日、2日、4日至8日《申报》。

本次所修即《姚江烛溪郑氏家谱》,共三十卷、首一卷,郑家标等纂修。宣统三年(1911年)锡类堂木活字本,十四册。书名页题《郑氏家谱》,版心题《姚江郑氏家谱》。上海图书馆、四川省图书馆等有藏。

附：

《余姚郑氏修谱》："我郑氏自伯一公南渡以来,世居姚邑北门外,离城十八里,今名其地曰郑巷。族大人繁,素有宗谱。自去年建议重修,早经广告四方,限辛亥年十月排印。现今限期已近,而远人莫应,为此再行登报,凡我同宗各将世系、名讳、生卒、配葬、行状、住址一切开明,函寄余姚郑巷镇郑协和号,以便校对入谱。切勿延悞。郑氏公启。"(《申报》1911年3月20日)

《宁波慈谿半浦东族郑氏修谱广告》,《申报》1921年6月8日。

按语：该族历史上多次编修家谱,前次续修宗谱即《慈谿郑氏宗谱》,共七卷,郑佐卿等纂修。清光绪十八年(1892年)佑启堂木活字本,七册。书名页题《郑氏宗谱》。国家图书馆、吉林大学图书馆有藏。

该广告由郑佑启堂刊登,内称"我族自宋枢密性之公由闽迁慈,居半浦之东"。本次修谱要求族人限期在1921年9月1日(阴历七月底)之前报送资料。通信处设在上海四明银行郑金绥处、上海银行郑鑫水处、杭州胡庆余药铺郑粹甫处。

该广告又刊6月9日、10日、12日、15日、17日、20日、22日、25日、27日、29日、7月1日、3日、6日、8日、10日、13日、15日《申报》。

本次所修即《慈谿灌东郑氏宗谱》,共十卷、首一卷,郑显孚等纂修。民国十年(1921年)佑启堂木活字本,七册。书名页题《郑氏宗谱》。国家图书馆有藏。

《樟村郑家宏宣堂(即下祠堂)修谱通告》,《宁波时事公报》1946年11月22日。

按语：此系鄞县樟村郑家宏宣堂即下祠堂修谱通告。该族前修宗谱即《章溪郑氏宗谱》,共六卷,闻达(星甫)纂修,郑昌山(仕三)、郑道芹(闻安)、郑道镔等修。民国二年(1913年)宏宣堂木活字本,册数不详(疑为三册)。版心题《郑氏宗谱》。天一阁有藏(存二册,即卷一至四)。

该通告由郑氏宏宣堂宗房干刊登,要求迁居外地族人限期在1946年12月22日(阴历十一月底)之前将修谱资料邮寄至鄞县樟村郑家郑志维处,以便汇纂入谱。

中国科学院院士、中国工程院院士、美国国家工程科学院外籍院士、2012年度国家最高科学技术奖获得者郑哲敏出自该族。

该通告又刊11月23日至25日、27日至30日《宁波时事公报》。

本次所修即《章溪郑氏宗谱》，共八卷，周权（达泉）纂修，郑道沂（才升）、郑宏壕（性芳）等修。民国三十六年（1947年）宏宣堂木活字本，三册。书签题《郑氏宗谱》，目录题《章溪郑氏宏宣堂续修宗谱》。上海图书馆有藏。

《鄞南和益乡茑藘西郑通德堂谨择闰二月初一日修谱通告》，《宁波时事公报》1947年2月20日。

按语：该族曾在清宣统二年（庚戌年，1910年）纂修宗谱。

该通告由郑氏通德堂修谱办事处刊登。本次修谱自1946年10月开始采访，要求旅居外地族人限期在1947年3月2日（二月初十日）之前报送资料。通讯处设在上海南京路大陆商场对面美兴钟表行郑栋豪处、宁波天后宫前洪茂染坊。

该通告又刊2月21日《宁波时事公报》。

《鄞南茑藘西郑续修宗谱通告》，《新闻报》1947年2月23日。

按语：该通告由西郑宗谱修纂委员会刊登，要求族人限期在1947年2月底之前报送修谱资料。通讯处设在鄞南西郑宗祠、宁波天后宫前洪茂染坊、上海南京路美兴钟表行。

《鄞东下车桥郑氏宗祠修谱通告》，《宁波时事公报》1947年3月7日。

按语：该族曾在民国十四年（乙丑年，1925年）重修宗谱。

本次修谱要求散居各地族人限期在1947年4月底之前报送详细资料。谱局设在鄞东下车桥郑氏宗祠,通讯收件处设在宁波江左街义泰昌五金行郑翰镛处、上海四川路625号通孚拍卖行郑德致、郑荣宝处。

该通告又刊3月8日、9日、11日、13日、15日、17日《宁波时事公报》,3月16日、17日《新闻报》,3月18日《申报》。

附:

《鄞东下车桥郑氏宗祠修谱通告》:"吾族宗谱自民国十四年重修后,迄今又将二十二载,子孙繁衍,亟待续修。兹经各房决议,自即日起设立谱局开始采访。凡我族人散居各处者,请向本祠谱局或通讯处将丁口、婚嫁、生卒、承继、配葬、传志、文献等详细事实填明来局,俾便汇编,并限于国历四月底前截止。望勿延误,特此通告。通讯收件处:宁波江左街义泰昌五金行郑翰镛先生、上海四川路六二五号通孚拍卖行郑德致、郑荣宝先生接洽,谱局:鄞东下车桥本宗祠。"(《宁波时事公报》1947年3月7日)

《鄞县东乡殷家湾郑氏宗祠修谱通告》,《新闻报》1947年4月22日。

按语:该族始祖郑玫;始迁祖郑以玖,行永一。曾在民国二十六年(丁丑年,1937年)纂修宗谱,即四修本。

该通告由鄞县殷家湾郑氏宗祠谱局刊登。本次修谱定于1947年5月设立谱局,要求散居各地族人限期在8月底之前报送资料。驻沪办事处设在白克路同春坊7号培成电业厂,备有世系表可供族人领取,时间为每日下午三时至六时。

该通告又刊4月24日,5月4日、19日,6月1日,7月26日《新闻报》。

《鄞县东乡殷家湾郑氏宗祠修谱通告》,《宁波时事公报》1947年5月4日。

按语:该通告由鄞东殷家湾郑氏宗祠谱局刊登,内容同《新闻报》1947年4月22日《鄞县东乡殷家湾郑氏宗祠修谱通告》,但称本次修谱于3月份设立谱局开始采访,要求散居各地族人限期在5月底之前报送资料。

该通告又刊5月5日至10日《宁波时事公报》。

《鄞西章村郑氏光裕堂即上祠堂修谱通告》,《宁波时事公报》1947年7月29日。

按语:该族曾在民国五年(丙辰年,1916年)纂修宗谱。

该通告由郑氏光裕堂房干刊登,称本次修谱定于1947年8月1日起开始采访,要求光裕堂支派族人限期在11月底之前报送资料,以便刊入宗谱。通讯处设在鄞西章村郑家光裕堂、宁波开明街永耀电力公司郑傅豫处、上海吴淞中学郑逸欣处。

该通告又刊7月31日,8月4日、6日《宁波时事公报》;7月29日、31日,8月4日、6日《宁波日报》。

《鄞县东钱湖殷家湾庆袭槐堂郑氏谱局限期截止通告》,《宁波时事公报》1947年8月9日。

按语:该族于1947年阴历三月初开始修建祠堂、纂修谱牒。

该通告由殷家湾郑氏谱局刊登,称谱牒即将付印,要求迁居外地族人限期在 1947 年 8 月 30 日(阴历七月十五日)之前向谱局补报修谱资料。

该通告又刊 8 月 10 日至 14 日《宁波时事公报》。

《宁波章村郑氏光裕堂(即上祠堂)修谱通告》,《申报》1947 年 8 月 17 日。

按语:该通告由郑氏光裕堂房干刊登,内容同《宁波时事公报》1947 年 7 月 29 日《鄞西章村郑氏光裕堂即上祠堂修谱通告》。

《鄞县东钱湖殷家湾庆袭槐堂郑氏谱局限期截止通告》,《新闻报》1947 年 8 月 24 日。

按语:该通告由殷家湾郑氏谱局刊登,内容同《宁波时事公报》1947 年 8 月 9 日《鄞县东钱湖殷家湾庆袭槐堂郑氏谱局限期截止通告》,并公布两处通讯处名单,即上海白克路 228 弄 7 号培成电业厂、宁波东钱湖殷家湾郑氏谱局。

《镇海旧前绪区郑氏通德堂续修宗谱通告》,《新闻报》1948 年 5 月 24 日。

按语:该族曾在民国九年(庚申年,1920 年)续修宗谱。

该通告称本次重修宗谱经族人公同议决即日开始采访,要求族人向通讯处报送详细资料,以便汇纂入谱。通讯处设在宁波镇海县十七房兴房、宁波江厦街通源钱庄转、上海中山东二路 196 号茂昌公司转。

该通告又刊 5 月 26 日、28 日《新闻报》,5 月 24 日上海《大公报》,6 月 20 日《宁波时事公报》。

《镇海澥浦十七房郑氏通德堂续修宗谱通告》,《武汉日报》1948年7月13日。

  按语：该通告称本次重修宗谱经族人公同议决即日开始采访，要求族人限期在1948年8月底之前将详细修谱资料寄至通讯处，以便汇纂入谱。通讯处设在宁波镇北十七房兴房、宁波江厦街通源钱庄、上海江西南路9弄5号同丰花号、汉口大蔡家巷49号源泰蛋行。

《余姚烛溪郑氏续修宗谱通告》,《新闻报》1948年6月3日。

  按语：该族前修家谱即清宣统三年(1911年)版《姚江烛溪郑氏家谱》。

  该通告由锡类堂修谱事务所刊登，系告知族人将修谱资料寄至余姚郑巷郑氏祠堂。本次修谱驻沪通讯处设在山西南路181号益中福记沪行。

  本次所修即《姚江烛溪郑氏宗谱》，共三十三卷、首一卷，郑宝瑞等纂修。民国三十七年(1948年)锡类堂木活字本，十六册。书名页题《郑氏家谱》，版心题《姚江郑氏家谱》。河北大学图书馆等有藏。

《镇海县旧前绪区郑氏修谱采访截止通告》,《新闻报》1949年3月10日。

  按语：该通告要求族人限期在1949年3月底之前报送修谱资料。修谱办事处设在宁波镇海县十七房，通讯处设在宁波江厦街通源钱庄、上海中山东二路196号茂昌公司。

《宁波东钱湖镇殷家湾文化研究会暨郑氏修谱理事会第一号公告》，宁波东钱湖镇殷家湾文化研究会暨郑氏续修宗谱理事会2013年1

月1日发布(郑学芳先生提供)。

按语：该族前修宗谱即《荥阳郑氏宗谱殷湾一支》，卷数、纂修者不详。民国三十六年(1947年)庆袭槐堂木活字本，册数不详(据该族人陈文信称共十二册)。版心题《郑氏宗谱》。陈文信有藏(存七册)。

该公告由宁波东钱湖镇殷家湾文化研究会暨郑氏续修宗谱理事会发布，共分七条，称即日起开始续修宗谱，要求郑氏族人限期在2013年6月30日之前向修谱理事会办公室报送《入谱登记表》，并呼吁为修谱出钱出力。另，还公布入谱收费标准、捐款鼓励和褒扬政策，并就财务制度、修谱质量等作出承诺。

宁波帮人物郑世彬(宜亭)、郑崇兰及郑学溥(玉浦)出自该族。

本次所修即二〇一三年版《殷湾郑氏宗谱》，共二十五册，线装，郑氏修谱理事会全体理事总编，陈剑平执行编辑。2015年9月2日，东钱湖镇殷湾郑氏修谱理事会向天一阁捐赠该宗谱。另，宁波图书馆、宁波市鄞州区(大学园区)图书馆亦有收藏。

《宁波东钱湖镇殷家湾文化研究会启事》，《宁波晚报》2013年1月1日。

按语：该启事称宁波东钱湖殷家湾郑氏即日开始修谱，要求族人限期在2013年6月30日之前至莫枝西村郑氏宗祠办理入谱登记，指出"也可查阅网站，网上登记"，并公布有网址、联系人及电话号码。

《宁波殷家湾籍郑氏宗亲启事》，《新民晚报》2013年1月11日。

按语：该启事称宁波东钱湖殷家湾郑氏自2013年1月1日起进

行入谱登记,要求殷家湾籍郑氏族人相互转告,并公布有网址、联系人及电话号码。

《宁波东钱湖镇殷家湾文化研究会暨郑氏修谱理事会第二次扩大会议全体宗亲倡议书》,宁波东钱湖镇殷家湾文化研究会暨郑氏修谱理事会第二次扩大会议全体宗亲2013年1月20日发布(郑学芳先生提供)。

  按语:此系宁波东钱湖镇殷家湾文化研究会暨郑氏修谱理事会第二次扩大会议全体宗亲向海内外殷家湾郑氏族人发布倡议书,要求族人限期在2013年6月底之前填写《入谱登记表》和《人物登记表》,并继续广泛征集旧谱等有价值的郑氏资料,呼吁族人对修谱予以资金支持,指出修谱"资金的来源主要靠郑氏企业主和广大宗亲的捐献,凡捐款者都将芳名列入家谱史册,流芳百世""改入谱费为捐款费,根据各自的经济能力而定"。

《东钱湖镇殷家湾郑氏入谱登记》,《宁波晚报》2013年4月23日。

  按语:该启事公布入谱登记截止日期为2013年6月30日、地址设在殷家湾西村郑氏宗祠及网址、电话号码。

《寻找象山殷家湾郑氏宗亲》,《今日象山》2013年6月25日。

  按语:该启事由宁波东钱湖殷家湾郑氏修谱理事会刊登,系寻找迁居象山县的郑经莲、郑经法(根深)、郑经甫(定甫)、郑经贵(主世)、郑经良(云庆)等殷家湾郑氏族人,以便修谱,并公布有网址、联系人及电话号码。

《**宁波东钱湖镇殷家湾郑氏园谱进主庆典筹备通知**》,宁波东钱湖镇殷家湾郑氏修谱理事会 2014 年 7 月 8 日发布(郑学芳先生提供)。

  按语:"园谱"应为圆谱。

  该通知由宁波东钱湖镇殷家湾郑氏修谱理事会发布,系邀请族人参加定于 2014 年 10 月 18 日(周六)在殷家湾郑氏宗祠举行的圆谱进主庆典,议程为"上午 8:28 庆典大会开始,然后祭祖,中餐,下午祠堂外做戏,一部分宗亲在宾馆参加殷家湾郑氏文化和古村开发保护论坛,星期日组织外地宗亲自费东钱湖一日游,每位 200 元(含中餐、门票、车费),结束后送宁波南站",并要求外地族人限期在 7 月底之前将参加庆典的回执单用挂号信寄至殷湾郑氏续修宗谱理事会会长郑学芳处。

《**关于召开宁波东钱湖镇殷家湾首届郑氏文化节暨殷家湾郑氏圆谱进主庆典大会的报告**》,宁波东钱湖镇殷家湾文化研究会暨殷家湾郑氏修谱理事会 2014 年 9 月 23 日报告(郑学芳先生提供)。

  按语:此系宁波东钱湖镇殷家湾文化研究会暨殷家湾郑氏修谱理事会向东钱湖镇人民政府报告续修宗谱工作情况,称修谱工作已基本完成,计划于 2014 年 10 月 18 日在殷家湾郑氏宗祠举行圆谱庆典,参加人数一千余人,为此邀请镇领导出席圆谱庆典并致辞、请求镇政府召开圆谱庆典安保协调会议、建议镇政府组织召集由郑氏族人、专家、学者参加的"如何开发保护殷家湾古村座谈会"。

【罗】

《民国八年夏历正月日慈谿罗氏修谱广告》，民国《慈谿罗氏宗谱》卷首下。

按语：该族始迁祖罗甫，字令则，行八。曾在清乾隆五十六年（1791年）修谱，即《慈谿罗氏家谱》，共十卷，罗兆鹏（溟南）等纂修。乾隆五十七年（1792年）嘉德堂木活字本，共印二十部，每部十册。目录题《罗氏宗谱》，版心题《罗氏家谱》。天一阁有藏。

该广告要求支派疏散或迁居外地族人从速向谱局报送详细修谱资料，以便汇编入谱。谱局设在慈谿罗江罗氏义庄、慈谿城内玉皇阁罗葆赓、罗绅伯（国荣）家。

本次所修即《慈谿罗氏宗谱》，共三十六卷、首二卷，罗贤赞（葆赓）总纂。民国十二年（1923年）嘉德堂木活字本，共印三十部，每部三十八册。天一阁、上海图书馆、浙江图书馆、国家图书馆、中国社会科学院历史研究所图书馆、河北大学图书馆等有藏。

《慈谿罗氏修谱广告》，《新闻报》1919年4月17日。

按语：该广告由宗长罗耀增（显）刊登，要求族人限期在1920年6月之前至谱局报送修谱资料，并指出"倘人来不便，可通函详告某支并前人事略及现丁某业、地址等项，均可编入谱中"。谱局设在慈谿罗江罗氏义庄、慈谿城内玉皇阁后、上海台湾路仁德洋布号罗绅伯（国荣）处、汉口汉润里太和香烟店罗挺涛处、北京恒兴金店罗祥龙处。

上海仁德洋货号、德新祥洋货号、仁新祥洋货号监理、沪南神州医院院董罗绅伯出自该族，并担任慈南罗氏义庄理事长，为本次修谱赞助巨资（约五千元）。

该广告又刊4月18日至5月16日《新闻报》；4月21日、23日、25日、27日、29日，5月1日、3日、5日、7日、9日、11日、15日、17日、19日《民国日报》。

附：

《慈谿罗氏修谱广告》："始祖嘉德公肇迹罗江，乾隆五十六年二十八世祖溟南公重修宗谱，迄今百二十余年。时久失修，因今阖族议决凡子姓支疏并远散他方者均望速来谱局报告。倘人来不便，可通函详告某支并前人事略及现丁某业、地址等项，均可编入谱中，明年六月为限。幸勿延误。此布。谱局：慈谿罗江罗氏义庄、城内玉皇阁后、上海台湾路仁德洋布号绅伯、汉口汉润里口太和香烟店挺涛、北京恒兴金店祥龙俱可接洽。宗长耀增启。"（《新闻报》1919年4月17日）

《慈谿罗氏修谱续登广告》，《申报》1921年3月7日。

按语：该族曾在民国七年（1918年）发起修谱。民国八年、九年，遍贴修谱广告，并在上海、宁波等地报纸刊登修谱广告。

此广告系催告罗氏族人限期在1921年8月3日（阴历六月底）之前报送修谱资料。谱局设在慈谿罗江罗氏义庄、慈谿城内桂花厅、上海台湾路仁德号罗绅伯处。

该广告又刊3月9日、11日、13日、15日、17日、19日、21日、24日、25日《申报》，3月8日、10日、12日、14日、16日、18日、20日、22

日、25日、26日《新闻报》。

附：

《慈谿罗氏修谱续登广告》："始祖嘉德公肇迹罗江,查乾隆五十六年念八世祖溟南公编修宗谱,迄今一百二十余年,代远族离,谱牒失修,因此民国七年阖族提议修谱。民国八年、九年,遍贴修谱广告,复登载申、甬等各处报纸。凡我子姓如有支派疏散者,或乔迁他方者,均望速来谱局报告,以便接洽。倘人来不便,尽可通函并望详书某房支派并前人事略及现丁某业、地址等项,可以编入谱中,庶无遗憾。今恐远处未及周知,再行登报布告。幸勿观望自误。限民国十年阴历六月底截止。谱局：慈谿罗江罗氏义庄、城内桂花厅、上海台湾路仁德号绅伯。罗氏公启。"(《申报》1921年3月7日)

《民国十年夏历正月日续登〈申〉〈新〉各报慈谿罗氏修谱广告》(民国《慈谿罗氏宗谱》卷首下)。

按语：该广告内容同《申报》1921年3月7日《慈谿罗氏修谱续登广告》,但将谱局之一的"城内桂花厅"改为"慈谿城内桂花厅葆赓家"。

《余姚匡堰镇罗氏宗祠修谱通告》,《新闻报》1946年9月19日。

按语：该族始迁祖罗万九,宋代人。曾在清康熙二十年(辛酉年,1681年)、乾隆四十年(乙未年,1775年)、道光四年(甲申年,1824年)、咸丰十一年(辛酉年,1861年)纂修宗谱。前修宗谱即《姚江梅川罗氏宗谱》,共十六卷,宗长罗立功等修,罗世珍、罗正纲纂辑。光绪二十八年(1902年)报本堂木活字本,十六册。书名页题《罗氏家乘》，目录、版心题《姚江罗氏宗谱》。慈溪市博物馆(存十一册，缺卷四、六、九、十一、十六)等有藏。1946年春，议决续修并开始采访。

该通告系催告族人限期在1946年年底之前报送修谱资料。通信处设在上海合肥路154号松泰昌煤号罗松林处、余姚匡堰镇罗氏宗祠。

该通告又刊9月20日、21日《新闻报》。

本次所修即《姚江梅川罗氏宗谱》，共十五卷、首一卷，罗怀生、罗杏生、罗松林等纂修。民国三十八年(1949年)报本堂木活字本，十册。目录、版心题《姚江罗氏宗谱》。慈溪市匡堰镇龙舌村罗家祠堂、慈溪市博物馆(存五册)等有藏。另，匡堰镇罗氏于2012年将光绪《姚江罗氏宗谱》、民国《姚江梅川罗氏宗谱》各影印五十部，天一阁、宁波图书馆有藏。

《鄞东七里垫张家桥罗氏宗祠创谱公告》，《新闻报》1948年6月11日。

按语：该公告由"嘉德堂罗"刊登，内称"吾族世居张家桥，向无谱牒"。本次创修宗谱要求族人限期在1948年8月底之前报送详细修谱资料，以便汇纂入谱。通讯接洽处设在上海新大沽路372号罗云章处、上海其美路一号桥东首聚森木号罗金聚处、宁波天峰桥77号罗兴隆丝线号、宁波江东彩虹路吉祥号，办事处设在宁波江东东郊路81号"史君"处。

该公告又刊6月14日、18日《新闻报》。

【卓】

《奉化松岙卓氏报本堂重修宗谱通告》,《时事公报》1936年2月4日。

按语:该族尊卓琇为一世祖,实由卓琇子卓绍自福建迁至松溪(又称松岙)。曾在宋末、明弘治十六年(癸亥年,1503年)、万历十九年(辛卯年,1591年)、清康熙二十年(辛酉年,1681年)、乾隆四十三年(戊戌年,1778年)、嘉庆十八年(癸酉年,1813年)、道光二十年(庚子年,1840年)、同治六年(丁卯年,1867年)、光绪二十四年(戊戌年,1898年)纂修宗谱。前次修谱在民国七年(戊午年,1918年),由孙振麒纂修。

该通告称经族人公决定于1936年5月重修宗谱,"诚恐采访未周,用特登报通告"。

浙江省早期工人运动和农民运动的领导人之一卓兰芳(祥和)出自该族。

该通告又刊2月5日、7日《时事公报》。

本次所修即《松溪卓氏宗谱》,共十七卷、首一卷,庄崧甫(莪存)总纂,吴仲敏协纂。民国二十五(1936年)报本堂木活字本,十六册。思绥草堂、宁波市奉化区档案馆(存二册,即卷首、卷一六)有藏。另,据《奉化现存宗谱辑录》记载,奉化区松岙镇街横村村民亦有藏。

【房】

《余姚房氏孝友堂续修宗谱通告》，《宁波时事公报》1948年1月22日。

  按语：此系余姚云柯（今属慈溪市）房氏孝友堂续修宗谱通告。该族始迁祖房城霞，号景晚，于宋末自余姚县竹山迁至此地。曾在清嘉庆二十五年（庚辰年，1820年）、咸丰二年（壬子年，1852年）、光绪十五年（己丑年，1889年）、民国十三年（甲子年，1924年）纂修宗谱。

  该通告由孝友堂监事会刊登，要求在外族人于1948年阴历正月至七月期间将修谱资料寄至余姚县浒山（今属慈溪市）西门外房兴盛号。

  该通告又刊1月23日、24日《宁波时事公报》。

  本次所修即《余姚云柯房氏宗谱》，共十卷、首二卷、末一卷，房崇燿纂修。民国三十七年（1948年）孝友堂木活字本，共印二十部，每部十三册。版心题《余姚房氏宗谱》。据童银舫先生称原谱现藏慈溪民间，慈溪市地方志编纂委员会办公室存有电子扫描版。

【宓】

《公告》,《慈溪日报》2017年11月10日。

按语:此系慈溪宓氏编修宗谱公告。

该公告由慈水宓氏宗谱修编委员会刊登,内称"宓氏祖先迁慈历经772年,后子若孙,日益繁荣。终因历史原因有140年未曾修谱,已有断代之虞。现经广大宓氏宗亲关心和热忱相助,已成立《慈水宓氏宗谱修编委员会》,着手重修宗谱"。本次修谱要求族人积极参与、报送资料,以便汇编入谱。修谱办公地址设在慈溪师宓南路20-28号杜泊农庄,同时公布宗谱修编办公室联系人(宓天玄)、电话及微信号。

该公告又刊11月15日《慈溪日报》。

【竺】

《奉化徒竺竺怀忠堂重修宗谱启事》,《宁波时事公报》1947 年 2 月 24 日。

  按语：该族前修宗谱距此时(1947年)已有三十余年。

  本次修谱自 1947 年 2 月开始整理,要求旅居外地族人限期在 5 月底之前报送资料。通讯处设在奉化斗门桥竺家祠堂内。

  该通告又刊 2 月 25 日、26 日、28 日、3 月 17 日《宁波时事公报》。

《奉化大埠头后竺永思堂重修宗谱通告》,《宁波时事公报》1948 年 4 月 20 日。

  按语：该族前修宗谱距此时(1948年)已有三十余年。

  该通告由竺氏永思堂修谱处刊登,称经族务会议议决即日开始重修宗谱,要求外出族人限期在 1948 年 7 月底之前向修谱处报送修谱资料。

  该通告又刊 4 月 21 日至 24 日《宁波时事公报》,4 月 20 日至 24 日《宁波日报》,5 月 6 日、7 日、8 日、10 日至 13 日《新闻报》。

《张宗绍律师受任奉化宦江竺氏永思堂谱局法律顾问》,《宁波日报》1948 年 11 月 8 日。

  按语：该启事无正文,仅公布张宗绍律师事务所设在奉化南门、宁波碶闸街 172 号。

《奉化后竺宦江竺氏永思堂修谱局紧要启事》,《宁波日报》1949年2月16日。

  按语:该启事由永思堂宗长竺善绪刊登,称因抗战胜利后元气未复,宗族会议议决停止原定于1949年3月12日(阴历二月十三日)举行的进谱活动。

  该启事又刊2月17日《宁波日报》。

【柯】

《鄞南柯何董柯氏修谱通告》,《新闻报》1936年2月9日。

按语：该族前修宗谱距此时(1936年)已有三十二年。

该通告由修谱总理长柯兴财刊登。本次重修宗谱于1935年冬至日议决发起，要求在外族人于1936年1月15日至4月15日期间将资料寄宁波鄞南蔡郎桥转柯家柯兴财。

该通告又刊2月15日《新闻报》,2月12日、16日《申报》。

附：

《鄞南柯何董柯氏修谱通告》："启者：本族自修谱以来，迄现已有三十二载，对于旅居外地经商及侨居他处者年亦增加，今乃召集宗房长及干事等于冬至日议决再行重修宗谱。凡有本族子弟在外者，请见报后速将采访采入，寄交与宁波鄞南蔡郎桥转柯家柯兴财君收可也。切勿延误。期限民国廿五年国历一月十五日起、至四月十五日止，逾期不候，仰望本族人一体知悉。因恐远途信札不通，故此登《新》《申》二报声明。修谱总理长柯兴财启。"(《新闻报》1936年2月9日)

【柳】

《慈谿祝家渡柳氏修谱广告》,《申报》1909年9月2日。

按语：该族前修谱牒即《慈谿竹江柳氏兴孝录》,共二十四卷,柳世纲(拂珊)纂修。清咸丰三年(1853年)敦伦堂木活字本,十六册。书名页、卷端题《柳氏兴孝录》,目录题《柳氏重修兴孝录》。上海图书馆、美国犹他家谱学会等有藏。

该广告称"我柳氏自宋子云公(讳应龙)为一世祖,本籍河南,三世祖衮臣公(讳补)迁鄞县老界乡盛垫村,五世祖景超公(讳迈)由鄞迁慈谿石台乡句余村(即芦江之柳界),十三世祖凤岩公(讳鹏)迁金川乡阳湖村(即上新桥之上房),十四世祖剡渚公(讳景春)赘居竹江(即祝家渡),遂于竹江建立宗祠、纂修谱牒"。本次续修谱牒要求族人限期在宣统元年九月底(1909年11月12日)之前报送资料。通讯处设在慈谿县祝家渡(今属余姚市三七市镇)竹江学堂内柳氏谱局。

该广告又刊9月3日至15日《申报》。

附：

《慈谿祝家渡柳氏修谱广告》："我柳氏自宋子云公(讳应龙)为一世祖,本籍河南,三世祖衮臣公(讳补)迁鄞县老界乡盛垫村,五世祖景超公(讳迈)由鄞迁慈谿石台乡句余村(即芦江之柳界),十三世祖凤岩公(讳鹏)迁金川乡阳湖村(即上新桥之上房),十四世祖剡渚公(讳景春)赘居竹江(即祝家渡),遂于竹江建立宗祠、纂修谱牒，藉溯渊源。惟咸丰三年修后，迄今五十余年，深恐代远年湮，世次失考。兹特公议续修，除本邑各支周历采访外，凡寄居他省府县城镇者，务将世系、名讳、生娶、卒葬逐一开列并声明先世之已未入谱，备详原委，以便查明衔接，函寄慈西竹江学堂内柳氏谱局。如有本人亲到，即在局中接待。限本年九月间截止。特此布告。"(《申报》1909年9月2日)

《宁波东乡二都岸柳氏修谱广告》，《新闻报》1918年8月8日。

按语：该族始迁祖柳文衡，号圣量，于宋代由余姚迁居鄞东二都，后支派繁衍，分居各处，设立十一柱，即一柱新庵漕、二柱二都旧宅、三柱用婆漕、四柱后盛、五柱茅洋、六柱二都旧宅、七柱外河沿、八柱、九柱二都旧宅、十柱双桥福明桥、十一柱二都旧宅。前修宗谱即《鄞东柳氏宗谱》，不分卷，宗长柳义春、柱长柳义潮、柳开玉、柳义贵等修，蔡恒寿、柳开承（章）总理。清光绪九年(1883年)笔谏堂木活字本，四册。书名页题《柳氏宗谱》。天一阁有藏。

该广告称本次修谱要求族人限期在1918年8月底之前将资料寄交宁波百丈街萃升纸店柳贤润汇收。

该广告又刊8月9日、10日《新闻报》，8月8日《申报》。

本次所修即《鄞东柳氏宗谱》，不分卷，宗长柳开贵、柱长柳开铖、柳贤坤、柳开春等修，柳哲枘总理，柴永祺纂辑。民国七年(1918年)笔谏堂木活字本，六册。书名页题《柳氏宗谱》。天一阁有藏。

《鄞东闻江村柳氏重修宗谱通告》，《民国日报》1930年5月6日。

按语：该族曾在清光绪九年(癸未年，1883年)、民国七年(戊午年，1918年)编修宗谱。

该启事由宗长柳开金、总理柳贤栎刊登,内提及"至民国戊午年继续重修,查是年所篡(纂)修刺谬甚多,常为族人所不满意",故该族于1929年冬至议决重修。本次修谱要求族人限期在1930年8月之前报送资料。

该通告又刊5月7日至12日《民国日报》。

《鄞东闻江村柳氏宗祠修谱处催告截止通启》,《申报》1930年11月1日。

按语:该启事由宗长柳开金、总理柳贤栎刊登,系催告各柱采访员加大采访力度并限期在1930年年底之前将修谱资料编册送交谱局。

该通告又刊11月3日、5日《申报》,11月1日至7日《民国日报》,11月2日、4日、6日《新闻报》。

《镇海穿山大胡柳茂春堂修谱通告》,《宁波时事公报》1946年8月19日。

按语:此系镇海县穿山(今属宁波市北仑区)大胡柳氏茂春堂修谱通告。该族前修宗谱距此时(1946年)已有五十余年。1945年9月20日(阴历八月十五日),议决重修宗谱。

本次修谱要求族人限期在1946年9月5日(阴历八月初十日)之前至祠堂报送资料;另,准予螟蛉子一同入谱。

该通告又刊8月20日、21日《宁波时事公报》。

【胡】

《浙江绍兴府余姚县梅川天香里胡氏修谱》,《新闻报》1905年5月29日。

按语：该族始迁祖胡寮,字和夫,别号存庵,于南宋嘉熙四年(1240年)由余姚柏山迁至此地。前修宗谱距此时(1905年)已有三十六年。

该启事由惇裕堂刊登,要求族人限期在清光绪三十一年(1905年)中秋节之前报送修谱资料。通讯处设在余姚县彭桥镇(今属慈溪市)胡德兴号转惇裕堂。

该启事又刊5月30日至6月3日、9日至26日《新闻报》。

《余姚胡氏修谱》,《新闻报》1907年11月26日。

按语：此系余姚烛溪胡氏修谱启事。该族始祖胡广,字可大,行千三;始迁祖胡梦阳,行万八。前修宗谱即《烛溪胡氏宗谱》,共三卷,胡启俊(肖岩)纂辑。清嘉庆十七年(1812年)继序堂木刻本,共印二十五部,每部册数不详(疑为三册)。余姚市文物保护管理所有藏(存二册,即卷一、二)。另,光绪十五年(1889年)曾由胡林垣(介夫)等草修宗谱,但未有刊印。

该启事由继序堂谱局刊登,落款时间为"光绪三十三年十月",内称"我族世居陡亹镇之烛溪乡,分九功寺、中村、梅山前三村"。本次续修宗谱要求族人限期在光绪三十四年(1908年)五月之前报送资料。通讯处设在余姚县东城下鸿昌钱庄转谱局。

该启事又刊 11 月 27 日至 12 月 25 日《新闻报》。

本次所修即《烛溪胡氏宗谱》，共六卷，胡启源（若涛）等修，胡林垣纂辑。光绪三十四继序堂木活字本，六册。书签题《胡氏宗谱》。上海图书馆、国家图书馆、中国社会科学院历史研究所图书馆、河北大学图书馆、美国犹他家谱学会等有藏。

《余姚兰风五车镇胡氏续修宗谱广告》，《时事新报》1918 年 5 月 10 日。

按语：该族由胡从（字辅成）自毗陵（今江苏常州）迁居余姚柏山，至胡思汉由柏山迁居余姚东门外高田弄，又至盛四公二子即胡天忠、胡天纯迁居兰风五车镇。曾在清乾隆四十三年（1778 年）由胡启裕等纂修《兰风胡氏宗谱》（共七卷）、嘉庆十八年（1813 年）由胡纪发主修《兰风胡氏续修宗谱》（共二卷）；另，道光二十九年（1849 年）发起修谱，后因海潮侵袭、太平天国运动爆发而未完成。

该广告称本次修谱遵照乾隆年间修谱规章，将盛一公支、盛二公支、盛三公支、盛四公支四支联合汇辑，要求迁居外地族人限期在戊午年（1918 年）年底之前将详细修谱资料寄至余姚县五车镇胡氏希明学校内修谱事务所或上海后马路吉祥里信孚钱庄胡涤生处。

本次所修即《余姚兰风胡氏续谱》，共七卷、首二卷、末一卷、附刊一卷，胡春和主修，胡庆璋、胡庆桢纂修。民国八年（1919 年）敦本堂木活字本，十一册。书名页题《余姚兰风胡氏重修柏山统宗家乘》，目录题《余姚兰风胡氏续修宗谱》，版心题《余姚兰风胡氏宗谱》，卷端题《余姚兰风胡氏重修宗谱》。其中，附刊约编于民国二十四年（1935 年），收录有《改正友芗公德配程夫人名义碑》《民国捌年夏历己未重修之胡氏宗谱正误表》。上海图书馆、北京大学图书馆有藏。

该广告又刊 5 月 11 日、12 日、16 日、17 日、19 日至 21 日《时事新报》。

《浙江余姚兰风五车镇胡氏修谱广告》,《时报》1918 年 6 月 5 日。

按语：该广告内容同《时事新报》1918 年 5 月 10 日《余姚兰风五车镇胡氏续修宗谱广告》,但对自兰风迁出族人介绍更为详细。

该广告又刊 6 月 6 日至 19 日《时报》,6 月 27 日至 30 日、7 月 2 日至 10 日《新闻报》。

《宁波奉化方桥胡家塅谱局通告扬州、常玉山二派同族鉴》,《申报》1925 年 5 月 5 日。

按语：该启事由宗长胡明昶刊登,称该族正在进行修谱,要求迁居扬州、常玉山二派族人见报后从速向宁波方井头胡传训报送资料。

《鄞南胡家坟忠义堂修谱通告》,《时事公报》1928 年 3 月 7 日。

按语：该族始祖胡逢吉、始迁祖胡寿富。胡逢吉孙胡安祥曾创修家谱,历代多有续修。天一阁藏有胡仍霖(沛恩)纂修《文山胡氏宗谱》(不分卷),系清道光二十年(1840 年)宋敕忠义堂木活字本,共八册。

该通告由胡氏忠义堂谱局刊登,称此次系第十次设谱局修谱,要求族人限期在 1928 年 8 月 29 日(阴历七月十五日)之前向谱局报送资料,"迟到者列入补遗"。通讯处设在上海五马路大吉里彩文帽庄、宁波东门凤苞绸庄。

新加坡著名华商胡嘉烈出自该族。

《宁波鄞南胡家坟忠义堂修谱通告》,《申报》1928 年 3 月 13 日。

按语：该通告由胡忠义堂谱局刊登,内称"我胡氏自逢吉公始居鄞县西河头,逮其孙安祥公卜葬县南鄞塘乡,又四世祖为寿富公庐墓于斯,即今所称胡家坟也"。此次系该族第十次修谱,自 1927 年开始采访,定于 1928 年冬至前完成,要求族人限期在 8 月 29 日(阴历七月十五日)之前报送资料。通讯处设在上海五马路满庭坊大吉里彩文号胡三泰处、宁波东门凤苞绸缎号胡航星处。

该通告又刊 3 月 15 日、17 日、19 日、21 日、23 日、25 日《申报》,3 月 13 日、14 日、16 日、18 日、20 日、22 日、24 日《新闻报》。

《宁波慈谿东乡田湖村胡氏修谱通告》,《申报》1928 年 4 月 10 日。

按语:该族始迁祖胡贵二。前修宗谱即《慈东田湖村胡氏宗谱》,共十卷、首一卷,朱宗燮总纂。清光绪二十五年(1899 年)永言堂木活字本,十册。天一阁、上海图书馆、南京图书馆有藏。

该通告由族长胡昌龙刊登,内称"我族始迁祖贵二公自明初由定海金塘移居田湖地方,二世祖端二公,三世祖曰庄一公、庄二公、庄三公、庄七公、庄十一公,计五大支"。本次修谱要求族人限期在 1928 年阴历五月之前报送资料。通讯处设在上海洋行街志和糖行胡炳运处、杭州清和坊胡恒昌南货号、苏州阊门内郑祥泰皮货号胡维丰处、宁波江北岸慎泰当胡明耀处、宁波江厦恒裕庄胡善甫处、慈谿县田湖村(今属宁波市镇海区)永言堂修谱处。

该通告又刊 4 月 11 日、24 日、25 日,6 月 15 日、16 日、28 日、29 日《申报》;4 月 17 日、18 日,5 月 2 日、3 日,6 月 25 日、26 日,7 月 6 日、7 日《新闻报》。

本次所修即《慈谿田湖胡氏宗谱》,共十三卷、首一卷,石渭畋编纂,胡昌龙(诚斋)、胡方锷(访鹤)、胡士纪等修。民国十七年(1928 年)永言堂木活字本,十四册。天一阁、上海图书馆有藏。

附：

《宁波慈豀东乡田湖村胡氏修谱通告》:"溯我族始迁祖贵二公自明初由定海金塘移居田湖地方,二世祖端二公,三世祖曰庄一公、庄二公、庄三公、庄七公、庄十一公,计五大支。如有散居他方确系二世祖之嫡派,即希将历代考妣生卒年月、墓葬、事绩及后裔名号详细开明,于阴历五月以前速寄后列各通信处转交修谱处,以便审查、汇总编纂。逾期不候。此布。●通讯处●上海洋行街志和糖行胡炳运、杭州清和坊胡恒昌南货号、苏州阊门内郑祥泰皮货号胡维丰君、宁波江北岸慎泰当胡明耀君、江厦恒裕庄胡善甫君、本村永言堂修谱处。族长胡昌龙启事。"(《申报》1928年4月10日)

《宁波慈东田湖村胡氏修谱紧要通告》,《申报》1928年7月20日。

按语:该通告由族长胡昌龙刊登,系通告族人延期一个月即在1928年阴历六月之前报送修谱资料。通讯处设在上海洋行街志和糖行胡炳运处、杭州清和坊胡恒昌南货号、苏州阊门内郑祥泰皮货号胡维丰处、宁波江北岸慎泰当胡明耀处、宁波江厦恒裕庄胡善甫处、慈豀县田湖村(今属宁波市镇海区)永言堂修谱处。

该通告又刊7月21日、8月3日、4日《申报》;7月27日、29日,8月10日、11日《新闻报》。

附：

《宁波慈东田湖村胡氏修谱紧要通告》:"我族始迁祖贵二公自明初由定海金塘移居田湖地方,二世祖端二公,三世祖庄一公、庄二公、庄三公、庄七公、庄十一公,计五大支。如有散居他方确系二世祖之嫡派,即希将历代考妣生卒年月、墓葬、事绩及后裔名号详细开明,速寄后列各通信处转交修谱处,以便审查、汇总编纂,迭经登报通告至阴历五月底为限。兹恐远道或手续不及或寄递需时,特展限一月,至阴历六月底截止,不再展期。特此再布。(通讯处)上海洋行街志和糖行胡炳运、杭州清和坊胡恒昌、苏州阊门内郑祥泰胡维丰、宁波江北岸慎泰当胡明耀、江厦恒裕庄胡善甫、本村永言堂修谱处。族长胡昌龙启事。"(《申报》1928年7月20日)

《余姚乌山燕宁堂胡氏修谱(俗名横街祠堂)》,《民国日报》1930年5月25日。

按语:该启事由燕宁堂胡氏族长暨各董事刊登,称定于1930年6月1日起、1931年5月30日止为修谱采访期,"期间六羔八叔房下各派专员采访,并请富有经验者多名驻祠办理一切",要求族人见报后从速报送修谱资料。

该启事又刊5月26日至30日、6月1日《民国日报》。

《余姚天香胡氏惇裕堂续修宗谱》,《新闻报》1934年4月29日。

按语:此系余姚梅川(今属慈溪市)胡氏惇裕堂续修宗谱启事。该族前次纂修宗谱在清光绪三十一年(乙巳年,1905年)

该启事称"我族派出毗陵,宋时迁居余姚之柏山,继又徙住余北之梅川,筑祠于天香新桥间,迄今传系卅有余世,计人已达三千几百丁矣"。本次修谱要求族人限期在1934年7月底之前报送资料。通信处设在上海法租界劳神父路永安堂国药号、余姚县彭桥镇(今属慈溪市)天乐药号转新桥胡氏谱局。

该启事又刊4月30日、5月1日《新闻报》。

本次所修即《梅川胡氏宗谱》,卷数不详,胡允斌等纂修。民国二十三年(1934年)惇裕堂木活字本,册数不详。版心题《胡氏宗谱》。据《慈溪家谱》称慈溪市白沙路街道胡氏族人有藏(存四册,即卷首下,卷七至十、十四、二十、二十一)。

《镇海柴桥胡氏重修宗谱》,《新闻报》1937年5月14日。

按语:该启事由宗长胡宋谷、纂修宗谱委员会主席胡澍春、常务胡莱僧、胡三多刊登,内称"本族宗谱年久失修,人事代谢,故实难征。兹经族议设置纂修宗谱委员会负责办理,业已开始工作"。本次修谱要求族人限期在1937年8月底之前向纂修宗谱委员会报送资料。

该启事又刊5月16日、18日、20日、22日、24日、26日《新闻报》。

《镇海石高塘算山胡氏种德堂重修宗谱筹备会启事》,《时事公报》1943年3月29日。

按语:该族曾在民国元年(壬子年,1912年)重修宗谱。

该启事称本次重修宗谱已开始采访,要求族人详细填写修谱信息,并将报告书送交胡氏种德堂重修宗谱筹备会,以便汇纂入谱。通讯处设在上海北山西路德安里10弄精勤铁工厂、宁波江厦街98号五和升记行、镇海县石高塘祥发号。

《镇海算山胡氏种德堂重修宗谱启事》,《新闻报》1943年4月24日。

按语:该启事内容同《时事公报》1943年3月29日《镇海石高塘

算山胡氏种德堂重修宗谱筹备会启事》，并公布上海通讯处设在北山西路德安里10弄精勤铁工厂（电话号码45804）、法大马路卜邻里7号源来袜针公司（电话号码85969）。

该启事又刊4月25日、26日《新闻报》。

《镇海县泰邱区大湖村后胡胡氏裕后堂修谱通告》，《宁波时事公报》1946年6月1日。

按语：大湖，又作大胡；旧属镇海县泰浦乡（今属宁波市北仑区）。该族曾在民国十年（辛酉年，1921年）重修宗谱。

本次修谱要求迁居各地族人见报后从速报送资料，以便汇编入谱。通讯处设在镇海县霞浦镇（今属宁波市北仑区）老同顺胡美高处。

该通告又刊6月2日至7日《宁波时事公报》。

《镇海穿山霞浦张前大胡胡氏惇叙堂修谱通告》，《宁波时事公报》1946年8月28日。

按语：该族前修宗谱距此时（1946年）已有二十余年。

本次重修宗谱要求散居外地族人限期在1946年10月20日之前将资料寄至胡氏祠堂，以便汇纂入谱。通讯处设在镇海县霞浦镇（今属宁波市北仑区）公所胡永清转。

该通告又刊8月29日、30日《宁波时事公报》。

《奉化北渡胡氏宗祠修谱通告》，《宁波日报》1946年9月20日。

按语：该族曾在民国元年（壬子年，1912年）重修宗谱。

本次修谱要求迁居各地族人限期在1946年11月23日（阴历十

月底)之前报送资料。通讯处设在宁波灵桥路 44 号泳丰酒行、宁波开明街 380 号胡炳初处。

该通告又刊 9 月 21 日、23 日《宁波日报》。

《镇海穿山霞浦张前大胡胡氏惇叙堂修谱通告》,《申报》1946 年 10 月 3 日。

按语:该通告由胡氏惇叙堂刊登,要求族人限期在 1946 年 10 月 16 日之前报送详细修谱资料。上海通讯处设在浙江路 609 弄 10 号,电话号码 97529。

该通告又刊 10 月 3 日《新闻报》。

附:

《镇海穿山霞浦张前大胡胡氏惇叙堂修谱通告》:"吾族宗谱自续修迄今已廿余载,亟待重修必要,经开会议决开始采访,恐旅居远地采访不周,为此登报通告,请将生卒、配葬、传志、文献详细抄录送来,俾便汇集纂辑。限于本月十六日截止,望勿延悞。恐未周知,特此公告。上海通讯处:浙江路 609 弄 10 号,电话九七五二九。惇叙堂启。"(《申报》1946 年 10 月 3 日)

《镇海柴桥胡氏修谱通告》,《新闻报》1946 年 11 月 15 日。

按语:该族前修宗谱距此时(1946 年)已有四十余年。

本次修谱要求迁居外地族人限期在 1946 年 12 月 5 日之前将资料邮寄至镇海县柴桥胡氏宗祠,以便汇纂入谱。

该通告又刊 11 月 17 日、19 日《新闻报》,11 月 18 日至 20 日《宁波时事公报》。

《余姚丰乐乡九功寺梅山殿村胡氏修谱通告》,《中央日报》1947年7月15日。

按语:该族前修宗谱距此时(1947年)已有四十年。

该通告称经阖族议决重修宗谱、即日开始采访,要求散居各地族人限期在1947年中秋节之前报送详细资料,以便汇编入谱。通讯处设在上海北京路829号祥兴纱头号胡厚德处。

该通告又刊7月16日、18日、21日《新闻报》。

《镇西寺后胡续修宗谱通告》,《宁波时事公报》1947年7月19日。

按语:该族曾在民国十二年(癸亥年,1923年)创修宗谱。

该通告由宁波镇西团桥镇寺后胡胡氏宗祠修谱处刊登。本次续修宗谱自1947年7月10日开始采访,要求散居各地族人限期在10月底之前向宗祠报送资料。

该通告又刊7月20日《宁波时事公报》。

《宁波镇西寺后胡续修宗谱通告》,《新闻报》1947年7月28日。

按语:该通告由宁波镇西团桥镇寺后胡胡氏宗祠修谱处刊登,落款日期为民国"三十六年七月廿八日",内容同《宁波时事公报》1947年7月19日《镇西寺后胡续修宗谱通告》。

该通告又刊7月29日、31日《新闻报》。

《余姚县东横河湖塘下胡氏念祖堂修谱启事》,《宁波时事公报》1948年3月10日。

按语:该族始祖胡从,字辅成;始迁祖胡达,于明朝中叶自余姚竹山迁居湖塘下(今属慈溪市)。前修宗谱即《烛溪胡氏宗谱》,共八卷,胡杏生等纂修。清光绪二十年(1894年)念祖堂木活字本,八册。河北大学图书馆、北京大学图书馆等有藏。

本次重修宗谱由胡罗标等发起设立念祖堂修谱筹备委员会,要求族人限期在1948年8月之前向该委员会报送资料,以便编入宗谱。

该启事又刊3月11日、12日《宁波时事公报》,3月11日、12日、13日杭州《东南日报》。

本次所修即《烛溪胡氏宗谱》,共十卷,胡致和等纂修。民国三十七年(1948年)念祖堂木活字本,十册。书名页题《胡氏宗谱》,版心题《余姚烛溪胡氏宗谱》。慈溪市横河镇伍梅村有藏。

《镇海渡驾桥胡氏续修宗谱启事》,《宁波时事公报》1948年5月26日。

按语:该族曾在清宣统三年(辛亥年,1911年)续修宗谱。

该启事由宗长胡德宁刊登,要求族人限期在1948年8月底之前将修谱资料寄至通讯处;另,采访册函索即寄。通讯处设在镇海县渡驾桥胡氏祠堂、宁波和义路116号慎丰颜料号胡金祥处、上海陕西北路276号万通新酱园胡本信处。

该启事又刊5月27日、28日《宁波时事公报》,5月30日《宁波日报》,5月31日《申报》,6月3日至5日《新闻报》。

《鄞南胡家坟胡忠义堂重修宗谱通告》,《宁波日报》1949年4月10日。

按语:该族前次纂修宗谱在民国十七年(戊辰年,1928年)。

本次重修宗谱要求族人将修谱资料抄寄通讯处,以便汇编入谱。

上海通讯处设在云南南路金陵路口余庆里16号和丰针织厂,宁波通讯处设在中山东路凤苞绸布号。

该通告又刊4月11日至15日《宁波日报》、4月11日《宁波晨报》。

《竹山柏垂堂胡氏宗谱重修启事》,《慈溪日报》2014年8月5日。

按语:此系慈溪竹山柏垂堂胡氏重修宗谱启事。

该启事由《竹山柏垂堂胡氏宗谱》编纂委员会刊登,落款日期为"二〇一四年八月五日",要求散居各地族人见报后从速与该委员会联系,以便报送修谱资料,并指出"如有老谱传承者,请提供借阅方便,凡捐献者予以奖励"。本次修谱联系地址设在慈溪市横河镇梅园村文化礼堂,并公布有联系人胡国良、胡君毅电话号码。

本次所修即2015年版《竹山胡氏宗谱》,共八册,线装,胡顺龙主编。2016年4月5日,竹山胡氏宗谱编辑委员会向天一阁捐赠该宗谱。另,国家图书馆、上海图书馆、浙江图书馆、宁波图书馆、慈溪市档案馆、慈溪市图书馆等亦有收藏。2021年4月,竹山胡氏宗谱编辑委员会又向天一阁捐赠该宗谱重印本,共八册,内容略有增补。

附:

《竹山柏垂堂胡氏宗谱重修启事》:"南宋末年,胡涌公从余姚柏山始迁竹山,迄今已八百余年。源远流长,支派众多。昔曾编有宗谱,但已毁失。今欲重续,旨在告知后人,不忘其本,知其根,晓其枝,老幼亲疏,和睦相处。仰先人之伟绩,效前贤之风范,弘扬胡氏精神,共创文明和谐社会,胡氏子孙以忠孝为本,以期万世祖业兴旺发达。

为确保我族修谱之质量,请散居各地之竹山派胡氏族人见到本启事后,即与编纂委员会联系,并相互转告。如有老谱传承者,请提供借阅方便,凡捐献者予以奖励。

联系地址:慈溪市横河镇梅园村文化礼堂

联系人:胡国良13396513＊＊＊、胡君毅13906740＊＊＊

《竹山柏垂堂胡氏宗谱》编纂委员会

二〇一四年八月五日。"(《慈溪日报》2014年8月5日)

《慈溪乌山胡氏(燕宁堂)续谱公告》,《慈溪日报》2018年8月30日。

按语:该公告由慈溪乌山胡氏(燕宁堂)续谱筹委会刊登,落款日期为"二〇一八年八月三十日",内称"我乌山胡氏燕宁堂宗谱,续修于民国二十二年(即1933年),距今已八十五年之久,如再不续修,恐难为继。为上接祖宗,下传子孙,崇祖敬宗。经有识之士发起,现已成立'乌山胡氏燕宁堂续谱办公室'"。本次续谱要求族人积极配合支持,并提供各自房族内相关资料和信息。乌山胡氏燕宁堂续谱办公室设在慈溪市怡和大厦606室(慈溪白金汉爵对面),联系人胡仁根;坎墩办公室设在花木世界1号(慈溪市坎墩街道办事处西首,中横线旁),联系人胡文焕、胡建明、胡央军。另,还公布有以上联系人电话号码。

《烛溪胡氏念祖堂修谱启事》,《慈溪日报》2020年3月24日。

按语:此系慈溪烛溪胡氏念祖堂修谱启事。该族前修宗谱即民国三十七年(1948年)版《烛溪胡氏宗谱》。

该启事由重修烛溪胡氏宗谱编委会刊登,落款日期为"二〇二〇年三月二十三日",内称"我烛溪胡氏明代中叶由竹山迁来,世居横河烛溪湖塘下,分为七房。前谱续成于 1948 年底,距今已七十余年。今欣逢新时代盛世,为传承中华优秀传统文化,保存家族历史文献,经商议成立修谱委员会及编辑部,发愿重修宗谱"。本次修谱要求族人限期在 2020 年 12 月 31 日之前向修谱编辑部报送资料。联系地址在慈溪市横河镇伍梅村柏山路 112 号念祖堂,联系人胡如新、胡国康。另,还公布联系邮箱、联系人电话。

该启事又刊 4 月 1 日《慈溪日报》。

【侯】

《鄞南姜山侯氏续修宗谱通告》,《宁波时事公报》1947年5月17日。

　　按语：该族曾在民国八年(己未年,1919年)重修宗谱。

　　该通告由侯氏谱局刊登,要求散居各地族人限期在1947年8月15日(阴历六月底)之前报送修谱资料。宁波通讯处设在碶闸街91号长生木器厂侯才根处、江厦街71号四明银行灵桥办事处侯松来处。

　　该通告又刊5月18日至23日《宁波时事公报》。

《鄞县姜山侯家侯氏续修宗谱通告》,《新闻报》1947年6月29日。

　　按语：该通告内容同《宁波时事公报》1947年5月17日《鄞南姜山侯氏续修宗谱通告》,并公布上海通讯处设在湖北路272号美最时呢绒西服号侯瑞祥处。

　　该通告又刊6月30日《新闻报》。

【俞】

《余姚临山俞氏修谱广告》,《申报》1912年7月16日。

按语：该广告由余姚临山俞氏族房刊登,内称"我俞氏自明季景泰间始祖讳长孺公由新昌迁居余姚之临山卫,尔时卫城一族丁口繁盛,后因倭乱散处四方,原谱遗失。迨至前清康熙间,五世祖元伯、瑞伯二公修葺之。未几,道、咸年间,洪、杨起事,又遭兵火,谱复残缺"。本次修谱要求迁居外地族人限期在1912年11月8日（阴历九月底）之前报送资料。通讯处设在余姚临山街槐德堂药材号俞月川处、上海北市吉祥里公升泰俞子岩处。另,该启事末还附有《俞氏修谱采访附告》。

该广告又刊7月17日至25日、28日、29日、31日,8月4日、10日、12日、14日、16日、19日、21日、22日、24日、26日、29日、31日,9月2日、5日、6日、9日、11日、13日、15日、17日、20日、21日、24日、25日、29日、30日,10月1日、3日、5日、8日、9日《申报》;7月17日、18日、20日至26日、28日、30日,8月1日、3日、5日、7日、9日、11日、13日、15日、17日、21日、23日、25日、27日、29日、31日,9月2日、4日、6日、8日、10日、12日、13日、15日、17日、19日、21日、23日、25日、27日、29日,10月1日、3日、5日《新闻报》。

本次所修即《余姚临山俞氏宗谱》,共三卷,俞星洲、俞济诚续修,俞元林纂修,俞增林、俞照林协修。民国二年（1913年）敦伦堂木活字本,二册。书衣题《余姚临山俞氏谱》,书名页题《临山俞氏宗谱》。国家图书馆、中国科学院图书馆、上海图书馆（存一册,即卷一）有藏。

附：

《余姚临山俞氏修谱广告》："窃我俞氏自明季景泰间始祖讳长孺公由新昌迁居余姚之临山卫,尔时卫城一族丁口繁盛,后因倭乱散处四方,原谱遗失。迨至前清康熙间,五世祖元伯、瑞伯二公修葺之。未几,道、咸年间,洪、杨起事,又遭兵火,谱复残缺。今已阅六十余载,拟续修谱系,如我俞氏子孙有迁居他方者,请即开明讳号、配娶、生卒、墓宅,速来临山卫城内本宗祠报告可焉。如函寄余姚临山街槐德堂药财俞月川,或寄上海北市吉祥里公升泰俞子岩,以阴历九月底为止。余姚临山俞氏族房启。

俞氏修谱采访附告

尝考我俞氏四世祖泰生公、号调羹,前清初年任海门卫守备,又四世祖我存公、号学渊同迁居杭州;五世祖功伯公、号鼎贤,成伯公、号启贤同迁居宁国府湾沚;十一世祖宝琳公、号月墀迁居京都,因年湮代远,不便采访。如该三处有后嗣,请即速来接洽乃盼。"(《申报》1912年7月16日)

《宁波鄞南西段塘俞氏修谱广告》,《新闻报》1925年6月1日。

按语:该族始迁祖俞南塘。曾在清乾隆五十五年(庚戌年,1790年)、同治五年(丙寅年,1866年)、宣统元年(己酉年,1909年)纂修宗谱。

该广告由"宗干"刊登,要求族人限期在1925年10月底之前将修谱资料寄至宗祠,以便汇集付印。通信处设在上海法租界永安街三德里鸿兴花号、上海小东门外泰昌鲜鱼行、宁波天后宫汇通钱庄、宁波方井头益牲花庄。

该广告又刊6月3日、5日、7日、9日《新闻报》,6月4日、7日《申报》。

本次所修即《南郊段塘俞氏宗谱》,共三卷、首一卷,宗长俞德坤、房长俞土木、俞德谨、俞瑞才等修,冯丙然总裁,胡崑旸纂修,俞瑞昶总理。民国十四年(1925年)诒谷堂木活字本,四册。书签、目录题《俞氏宗谱》。天一阁有藏。

《新盐场俞氏宗祠修谱通告》,《时事公报》1944年6月11日。

按语:此系鄞东梅墟新盐场俞氏宗祠修谱通告。该族始祖俞伟,字仲宽,号默庵,北宋时期人;始迁祖俞褒,字君美,于北宋元祐年间由鄞县罂脂湖俞家宅迁至鄞东新盐场,至此时(1944年)已有三十余世,聚族而居者达千余家。曾在清光绪十七年(辛卯年,1891年)、宣统三年(辛亥年,1911年)纂修宗谱。前修宗谱即《新盐场俞氏宗谱》,纂修者不详(时任宗长俞雍瑾),民国十五年(1926年)光裕堂木活字本,十六册。上海图书馆有藏(存二册,即卷首、卷三、卷末,实为原由族人俞煜保存的家房房谱)。

该通告由俞氏宗祠刊登,称经宗族集议续修谱牒,凡路近者由各自房长通知,路远者采取登报公告的方式,要求在外族人见报之后从速向各房长报送详细修谱资料。

该通告又刊6月12日至7月10日《时事公报》。

《宁波南乡俞家埭修谱通告》,《新闻报》1946年2月17日。

按语:该族前次修谱距此时(1946年)已有二十四年。

该通告由俞氏佑启堂刊登,落款时间为民国三十五年(1946年)

二月十五日,内称"吾俞氏自始祖敬福公发源于鄞南俞家埭,历传达二十余世",并要求散居各地族人从速报送修谱资料。本次修谱自 1946 年春开始采访,定于五月后完成付印。

该通告又刊 2 月 18 日《新闻报》、2 月 17 日《申报》。

《镇海大碶头谷诒堂俞氏修谱进主启事》,《新闻报》1946 年 11 月 17 日。

按语:该启事由总干事俞筱堂刊登。该族自抗战胜利后开始修葺宗祠、编纂谱牒,至此时即将完成,定于 1947 年清明节举行进主典礼,要求族人从速报送修谱资料。通讯处设在上海十六铺洋行街益记糖行、镇海县大碶头(今属宁波市北仑区)汤家桥玉皇宫。

《鄞南永南乡下俞埭承桂堂俞氏修谱通告》,《宁波时事公报》1947 年 3 月 31 日。

按语:该族宗谱年久失修。

该通告称本次修谱即日起开始采访,要求散居外地族人限期在 1947 年 4 月底之前抄寄资料,以便汇编入谱。通讯处设在宁波江东演武街 52 号鄞南汽轮公司俞安仁转。

该通告又刊 4 月 1 日至 4 日《宁波时事公报》。

《宁海马岙俞氏统修宗谱启》,《申报》1947 年 9 月 18 日。

按语:该启事由马岙俞氏统修宗谱董事会刊登,称该族于 1947 年 6 月 30 日(阴历五月十二日)开谱、8 月 30 日(阴历七月十五日)开印,要求迁居外地族人限期在 11 月 12 日(阴历九月底)之前报送修谱资料。

【施】

《镇海官团浦施氏修谱广告》,《新闻报》1923 年 9 月 18 日。

按语：该广告由"施余庆堂"刊登，要求族人限期在 1923 年阴历十月之前将修谱资料寄至通信处。通信处设在上海南市盐码头永昌北货行施宝才处、上海北苏州路中国第一毛绒厂施揆九处、镇海县徐家堰镇立大号。

该广告又刊 9 月 19 日、20 日《新闻报》。

《宁波荷花庄施氏修谱通告》,《新闻报》1930 年 3 月 5 日。

按语：该族始迁祖施徐道，号悟真，自婺州迁居鄞县。前修宗谱即《鄞东施氏宗谱》，共八卷、首一卷，周宗坊纂修，宗长施翼勋（逸亭）、房长施令勋等修。清光绪十二年（1886 年）彰德堂木活字本，四册。天一阁有藏。

本次续修宗谱要求迁居外地族人限期在 1930 年 6 月底之前将资料寄至宁波江东划船巷施氏修谱委员会，以便汇纂入谱，并指出"他派宗人有志加入，亦所欢迎"。另，上海问讯处设在大光明戏院设备三处。

该通告又刊 3 月 7 日、9 日、11 日、13 日、15 日、17 日《新闻报》。

本次所修即《鄞东施氏宗谱》，共十卷，袁乃彬（霞苓）总纂，施在珺（梅性）、施在璜（世贵）、施仁英（宸荫）等修。民国十九年（1930 年）十一月彰德堂木活字本，四册。书签、书名页题《施氏宗谱》。天一阁、上海图书馆有藏。

《施亲亲堂修造宗谱通告》,《浙民公报》1940年7月15日。

按语：此系余姚烛溪施氏亲亲堂纂修宗谱通告。该族前修宗谱即《烛溪施氏宗谱》，共十二卷、首一卷，宗长施孝克（子乔）纂修。清宣统三年（1911年）七月亲亲堂木活字本，八册。版心、目录题《施氏宗谱》。上海图书馆、思绥草堂（存三册，即卷六至十）有藏。

该通告由余姚施亲亲堂宗长施礼法及祠董刊登，内称"我施氏亲亲堂支德贤公下敏道公、敏行公两房自清宣统三年间修造宗谱以来，迄今已三十年"。本次续修宗谱要求敏道、敏行公下族人报送修谱资料，以便编入宗谱。通讯处设在余姚漕头施亲亲堂造谱事务所。

本次所修即《烛溪施氏宗谱》，共十二卷、首一卷，施礼法主修，施礼海纂修。民国三十年（1941年）亲亲堂木活字本，十册。版心题《施氏宗谱》。河北大学图书馆、思绥草堂、山西省社会科学院家谱资料研究中心、美国犹他家谱学会有藏。

《鄞西黄古林施氏重修宗谱启事》,《时事公报》1944年9月7日。

按语：该族曾在民国十四年（乙丑年，1925年）重修宗谱。

该启事由施氏宗长刊登，内称"吾鄞西黄古林施氏自始祖曼龙公以来，已历二十四世"。本次修谱自1944年9月1日开始，要求迁居外地族人限期在10月底之前报送资料。办事处设在黄古林施氏崇本小学内，通讯处设在上海公馆马路东新桥洪大席行、宁波江北岸太古后门裕仁丰报关行。

该启事又刊9月8日至28日、30日，10月1日、3日至7日《时事公报》。

《余姚眉山施氏尊亲堂修谱通告》,《新闻报》1946 年 12 月 27 日。

按语：施氏迁姚始祖施宿,字武子,于南宋时期自长兴迁至余姚县城龙山；始迁祖施希仲,于明初迁至眉山（今属慈溪市）。曾在清乾隆八年（癸亥年,1743 年）、道光五年（乙酉年,1825 年）、同治十二年（癸酉年,1873 年）、光绪三十二年（丙午年,1906 年）纂修宗谱。

该通告由施氏尊亲堂谱局刊登,称本次修谱自 1946 年 9 月起筹设谱局、续修宗谱,除就近派人采访外,特登报要求迁居外地族人限期在 1947 年 2 月底之前将资料寄至余姚县浒山永凝乡施志良处。

该通告又刊 12 月 28 日至 30 日《新闻报》、12 月 27 日至 29 日上海《大公报》。

本次所修即《余姚眉山施氏续谱》,共十五卷,施祥芝总纂。民国三十六年（1947 年）尊亲堂木活字本,共印十五部,每部十六册。书名页题《眉山施氏宗谱》。慈溪市宗汉街道玉字地村有藏。2014 年,眉山施氏族谱编纂委员会重印《余姚眉山施氏续谱》,共十六册,并将其附录在新修《眉山施氏族谱》,天一阁藏有重印本。

《鄞西梁山伯庙厦庄施氏宗祠修谱通告》,《申报》1947 年 3 月 27 日。

按语：该族始迁祖施闰二、施闰三,于宋时自慈谿县迁居此地。曾在清道光十一年（辛卯年,1831 年）、同治十一年（壬申年,1872 年）纂修宗谱。前次修谱在民国元年（壬子年,1912 年）,由王履森（培蕃）纂修。

本次修谱要求散居各地族人限期在 1947 年 4 月底之前报送详细资料。谱局设在厦庄施氏宗祠,通讯收件处设在宁波天宁寺前惠康棉织厂、上海四川路 330 号三楼好华保险公司、上海南京西路 1622 号至 1624 号新泰昌烟行、上海兴业路（望志路）31 弄 14 号民达袜衫厂。

本次所修即《夏庄施氏宗谱》，共六卷，徐学镇（绥邦）纂修，宗长施贤顺主修。民国三十六年（1947年）正伦堂木活字本，二册。上海图书馆、舟山市档案馆有藏。

附：

《鄞西梁山伯庙厦庄施氏宗祠修谱通告》："吾族宗谱自民国元年重修后，迄今又将卅六载，子孙繁衍，亟待续修。兹经各房决议自即日起设立谱局开始采访，凡我族人散居各处者请向本祠谱局或通讯处将丁口、婚嫁、生卒、承继、配葬、传志、文献等详细事实填明来局，俾便汇编，并限于国历四月底截止。幸勿延误。特此通告。通讯收件处：（宁波）天宁寺前惠康棉织厂、（上海）四川路三三〇号三楼三〇一室好华保险公司、南京西路一六二二至一六二四号新泰昌烟行、兴业路（望志路）三一弄一四号民达袜衫厂。"（《申报》1947年3月27日）

《鄞西梁山伯庙厦庄施氏宗祠修谱通告》，《新闻报》1947年3月28日。

按语：该通告内容同《申报》1947年3月27日《鄞西梁山伯庙厦庄施氏宗祠修谱通告》，但将报送修谱资料截止日期改为5月底；另，宁波通讯处改设在中山西路278号伟昌号。

该通告又刊4月5日《新闻报》、3月29日《申报》。

《鄞西梁山伯庙厦庄施氏宗谱修谱通告》，《宁波时事公报》1947年4月17日。

按语：该通告内容同《新闻报》1947年3月28日《鄞西梁山伯庙厦庄施氏宗祠修谱通告》。

该通告又刊 4 月 18 日至 25 日《宁波时事公报》,其中 4 月 18 日至 20 日标题作《鄞西梁山伯庙厦庄施氏宗祠修谱通告》。

《鄞西梁山伯庙厦庄正伦堂施氏修谱催速填报通告》,《新闻报》1947 年 7 月 18 日。

按语:该通告系催告鄞西梁山伯庙厦庄施氏正伦堂族人限期在一个月内补报修谱资料。通讯处设在宁波中山西路 278 号伟昌号、上海四川路 330 号三楼好华保险公司、上海南京西路 1622 号新泰昌烟行、上海兴业路(望志路)51 弄(此前启事作 31 弄)14 号民达袜衫厂。

该通告又刊 7 月 21 日、22 日《新闻报》。

《鄞西梁山伯庙厦庄施氏修谱局限期登记通告》,《宁波时事公报》1947 年 8 月 24 日。

按语:该通告由宗长施贤顺刊登,系催告散居各地族人限期在 1947 年 9 月 5 日之前补报修谱资料。通讯处设在厦庄施氏宗祠谱局、宁波中山西路 278 号伟昌号、上海四川路 330 号三楼好华保险公司、上海南京西路 1622 号新泰昌烟行、上海兴业路望志路 51 弄 14 号民达袜衫厂。

该通告又刊 8 月 25 日至 27 日《宁波时事公报》。

【姜】

《鄞县东乡梅墟姜家陇姜氏宗祠创谱启事》,《新闻报》1928年7月9日。

按语：该族始迁祖姜祥庆,原名长,字联玉,行联三八,于明末由姚江东房迁至鄞东梅墟,并将该地命名为姜家陇。1928年阴历四月,议决发起创修宗谱。

该启事由姜氏宗祠创谱委员会刊登,要求族人限期在1928年10月12日(阴历八月底)之前报送详细修谱资料及私藏小谱、羹饭生卒簿,以便审查、汇总编纂。通讯处设在上海浙江路牛庄路口1号渭水坊二楼汾兴公司、宁波新江桥南塥荣大糖行转交姜氏创谱局。

宁波帮人物姜炳生(忠汾)出自该族,并承担本次修谱经费。

该启事又刊7月11日、13日、15日、17日、19日、21日《新闻报》,7月10日、12日、14日、16日、18日、20日、22日《申报》。另,在《上海民国日报》《时事公报》《四明日报》《宁波民国日报》等亦有刊登。

本次所修即《鄞东姜氏宗谱》,共六卷、首一卷、末一卷,何锡冕(舒梅)总裁,陈运鹏(健飞)总纂,姜伦芬、姜伦麟、姜忠汾等修。书签题《鄞东姜氏宗谱》,卷端题《鄞东姜家陇姜氏宗谱》。民国十八年(1929年)十月崇本堂木活字本,十二册(内含《姚江姜氏世谱》,共八卷、首一卷,目录题《姚江姜氏追远世谱》,六册)。天一阁、上海图书馆、吉林大学图书馆(缺《姚江姜氏世谱》卷二至四、《鄞东姜氏宗谱》卷一)有藏。

附：

《鄞县东乡梅墟姜家陇姜氏宗祠创谱启事》："始祖祥庆公于明季由姚江东房迁鄞县东乡,遂名其地曰姜家陇,迄今已近四百载于兹,相传亦十余世。向无家乘,实为憾事。现经宗族汇议组织委员会,议决积极进行。凡我姜氏子孙或散居各处,或远徙他乡,希将本支一派名讳、字号、官阶、生卒、葬地、配娶、子嗣及私藏小谱并羹饭、生卒簿等统行详细开明检掷,限本年阴历八月终以前速寄上海浙江路牛庄路口一号渭水坊二楼汾兴公司,或寄宁波新江桥南塊荣大糖行转交创谱局,以便审查、汇总编纂,早底厥功。逾限不候,能负转知我族人者尤为公感,并希将通讯处详细开示,以便通讯。此告。姜氏宗祠创谱委员会启。"(《新闻报》1928年7月9日)

《宁波鄞县东乡梅墟镇姜家陇姜氏宗祠创谱启事》,《申报》1928年11月16日。

按语:该启事由姜氏宗祠创谱委员会刊登,称报送修谱资料截止日期延至1929年1月10日(戊辰年十一月底),要求族人从速至谱局报送详细资料。

该启事又刊11月18日、20日,12月12日、14日《申报》;11月17日、19日、21日,12月13日、15日《新闻报》。

附：

《宁波鄞县东乡梅墟镇姜家陇姜氏宗祠创谱启事》："本族于夏历四月间开宗族会议,发起创谱,组织委员会,业经成立从事进行,早已登载申、甬各报。凡我始祖祥庆公本支一派名讳、字号、官阶、生卒、葬地、娶配、子嗣、小家谱并羹饭、生肖簿等统行详细开明检掷,限本年夏历八月终以前寄交本局,以便审查、汇总编纂,早底厥功等因,通告在案,迄今限期已过,来报者固属多数,深恐有经商各埠或寓住异地为采访人员所难能查访者,未免仍有遗漏,殊失创制宗谱之本意,为此特再登报通告,限至夏历十一月底为采访截止期。凡我族人如有未经详报或未及采访者,务希于限期前速来详报本谱局,以便纂辑而免遗漏。事关切肤,幸勿自弃。来件请寄上海浙江路牛庄路口一号渭水坊二楼汾兴公司,或寄宁波新江桥南塊荣大糖行转交本谱局。切切勿延。姜氏宗祠创谱委员会启。"(《申报》1928年11月16日)

【洪】

《倡立宗谱启》,清同治五年(1866年)十一月上澣洪时淮发布(上海图书馆藏光绪《宁郡洪氏宗谱》卷首)。

按语:此系宁郡洪氏倡修宗谱启事。该族始迁祖洪西山,行大一,于明嘉靖年间自徽州迁居宁波。

该启事由洪时淮发布,着重介绍倡立宗谱的缘由,并呼吁族人各尽所能,踊跃参加修谱事宜。

本次修谱后因主事者洪时荫、洪时淮相继逝世,并未纂修完成,但二人为后来纂修光绪《宁郡洪氏宗谱》奠定了基础,故分别被列为光绪《宁郡洪氏宗谱》"协纂兼采访""续纂"。

《宁波镇西周家垫洪氏修谱》,《新闻报》1916年3月18日。

按语:该族始祖洪光祖,字庆美,行光十八;始迁祖洪锽,又作洪堂,行承八六,族行政二六,于明嘉靖年间由慈谿汉塘(今属宁波市江北区洪塘街道)迁至镇海县周家垫。曾在清同治年间修谱。

该启事由"洪氏宗房"刊登,要求族人限期在1916年10月之前报送修谱资料,并定于1917年付印。通讯处设在宁波糖行街元亨钱庄转。

该启事又刊3月19日至24日《新闻报》、3月21日《申报》。

本次所修即《蛟西洪氏宗谱》,共六卷,洪其耀等修,杜项斯等纂。民国七年(1918年)听彝堂木活字本,共印十部,每部六册。目录题《蛟西洪氏族谱》。天一阁、上海图书馆有藏。

《慈东汉塘洪氏修谱通告》,《新闻报》1919年3月25日。

按语:慈东汉塘(今属宁波市江北区洪塘街道)洪氏曾在清光绪十九年(癸巳年,1893年)编修谱牒。

该通告由洪氏宗祠谱局刊登,内称"吾洪氏自始祖光十八公、二世祖华廿一公徙居慈谿东乡洪塘"。本次续修谱牒自1919年开始,要求迁居外地族人见报后报送修谱资料。上海通讯处设在四明银行洪传堂处,慈谿通讯处设在洪塘洪仰峰处。

书法家洪丕谟出自该族。

该通告又刊3月27日、29日、31日,4月2日、4日、6日、8日、10日、12日、14日、16日、18日、20日《新闻报》;3月30日《申报》。

附:

《慈东汉塘洪氏修谱通告》:"吾洪氏自始祖光十八公、二世祖华廿一公徙居慈谿东乡洪塘。宗祠谱牒于光绪癸巳经巳七修,迄今又阅二十七年,不议续修,恐久而散佚、纂辑益难,为此公议于民国八年起续行纂修。凡我宗徙居外埠者见报之下,务将三十年内生卒、配葬、子女以及职衔、文艺等项开列汇寄,勿迟为幸。特此通告。●上海通讯处:四明银行交洪传堂收。●慈谿通讯处:洪塘交洪仰峰收。洪氏宗祠谱局特白。"(《新闻报》1919年3月25日)

《洪忠宣公后裔鉴》,《申报》1920年2月26日。

按语:此系余姚洪氏纂修宗谱启事。该族始祖洪宗三;始迁祖洪钫,字声远。曾在清嘉庆八年(癸亥年,1803年)、咸丰六年(丙辰年,1856年)纂修宗谱。前修宗谱即《余姚洪氏宗谱》,共十卷、首一卷、贻编二卷、附编二卷、齿录一卷，洪大本修，洪嘉桂、洪树猷纂。光绪二十九年（1903年）续古堂木活字本，九册。上海图书馆、浙江图书馆、南京图书馆、中国社会科学院历史研究所图书馆、吉林大学图书馆等有藏。

该启事由余姚洪氏宗祠刊登，内称"我族本鄱阳宋忠宣公、讳皓之三子文敏公、讳迈后裔，明初宗三公迁宁波，清初声远公迁余姚"。本次修谱因此前谱牒在清康熙十三年（甲寅年，1674年）被焚，致使世系不清，故特向族人有奖征集旧谱，凡率先邮寄全套谱牒者奖励洋五十元、邮寄世系表者奖励洋二十元。通信地址设在余姚北城洪家道地洪梦桥处。

该启事又刊2月27日至3月11日《申报》。

附：

《洪忠宣公后裔鉴》："我族本鄱阳宋忠宣公、讳皓之三子文敏公、讳迈后裔，明初宗三公迁宁波，清初声远公迁余姚。康熙甲寅，旧谱被焚，致文敏公以下、宗三公以上世系失考。今拟第四次修谱，凡我同姓所藏宗谱，确系文敏公之后历宋、元、明世系蝉联不断者，见报务请将全部邮寄浙江余姚北城洪家道地洪梦桥收，酬洋五十元，仅寄印本世系表者，酬洋念元，但同样谱牒首先寄到者为限。如后到者，即行寄还，恕不酬谢，并望姓名、住址、通讯处示知，以便原谱、酬金寄奉。贮款以待，寄者从速。此布。余姚洪氏宗祠谨启。"（《申报》1920年2月26日）

《宁海五市街洪氏修谱通告》，《宁波时事公报》1947年4月21日。

按语：该族前修宗谱距此时（1947年）已有二十九年。

本次续修宗谱由各房自行采访;另,要求旅居外地族人限期在1947年7月底之前报送资料,以便汇编入谱。

该通告又刊4月22日、23日《宁波时事公报》。

【祝】

《鄞县西乡祝家汇祝氏修谱广告》,《申报》1921年3月11日。

按语：该族始迁祖祝孝丰,自兰溪县迁至此地。曾在清道光三十年(庚戌年,1850年)、同治三年(甲子年,1864年)、同治十一年(壬申年,1872年)纂修宗谱。

该广告由树德堂宗长祝仲鳌刊登,称该族于1921年阴历二月议决发起修谱,要求族人限期在四月底之前报送资料。通信处设在鄞西卖面桥鹿鹤药号。

该广告又刊3月12日、13日、15日、18日、20日、21日、23日、25日、27日、30日、31日,4月2日《申报》。

本次修谱由汪孟畬等纂修。

《鄞西祝家汇祝氏续修宗谱通告》,《时事公报》1939年4月24日。

按语：该族前次纂修宗谱在民国十年(辛酉年,1921年)。

本次系该族第五次修谱,要求迁居外地族人限期在1939年5月底之前将资料寄至通讯处。通讯处设在鄞西卖面桥转祝家汇祝氏修谱局、鄞县灵桥路新元籘行祝和卿处、鄞县西郊路坤和草帽行祝逸卿处。

该通告又刊4月25日《时事公报》。

本次所修即《汇水祝氏宗谱》,共二十四卷、首一卷、末一卷,冯俊翰(恸夋)总修,宗长祝仲焕、房长祝仲燦、祝松甫等修。民国二十八年(1939年)树德堂木活字本,四册。天一阁有藏。

【姚】

《姚氏续修宗谱》,《申报》1888年10月5日。

　　按语：此系慈谿县城内姚氏宗祠续修宗谱启事。

　　该启事落款为"光绪戊子九月执事公具"。"光绪戊子"即清光绪十四年(1888年)。本次修谱要求迁居外地族人限期在光绪十四年十二月底之前向慈谿县城内姚氏宗祠报送资料。

　　该启事又刊10月6日至10日、12日至23日《申报》。

　　附：

　　《姚氏续修宗谱》："浙宁慈谿姚氏宗祠现拟修葺家谱，凡我同宗或有仕、商寄居在外者，务将自己三代存殁并儿媳、子孙名字、年岁开明，寄城中宗祠内，以便纂入。限年内为期，速寄毋迟，望弗自悞。特此告白。光绪戊子九月执事公具。"(《申报》1888年10月5日)

《鄞县鸣凤乡姚家浦姚氏一本堂重修宗谱通告》,《宁波时事公报》1947年9月28日。

　　按语：该族曾在清宣统三年(辛亥年，1911年)续修宗谱。

　　该通告由姚氏一本堂修谱事务所刊登，要求散居各地族人限期在1948年2月9日(丁亥年十二月底)之前报送详细修谱资料。通讯收件处设在上海浙江路486号汇通电料行、宁波江东百丈街姚渭木眼科局。

该通告又刊9月30日至10月2日《宁波时事公报》。

附：

《鄞县鸣凤乡姚家浦姚氏一本堂重修宗谱通告》："窃吾族宗谱自宣统三年续修以来，迄今已逾三十七年。子孙繁衍，亟宜重修。兹经各房干等决议修纂，自即日起开始采访，凡我族人散居各处者，务将现住地址并某公房下三代略历、丁口、名号、子女、嫁娶、婚配、姓氏、生卒年月日、承继、螟蛉、学位、官阶、职业、传志、葬地以及文献、事迹等详细事实抄寄，以便汇编，并限古历十二月底截止，幸勿延误。恐以采访不周，特此登报通告。

通讯收件处：上海浙江路四八六号汇通电料行、宁波江东百丈街姚渭木眼科局。姚氏一本堂修谱事务所启。"(《宁波时事公报》1947年9月28日)

《鄞县鸣凤乡姚家浦姚氏一本堂重修宗谱通告》，《新闻报》1947年10月16日。

按语：该通告由姚氏一本堂修谱处刊登，内容同《宁波时事公报》1947年9月28日《鄞县鸣凤乡姚家浦姚氏一本堂重修宗谱通告》，但增加一处通讯处即上海威海卫路236弄21号华记电料行。

该通告又刊10月22日、30日《新闻报》，10月17日、23日、31日《申报》。

附：

《鄞县鸣凤乡姚家浦姚氏一本堂重修宗谱通告》："窃吾族宗谱自逊清宣统三年重修，迄今已三十七载矣。子孙繁衍，亟宜续修。自即日起开始采访,凡我族人散居各处者,请将某公房下三代略历、丁口、年岁、婚嫁、生卒、承继、传志、文献等详细抄录寄来,俾便汇纂,并限古历十二月底截止,望勿延误。恐未周知,特此公告。通讯处:上海浙江中路四八六号汇通电料行、上海威海卫路二三六弄二一号华记电料行、宁波江东百丈街姚渭木眼科局。姚氏一本堂修谱处启。"(《新闻报》1947年10月16日)

《鄞县鸣凤乡姚家浦姚氏一本堂修谱采访截止通告》,《宁波时事公报》1948年3月23日。

按语:该通告称本次续修宗谱采访截止日期即将结束,要求散居各地族人限期在1948年5月8日(阴历三月底)之前补报修谱资料。通讯处设在上海南京路汇通电料行、宁波江东百丈街姚渭木诊所。

该通告又刊3月24日至27日《宁波时事公报》。

【项】

《慈谿金川项氏修谱通告》,《新闻报》1927年9月19日。

按语:该族始迁祖项克传。曾在清乾隆二十六年(辛巳年,1761年)修谱,即《金川项氏宗谱》,项茂礼(蓉江)纂修。卷数、册数不详,上海图书馆有藏(存清抄本二册,即卷一)。

该通告由金川项氏怀德堂刊登,内称"我族始祖安世公自宋季由括苍迁徙四明,二世祖元吉公居鄞东、元善公居慈谿鸣鹤乡,至十五世祖克传公迁居金川乡之三七市。(本谱)自迁金川始,故称克传公为始祖"。本次修谱要求族人限期在1928年1月22日(丁卯年年底)之前向谱局报送资料。通讯处设在慈谿县三七市镇(今属余姚市)金川项氏宗谱局、上海盆汤弄桥浜北元昌纱号项惠卿处、上海南京路鸿仁里益大纱号项华卿处。

该通告又刊9月20日、21日、25日,10月6日、15日、24日《新闻报》。

本次所修即《慈谿金川项氏宗谱》,共四卷、首一卷、末一卷,项祥豹纂修。民国十七年(1928年)怀德堂木活字本,六册。上海图书馆有藏。

《鄞东乡殷家湾项氏惇叙堂修谱通告》,《申报》1947年3月11日。

按语:该族始祖项安世,号平菴;始迁祖项森十,由慈谿县鸣鹤乡迁居鄞县殷家湾。曾在民国十四年(乙丑年,1925年)重修宗谱。

该通告由项氏惇叙堂修谱办事处刊登。本次修谱自1947年2

月开始采访,要求族人限期在5月底之前报送详细资料。通讯处设在上海宁波路27号合昌篷帆五金号。

"帆布大王"项莲荪(学惠)出自该族。

该通告又刊3月12日、13日《申报》。

本次所修即《殷湾项氏支谱》,不分卷,纂修者不详。民国三十六年(1947年)惇叙堂木活字本,一册。版心题《项氏支谱》。上海图书馆有藏。

附:

《鄞东乡殷家湾项氏惇叙堂修谱通告》:"本族宗谱自民国十四年重修以来,迄今二十余载,房下子姓繁衍,亟宜续修。经宗房干会同旅沪族人等公同议决自本年二月开始采访,凡我族人务于五月底前即将生卒、配葬、子女、嫁娶、学位、官阶、文献、传略等详细抄示,以便汇纂。特此登报,公告周知。幸勿延缓是要。项氏惇叙堂修谱办事处启●通讯处:宁波路廿七号合昌篷帆五金号●"(《申报》1947年3月11日)

《鄞南桃江乡鳌洋项氏树德堂修谱通告》,《宁波时事公报》1947年4月10日。

按语:该族宗谱年久失修。

该通告称本次重修宗谱即日起开始采访,要求散居外地族人限期在1947年5月底之前将资料抄寄修谱办事处或通讯处,以便汇纂。修谱办事处设在鳌洋项氏宗祠,通讯处设在宁波江东两眼桥演武街52号鄞南汽轮公司项守业转办事处。

该通告又刊4月11日至14日《宁波时事公报》。

《穿山后所项氏宗祠重修宗谱通告》,《宁波时事公报》1948年4月9日。

按语:此系镇海县穿山(今属宁波市北仑区)后所项氏宗祠重修宗谱通告。该族曾在民国九年(庚申年,1920年)重修宗谱。

该通告由首柱项青禾刊登,内称"吾族自始祖龙山公自温郡平阳县卜居于此以来,倏忽四百余年"。本次修谱定于1948年5月开版,要求散居各地族人限期在4月底之前报送资料。通讯处设在柴桥后所。

该通告又刊4月10日、11日《宁波时事公报》。

【贺】

《镇海大碶头贺氏宗祠启事》,《申报》1923年10月9日。

  按语：大碶头又作大碶镇，简称大碶，今属宁波市北仑区。

  该启事由族长贺兴宽、掌祠贺云章刊登，称家谱编修、宗祠建造均已完成，通知族人参加定于1923年10月21日（阴历九月十二日）举行的进主典礼。

《镇海贺氏续修明德宗谱通告》,《宁波时事公报》1947年1月10日。

  按语：该族曾在民国九年（庚申年，1920年）纂修明、德两支宗谱。1946年3月，发起重修，并派采访人员分赴各地采访。

  该通告由宗长贺兴德、纂修主任贺天鬻暨房干刊登，要求迁居于潜、昌化、安吉、孝丰、杭州、象山、定海等地族人限期在1947年3月底之前将修谱资料寄至镇海县大碶头石柱头贺氏修谱办事处。

  该通告又刊1月11日、12日《宁波时事公报》。

《镇海县贺氏家庙亨支宗谱续修启事》,《宁波时事公报》1947年5月6日。

  按语：镇海贺氏亨支宗谱曾在民国十一年（壬戌年，1922年）续修。

  该启事由宗长贺王赉、谱柱贺王权、纂修主任贺企虞刊登，称本次修谱于1946年发起组织纂修办事处，1947年3月开始采访，要求散居各地族人见报后从速向纂修办事处报送资料，以便汇编入谱。通讯处设在上海厦门路60弄工商电器厂、镇海县大碶镇贺氏养正学校。

  该启事又刊5月7日至9日、11日至13日《宁波时事公报》。

《镇海贺氏家庙明德宗谱纂修委员会通告》,《宁波时事公报》1947年9月24日。

按语：该通告由宗长贺兴德、首事贺梦怀、总纂贺天鬻刊登,要求迁居外地族人限期在1947年11月底之前补报修谱资料,并称"本会定十月一日起至末日止,组设继案调解委员会,专理本姓子系继承事宜。在限期内,如有继承纠纷,自可邀同双方来会公决"。通讯处设在镇海县大碶头石柱头贺氏家庙内。

该通告又刊9月25日、26日《宁波时事公报》,10月14日、17日、20日《新闻报》。

《镇海县贺氏家庙亨支宗谱续修启事》,《申报》1947年10月12日。

按语：该启事由宗长贺王赉、谱柱贺王权、纂修主任贺企虞刊登,内容同《宁波时事公报》1947年5月6日《镇海县贺氏家庙亨支宗谱续修启事》,但上海通讯处改设至福建北路71号同信昌酒行内。

该启事又刊10月15日、17日《申报》,10月14日、17日、19日《新闻报》。

《镇海县大碶镇贺氏宗祠亨支宗谱开局纂修通告》,《宁波时事公报》1948年9月3日。

按语：该通告称本次重修宗谱采访工作已完成,并开始设谱局纂修,要求族人限期在三个月内至谱局补报修谱资料,并称"本局对于承继等事当遵循法例并顾全民俗习惯,有继父母存在者,可由本人主张,否则应由本局依照族规办理"。通讯处设在镇海县大碶贺氏养正学校转贺氏谱局。

该通告又刊9月5日、7日至10日《宁波时事公报》。

【赵】

《慈谿东乡留车桥赵氏修谱》,《新闻报》1908 年 3 月 28 日。

按语：该启事称"我族始祖讳公迁,系大宋秦王冢子、讳德恭五世孙,登绍兴三十年进士第,历官至少傅,从高宗南渡,居四明之鄞县,后迁慈东马鞍山前留车桥,迄今二十五世"。本次修谱要求族人限期在清光绪三十四年年底(1909 年 1 月 21 日)之前将资料寄上海南市新太平弄裕成恒赵柳章转交谱局。

该启事又刊 3 月 29 日至 4 月 26 日《新闻报》。

《镇邑岩乡横河村赵氏修谱广告》,《新闻报》1908 年 10 月 6 日。

按语：此系镇海县灵岩乡(今属宁波市北仑区)横河村赵氏修谱广告。该族曾在清同治六年(丁卯年,1867 年)纂修宗谱。光绪三十三年(1907 年)冬,议决筹备经费,定于翌年九月二十日(1908 年 10 月 14 日)开始重修宗谱。

该广告由"镇邑赵氏宗房长"刊登。本次修谱要求族人从速报送资料,以便汇编入谱。上海通信处设在新衙前第 620 号门牌赵桂记木作内。

该广告又刊 10 月 7 日《新闻报》。

《鄞县赵氏修谱通告》,《申报》1924 年 6 月 2 日。

按语：该族始祖赵德昭,字日新,行忠二,北宋前期人;始迁祖赵伯苯,行义七,曾任明州录事参军,于宋乾道年间由永嘉迁至此地。曾在明永乐八年(庚寅年,1410年)七月、宣德二年(丁未年,1427年)七月、正德年间、万历十七年(己丑年,1589年)、万历三十三年(乙巳年,1605年)、清康熙十九年(庚申年,1680年)七月、咸丰二年(壬子年,1852年)纂修宗谱。前修宗谱即《四明赵氏宗谱》,共九卷、首三卷、终二卷,赵九禾等纂修。清同治八年(1869年)乐善堂木活字本,共印十六部,每部六册。天一阁有藏。1924年清明日发起续修宗谱。

该通告由赵氏宗长刊登,称经阖族公议续修宗谱,定于6月2日至9月28日(阴历五月初一日至八月三十日)举定采访员会同宗房长调查,要求迁居外地族人从速致函通信处,以便索取、填报调查表;另,指出"仲房下懋建公清乾隆间侨寓北京、季乾房下九如公清嘉庆间侨寓苏州阊门,久未通信,如有后裔,速来接洽"。通信处设在上海宁波路恒祥庄赵谐卿(安庆)处、宁波江厦信源庄赵和卿(安成)处、元成庄赵安仁(养元)处。

著名书画篆刻家赵叔孺出自该族。

该通告又刊6月9日、16日、23日、30日,7月7日、14日、21日、28日《申报》。另,查民国《四明赵氏宗谱》所附《第九次修谱收支清册》,其中支出款项内有"甬申报费"计银圆六十六元七角,据此推测该修谱通告亦在宁波报纸刊登过。

本次所修即《四明赵氏宗谱》,共十卷、首一卷、附一卷,赵毓麒(沧容)、励建侯(延豫)、赵时桐(仲琴)、赵时棡(叔孺)等纂修。民国十五年(1926年)乐善堂木活字本,共印二十三部,每部六册。天一阁有藏。

《余姚西乡五夫王刻作即王善庄赵氏修谱》,《新闻报》1928年3月1日。

按语:该族谱牒年久失修。

该启事由族长赵银宝刊登,内称"吾赵氏自祥山公聚族上虞北乡赵巷桥东潜村始,祥山公系不抑公第三子善传公后,不抑公系宋太宗六世孙,高宗时扈跸南渡,遂居上虞。至十七世本初公生三子,现分三派:长启一公派,徙居虞城支、杭州支、戈家堰支;启二公派,赵巷桥支;启十二公派,徙居姚西王刿作支"。本次修谱由赵敬轩承担经费,自1928年2月开始编修,要求祥山公支下后裔限期在年底之前报送资料。通信处设在宁波五夫站马家堰墨香斋转赵氏谱局、上海天津路河南路口安平保险公司赵叔馨转赵氏谱局。

该启事又刊3月3日、5日、7日、9日、11日、13日《新闻报》,3月2日、4日、6日、8日、10日、12日、14日《申报》。

附:

《余姚西乡五夫王刿作即王善庄赵氏修谱》:"吾赵氏自祥山公聚族上虞北乡赵巷桥东潜村始,祥山公系不抑公第三子善传公后,不抑公系宋太宗六世孙,高宗时扈跸南渡,遂居上虞。至十七世本初公生三子,现分三派:长启一公派,徙居虞城支、杭州支、戈家堰支;启二公派,赵巷桥支;启十二公派,徙居姚西王刿作支。谱牒失修多年,今王刿作支敬轩侄愿负经费,与吾等议修,定本年二月开办。凡祥山公支下子姓望开明支派、世次、名号、出身、生卒、婚配、子女、葬所送局编入。限本年底截止,特登《新》《申》二报通告。幸毋自误。通信处:宁波五夫站马家堰墨香斋转赵氏谱局、上海天津路河南路口安平保险公司赵叔馨转。族长银宝启。"(《新闻报》1928年3月1日)

《镇海崇邱乡堑厚隍赵氏创修宗谱》,《新闻报》1930年12月15日。

按语:该族于1930年春创建宗祠。

该启事称"我族在昔先人遗有抄谱,乃东吴秋波桥能白公分支,迄今已阅十三世,未及创修"。本次创修宗谱自 1930 年 12 月开始采访调查,要求迁居乍浦、丈亭、舟山、浡江、高桥等支派族人限期在翌年 2 月 15 日之前报送资料。通讯处设在宁波镇泰钱庄、上海南市新码头德泰炭行。

该启事又刊 1930 年 12 月 16 日至 18 日、23 日、25 日、26 日、29 日、30 日,1931 年 1 月 11 日、13 日、16 日、17 日、19 日《新闻报》。

【闻】

《重修闻氏宗谱启》，闻士藻撰。光绪《四明石马塘闻氏家乘》卷首。

按语：该族始祖闻吉，字庆世，行小廿七；始迁祖闻时政，字宗德，行万七，于南宋开庆元年（1259年）由鄞县响岩迁居石马塘。字辈排行为：继世守成，宏日昭庭，端方恭友，智勇廉贞，安和启泰，英烈传声，令嗣克振，祖德永明。曾在宋景定年间，元至治三年（癸亥年，1323年），明成化十五年（己亥年，1479年）、嘉靖四十年（辛酉年，1561年），清嘉庆十三年（戊辰年，1808年）、咸丰十年（庚申年，1860年）纂修宗谱。

该启事由闻士藻（翰嶂）约撰写于光绪十三年（1887年）或十四年（1888年），系发起议修闻氏宗谱。

明吏部尚书闻渊及闻泽、闻源、闻性道（蕊泉）出自该族。

本次纂修宗谱并未完成。至光绪二十年（1894年），闻士藻子闻恭瑜等纂修完成《四明石马塘闻氏家乘》。

《宁波鄞西石马塘闻氏修谱启》，《新闻报》1921年5月5日。

按语：该族前修族谱即《四明石马塘闻氏家乘》，共十八卷、首一卷，闻恭瑜等纂修。清光绪二十年（1894年）追远堂木活字本，八册。书签题《闻氏宗谱》，版心题《石马塘闻氏家乘》。天一阁有藏。

该启事由鄞西石马塘闻氏修谱局刊登，内称"吾宗系出青洲，宋宣和间远祖吉公以明洲通判来居邑西之响岩山，六传至时政公，始宅于石马塘，寔为吾族始迁之祖"。"青洲""明洲"应作"青州""明州"。本次修谱要求族人限期在1921年9月1日(阴历七月底)之前报送详细资料。通讯处设在上海打狗桥闻顺兴席栈、嘉善城内闻恒裕煤油公司、宁波小江桥宝和钱庄、鄞西石马塘闻裕泰席行。

该启事又刊5月6日至13日《新闻报》、5月5日至14日《申报》。

本次所修即《鄞西石马塘闻氏家乘》，共十八卷、首一卷，张原炜等纂修。民国十一年(1922年)追远堂木活字本，十册。目录题《鄞西石马塘闻氏谱》，版心题《石马塘闻氏家乘》。天一阁、上海图书馆等有藏。

附：

《宁波鄞西石马塘闻氏修谱启》："吾宗系出青洲，宋宣和间远祖吉公以明洲通判来居邑西之响岩山，六传至时政公，始宅于石马塘，寔为吾族始迁之祖。世故有谱，自吏部尚书庄简公、秋官尚书源以及性道、性善二公从事纂修族谱，灿然大备，叠遭变故，幸而获存。洎夫逊清重行修辑，迄今三十载，子姓繁衍、析居异方者代有其人，不为及时搜讨重修之计，恐遗将来数典忘祖之讥，为特组织修谱局开始重纂。凡吾族系务请按照分迁以后代别、名号、所有婚嫁、生殁年月、职衔及现在人数、名号详细开列，限阴历七月底前送交通信处，俾资汇集，早观厥成。谨列行次如下告我宗人，行次：继世守成，宏日昭庭，端方恭友，智勇廉贞，安和启泰，英列传声，令嗣克振，祖德永明。通讯处：上海打狗桥闻顺兴席栈、嘉善城内闻恒裕煤油公司、宁波小江桥宝和钱庄、鄞西石马塘闻裕泰席行。前项通讯限阴历七月底截止。石马塘闻氏修谱局白。"(《新闻报》1921年5月5日)

【秦】

《宁波鄞南定桥镇秦氏宗族修谱通告》,《新闻报》1947 年 12 月 8 日。

按语：该族前修宗谱距此时（1947 年）已有二十余年。

该通告由秦氏敦睦堂宗房干刊登,称即日起开始采访,要求移居上海等地族人限期在 1947 年 12 月底之前报送修谱资料。通讯收件处设在上海虹口汉阳路 111 号同华煤号、宁波江厦街 124 号正昌烟号。

该通告又刊 12 月 26 日、29 日《新闻报》。

【袁】

《袁氏修谱启》,《申报》1887年6月6日。

按语:此系宁波城南袁氏纂修宗谱启事。该族始祖袁充,字晋谦,行福二;始迁祖袁恪,字德圭。曾在清咸丰六年(丙辰年,1856年)创修宗谱。

该启事由宁波袁氏刊登。本次重修宗谱自光绪十三年(1887年)夏开始,要求族人限期在阴历八月底之前报送详细资料。通讯处设在宁波府城南袁氏祠堂谱局。

该启事又刊6月7日至12日、15日、17日、20日、24日、27日,7月1日《申报》。

本次所修即《鄞邑城南袁氏宗谱》,不分卷(目录分仁、义、礼、智四部),宗长袁丕烈等修,袁纲铭、袁朝瑢等纂修。光绪十四年(1888年)进修堂木活字本,共印二十八部,每部四册。书名页、目录题《城南袁氏宗谱》版心题《鄞邑城南袁氏续谱》。天一阁有藏。

附:

《袁氏修谱启》:"我族宗谱自咸丰六年创修,已历多年。今于夏季重修,恐有迁居远处未及周知,特此布告请将本生兄弟、子女并先世讳字、生卒、配葬、捐纳职衔统希详抄寄宁波府城南袁祠谱局收启。限八月底止,切勿迟悞。宁波袁氏启。"(《申报》1887年6月6日)

《浙江慈谿祝家渡袁氏修谱启》,《申报》1891年3月5日。

按语:该族始迁祖袁肃,字广敬,系袁燮次子,于南宋时迁居慈谿竹江。曾在清嘉庆十七年(壬申年,1812年)、咸丰元年(辛亥年,1851年)纂修宗谱,分别印制三十部、三十四部。

该启事称"我慈谿祝家渡袁氏系出宋正献公次子广敬公、讳肃后,七百年来,子姓繁衍迁居者,不可屈指数"。祝家渡即竹江。"正献公"即袁燮。本次续修谱牒自清光绪十六年(1890年)冬开始采访,要求迁居外地族人将详细修谱资料寄上海北市立大钱庄,或交宁波灵桥门内资深钱庄转寄慈谿县祝家渡(今属余姚市三七市镇)袁氏谱局。

该启事又刊3月6日至29日《申报》。

本次所修即《竹江袁氏宗谱》,卷数不详,袁景尹等纂修。光绪十八年(1892年)惇叙堂木活字本,册数不详。南京博物院有藏(存一册,即卷四)。

附:

《浙江慈谿祝家渡袁氏修谱启》:"谨启者:我慈谿祝家渡袁氏系出宋正献公次子广敬公、讳肃后,七百年来,子姓繁衍迁居者,不可屈指数。去年冬,续修谱牒,各处采访,恐足迹不能遍及,为此告白:凡我广敬公后散处四方者,或某房某公迁居某地,或本身寓住某地,请详细载明确填生配、卒葬、嗣续、职衔并诰敕、艺文、旌褒、节孝等类汇录一册,缮写誊正寄至上海北市立大钱庄,或由宁郡灵桥门内资深钱庄转寄慈谿祝家渡谱局,俾得纂修成功,以广收族敬宗之义。幸甚。盼甚。"(《申报》1891年3月5日)

《宁波西袁氏修谱》,《申报》1899年9月24日。

按语:此系鄞县西袁氏修谱启事。该族始迁祖袁子诚,宋室南渡时自江西南昌迁至鄞县邑西(今属宁波市海曙区)。清乾隆年间,袁钧(陶轩)曾纂修《宁波鄞县西袁氏家乘》,共二十四卷,后因经费不足,并未刊刻。国家图书馆藏有该家谱清抄本(存一册,共三卷)。

该启事由西袁氏宗长刊登,落款时间为"光绪二十五年八月",要求同宗族人限期在光绪二十六年二月底(1900年3月30日)之前将修谱资料寄至宁波府鄞县西门外圣旨亭袁氏谱局。

南宋咸淳七年(1271年)进士袁镛(天与)、明成化二十三年(1487年)进士袁孟悌(本仁)及袁珙、袁忠彻出自该族。

该启事又刊9月25日至10月2日《申报》。

本次所修即《鄞县西袁氏家乘》,共二十六卷、附二卷,袁之镇(雅庵)、袁彭年(籛龄)监修,袁尧年(曜臣)总修,袁可烺(炳章)袁丙熊(明山)等协修。光绪二十六年(1900年)敦本堂木活字本,共印三十三部,每部十六册。版心题《西袁氏家乘》。天一阁、上海图书馆、中国人民大学图书馆有藏。

《慈谿祝家渡袁氏修谱广告》,《新闻报》1920年3月6日。

按语:该广告由袁氏谱局刊登,落款时间为"民国九年庚申正月既望",要求族人限期在登报之日起三个月内将资料寄至慈谿县祝家渡(今属余姚市三七市镇)袁汉卿处。上海通讯处设在泗泾路德和洋行袁礼本处。

该广告又刊3月7日至16日、22日、24日、26日、28日、30日、31日,4月3日、6日、7日《新闻报》;3月6日、8日、13日、19日、23日,4月2日、4日《时报》;3月16日、18日、20日、22日、24日、26

日、28日、30日,4月1日、3日、5日、7日、9日、11日、13日、16日、17日、19日、21日、23日《申报》。

本次所修即《慈谿竹江袁氏宗谱》,共二十六卷、首一卷、末一卷,周毓邠(苇渔)、袁兆墀等纂修。民国十二年(1923年)惇叙堂木活字本,共印三十部,每部二十八册。上海图书馆、南京市档案馆(存卷首、卷十下)有藏。

附：

《慈谿祝家渡袁氏修谱广告》："谨启者：我族宗谱自光绪壬辰修后,迄今三十载。现届续修之期,凡我袁氏系出宋大儒正献公次子广敬公、讳肃后,或由先世迁居他处,或本身移寓外埠者,请将里居、世系、生配、卒葬、嗣续及前清出身、职衔、诰敕、旌褒、节孝、民国新衔、褒扬、节妇或本人有著述暨传状等类,汇录赍至祝家渡与袁汉卿接洽。见报三个月为限,万勿迟悮。上海通讯处：泗泾路德和洋行袁礼本。民国九年庚申正月既望袁氏谱局启。"(《新闻报》1920年3月6日)

《鄞县西袁氏重修家乘启事》,《申报》1928年3月10日。

按语：该族前修家谱即清光绪二十六年(1900年)版《鄞县西袁氏家乘》。

本次修谱要求族人限期在1928年阴历四月之前报送详细资料。收件处设在上海北京路中华银行袁葭池处、宁波江北岸三北公司袁梅斋处、鄞县政府内款产会袁霞苓处。

该启事又刊3月12日、14日、16日、18日《申报》,3月11日、13日、15日、17日、19日《新闻报》。

本次所修即《鄞县西袁氏家乘》,共三十卷、附《鄞县西袁氏世系通检图》二卷,袁丙熊(明山)总修,袁乃彬(霞苓)协修。民国十七年(1928年)敦本堂木活字本,十六册。版心题《西袁氏家乘》。上海图书馆、国家图书馆、天津图书馆等有藏;另,天一阁藏有影印本。

附:

《鄞县西袁氏重修家乘启事》:"始祖子诚公南宋时扈跸来鄞,五传天与公宋末殉难忠臣,再传至菊村而柳庄,族始大著,望甬上称为'西门袁氏'。家乘自清光绪庚子修竣后,迄今已三十年。兹经阖族集议重修,凡我西袁氏子姓,或居本邑,或徙他乡,将本支一派名讳、字号、官阶、生卒、葬地、配妻、子嗣详细开列,限阴历四月以前寄交下列各处转递总、协修处,俾资采入,早底厥成,并希发件者详示地址,以便通讯。如有事项,请至袁霞苓处面洽可也。收件处:上海北京路中华银行袁葭池、宁波江北岸三北公司袁梅斋、鄞县政府内款产会袁霞苓。"(《申报》1928年3月10日)

《宁波南郊袁氏续修宗谱启事》,《新闻报》1935年11月11日。

按语:该族前修宗谱即清光绪十四年(1888年)版《鄞邑城南袁氏宗谱》。

该启事由宗长袁朝金刊登,内称"本族袁氏,为正献公爕派下"。本次修谱于1935年9月由房长、干事会议议决重修,要求族人向谱局报送资料。谱局设在宁波南郊路社坛巷袁氏宗祠内。

该启事又刊11月13日、15日、17日、19日《新闻报》。

本次所修即《鄞邑城南袁氏三修宗谱》，共二十二卷、首一卷，蔡和铿（芝卿）总纂，宗长袁朝金（安生）等修。民国二十五年（1936年）进修堂木活字本，十册。书名页题《城南袁氏三修宗谱》。天一阁、上海图书馆有藏。

《宁波南郊袁氏续修宗谱结束启事》，杭州《东南日报》1936年2月11日。

按语：该启事由宗长袁朝金刊登，称本次修谱定于1936年4月20日为采访结束日期，催告族人务必向谱局报送资料。谱局设在宁波南门外社坛巷13号袁氏宗祠内。

《城南袁氏宗祠谱局通告》，《时事公报》1936年8月9日。

按语：此系宁波城南袁氏宗祠纂修宗谱通告。

该通告由宗长袁朝金刊登，称宗谱定于1936年9月1日付印、停止采访，催告族人在此之前向设在袁氏宗祠内谱局报送资料，以便补入。

该通告又刊8月10日《时事公报》。

《奉化慈林袁氏重修宗谱启事》，《新闻报》1947年9月30日。

按语：该族前修宗谱距此时（1947年）已有四十六年。

本次修谱要求旅居外地族人限期在1947年10月23日（阴历九月十日）之前报送详细资料。上海通讯处设在虹口闵行路茂昌公司袁仁民处。

《宁波东乡新桥愿丰堂袁氏修谱通告》，《申报》1947年10月20日。

按语：该族曾在清同治四年（1865年）创修宗谱。清末续修宗谱,距此时(1947年)已有四十余年。

本次修谱要求族人限期在登报之日起一个月内向通讯处接洽、报送详细资料。上海通讯处设在福建路天津路华生电器厂袁宗耀处、合肥路257号源芳木行袁耕芳处。

该通告又刊10月21日、22日《申报》,10月20日至22日《新闻报》。

本次所修即《鄞东莘桥袁氏宗谱》,共四卷、末一卷,石固纂修,袁彦赉、袁彦芳总理。民国三十六年(1947年)愿丰堂木活字本,三册。天一阁有藏。

附:

《宁波东乡新桥愿丰堂袁氏修谱通告》:"窃我袁氏宗谱自民前续修,已逾四十余年,子孙繁延,散居各地。兹经族房公议发起重修,凡我族人速将名讳、生卒、配葬、职衔、传赞、文献详细寄下。自登报日起一个月内向下列地址接洽,俾作汇编。恐采访未周,特此公告。通讯处:福建路天津路华生电器厂袁宗耀或合肥路二五七号源芳木行袁耕芳。"(《申报》1947年10月20日)

【夏】

《浙绍余上夏氏合修宗谱》，《新闻报》1904年7月17日。

按语：此系余姚兰风夏氏与上虞桂林夏氏合修宗谱启事。兰风夏氏曾在清康熙年间、同治八年(己巳年，1869年)分别纂修谱牒。

该启事由兰风夏氏刊登，落款时间为"光绪三十年岁次甲辰仲夏"，内称"我姚有夏氏自十二世祖福二公由上虞桂林赘居余姚兰风乡成家村，为韩夏始祖。厥后子姓蕃衍，聚成一族，而实与桂林源流一派，非比他姓之同姓不宗者也"。本次余姚兰风夏氏与上虞桂林夏氏合修宗谱，自清光绪三十年(1904年)六月开始编修，要求族人限期在翌年三月底之前报送资料。通讯处设在上海英大马路抛球场后杨泰记弄元茂钱庄转、宁波夏大有米号。

该启事又刊7月18日、19日、21日、23日、25日、27日、28日、31日，8月2日、4日、6日、8日、10日、12日、14日、16日、18日、22日、24日、26日、28日、30日，9月1日、3日、5日、7日、9日、11日《新闻报》。

本次所修即《桂林夏氏宗谱》，共十卷、首一卷、末一卷，夏寿恒、夏宪曾等纂修。光绪三十三年(1907年)明德堂木活字本，共印六十部，每部十二册。上海图书馆、国家图书馆、北京大学图书馆、中国人民大学图书馆、绍兴文理学院图书馆等有藏。

《镇海雅度峜夏氏修谱》，《申报》1920年11月10日。

按语：该族曾在清光绪十二年(丙戌年，1886年)续修宗谱。

该启事由仁本堂刊登,要求迁居外地或在外经商族人限期在1921年4月7日(辛酉年二月底)之前向通信处抄送修谱资料。通信处设在上海白渡桥北美贤里宏昌煤号、宁波日新街同源煤号、梅墟天一药铺。

该启事又刊 11 月 12 日、14 日、16 日、19 日、20 日、22 日、24 日、27 日、28 日、30 日,12 月 2 日、5 日、6 日、8 日《申报》;11 月 11 日、13 日、15 日、17 日、19 日、21 日、23 日、26 日、27 日、29 日,12 月 1 日、3 日、5 日、7 日、9 日《新闻报》。

【柴】

《镇海清水浦柴氏修谱》,《申报》1917年4月8日。

　　按语:该启事由宗长柴永言、柱首柴振定、柴纲恒刊登,内称"吾族自七世祖勤公由慈北迁镇海柴家畈"。本次重修谱牒要求迁居外地族人将资料寄至上海三茅阁桥元茂糟坊或镇海县清水浦柴纲恒处。

　　该启事又刊4月13日《申报》。

《柴氏修谱广告》,《申报》1919年5月10日。

　　按语:此系鄞城西双桥世恩坊柴氏修谱广告。

　　该广告由柴立山刊登,要求迁居余姚、奉化西岙、福建晋江、杭州塘栖、安徽广德、江苏宜兴、苏州等地族人限期在1919年阴历六月之前将修谱资料寄至鄞县公署巡防队内柴炳章处。

《鄞东岙里王鑑桥柴氏修谱通告》,《申报》1933年6月20日。

　　按语:该族曾在清宣统元年(己酉年,1909年)续修谱牒。

　　本次修谱要求迁居外地族人限期在1933年8月之前向谱局报送资料。通讯处设在鄞东(原文误作"郑东")新河头柴家航船转柴氏谱局。

　　该通告又刊6月22日、24日、26日、28日、30日,7月2日《申报》;6月21日、23日、25日、27日、29日,7月1日、3日《新闻报》。

附：

《鄞东岙里王鑑桥柴氏修谱通告》："我柴氏谱牒自己酉岁续修,距今二十四稔矣。恐年久失考,公议今庚重修。凡我子孙迁居族外者,迅将历代讳字、生卒、配墓、子女、婚嫁并职衔、传序、墓志等于八月前汇送来局,俾便纂修。幸勿自误。通讯处:郑东新河头柴家航船送柴氏谱局。"(《申报》1933年6月20日)

《宁波东乡岙里王柴氏修谱进主启事》,《新闻报》1946年11月14日。

按语:该启事由敦睦堂宗长柴汝照刊登,称修葺宗祠、编纂谱牒即将完成,定于1947年3月9日(阴历二月十九日)举行进主典礼,要求族人从速报送修谱资料。通讯处设在上海天津路368号恒丰钱庄、宁波后塘街大茂牛骨行。

该启事又刊11月15日《新闻报》,11月14日、15日《申报》。

【倪】

《镇海西管乡后倪村倪氏修谱广告》,《新闻报》1922年4月27日。

按语:该族曾在清同治年间由倪以贯创修宗谱。

该广告由镇海后倪培德堂内倪氏谱局刊登,内称"吾族自始祖胤恪公明时由邑之江南清水里涧桥迁居西管乡后倪村,今四百余年矣"。本次修谱要求族人从速向谱局报送资料。通信处设在上海南市里咸瓜街太平衖永泰药行、上海四马路叶树德堂药号、宁波江厦财神殿跟元益庄、宁波江北岸大和栈衖12号门牌倪公馆。

该广告又刊4月28日至5月26日《新闻报》,4月30日、5月26日《申报》。

本次所修即《镇海西管乡后倪倪氏宗谱》,共十六卷、首一卷,陈祖诏纂修。民国十三年(1924年)培德堂木活字本,共印十二部,每部十二册。书签、书名页题《镇海后倪倪氏宗谱》,版心题《镇海西管倪氏宗谱》。上海图书馆、美国犹他家谱学会有藏。

【徐】

《徐氏修谱》,《申报》1896年7月5日。

　　按语：此系宁波鄞南徐东埭徐氏修谱启事。

　　该启事由显承堂徐氏刊登,要求迁居外地族人限期在清光绪二十三年(1897年)清明之前报送修谱资料。

　　附：

　　　　《徐氏修谱》："启者：本族在浙宁鄞县南乡徐东埭,凡本族子孙迁移外地者,须认支派,早来报名,以便采入,不得自悮。恐未周知,故出报闻。特此预知,限廿三年清明止。

　　　　显承堂徐氏启。"(《申报》1896年7月5日)

《慈谿洋墅徐氏修谱》,《新闻报》1905年3月1日。

　　按语：该族于北宋淳化年间由徐德渊(字文静,号石台,行大九)迁居慈谿县孔岙,至徐相(字守高,行什一)、徐植(字守荣,行什二)奉母刘氏迁至洋墅,后分为上宅、下宅、中宅、旧宅及新宅、竹洋、黄瓦屋等支派。曾在宋嘉熙四年(庚子年,1240年)、明洪武十一年(戊午年,1378年)、成化十二年(丙申年,1476年)、崇祯元年(戊辰年,1628年),清顺治十七年(庚子年,1660年)、康熙二十三年(甲子年,1684年)、乾隆二十四年(己卯年,1759年)、乾隆五十一年(丙午年,1786年)、咸丰元年(辛亥年,1851年)纂修宗谱。

　　该启事由洋墅徐氏谱局刊登,要求族人限期在半年内报送修谱资料。通信处设在上海瑞大庄徐伯熊处、宁波生甡庄徐子佩处。

该启事又刊 3 月 2 日、3 日《新闻报》。

本次所修即《慈东洋墅徐氏十修宗谱》，共二十二卷、首一卷、末一卷，王定甫等纂修。清光绪三十三年（1907 年）崇德堂木活字本，二十六册。书名页题《慈谿洋墅徐氏十修宗谱》，版心题《慈东洋墅徐氏宗谱》。上海图书馆、美国犹他家谱学会有藏。

《慈谿洋墅徐氏修谱》，《新闻报》1905 年 8 月 30 日。

按语：该启事由洋墅徐氏谱局刊登，内称"兹定今年重修，已于二月登报广告，阅时半载，见寄寥寥"，故通告迁居外地族人限期在半年内报送修谱资料，以便入谱。通信处设在上海瑞大庄徐伯熊处、宁波甡琛庄徐子佩处。

该启事又刊 8 月 31 日至 9 月 4 日《新闻报》，8 月 30 日、9 月 1 日至 8 日《时报》，9 月 2 日《申报》。

《慈谿洋墅徐氏修谱》，《新闻报》1906 年 6 月 23 日。

按语：该启事称本次修谱定于清光绪三十二年六月初一日（1906 年 7 月 21 日）付印，要求族人在此之前报送资料。通信处设在上海瑞大庄徐伯熊处、宁波甡琛庄徐子磷处。

该启事又刊 6 月 24 日至 7 月 19 日《新闻报》。

《浙江余姚徐氏修谱》，《申报》1914 年 4 月 15 日。

按语：该族曾在明万历二十九年（辛丑年，1601 年），清乾隆二十九年（甲申年，1764 年）、道光二十八年（戊申年，1848 年）纂修宗谱。前修宗谱即《姚江徐氏三续宗谱》，共十卷、首一卷，徐圣庆等纂修。

光绪十年(1884年)刻本、木活字本,四册。书名页、版心题《徐氏三续宗谱》。国家图书馆、河北大学图书馆、吉林大学图书馆等有藏。

该启事称"我族迁姚始祖秉钝公随宋南渡,卜居余姚南城,支分南、北二宅"。本次修谱要求族人在1914年2月9日至1915年2月13日(阴历正月十五日至年底)期间向谱局报送资料。通讯处设在余姚水门口绞成布行。

道光十六年(1836年)进士徐文藻(荇香)出自该族。

该启事又刊4月16日至5月14日《申报》。

本次所修即《姚江徐氏三续增修谱》,共十卷、首一卷,徐鼎镐总理,徐华润、徐懋桂纂修。民国五年(1916年)刻本、木活字本,四册。书名页题《徐氏三续宗谱》,目录题《姚江徐氏三续增修宗谱》,版心题《徐氏三续宗谱》或《徐氏三续增修宗谱》。天一阁、上海图书馆、浙江图书馆、国家图书馆、南京图书馆、北京大学图书馆、河北大学图书馆、思绥草堂等有藏。

附:

《浙江余姚徐氏修谱》:"我族迁姚始祖秉钝公随宋南渡,卜居余姚南城,支分南、北二宅。自前光绪初年,谱已三续,距今三十余载。旧谱虽存,而继起后昆未列谱中者甚多。或因筮仕远方,或由经商异郡,天涯地角,散处飘蓬。设非修谱牒,恐年远日久,殊难搜辑。兹族中公议增续修谱,在本局设立谱局。凡我徐氏嫡派,务祈开明祖系及丁口、生卒、殡葬等,于今年阴历正月望日始报告来局。限至年冬截止,以备采入,毋任遗漏。恐未周知,特此登报声明。来函寄姚邑水门口绞成布行。此启。"(《申报》1914年4月15日)

《鄞南徐氏修谱广告》，《新闻报》1917年3月18日。

按语：该广告由显承堂徐氏刊登，内称"我族自祥卿公卜居于徐东堍已历六百余年，子孙繁衍不下千家"。本次重修宗谱要求族人限期在1917年6月底之前报送资料。通信处设在上海西棋盘金隆街恒隆东洋庄。

该广告又刊3月19日至23日、26日至29日、31日，4月1日《新闻报》；3月20日《申报》。

本次所修即《徐氏宗谱》，民国六年（1917年）显承堂木活字本。卷数、纂修者、册数不详。上海图书馆有藏（存一册，即卷八）。

《镇海东管乡徐家堰镇徐氏修谱启》，《新闻报》1921年3月11日。

按语：该族始迁祖徐福祖，于明宣德年间自慈谿县杨徐迁居此地。曾在清乾隆年间创修宗谱，后在嘉庆、同治、光绪时续修。

该启事由徐文明堂刊登，要求族人限期在1921年8月3日（阴历六月底）之前报送修谱资料。通信处设在镇海县东管乡徐家堰镇徐文明堂、上海南市征祥庄徐凤鸣处、上海北市爱文义路兴茂里徐胜记印书局徐胜兰处、镇海县永成木行徐秉刚处。

该启事又刊3月12日、13日、20日、27日，4月3日、24日，5月1日、8日、10日、22日、31日，6月6日、12日、18日《新闻报》；4月24日，5月1日、8日、15日、22日、29日，6月5日、12日、19日《申报》。

《镇海东管乡徐家堰徐氏修谱采访截止广告》，《申报》1921年9月17日。

按语：该广告由徐文明堂刊登，称采访工作即将结束，催告迁居外地族人限期在 1921 年 10 月 30 日（阴历九月底）之前报送修谱资料。通讯处设在上海南市征祥庄徐凤鸣处、上海北市爱文义路兴茂里徐胜记印书局徐胜兰处、镇海县永成木行徐秉刚处、镇海县东管乡徐家堰镇徐文明堂。

该广告又刊 9 月 18 日、19 日《申报》。

《鄞县南门外礼嘉桥徐氏修谱》，《新闻报》1924 年 4 月 4 日。

按语：该族曾在清光绪二十一年（乙未年，1895 年）重修宗谱，即三修本。

该启事由徐氏修谱事务所刊登，要求族人限期在 1924 年 5 月底之前报送修谱资料。通讯处设在宁波大道头老日生烛号徐纪澜处。

该启事又刊 4 月 5 日、6 日、12 日至 15 日、17 日至 20 日《新闻报》。

《宁波东乡徐氏修谱通告》，《新闻报》1925 年 9 月 6 日。

按语：该通告由宗长徐芝绪刊登，内称"我族始祖为周偃王，一世祖讳应日、应汉公宋末始迁居越之勾东明楼薛家桥"。本次修谱要求族人限期在 1925 年 12 月 15 日（阴历十月底）之前报送资料。修谱报告处设在汉口一码头中英药房徐森宝处、上海英租界集益里正丰杭绸庄徐松寿处、上海鼎康钱庄徐才溥处、上海四马路中英药房徐鸿宾处、宁波江北岸友华烟公司徐茂斋处、宁波东门内云章绸庄徐如玉处、宁波江东祥泰木行徐菁斋处，通讯处设在宁波江东盐梅乡自治办公处转大墩学校戎弨禊修谱所。

该通告又刊 9 月 7 日至 12 日《新闻报》、9 月 15 日《申报》。

《宁波大墩徐氏重脩宗谱》，《申报》1930年9月17日。

按语：该族始迁祖徐富阳，于宋代自鄞东明楼迁至大墩。前修宗谱即《大墩徐氏宗谱》，共十六卷、首一卷，徐隆炳等纂修。清光绪三十四年（1908年）思本堂木活字本，六册。上海图书馆、吉林大学图书馆有藏。

该启事由宗长刊登。本次重修宗谱采取集款办法，要求族人限期在1930年冬至之前亲自至大墩报送详细修谱资料，并指出"如因路远不能亲来，则速致信本房房长或其他宗人，托其代为报告，或直致信通讯处亦可"。通讯处暂设宁波城内湖西桂花井7号徐坤房内。

清代学者、藏书家徐时栋（号柳泉）出自该族，并曾纂修《大墩徐氏宗谱》（即光绪元年版）。

本次所修即《大墩徐氏宗谱》，共十六卷、首一卷、末一卷，徐述尧纂修。民国二十一年（1932年）思本堂木活字本，六册。上海图书馆、福建省图书馆、山西省社会科学院家谱资料研究中心、美国犹他家谱学会有藏。

附：

《宁波大墩徐氏重修宗谱》："吾大墩徐氏宗谱自清光绪戊申重修以来，迄今二十有三年矣。现经宗、房议决集款重修，但越年已久，子姓中不免有一再迁徙、无从采访者，为此登报广告，凡吾宗人见报后，务于本年冬至以前亲来大墩详细报告。如因路远不能亲来，则速致信本房房长或其他宗人，托其代为报告，或直致信通讯处亦可。切勿迟误。来信必须挂号，通讯处暂设宁波城内湖西桂花井七号徐坤房内。宗长特白。"（《申报》1930年9月17日）

《四明桂林徐氏修谱通告》，《新闻报》1931年5月5日。

  按语：该族始迁祖徐惟善。曾在清咸丰十年（庚申年，1860年）、光绪十一年（乙酉年，1885年）纂修宗谱。前修宗谱即《四明光溪桂林徐氏重修宗谱》，共八卷、首一卷、末一卷，宗长徐有庄、房长徐昌达、徐昌福、徐昌楣等修，徐学洞纂修。光绪三十三年（1907年）木活字本，册数不详。版心题《桂林徐氏宗谱》。天一阁有藏（存一册，即卷五至八、卷末）。

  该通告由干事徐用康、徐美德刊登，要求迁居外地的上徐三房、下徐五房族人限期在1931年5月30日之前报送详细修谱资料。通讯处设在上海大马路亨得利、宁波东门得生堂、鄞县鄞江桥培才学校。

  该通告又刊5月7日、9日《新闻报》，5月6日、8日、10日《申报》。

  本次所修即《四明光溪桂林徐氏重修宗谱》，共八卷、首一卷、末一卷，宗长徐大湄、房长徐昌楣、徐学珠、徐学岐等修，张传保（申之）、王九华、徐可惊等纂修。民国二十年（1931年）木活字本，十二册。版心题《桂林徐氏宗谱》。天一阁有藏。

  附：

  《四明桂林徐氏修谱通告》："吾族宗谱经日已久，兹特邀集上徐三房、下徐五房各房长、干事等公同议决重修。凡我同族有迁居他处者务将世系、行次、名号、生卒、葬配、婚嫁以及职衔、住址等项详细开示，或有行述、传赞、墓志、寿序等，亦希于国历五月三十日以前抄示为荷。特此通告。通讯处：上海大马路亨得利、宁波东门得生堂、鄞江桥培才学校。干事徐用康、徐美德启。"（《新闻报》1931年5月5日）

《鄞县西南乡像鑑桥徐节孝公祠修谱通告》,《申报》1932年6月28日。

按语：该族前修宗谱距此时（1932年）已有三十一年。

该通告由宗长徐培彬刊登,要求所有在外族人限期在1932年9月底之前将修谱资料交上海河南路如意里生生纱布号徐知沄,或寄宁波慎丰庄徐菊生转达。

该通告又刊6月30日,7月2日、4日、6日《申报》。

本次所修即《鑑汀徐氏家乘》,共十五卷、首一卷、末一卷,徐培柄主修。民国二十二年（1933年）滋德堂木活字本,六册。书名页题《徐氏家乘》。国家图书馆有藏。

附：

《鄞县西南乡像鑑桥徐节孝公祠修谱通告》："我徐氏宗谱自重修以来,迄今卅一年,议今庚九月终以前所有在外族人赶将名号、配葬、生卒日期缮录,投交上海河南路如意里生生纱布号徐知沄君收下,或寄宁波慎丰庄徐菊生君转达。宗长培彬启。"（《申报》1932年6月28日）

《浙江鄞县南乡茅山花园徐氏续修宗谱通告》,《新闻报》1932年10月18日。

按语：该族曾在清光绪年间重修宗谱,距此时（1932年）已近三十年。

该通告由鄞县茅山花园徐氏蕚瑞堂刊登。本次修谱自1932年10月开始采访,要求迁居外地族人限期在1933年3月之前报送资料。通讯处设在上海江西路永吉里荣利昌徐谋德处。

该通告又刊10月19日《新闻报》。

《宁波徐东埭徐氏修谱》，《新闻报》1936年5月23日。

按语：该族前修宗谱即民国六年（1917年）版《徐氏宗谱》。

该启事由"宗房干"刊登。本次重修宗谱自1936年4月21日开始采访，并定于年内付印、1937年2月17日（正月初七日）庆祝谱牒告成。通讯处设在宁波徐东埭徐氏谱局。

该启事又刊5月25日、27日、29日，6月1日、3日、5日《新闻报》。

《宁波江东镇明楼徐氏续修宗谱通告》，《新闻报》1936年12月16日。

按语：该通告由宗长徐兰荫刊登，内称"我族始祖周偃王，至宋末应日、应汉二公始迁居越之勾东明楼薛家桥，二世祖贵环、贵珀公，三世祖富宝、富宗、富阳公，四世祖君盛公，五世祖旭斋公分居甬江杨柳道头，名敬义堂，绵延至十一世祖，分为东房祖哲，名存敬堂，西房祖智，名懋敬堂，是为敬加桥派"。"敬加桥"又作敬驾桥，今作惊驾桥。本次修谱于1936年8月议决续修，要求族人限期在冬至日之前报送资料。修谱报告处设在宁波云章绸缎局徐如玉处、宁波江东敬加桥徐万兴徐才尚处。另，该族部分字辈排行为：金景芝兰秀，贤才孝义扬。

该通告又刊12月18日、20日《新闻报》。

《鄞县西乡卖面桥朱园徐氏修谱启事》，《时事公报》1943年6月25日。

按语：该族曾在清光绪年间修订宗谱，距此时（1943年）已有近六十年。

该启事由宗长徐翥青刊登,要求迁居外地族人限期在 1943 年 8 月底之前报送修谱资料。通讯处设在宁波江东百丈街源顺肉店徐世贵处、上海二马路石路陶朱里同余棉布号徐祖培处。

该启事又刊 7 月 20 日、21 日、25 日,8 月 13 日《时事公报》。

《慈谿西乡渔溪上徐搭徐氏脩谱通告》,《时事公报》1944 年 9 月 11 日。

按语:该族前修宗谱距此时(1944 年)已有一百五十余年。

该通告由静廉堂宗长任仁亦刊登,内称"本宗任、徐二姓同出一祖"。本次修谱要求族人限期在 1944 年 12 月 22 日之前将资料寄至宗祠谱局,或寄代递处转谱局。代递处设在上海五马路 348 号五和织造厂发行所、宁波江东木行路 41 号祥兴木行。

该通告又刊 9 月 12 日至 15 日、17 日、19 日、21 日、23 日、25 日,10 月 6 日、13 日、22 日,11 月 2 日、15 日、16 日、24 日、26 日,12 月 2 日、6 日、7 日、9 日《时事公报》。

《鄞南礼嘉桥余庆堂徐氏重修宗谱通告》,《新闻报》1945 年 5 月 12 日。

按语:该通告称本次修谱经族人公决自 1945 年 3 月开始采访,要求旅沪族人限期在 5 月底之前向大上海路 470 号余泰号徐光照报送资料。

该通告又刊 5 月 13 日、14 日《新闻报》。

《鄞县南乡陈岐徐氏修谱通告》,《新闻报》1946 年 5 月 16 日。

按语:该通告由徐氏敦睦堂修谱处刊登。本次重修宗谱要求族人限期在 1946 年 6 月 30 日之前向修谱处报送资料。

该通告又刊 5 月 18 日《新闻报》、5 月 18 日《民国日报》。

《鄞东莫枝堰河上桥徐氏集义堂修谱通告》，《新闻报》1947 年 7 月 2 日。

按语：本次纂修宗谱于 1947 年 6 月设立谱局、开始采访，要求散居各地族人限期在 8 月底之前报送资料。通讯处设在宁波百丈路慎昌香纸号徐信怀处、上海四马路中英大药房徐新赉处。

该通告又刊 7 月 10 日、11 日、13 日、15 日、17 日《宁波日报》，7 月 10 日、11 日、12 日、14 日《宁波时事公报》。

《鄞东五乡碶经堂续修徐氏宗祠通告》，《宁波时事公报》1947 年 12 月 5 日。

按语：该族曾在民国三十四年（1945 年）由前任柱首发起修谱，但因缺少经费，并未全部完成。

该通告由宗长徐俊鹤、柱首徐阿满、徐祖安、徐金土（均系修谱发起人）刊登，称经发起人召集族人讨论，议决续修谱牒，并定于 1948 年 1 月 12 日（阴历十二月初二日）进主，要求欲入谱进主者向通讯处接洽相关事宜。通讯处设在宁波后塘路乾坤和号徐鸿鹏处、上海茄辣路仁德里 2 号徐桐甫处。

该通告又刊 12 月 6 日、7 日《宁波时事公报》。

《鄞西清道乡徐家漕徐氏宗祠重修宗谱通告》，《宁波时事公报》1948 年 1 月 30 日。

按语：该族宗谱年久失修。

该通告由宗长徐祥麟及各房长、干事刊登，要求散居各地族人限期在 1948 年 3 月 10 日（阴历正月底）之前向谱局或通讯处报送修谱资料。谱局设在徐家漕徐氏宗祠内，上海通讯处设在湖北路 262 号美丽服装公司徐家宝处（电话号码 95510）；宁波通讯处设在车轿街百货业公会徐传馨处（电话号码 1778）、西郊路新河桥祥源石木行徐全鑫处（电话号码 2670）、徐家漕徐恒昌灰厂徐芝珊处、鄞县中山公园内徐子敬修谱办事处。

该通告又刊 1 月 31 日，2 月 2 日、3 日、5 日《宁波时事公报》。

《宁波清道乡徐家漕徐氏宗祠重修宗谱通告》，《新闻报》1948 年 2 月 5 日。

按语：该通告由宗长徐祥麟及各房长、干事刊登，内容同《宁波时事公报》1948 年 1 月 30 日《鄞西清道乡徐家漕徐氏宗祠重修宗谱通告》。另，该通告内称"恐采访不周，特登二报声明（宁波已刊《宁波日报》）"，此"二报"实为《新闻报》《宁波时事公报》。

该通告又刊 2 月 6 日《新闻报》。

《鄞县鸣凤乡前徐镇徐氏敦睦堂重修宗谱公告》，《新闻报》1948 年 3 月 12 日。

按语：该族曾在民国九年（庚申年，1920 年）续修宗谱。

该公告由宗长徐允根、宁波主任委员徐嘉祥（廷芳）、上海主任委员徐翊贽（怡铭）刊登，要求族人限期在 1948 年 6 月底之前报送修谱资料。办事处设在鄞东前徐徐氏老宗祠、宁波江北岸宁绍公司、上海泗泾路 29 号协隆工业原料号。

该公告又刊 3 月 13 日、15 日《新闻报》。

《鄞东鸣凤乡前徐镇徐氏敦睦堂重修宗谱公告》,《宁波时事公报》1948年3月16日。

按语:该公告由宗长徐允根、宁波主任委员徐嘉祥(廷芳)、上海主任委员徐翊赟(怡铭)刊登,内容同《新闻报》1948年3月12日《鄞县鸣凤乡前徐镇徐氏敦睦堂重修宗谱公告》。

该公告又刊3月17日、18日、22日至24日,4月12日至14日《宁波时事公报》;3月21日、4月15日至17日《宁波日报》。

《鄞东鸣凤乡前徐镇徐氏敦睦堂通告》,《宁波时事公报》1948年8月3日。

按语:该通告由宗长徐允根刊登,称本次修谱定于1948年8月底截止,要求旅居外地族人从速邮寄采访单;另,通告族人新、老祠堂已于7月22日(《宁波日报》作23日)开工修建,定于11月18日(阴历十月十八日)举行进主贺谱典礼。

该通告又刊8月4日至8日《宁波时事公报》、8月3日至6日《宁波日报》。

《鄞东鸣凤乡前徐镇徐氏敦睦堂宗祠进主贺谱启事》,《宁波时事公报》1948年9月27日。

按语:该启事由宗长徐允根刊登,系通知族人参加定于1948年11月18日(阴历十月十八日)举行的进主贺谱典礼。

该启事又刊9月28日、29日《宁波时事公报》,9月27日至29日《宁波日报》。

《鄞东前徐镇敦睦堂更正准期进主贺谱公告》,《宁波日报》1948年

11月12日。

按语：该公告由徐氏敦睦堂宗长徐允根刊登，系通告族人如期（即1948年11月18日）举行进主贺谱典礼，仪式一切从简。该族此前决定暂停举行进主贺谱典礼。

《鄞南丰乐乡山西田畈前徐氏重修宗谱通告》，《宁波日报》1949年4月9日。

按语：该族前修宗谱距此时（1949年）已有三十余年。

该通告称本次重修宗谱经公决即日起开始采访，要求族人限期在1949年8月底之前向徐氏祠堂报送详细修谱资料，以便汇纂入谱。通讯处设在宁波大道头香山堂国药铺徐善亨处、横溪丰顺南货号王祖尧处。

该通告又刊4月12日至15日《宁波日报》。

【殷】

《殷氏修谱》,《新闻报》1922年8月16日。

按语：此系四明(今宁波)殷隘殷氏纂修宗谱启事。该族始迁祖殷德乘,字清行,号月楼,宋时由苏州迁居明州(今宁波)。前修宗谱即《殷隘殷氏谱》,共十二卷、首一卷,张世训(诲斋,清光绪十一年举人)纂修。光绪十四年(1888年)木活字本,五册。天一阁有藏(存四册,即卷首、卷二至十二)。

该启事由宗长殷文琏刊登,要求族人限期在1922年8月底之前报送修谱资料。通讯处设在上海怡和洋行洋布账房殷琴舫处、宁波宫前复新酒行殷宝生处。

该启事又刊8月17日、18日、20日、22日、24日、26日《新闻报》。

本次所修即《殷隘殷氏宗谱》,共十卷、首一卷,柴永祺(莲浦)纂修,殷文琏等修。民国十二年(1923年)余庆堂木活字本,共印六部,每部六册。天一阁有藏。

【翁】

《余姚县黎洲乡双龙村翁氏修谱启事》，《时事公报》1944年10月6日。

  按语："黎洲乡"应作梨洲乡。该族始迁祖翁祥初，由后溪迁至双龙村，距此时（1944年）已历十余世、二百余年。

  该启事由翁氏宗长刊登。本次修谱自1944年10月1日开始，要求迁居外地族人限期在10月底之前报送资料。通讯处设在余姚南城直街东升南货号、万泰南货号。

  该启事又刊10月7日至10日、13日《时事公报》。

《慈北鸣鹤场岙里翁氏修谱启事》，《宁波时事公报》1946年10月3日。

  按语：该族向无宗谱，仅在清乾隆年间由三十六世祖"凤公"编纂过世系。

  该启事由"树本堂翁宗房长"刊登，要求族人限期在1946年12月底之前报送三十七世"长"行至四十三世"允"行、四十四世"笃"行、四十五世"诚"行修谱资料。通讯处设在上海虎丘路131号华茂烟行转、慈北鸣鹤场翁材庭处。

  该启事又刊10月4日至10日、12日、13日、15日至18日《宁波时事公报》，10月14日、16日、18日、25日、28日《新闻报》，10月15日、17日、19日、26日、29日《申报》。

附：

《慈北鸣鹤场岙里翁氏修谱启事》："我族素无宗谱，自清乾隆间卅六世祖凤公留心世系，于本支可征者手自辑之。当时因年远代湮、支分派别已多遗漏，况至今沧桑历劫又将二百年矣。族内裔孙关心谱系者有鉴于斯，拟自鹤皋本支生十二房、甫一房、甫三房着手纂修，各房子姓曾在多年迁居异乡，历代不乏其人，见报后请将卅七世'长'行起至四十三、四、五'允''笃''诚'行止，即将历代行辈、讳字、生卒、配葬、子女、继承、勋衔、事迹以及懿行、文献统希列入，限卅五年十二月底以前抄寄到所，俾便纂辑，并须附知通讯处，以备查询。幸勿延误。特此通告。树本堂翁宗房长启。通讯处：上海虎邱（丘）路一三一号华茂烟行转、慈北鸣鹤场翁材庭。"（《宁波时事公报》1946年10月3日）

【郭】

《宁波鄞县东乡东雅桥郭氏修谱广告》,《新闻报》1917 年 4 月 25 日。

按语：该族曾在清光绪十三年（丁亥年，1887 年）纂修宗谱。1917 年阴历闰二月（3 月 23 日至 4 月 20 日）开始，在祠堂设立谱局，负责重行修谱之事。

该广告由"郭思本堂"刊登，要求迁居外地族人将修谱资料寄至通讯处，即上海老闸张崇新酱园郭靖波处、宁波崔衙前戚永昌烟庄郭维桂处，以便汇总转交谱局。

该广告又刊 4 月 26 日至 5 月 11 日、13 至 19 日、22 日、24 日、25 日《新闻报》。

《宁波廿四间郭氏续修宗谱启事》,《时事新报》1928 年 11 月 9 日。

按语：该启事要求迁居外埠族人限期在 1929 年 1 月 10 日（戊辰年十一月底）之前将修谱资料寄至宁波城内廿四间陶家弄 7 号郭永年处或上海物品交易所郭外峰处。

该启事又刊 11 月 13 日《时事新报》，11 月 10 日、12 日、14 日、16 日、18 日《新闻报》。

《宁波城内廿四间郭氏修谱广告》,《四明日报》1928 年 11 月 15 日。

按语：该广告由宁波城内郭氏宗房长、干事刊登，称本次续修宗谱定于 1928 年 11 月 12 日至 1929 年 1 月 10 日（阴历十月初一日至十一月底)为采访期,要求迁居外埠族人在此期间报送修谱资料。通讯处设在宁波城内廿四间陶家弄7号郭永年处、上海物品交易所郭外峰处。

【高】

《余姚上林石人山高氏宗祠追远堂修葺祠宇续编宗谱通告》,《申报》1947年11月15日。

按语：该族曾在清光绪二十九年(癸卯年,1903年)重修宗谱。1947年8月,召开各房理事、监事会议,议决修葺祠宇、续修宗谱。

该通告由余姚江邨高氏追远堂理、监事会刊登。本次修谱自1947年11月1日开始采访,要求族人限期在1948年2月底之前报送详细资料。通讯处设在余姚县匡堰皓年堂转。

该通告又刊11月17日《申报》,11月17日、20日《新闻报》,12月5日、6日《宁波时事公报》。另,在杭州《东南日报》、余姚《浙东日报》等报纸亦有刊登。

附：

《余姚上林石人山高氏宗祠追远堂修葺祠宇续编宗谱通告》:"查我族宗祠、宗谱自前清光绪癸卯年修葺祠宇、重编宗谱,迄今已历四十五载。若再稽延,诚恐更难着手,爰于今秋八月间召开各房理、监事会议,议决先修祠宇、续修宗谱。凡属追远堂下之子姓,应尽力量先行捐助修理费。至于修谱、进主之费,拟按丁口临时再议。如族人散居各省他县者,采访之力不克普及,望将先人讳号、婚配、生卒、传赞、墓志、学历、职衔等详细缮就及所认捐费一并径送追远堂理、监事办事处。自国历十一月一日起开始采访,至卅七年二月底截止,逾期恕不再候。事关宗系,幸勿自误。深恐采访难周,特登上海《申》《新》两报及杭州《东南日报》、宁波《时事公报》、余姚《浙东日报》通告周知,维希鉴察为荷。余姚江邨高氏追远堂理、监事会谨启。通讯处:余姚匡堰皓年堂转。"(《申报》1947年11月15日)

【唐】

《唐氏修谱》,《新闻报》1917年3月1日。

按语：此系镇海县西乡畈里塘（又作畈里唐）唐氏修谱启事。该族始迁祖唐光琛。曾在清康熙年间由唐澹庵创修谱牒。嘉庆五年（庚申年，1800年），族长唐尔昌重修。

该启事由族长唐隆浦刊登，内称"我镇海西乡畈里塘唐氏自天宝间明州参军光琛府君始居于此"，要求迁居外地族人将详细修谱资料寄至上海或宁波通讯处。通讯处设在上海三阳南货铺转、宁波福顺嫁装铺转。

该启事又刊3月3日、5日、7日、9日、11日、13日、17日、19日、21日、23日、27日《新闻报》，3月7日、9日《申报》。

本次所修即《蛟西唐氏宗谱》，共六卷、首一卷、末一卷，陈达夫、王性章、庄兆熊等纂修。民国十年（1921年）务本堂木活字本，六册。上海图书馆、美国犹他家谱学会有藏。

【陶】

《鄞县东乡陶氏修谱广告》,《新闻报》1924年4月5日。

按语：该族曾在清光绪元年(乙亥年,1875年)修谱。

该广告由宗长陶宗德、房长陶宗燿刊登,内称"我族自始迁祖公荣公由会稽陶家堰卜居宁波东乡陶家漕,已历二十余世"。本次修谱系第十一修,要求族人限期在1924年7月1日(阴历五月底)之前报送资料。通讯处设在宁波县署钱粮办公处陶作范处、上海小北门四明公所陶辉庭处。

该广告又刊4月7日、9日、11日、13日、16日、17日《新闻报》。

《鄞东陶家漕陶氏续修宗谱启事》,《宁波时事公报》1948年7月7日。

按语：原标题误作《鄞东陶家潘陶氏续修宗谱启事》。该族前修宗谱距此时(1948年)已有二十余年。

该启事由鄞县东乡陶家漕谱局刊登,要求旅居外地族人限期在1948年8月底之前报送修谱资料。通讯处设在上海宁波路四明公所陶尧年处、宁波东渡路王新华牙科。

该启事又刊7月9日、11日《宁波时事公报》,标题均改作《鄞东陶家漕陶氏续修宗谱启事》。

《宁波鄞东陶家漕陶氏续修宗谱公告》,《新闻报》1948年7月19日。

按语：该公告由五柳堂宗长陶启簧刊登,内容同《宁波时事公报》1948年7月7日《鄞东陶家漕陶氏续修宗谱启事》。

该公告又刊7月21日《新闻报》。

【桑】

《鄞县东乡朱桑桑氏重修宗谱通告》,《时事公报》1929年7月14日。

按语:该族始迁祖桑祥,迁居鄞县至此时(1929年)已有二十余世。

该通告由宗长桑绩宸刊登,要求迁居外地族人限期在1929年9月底之前向设在桑氏宗祠内的谱局报送修谱资料。通讯处设在宁波江东百丈街桑宝荣处。

【诸】

《浙江余姚第四门诸氏礼睦公支下修谱》,《新闻报》1905 年 4 月 15 日。

按语:"第四门"即泗门,又称四门。该族(即姚北诸氏)始祖诸倬,于宋代由福建迁居余姚烛溪湖一带,其后裔后迁东山、开元,析分为六宅,其中诸华一为东宅支祖,诸宝五为西宅支祖,诸善二为东堑支祖,诸善三为西堑支祖,诸宝二长子诸礼睦为后宅支祖、次子诸礼立为南宅支祖。此系泗门诸氏后宅支修谱启事。

该启事由余姚第四门诸氏后宅房刊登,落款时间为"光绪乙巳春仲",要求族人限期在光绪三十一年十月初一日(1905 年 10 月 28 日)之前报送修谱资料。谱局设在泗门第十堡诸氏后宅支祠。

该启事又刊 4 月 17 日、19 日、21 日、23 日、25 日、27 日、29 日,5 月 1 日、3 日、5 日、7 日、9 日、11 日、13 日《新闻报》。

《浙绍姚北诸氏修谱》,《申报》1911 年 4 月 14 日。

按语:该启事由崇本堂刊登,要求迁居外地族人限期在清宣统三年(1911 年)十月之前报送修谱资料。谱局设在东宅诸汝华处,通讯处设在上海福康金号诸汝生处、余姚县泗门信局转。

诸燮、诸来聘出自该族。

该启事又刊 4 月 15 日至 28 日、5 月 1 日至 3 日《申报》。

本次所修即《姚北诸氏宗谱》,卷数不详,诸启鳌纂辑,诸汝华总理。民国崇本堂木活字本,册数不详。书衣题《姚北诸氏六宅谱》。

上海图书馆有藏(存三册,即卷三、五、九)。

附:

《浙绍姚北诸氏修谱》:"窃维我始祖自宋纪仆射公讳倬由闽迁姚,居于烛溪湖,逮四世祖涛、沐二公派下六、七二世祖复迁东山、开元,分为陆宅,所谓陆宅者,东宅、西宅、南宅、后宅并东、西二埜是也。兹缘族房议修总谱,除已贴招采访外,合再登报,以广闻见。凡有迁居外地者,概将历代履历载明白来局报告,限定十月截止,务须赶紧投交,切勿延误。局设东宅汝华家。特此布告。○外省寄申北福康金号诸汝生处,○本省寄姚四门信局转交。信件寄费均须自理。崇本堂公启。"(《申报》1911年4月14日)

《余姚湖西世家诸氏修谱启事》,《宁波时事公报》1948年9月14日。

按语:此系余姚县龙泉烛溪湖西门诸氏三礼堂(即布政公支)纂修宗谱启事。该族宗谱年久失修。

该启事由湖西门诸氏修谱办事处刊登,要求散居各地族人限期在1948年11月20日之前将修谱资料寄至通讯处,以便汇编付印。通讯处设在余姚县东横河万华象号转湖西门诸氏修谱办事处。

该启事又刊9月15日、16日、18日至20日《宁波时事公报》。

【钱】

《鄞东高前钱氏修谱通告》,《新闻报》1924年6月16日。

按语：该族曾在清光绪二十九年(癸卯年,1903年)重修谱牒。

该通告由钱氏宗长刊登,内称"我族自一世祖昂十公明洪武年间迁居鄞东,迄今已历二十世"。本次修谱定于1924年6月16日至8月29日(阴历五月十五日至七月底)为采访调查期,要求族人在此期间报送资料。通信处设在上海南京路福和公号钱承发处、宁波东门内华通药房钱如玉处。

该通告又刊6月17日至22日《新闻报》。

《鄞东泗港钱氏修谱》,《时事公报》1933年7月16日。

按语：该族曾在民国元年(壬子年,1912年)修谱。

本次修谱要求迁居外地族人限期在1933年8月底之前向谱局报送资料。通信处设在上海五洲药房钱芝佩处、宁波江东买席桥大春酒行。

《鄞东梅墟钱氏懿华堂(即孝友堂)宗祠修谱通告》,《宁波时事公报》1947年6月1日。

按语：本次续修宗谱要求散居各地族人限期在1947年9月底之前报送资料。通讯处设在宁波梅墟七九房修谱处,接洽处设在上海河南北路36弄7号钱启珍处、宁波灵桥路泰记米厂门市部钱聿纬处。

该通告又刊6月2日、3日《宁波时事公报》,6月5日、6日《宁波日报》。

《鄞东梅墟镇钱氏懿华堂(即孝友堂)宗祠修谱通告》,《新闻报》1947年6月15日。

按语:该通告内容同《宁波时事公报》1947年6月1日《鄞东梅墟钱氏懿华堂(即孝友堂)宗祠修谱通告》。

该通告又刊6月24日《新闻报》、7月14日《前线日报》。

《鄞东梅墟镇钱氏懿华堂(即孝友堂)宗词修谱最后通告》,《新闻报》1947年9月23日。

按语:"宗词"应作"宗祠"。

该通告由宁波梅墟七九房修谱处刊登,系催告族人限期在1947年9月底之前报送修谱资料。通讯处设在宁波梅墟七九房修谱处。

《鄞东钱家山钱氏表忠堂重修宗谱通告》,《宁波日报》1948年5月13日。

按语:该族前修宗谱距此时(1948年)已有二十余年。

该通告称本次修谱经族务会议议决即日起开始采访,要求旅居外地族人寄送详细修谱资料,以便汇纂入谱。通讯处设在宁波江东东胜路94号、鄞东韩岭市钱家山表忠堂修谱处。

该通告又刊5月14日《宁波日报》。

《〈鄞东月宫山钱氏族谱〉续修公告》,《新民晚报》2014年2月5日。

按语:该族始迁祖钱思昱,字伯尹,于明成化二年(1466年)由鄞东钱家山迁至此地。前修宗谱即《鄞东月宫山钱氏宗谱》，共十卷、首一卷，黄宝琮纂修，宗长钱礼明等修。民国二十年（1931年）十月表忠堂木活字本，六册。版心题《鄞东钱氏宗谱》。天一阁有藏。

  该公告由《鄞东月宫山钱氏族谱》续纂办公室刊登，称本次进谱男女一体同视，希望旅居外地族人限期在2014年8月底之前报送修谱资料，并公布有网址、电子邮箱、传真、联系人钱绵芳、钱汉献及其手机号等信息。

  该公告又刊2月6日《新民晚报》。

  本次所修即2015年版《四明鄞东月宫山钱氏宗谱》，共九册，线装，钱宗冕（绵芳）等纂修。2016年12月11日，四明鄞东月宫山钱氏宗谱修编小组向天一阁捐赠该宗谱。

《续修〈鄞东月宫山钱氏族谱〉启事》，《宁波日报》2014年2月25日。

  按语：该启事称本次修谱倡导男女平等入谱，要求月宫山钱氏族人见此修谱启事后互相转告、尽快取得联系，并公布有网址、电子邮箱、联系电话、传真、联系人（钱绵芳、钱汉献、钱惟一、钱复兴）手机号、修谱办公地址（宁波市鄞州区塘溪镇东山菜场旁）、公交车乘车路线等信息。

  该启事又刊2月26日、27日《宁波日报》。

《关于续修钱氏宗谱的通知》，《今日宁海》2016年3月28日。

  按语：该通知由宁海钱氏续谱小组刊登，落款日期为2016年3月23日，称宁海钱氏赵家山支派、学西支派已完成续修宗谱，要求祖籍在宁海三隍堂钱氏族人限期在5月底之前与续谱小组联系，以便归宗入谱。另，公布有联系人钱天福、钱天祥、钱佑荣电话。

【顾】

《慈西丈亭镇顾氏修谱广告》,《申报》1921年1月18日。

按语:该族曾在清光绪年间由三十二世"文"行纂修家谱,距此时(1921年)已有三十余年。

该广告由慈西丈亭镇(今属余姚市)顾敦本堂、世守堂刊登,要求旅居外地族人限期在1921年阴历正月至三月期间将详细修谱资料寄慈谿县丈亭镇穗大南货号转顾文蔚。

该广告又刊1月19日、20日《申报》,1月18日至20日《新闻报》。

附:

《慈西丈亭镇顾氏修谱广告》:"窃我顾氏从卅二世'文'行于前清光绪年间修订后,迄今三十余年矣。因支派蕃衍,再延难追,为此邀同宗长集议重修,慎重宗谱,故定民国十年辛酉岁阴历正月间起、至三月间止,凡我顾姓旅居他省见报后,请将先人生年月卒、配葬、居处望详细写明函寄慈西丈亭镇穗大南货号转顾文蔚收可也。特此露布。慈西丈亭镇顾敦本堂、世守堂公启。"(《申报》1921年1月18日)

《大碶头田洋顾顾余庆堂孟、季房创修宗谱》,《宁波时事公报》1947年6月23日。

按语:镇海县大碶头(今属宁波市北仑区)田洋顾顾余庆堂分为

孟房、仲房、季房,此前仅仲房派纂修有宗谱(实为房谱)。

本次修谱于1947年4月15日设立谱局、开始采访,要求孟房、季房族人限期在9月14日(阴历七月底)之前报送资料。通讯处设在上海狄思威路549号兴利印刷局转谱局、镇海县大碶头后浦街顾森茂号转谱局。

该启事又刊6月24日、25日《宁波时事公报》。

《镇海塔峙横山头顾氏启承堂修谱启事》,《宁波时事公报》1947年12月17日。

按语:该族曾在清光绪年间重修宗谱。1947年秋,议决聘请谱师重修。

该启事由镇海县横山头顾氏启承堂刊登,要求族人限期在1948年2月9日(阴历十二月底)之前将修谱资料抄寄祠堂,以便汇编入谱。通讯处设在镇海县大碶头(今属宁波市北仑区)裕美园顾转。

该启事又刊12月18日、19日《宁波时事公报》。

《浙江镇海灵岩后洋顾顾氏世守堂修谱》,《新闻报》1948年7月21日。

按语:该启事称本次修谱自1948年4月开始采访,要求迁居外埠族人务必报送资料,以便汇编入谱。通讯处设在上海江西中路303号宝甡证券号、宁波濠河街36号协森木行转、镇海县浙江省银行转。

【黄】

《四明黄氏修谱》，《申报》1889年3月25日。

按语：该族曾在清咸丰元年(辛亥年，1851年)修谱。

该启事由宁波府城南黄氏刊登，称"四明黄氏出自唐明州刺史、太傅、谥忠济、讳晟公之后，已历三十七世"，指出本次续修谱牒"如有可合谱者，望携实据来证"。

该启事又刊3月26日至4月8日《申报》。

附：

《四明黄氏修谱》："四明黄氏出自唐明州刺史、太傅、谥忠济、讳晟公之后，已历三十七世。咸丰辛亥谱经八修，今又三十九年矣。族大支繁，亟宜续辑。如有可合谱者，望携实据来证。浙江宁波府城南黄氏启。"(《申报》1889年3月25日)

《余姚黄氏修谱通告》，《新闻报》1917年3月22日。

按语：该族始迁祖黄时俊，行万廿三。曾在清嘉庆十三年(戊辰年，1808年)、咸丰四年(甲寅年，1854年)纂修宗谱。前修宗谱即《姚江黄氏宗谱》，共三卷、首一卷，黄豫总理，黄世瑞监理，黄受祺、黄晋编辑。清光绪六年(1880年)永思堂木活字本，四册。目录题《黄氏宗谱》。浙江图书馆有藏。

该通告由余姚黄永思堂刊登，要求族人务必从速将详细修谱资料寄至余姚北城东门内莫衕黄宗祠谱局。

该通告又刊 3 月 23 日、26 日至 29 日、31 日至 4 月 4 日《新闻报》。

本次所修即《姚江黄氏宗谱》，共三卷、首二卷、末一卷，黄思桂总理，黄世瑾监理，黄汝砺编辑。民国九年（1920 年）永思堂木活字本，六册。目录题《黄氏宗谱》。上海图书馆、浙江图书馆、中国社会科学院历史研究所图书馆、南开大学图书馆、吉林大学图书馆、思绥草堂等有藏。

附：

《余姚黄氏修谱通告》："我黄氏自迁姚始祖万廿三公以来，修谱曾经多次。前次己卯续修，遗载居遂安县之茂勋、茂贞公等，又遗载居乍浦镇野猫墩之锦有公房，又遗载迁居江苏常熟县横泾之玉琳公等。兹缘议决重修，凡是公下以及迁居异地子姓务速将行讳、字号、年寿、娶配、功业、子息、住址、生卒、葬处及传赞等详细备函，寄余姚北城东门内莫衙黄宗祠谱局可也。此外，我族之移居各地而未及备访者均此。余姚黄永思堂启。"（《新闻报》1917 年 3 月 22 日）

《宁波鄞县东南乡石桥黄氏修谱广告》，《申报》1917 年 6 月 12 日。

按语：该族始迁祖黄景彦，于南宋建炎年间迁至此地。曾在清嘉庆四年（己未年，1799 年）、道光二十年（庚子年，1840 年）、同治十一年（壬申年，1872 年）、光绪二十二年（丙申年，1896 年）纂修宗谱。

该广告由世锦堂黄氏同人刊登，要求族人限期在 1917 年 9 月 15 日（阴历七月底）之前将修谱资料寄至谱局。通信处设在宁波水弄口生大号。

本次所修即《四明石桥黄氏宗谱》,共十四卷、首一卷、末一卷,黄敬贤、黄端象、黄可塎等修,陈宪曾纂修。民国六年(1917年)世锦堂木活字本,十四册。书签题《四明黄氏宗谱》,版心题《石桥黄氏宗谱》。天一阁有藏。

《鄞县张黄黄氏惇叙堂十修宗谱广告》,《新闻报》1917年8月5日。

按语:该族曾在清光绪十六年(庚寅年,1890年)修谱,即第九修。

该广告称"我族自佽飞黄晟公以唐迄今一千余年"。本次修谱要求族人限期在1917年10月15日(阴历八月底)之前将资料寄至谱局,以便刊入宗谱。通信处设在鄞县东街开明桥久和祥号。

该广告又刊8月9日、13日、17日、21日、25日、29日《新闻报》。

《浙省余姚县通德乡竹桥黄氏修谱启事》,《新闻报》1926年3月26日。

按语:该族始迁祖黄万河,行万二。曾在清乾隆四十一年(丙申年,1776年)、道光四年(甲申年,1824年)纂修宗谱。前修宗谱即《余姚竹桥黄氏宗谱》,共十四卷、首一卷、末一卷,黄政懋等纂修。光绪五年(1879年)惇伦堂木活字本,十二册。书签、版心题《竹桥黄氏宗谱》。上海图书馆有藏。

本次修谱要求始迁祖万二公后裔限期在1926年6月14日(端午节)之前报送资料。通讯处设在慈西陆家埠(即陆埠,今属余姚市)鼎兴米号转黄氏义学,或由上海日夜银行黄绍康收转。

黄尊素、黄宗羲及宁波帮人物黄楚九(磋玖)出自该族。

该启事又刊3月27日、28日《新闻报》。

本次所修即《余姚竹桥黄氏宗谱》，共十六卷、首二卷、末二卷，黄庆曾等纂修。民国十七年（1928年）惇伦堂木活字本，二十册。书签、书名页、版心题《竹桥黄氏宗谱》，目录题《姚江竹桥黄氏宗谱》。上海图书馆、国家图书馆、南京图书馆、中国社会科学院历史研究所图书馆、余姚市文物保护管理所、思绥草堂、美国犹他家谱学会等有藏。

《浙省余姚县通德乡竹桥黄氏修谱启事》，《新闻报》1926年7月4日。

按语：该启事由"黄惇伦堂"刊登，系催告始迁祖万二公后裔限期在1927年2月1日（丙寅年十二月底）之前报送修谱资料。通讯处设在慈西陆埠镇（今属余姚市）鼎兴米号转黄氏义学，或由上海日夜银行黄绍康收转。

该启事又刊7月8日、10日、12日、16日《新闻报》。

《宁波镇北湖山黄氏续修宗谱通告》，《新闻报》1934年10月19日。

按语：镇海县湖山（今属慈溪市）黄氏宗谱创修于明洪武十九年（丙寅年，1386年），初修于嘉靖二十八年（己酉年，1549年），再修于清嘉庆九年（甲子年，1804年）。前修宗谱即《湖山黄氏宗谱》，共八卷、首一卷、末一卷，黄维岳纂修。光绪二十六年（1900年）木活字本，二十册。河北大学图书馆有藏。

该通告由湖山黄氏宗房刊登，内称"我族自宋大中祥符间始祖十三公由温州徙居慈北，嗣又分居镇北。宋、元之间，人文蔚起，如文洁公讳震之理学、仲正公讳叔雅之高蹈，或列《宋史·儒林》，或载慈镇邑乘，炳炳琅琅，垂诸不朽，盖阅千百年之世家也。惟分房二十有三、支派百有五十,不有记载,不几数典而忘祖乎"。该族于 1934 年 5 月 30 日(阴历四月十八日)在湖山书院议决续修宗谱,要求族人将修谱资料寄至宁波镇北田央黄湖山黄氏修谱办事处;另,外埠代收处设在上海英租界东新桥吉庆坊纬纶发行所。

宋宝祐四年(1256 年)进士、著名学者黄震(东发)出自该族。

该通告又刊 10 月 20 日、21 日、22 日、24 日、26 日《新闻报》。

本次所修即《湖山黄氏宗谱》,共八卷、首一卷、末一卷,黄恒泰主修,王醒华编纂。民国二十五年(1936 年)木活字本,二十二册。目录题《黄氏续修宗谱》。上海图书馆有藏。

《鄞南石桥世锦堂黄氏重修宗谱通告》,《新闻报》1936 年 2 月 12 日。

按语:该通告称本次重修宗谱定于 1936 年 3 月开始采访、4 月底完成,要求旅居外地族人报送修谱资料。

该通告又刊 2 月 14 日、16 日、18 日、20 日、22 日、24 日《新闻报》。

《鄞南黄氏惇叙堂修谱通告》,《新闻报》1946 年 4 月 22 日。

按语:该族曾在民国六年(丁巳年,1917 年)修谱。

该启事由四明黄氏宗祠房干刊登,要求旅居外地族人即日起向族内亲房报送修谱资料,或向接洽处接洽。本次修谱上海接洽处设在中正东路 1443 号荣大五金号黄家荣处,南京接洽处设在中正路 162 号福华号黄烺华处。

该通告又刊 4 月 24 日《新闻报》。

《四明黄氏惇叙堂续修宗谱启事》,《宁波日报》1946 年 11 月 15 日。

按语:该启事由"宗房干"刊登,要求族人限期在 1947 年 2 月 20

日(阴历正月底)之前报送修谱资料。通讯处(乡族)设在鄞南王家井头邮局转四明黄氏谱局、(城族)采访处设在宁波狮子街186号。本次修谱系第十一修,此前曾在《新闻报》刊登修谱启事。

该启事又刊11月17日、24日、29日、30日《宁波日报》。

《四明黄氏惇叙堂续修宗谱启事》,《新闻报》1947年1月5日。

按语:该启事由"宗房干事"(原文误作"宗庆干事")刊登,系催告族人限期在1947年2月20日(阴历正月底)之前报送修谱资料。通讯处(乡族)设在鄞南王家井头邮局转四明黄氏谱局、(城族)采访处设在宁波狮子街186号。

《奉化萧王庙黄家境黄庆远堂修谱通告》,《宁波时事公报》1948年4月14日。

按语:该族曾在民国初年纂修宗谱。

该通告由黄氏宗干刊登,称即日起预备重修宗谱,定于1948年12月13日(阴历十一月十三日)进谱,要求族人见报后向谱局报送详细修谱资料,以便汇编入谱。

该通告又刊4月15日《宁波时事公报》。

《彭桥黄氏宗谱续修启事》,《慈溪日报》2018年7月12日。

按语:余姚彭桥(今属慈溪)黄氏始迁祖黄继冕,字忠斋,行元十四,于宋代由四明梁弄迁至此地。前修宗谱即《余姚彭桥黄氏宗谱》,共十四卷、首一卷、末二卷,黄仲兴总理,黄荫宗、黄祥宗纂辑。民国四年(1915年)思孝堂木活字本,十二册。书签、书名页题《黄氏宗谱》。彭桥黄氏族人有藏。2018年,慈溪市彭桥黄氏宗谱编纂委员会重印《余姚彭桥黄氏宗谱》，计二百部，每部十二册。天一阁藏有重印本，系慈溪市彭桥黄氏宗谱编纂委员会于2019年3月29日捐赠。

该启事由慈溪市彭桥黄氏宗谱编纂委员会刊登，落款日期为"二〇一八年七月十日"，内称"自始祖宋代徙居梅川之彭桥，《黄氏宗谱》始于宋徽宗宣和三年创稿，后多次续修，距今已有百余年未承撰。彭桥黄氏宗族庞大，支系繁盛，为追忆先祖，铭记祖德，敬宗睦族，明晰渊源世系，也为便于外地宗亲寻根问祖，现有黄氏族人发起续谱。经编委会商定，一九四九年十月一日后出生的女儿，也登记入谱。望散居各地的彭桥黄氏后裔见到本启事后，即与《宗谱》编纂办公室联系"。本次修谱联系地址为慈溪市古塘街道北三环东路239号一楼，联系人黄国水，并公布彭桥片、匡堰片、坎墩片、白沙片、逍林片、崇寿片、宗汉片（永凝二里路十三桥）联系电话及黄氏宗谱网网址。

国民党空军中将黄秉衡出自该族。

本次所修即2020年版《彭桥黄氏宗谱》，共印二百部，每部十八册，线装，黄银乔主编。2021年6月19日，慈溪市彭桥黄氏宗谱编纂委员会向天一阁捐赠该宗谱。另，国家图书馆、上海图书馆、浙江图书馆、宁波图书馆亦有藏。

《彭桥黄氏续修宗谱启事》，《宁波日报》2018年12月5日。

按语：该启事由慈溪市横河镇彭桥村民委员会刊登，要求从彭桥、匡堰、白沙、宗汉、逍林、坎墩、崇寿、胜山等地迁居外地的黄氏族人见报后速与该村民委员会联系，以便续修宗谱。另，启事末公布有联系电话及黄氏宗谱网网址。

【曹】

《宁波鄞县东乡陶公山曹氏修谱》,《新闻报》1923年6月24日。

按语：该族始迁祖曹绍闻,于元至元年间由鄞东曹隘迁至东钱湖陶公山,称陶麓曹氏。曾在清乾隆四十一年(丙申年,1776年)、道光十九年(己亥年,1839年)、光绪二十一年(乙未年,1895年)修谱。

该启事由光裕堂刊登,要求族人限期在1923年6月底之前将详细修谱资料寄至上海杨树浦路顺泰木行曹兰彬或南市三泰码头顺泰木行南栈曹桂琛。

该启事又刊6月26日、28日《新闻报》,6月25日、27日、29日《申报》。

《鄞东曹隘曹氏修谱通告》,《宁波日报》1947年2月13日。

按语：该族始迁祖曹唐庆,字宗浩,谥文忠。曾在明天顺、成化、正德年间,嘉靖二十一年(壬寅年,1542年),清康熙二十三年(甲子年,1684年)、乾隆十七年(壬申年,1752年)、道光四年至六年(甲申年至丙戌年,1824年至1826年)、同治十一年(壬申年,1872年)、光绪三十年(甲辰年,1904年)纂修宗谱,其中光绪版宗谱现藏天一阁。前修宗谱即《庆元曹氏宗谱》,共六卷,宗长曹予成、房长曹予嘉、曹予崧等修,柴永祺(莲浦)纂。民国十年(1921年)孝思堂木活字本,六册。吉林大学图书馆有藏。

该通告由曹氏修谱委员会刊登,称重修宗谱采访工作已开始,要求迁居外地族人限期在1947年清明节之前报送修谱资料,以便汇纂入谱。

"世界毛纺大王"、著名"宁波帮"人士曹光彪出自该族。

该通告又刊 2 月 14 日《宁波日报》；2 月 23 日、24 日、26 日、28 日，3 月 2 日、4 日、6 日、8 日、10 日《宁波时事公报》，其中《宁波时事公报》无落款。

本次所修即《庆元曹氏宗谱》，共六卷、末一卷，宗长曹予锦、房长曹显增、曹显钧等修，史济铿（丕扬）纂修。民国三十六年（1947 年）孝思堂木活字本，共印十部（另有草谱一部），每部六册。天一阁有藏（存五册，即卷一、二、四至六，卷末）。

《鄞东曹隘曹氏孝思堂续修宗谱通告》，《新闻报》1947 年 4 月 6 日。

按语：本次续修宗谱要求族人限期在 1947 年 5 月 4 日（阴历三月十四日）之前报送修谱资料。通讯处设在上海河南路 42 号鸿祥呢号、上海河南路 82 号德昌呢号、宁波战船街 70 号长丰纱厂，筹备处设在鄞东曹隘曹氏祠堂。

该通告又刊 4 月 7 日《新闻报》。

《鄞东曹隘曹氏孝思堂谱局限期截止通告》，《宁波时事公报》1947 年 8 月 18 日。

按语：该通告称鄞东曹隘曹氏祠堂业已修竣、谱牒即将付印，要求迁居余姚、临山、象山、西兴、三山、夹岙等地族人限期在 1947 年 9 月 15 日之前将修谱资料抄寄谱局，并指出"逾期不报，作自愿放弃论。谁无祖宗，谁无子孙，廿载一次修谱机会，幸勿最后错过"。通讯处设在鄞东曹隘曹氏孝思堂谱局、上海河南路 82 号德昌呢绒号、宁波战船街 70 号长丰纱厂。

该通告又刊8月20日、22日《宁波时事公报》,8月20日至22日《宁波日报》。

《鄞东东钱湖陶公山光裕堂曹氏续修宗谱启事》,《申报》1948年4月15日。

按语:该族前次修谱在民国十二年(乙未年,1923年)。

该启事由宗长曹予贵刊登,系通知旅沪族人参加定于1948年4月18日下午一时在宁波旅沪同乡会五楼召开的续修宗谱会议。

该启事又刊4月16日、17日《申报》,4月15日至17日《新闻报》。

《鄞东东钱湖陶公山光裕堂第五届修谱启事》,《宁波日报》1948年5月28日。

按语:此系鄞东东钱湖陶公山曹氏光裕堂第五届修谱启事。

该启事由宗长曹名电、曹予贵,房干曹予贵、曹兰馨刊登。本次修谱于1948年5月设立谱局,要求族人限期在7月底之前将调查表格寄至谱局或接洽处。谱局设在鄞县东钱湖陶公山曹家光裕小学校,宁波接洽处设在灵桥新宝华绸缎局曹兆棠处,上海接洽处设在中区爱多亚路160号顺泰木行、虹口东余杭路1051弄60号中孚锡纸厂。

该启事又刊5月30日《宁波日报》。

《鄞东东钱湖陶公山曹氏光裕堂第五届修谱启事》,《宁波时事公报》1948年5月31日。

按语:该启事由宗长曹名电、曹予贵,房干曹予贵、曹兰馨刊登,内容同《宁波日报》1948年5月28日《鄞东东钱湖陶公山光裕堂第五届修谱启事》。

该启事又刊6月2日、8日《宁波时事公报》。

《鄞县东钱湖陶公山曹氏光裕堂第五届修谱启事》，《新闻报》1948年6月10日。

按语：该启事由宗长曹名电、曹予贵，干首曹名霆、曹予贵、曹显璋刊登，内容同《宁波日报》1948年5月28日《鄞东东钱湖陶公山光裕堂第五届修谱启事》。

该启事又刊6月11日、13日、16日《新闻报》，6月11日、14日、17日《申报》，6月12日、15日、18日上海《大公报》。

《鄞县东钱湖陶公山曹光裕堂第五届修谱启事》，《新闻报》1948年9月7日。

按语：该启事系通告族人报送修谱资料截止日期延至1948年9月15日，并公布谱局设在鄞县东钱湖陶公山曹氏光裕小学，上海办事处设在中正东路160号五楼顺泰木行。

该启事又刊9月12日《新闻报》。

《鄞县东钱湖陶公山曹氏光裕堂宗祠进主贺谱启事》，《新闻报》1948年9月25日。

按语：该启事系通知族人参加定于1948年10月14日（阴历九月十二日）举行的贺谱进主典礼。

该启事又刊9月26日、27日《新闻报》。

《鄞东陶麓曹氏光裕堂宗谱告成通告》,《宁波日报》1948年9月26日。

  按语：该通告由宗长曹名屯、曹予贵,干首曹予贵、曹名霆、曹显璋刊登,系通知族人参加定于1948年10月14日(阴历九月十二日)在祠堂举行的第五届宗谱圆谱祭祖典礼。

  该启事又刊9月27日、28日《宁波日报》；9月27日、29日,10月1日《宁波时事公报》。

  本次所修即民国三十七年(1948年)版《鄞东陶麓曹氏宗谱》,张原炜纂修,卷数、册数不详。另,上海图书馆藏有一册《鄞东陶麓曹氏支谱》,不分卷,张原炜纂修,民国三十七年(1948年)追远堂、光裕堂木活字本,系曹名宗(名宗官、承梁)一支支谱,并收录《鄞东陶麓曹氏第五修谱叙》《凡例(第五届修订)》《宗约八则》《宗训》《宗规(第五届修订)》等内容。

【戚】

《余姚湖地戚氏修谱》,《申报》1896 年 7 月 5 日。

按语:该族始迁祖戚亚卿,于宋末迁至此地。前修宗谱即《余姚戚氏宗谱》,共十二卷、首一卷、末一卷,戚明珠(字媚川)等纂修。清嘉庆九年(1804 年)敦伦堂木活字本,共印二十部,每部册数不详。上海图书馆有藏(存七册,即卷首卷一至五、八至十二卷末)。

该启事由余姚县湖地戚氏宗房绅董刊登,落款时间为"光绪丙申五月",内称"我族宋初居河南汴梁,南渡扈从至临安,嗣后宋祚既移,亚卿公遂隐余姚湖地,为迁姚始祖"。"光绪丙申"即光绪二十二年(1896 年)。本次修谱要求迁居外地族人限期在一年内将详细资料寄至上海汇丰银行戚勤斋处或余姚湖地戚氏宗祠。

该启事又刊 7 月 24 日、31 日、8 月 13 日、20 日《申报》;7 月 17 日至 30 日、8 月 1 日、3 日、5 日至 8 日、11 日、12 日、14 日、15 日《字林沪报》;7 月 24 日至 8 月 22 日《新闻报》。

本次所修即《余姚戚氏宗谱》,共十六卷、首一卷、末一卷,戚炳辉(字凤翔)等纂修。光绪二十五年(1899 年)敦伦堂(版心下题"惇伦堂")木活字本,十六册。上海图书馆、浙江图书馆、国家图书馆、中国社会科学院历史研究所图书馆、余姚市文物保护管理所、吉林大学图书馆、美国犹他家谱学会等有藏。

附:

《余姚湖地戚氏修谱》:"我族宋初居河南汴梁,南渡扈从至临安,嗣后宋祚既移,亚卿公遂隐余姚湖地,为迁姚始祖。旧谱修于嘉庆甲子,迄今九十三年,需修孔亟。兹议续修,凡迁徙异地,祈即开明世系、详注居址,速寄上海汇丰银行交戚勤斋收或径寄余姚湖地戚氏宗祠。限期一年,慎勿迟误。特布。光绪丙申五月浙江绍兴余姚县湖地戚氏宗房绅董全启。"(《申报》1896年7月5日)

《浙绍余姚戚氏修谱》,《新闻报》1897年8月7日。

按语:该启事由戚氏谱局董事刊登,要求始迁祖戚亚卿后裔限期在清光绪二十三年(1897年)十一月之前报送修谱资料。通讯处设在上海汇丰银行戚勤斋转谱局。另,谱局于光绪二十二年(1896年)夏设立。

该启事又刊8月8日至16日、18日至20日、22日至31日,9月2日、4日《新闻报》。

《宁波梅墟戚氏修谱通告》,《新闻报》1929年3月25日。

按语:该族始祖戚同文,字子约,宋代人;始迁祖戚孝谦,字谦四,于明成化年间迁至此地。曾在清光绪二十三年(丁酉年,1897年)编修家谱,即《鄞东梅江戚氏宗谱》,共四卷,戚昌烈等纂修。光绪二十四年(1898年)三礼堂木活字本,四册。版心题《梅江戚氏宗谱》。上海图书馆、吉林大学图书馆有藏。

该通告由宗长(即戚茂珊)刊登,要求族人限期在1929年7月6日(阴历五月底)之前报送修谱资料。通讯处设在上海芝罘路5号大胜军服公司、宁波城内药行街汇昌药行。

该通告又刊3月27日、29日、31日,4月2日、4日《新闻报》;3

月26日、28日、30日,4月1日、3日、5日《申报》。

本次所修即《鄞东梅江戚氏宗谱》,共六卷、首一卷,戚茂珊、戚茂校等修,戚茂安(柳轩)等纂。民国十八年(1929年)三礼堂木活字本,共印二十部,每部六册。书签题《戚氏宗谱》,版心题《梅江戚氏宗谱》。天一阁、上海图书馆有藏;另,天一阁还藏有民国《鄞东梅江戚氏宗谱》稿本(存一册,即卷三)。

【盛】

《宁波骆驼桥盛氏修谱广告》,《新闻报》1916年11月7日。

按语：该族曾在清同治年间修谱,距此时(即1916年)已有五十余年。

该广告由盛氏宗房刊登,要求迁居外地族人将修谱资料寄至宁波镇海县骆驼桥盛滋记酒坊内盛氏修谱事务所,或交宁波东门崔衙前精益参号盛文卿、上海天津路同吉里大丰洋布号盛丕华、汉口鲍家巷清和里源记杂粮号盛松官转修谱事务所。

上海证券物品交易所理事、上海总商会会董、上海市副市长盛丕华出自该族。

该广告又刊1916年11月11日、14日、21日、24日、27日、30日,12月3日、7日、10日、11日、13日、17日、20日、23日、27日,1917年1月9日、12日、16日、28日、31日《新闻报》;1916年11月7日、10日、13日、17日、20日、23日、26日、29日,12月2日、27日,1917年1月5日、11日、18日,2月9日、23日《时报》;1916年11月12日《申报》。

附：

《宁波骆驼桥盛氏修谱广告》："敬启者：吾族自前清同治年间修谱以来,至今已五十余年。丁口渐增,迁徙散处者不少,若不再行修补,年湮代远,更难稽查。现经合族开会议决重修宗谱,凡我宗支有迁居他方者,务将住址、行第、名号并某公房下以及功名、事迹、配娶、葬地、男女、生卒等速行开寄本村盛滋记酒坊内盛氏修谱事务所,或宁波东门崔衙前精益参号盛文卿君、上海天津路同吉里大丰洋布号盛丕华君、汉口鲍家巷清和里源记杂粮号盛松官君均能转达。特此布告。盛氏宗房具启。"(《新闻报》1916年11月7日)

《宁波骆驼桥盛氏修谱限期截止广告》,《新闻报》1918年3月1日。

按语:该广告由盛氏宗房刊登,系催告族人限期在1918年5月9日(阴历三月底)之前向镇海县骆驼桥盛滋记酱园内盛氏修谱事务所报送修谱资料。

该广告又刊3月2日至13日、15日《新闻报》,3月2日、6日至8日、11日《时报》,3月1日《申报》。

《告示》,奉化市江口街道盛家村晋谱筹备委员会2016年3月28日发布(2017年版《奉化剡江盛氏宗谱》卷一)。

按语:奉化江口街道盛家村又称徐家渡盛家。奉川(奉化)剡江盛氏始迁祖盛子全。曾在民国二十三年(甲戌年,1934年)由盛为川(号震辅)纂修宗谱。

该告示由奉化市(今宁波市奉化区)江口街道盛家村晋谱筹备委员会发布,称在盛军海先生支持和推动下,决定续修剡江盛氏宗谱,要求散居各地族人来人、来电、来函提供有关史料。另,还公布有联系人盛文求、盛鹤寿联系电话及联系地址。

《盛氏族谱续修公告》,《奉化日报》2016年4月29日。

按语:此系奉化江口街道盛家村盛氏续修宗谱公告。

该公告由盛家村晋谱筹备委员会刊登,落款日期为"2016 年 4 月 29 日",称该族准备续修族谱,要求族人见报后踊跃参与,并提供家庭成员、老族谱等修谱资料。另,还公布排行字辈(元亨利贞祖为开国名臣世有贤人正士)及联系人盛文俅(应作盛文求)、盛岳寿(实为盛鹤寿)、盛军义联系电话。

该公告又刊 4 月 30 日、5 月 2 日《奉化日报》。另,2017 年版《奉化剡江盛氏宗谱》亦有全文收录,且将联络人(即联系人)标注为盛文求、盛鹤寿、盛军义,落款为"盛家村续修剡江盛氏宗谱委员会"。

《续修宗谱告居外宗亲族友书》,奉化剡江盛氏宗谱续修委员会 2016 年 8 月发布(2017 年版《奉化剡江盛氏宗谱》卷一)。

按语:该公告由奉化剡江盛氏宗谱续修委员会发布,要求迁居外地族人根据所附修谱登记表、凡例,向该宗谱续修委员会报送详细修谱资料。另,该公告末还附有联系地址、修谱赞助款专设账号等信息。

《重金求购》,《宁波晚报》2016 年 12 月 2 日。

按语:此系奉川(奉化)剡江盛氏向社会求购民国二十三年(1934 年)盛为川纂修宗谱的广告。该广告末公布有联络人盛先生(即盛文求)、张先生(即张佩均)联系电话。

该广告又刊 12 月 3 日至 7 日《宁波晚报》。另,2017 年版《奉化剡江盛氏宗谱》亦有全文收录,但联络人标注为盛文求、盛鹤寿。

《参加圆谱庆典邀请书》,奉化剡江盛氏宗谱续修委员会 2017 年 10 月发布(2017 年版《奉化剡江盛氏宗谱》卷一)。

按语：该邀请书由奉化剡江盛氏宗谱续修委员会发布，系邀请迁居外地族人参加定于2017年12月3日（阴历十月十六日）在奉化区江口街道盛家村盛氏新祠堂举办的圆谱庆典。另，还附有庆典报到地点、联系电话、接机接站、交通路线等信息。

本次所修即2017年版《奉化剡江盛氏宗谱》，共五册，线装，盛鹤寿总主编，张佩均总编撰。天一阁有藏，系奉化剡江盛氏宗谱编委会所赠。另，宁波市档案馆亦有藏。

【符】

《余姚天华符氏修谱启事》,《新闻报》1936年2月17日。

按语：该族始迁祖符承谋,字君谟。曾在清道光八年(戊子年,1828年)、同治五年(丙寅年,1866年)、光绪十七年(辛卯年,1891年)纂修族谱。前修族谱即《余姚天华符氏族谱》,共二十六卷,符美南(祖卿)、符鸿渐(梗艻)纂修。民国四年(1915年)显承堂木活字本,册数不详。书签题《余姚符氏续修族谱》,书名页题《余姚符氏续谱》,版心题《符氏族谱》。上海图书馆有藏(存二十二册,即卷一至十五、十九至二十四、二十五后、二十六)。

该启事称"符氏自秦雅公以符玺令以官为姓,至唐令奇公为谱始祖,历元亮公、存审公至五世彦卿公,六世以昭字分行。宋七世祖承谋公官浙东,为迁姚始祖。至十二世祖尚字支分十三支,尚允公支祠在天华,历来修谱尚字支均载入,尚逵公支迁黄岩,已有祠谱"。本次修谱要求承谋公支下后裔限期在1936年10月底之前向谱局报送详细资料,并指出"彦卿公支下如广东文昌等支,亦祈通讯崖略,扩大联谱"。通讯处设在余姚天华符显承堂谱局。

该启事又刊2月19日、21日、23日、25日、27日、29日,3月2日《新闻报》;2月18日、20日、22日、24日、26日、28日,3月1日《申报》。

本次所修即《余姚符氏续修族谱》,共十四卷,符鸿渐等纂修。民国二十七年(1938年)显承堂木活字本,十四册。书名页题《余姚符氏四续谱》,版心题《符氏族谱》。上海图书馆有藏(存一册,即卷八下)。另,据《慈溪家谱》称慈溪市周巷镇民间藏有此谱。

附：

《余姚天华符氏修谱启事》："符氏自秦雅公以符玺令以官为姓,至唐令奇公为谱始祖,历元亮公、存审公至五世彦卿公,六世以昭字分行。宋七世祖承谋公官浙东,为迁姚始祖。至十二世祖尚字支分十三支,尚允公支祠在天华,历来修谱尚字支均载入,尚逵公支迁黄岩,已有祠谱。天华谱自前清光绪朝及民初一再续修,今又二纪,及时重修,凡承谋公支下均宜详报来局,至二十五年十月止。其为彦卿公支下如广东文昌等支,亦祈通讯崖略,扩大联谱。特此通告。通讯处：余姚天华符显承堂谱局。"
(《新闻报》1936年2月17日)

【章】

《慈谿屏山章氏重修宗谱》，《新闻报》1926年4月10日。

按语：该族曾在清嘉庆十八年（癸酉年，1813年）、光绪十七年（辛卯年，1891年）纂修宗谱。

该启事由慈谿章氏谱局刊登，内称"我慈谿屏山章氏自释之公第五子孺公迁居慈谿西乡钟家门头数百余年"。本次修谱要求族人限期在1926年6月9日（阴历四月底）之前报送资料。通信处设在上海江西路7号余兴公司章序昌处。

该启事又刊4月11日《新闻报》。

本次所修即《慈谿屏山章氏宗谱》，共四卷，章恒鋆、章延蔚、章继香等纂修。民国十五年（1926年）世德堂木活字本，六册。书签题《屏山章氏宗谱》，书名页题《章氏宗谱》。国家图书馆有藏（藏谱字号为书部，存五册，即卷一、二、三上、三下、四。

《宁波鄞西柱史台章氏旅沪族人公鉴》，《新闻报》1931年3月4日。

按语：该启事由宁波鄞西柱史台章氏续修宗谱筹备处刊登，系通知旅沪族人参加定于1931年3月7日下午二时在上海西门林荫路34号召开的临时会议，以便讨论修谱事宜。

该启事又刊3月6日《新闻报》、3月5日《申报》。

附：

《宁波鄞西柱史台章氏旅沪族人公鉴》："兹为续修宗谱事，

特召集旅沪族人于本月七号下午二时借座西门林荫路三十四号开临时会议,讨论修谱一切办法,务祈准时惠莅,共策进行。事关宗族,幸勿忽视为荷。宁波鄞西柱史台章氏续修宗谱筹备处启。"(《新闻报》1931年3月4日)

《浙江鄞县高桥章氏续修宗谱通告》,《新闻报》1933年4月2日。

按语:该族始祖章及,字鹏之;迁鄞始祖章伯十九;高桥支祖章义悌,名义一,字闰春,于明初由鄞西四十九都旧宅迁居此地。曾在明成化年间创修宗谱。前次修谱在清光绪十五年(己丑年,1889年)。

本次修谱要求族人限期在三个月内报送详细资料。通讯处设在上海英大马路华英药房、宁波江东树牌楼同春箔庄、鄞县章氏宗祠谱局。

该通告又刊4月4日、6日、8日、10日、12日、14日《新闻报》,4月3日、5日、7日、9日、11日、13日、15日《申报》。

本次所修即《鄞西高桥章氏宗谱》,共二十八卷、首一卷、末一卷,宗长章纯生主修,汪培经(孟畬)、汪崇幹(仲甘)总纂。民国二十三年(1934年)十月有谷堂木活字本,共印三十部,每部册数不详。书签题《高桥章氏宗谱》。上海图书馆有藏(藏谱字号为风字号,存二十一册,即卷首、卷一至二十一、卷末)。

附:

《浙江鄞县高桥章氏续修宗谱通告》:"查我族宗谱自光绪十五年续修后,迄今已四十余年。今议发起续修,凡我族迁居他处者,乞各查明历代生卒、配葬、子女、婚嫁及墓志、传序等详抄列,限三个月内寄上海英大马路华英药房收,宁波寄江东树牌楼同春箔庄收,本镇邮寄章氏宗祠谱局收。幸勿自误为荷。"(《新闻报》1933年4月2日)

【康】

《奉化康岭康氏修谱通告》，《新闻报》1922年5月31日。

　　按语：该通告由康氏源远堂宗长康佳崧（《申报》作"佳崧"）刊登，称"我族康岭源远堂宗谱自本年阴历四月起重修，准六月上旬开印"。本次修谱要求迁居外地族人限期在1922年8月7日（阴历六月十五日）之前将详细资料交上海《字林西报》馆康锡祥收转。

　　该通告又刊6月2日、4日、6日、8日、10日、12日《新闻报》，6月1日、3日、5日、7日、9日、11日、13日《申报》。

【屠】

《甬上屠氏重修宗谱通告》,《四明日报》1918年5月18日。

  按语：该族始迁祖屠季,字邦彦,于南宋理宗朝时由江苏无锡迁鄞县,定居桃花渡北、甬河之南。明弘治十五年(壬戌年,1502年),屠珙(秉彝)创修宗谱。前修宗谱即六修本,由屠继序(凫园)纂修于清嘉庆二十一年(丙子年,1816年),但并未刊印。

  该通告称本次重修宗谱定于1918年5月19日至8月16日(阴历四月初十日至七月初十日)为采访期,要求迁居外地的各支派族人见此通告后从速将修谱资料寄至宁波江北岸引仙桥下秉彝堂屠氏修谱采访事务所。

  明吏部尚书屠滽、兵部右侍郎屠大山、文学家屠隆出自该族。

  本次所修即《甬上屠氏宗谱》,共三十六卷、首一卷、末一卷,张美翊(让三)纂修,屠可全(全生)、屠可豪(全鳌)、屠继钊(成三)等主修。民国八年(1919年)既勤堂木活字本,十六册。天一阁、上海图书馆、浙江图书馆等有藏。

《浙江鄞县屠氏重修宗谱通告》,《新闻报》1918年5月26日。

  按语：该通告称本次重修宗谱定于1918年5月19日至8月16日为采访期,要求四世祖屠顺(德祥)公下各房支派迁居外地族人见此通告后,从速将修谱资料寄至宁波江北岸引仙桥下秉彝堂屠氏修谱采访事务所。

  该通告又刊5月28日、31日、6月1日、3日、5日、7日《新闻报》。

《镇海大碶头芦山下屠积德堂修谱通告》,《宁波时事公报》1947年4月11日。

  按语：该族曾在民国四年(乙卯年,1915年)纂修宗谱。

  该通告由屠积德堂宗长屠廷有刊登。本次重修宗谱于1947年清明节设立谱局、开始采访,要求散居外地族人限期在6月底之前将资料寄至谱局或通讯处,以便汇集、付印。通讯处设在上海浙江路489号德泰五金号屠恒铨处、宁波滨江路41号永大鱼行屠振卿处、镇海县大碶镇(今属宁波市北仑区)芦山下屠积德堂。

  该通告又刊4月12日、13日《宁波时事公报》。

【龚】

《余姚白沙乡龚氏修谱通告》,《新闻报》1923年12月4日。

按语：余姚白沙乡(今属慈溪市)龚氏即姚江梅川龚氏。始迁祖龚宾,行辛六；龚贸,行辛七。曾在清嘉庆二十二年(丁丑年,1817年)纂修宗谱。前修宗谱即《姚江梅川龚氏宗谱》,共二十卷、首一卷、末一卷,龚昕和、龚圣若等纂修。光绪十一年(1885年)崇本堂木活字本,册数不详。书名页题《龚氏宗谱》。余姚市文物保护管理所有藏(存一册,即卷首、卷一)。

该通告由龚崇本堂谱局刊登,内称"我族十三世祖辛六宾公、辛七贸公由四明分支迁居姚北梅川,今所称白沙龚氏是也"。本次修谱要求迁居外地族人限期在1924年清明节之前报送资料。通讯处设在余姚县白沙路乾兴米号、公益染坊转龚崇本堂谱局。

该通告又刊12月5日、6日《新闻报》。

本次所修即《姚江梅川龚氏宗谱》,共十七卷、首一卷、末一卷、祭簿二卷,龚采嘉等修。民国十四年(1925年)崇本堂木活字本,共印三十部,每部册数不详。慈溪市博物馆有藏(存九册,内含祭簿一册)。

《关于续接四明龚氏宗谱的倡议书》,龚银夫、龚金贤、龚嘉产等2013年10月发布(2013年版《四明石潭龚氏宗谱》"附录")。

按语：此系余姚四明石潭龚氏续修宗谱倡议书。该族始迁祖龚俊。曾在明万历间、清嘉庆二十二年(丁丑年,1817年)纂修宗谱。前修宗谱即光绪三十一年(乙巳年,1905年)版《四明龚氏宗谱》,共十九卷,八册,今其族人尚有保存。

该倡议书由龚银夫、龚金贤、龚嘉产等 12 人发布,内称"倡议立即组织对我龚氏宗谱进行抢救性编撰,并希望宗亲热情支持,密切配合,积极参与,让我们团结一致,同心同德,为续修好宗谱作出每个龚姓后裔的应有贡献"。

本次所修即 2013 年版《四明石潭龚氏宗谱》,共三册,精装,龚嘉产主编,天一阁有藏。

【葛】

《浙江慈谿庄桥葛氏修谱通告》,《新闻报》1918 年 6 月 16 日。

按语：该族始迁祖葛延昭，行明一，元代人。历史上多次纂修宗谱，但多半毁于兵火。前修宗谱即《慈东章桥葛氏宗谱》，共九卷、首一卷，葛绳孝纂修。清光绪二年(1876 年)明德堂木活字本，九册。书签题《慈东葛氏家乘》。中国社会科学院历史研究所图书馆、吉林大学图书馆等有藏。该族人认为光绪版宗谱系仓促完成，故内容不够详备。

该通告称"我葛氏自元代明一府君宦游甬东、迁居庄桥，宗派繁衍，分为前、中、后三宅"。本次修谱设有谱局，要求迁居各地族人限期在 1918 年 9 月底之前报送详细资料。通讯处设在上海法大马路晋安里葛虞臣处、上海咸瓜街药业公所葛吉卿处、慈东庄桥集成学校葛望沄处。

上海四明公所董事葛虞臣(恩元)出自该族。

该通告又刊 6 月 18 日、20 日、22 日、24 日、26 日、28 日、30 日，7 月 2 日、4 日、6 日、9 日、11 日、13 日、15 日《新闻报》；6 月 25 日、27 日，7 月 1 日《申报》。

附：

《浙江慈谿庄桥葛氏修谱通告》："我葛氏自元代明一府君宦游甬东、迁居庄桥，宗派繁衍，分为前、中、后三宅。从前谱牒叠经兵燹，残失居多。光绪丙子年间虽经增修，而急就成章，诸未周备,爰议及时修辑,俾绳祖武,而昭来许。现已设局举定访员,会同各房长逐细调查。凡我同宗旅居各处者,务请从速开明支派及迁居年分、现寓地址,向通讯处函索调查表式详细填明。尽九月内寄下为要。通讯处:上海法大马路晋安里葛虞臣、上海咸瓜街药业公所葛吉卿、庄桥集成学校葛望沄。"(《新闻报》1918年6月16日)

《鄞西葛氏修谱启事》,《宁波时事公报》1946年10月15日。

按语:该族曾在清嘉庆、光绪年间修谱。

该启事称"本族住居县西小溪桃浦乡葛家湾地方,自大宋年间寿一公由丽水迁居于斯已将千载"。"小溪"即今鄞江镇。本次重修宗谱定于1946年10月15日至31日为采访期,要求迁居外地族人在此期间报送修谱资料。

该启事又刊10月16日、17日《宁波时事公报》。

本次所修即《四明葛氏宗谱》,共四卷,葛广仪(阿桂)、葛广珠(余芳)、葛祈福(陈余)、葛昌达(正康)等纂修。民国三十五年(1946年)抱朴堂木活字本,一册。天一阁有藏。

《鄞西葛积善堂重修宗谱通告》,《宁波日报》1947年6月15日。

按语:该族分为宁波观察第、悬慈、隔水、高尚宅及江苏宜兴等支派。曾在清光绪年间纂修宗谱,距此时(1947年)已有四十年。

该通告称经宗族议决即日起设立登记处、开始采访,要求散居各地族人限期在1947年7月底之前将详细修谱资料寄至通讯处,以便汇编入谱。通讯处设在鄞江桥承大号转。

【董】

《宁波城西芳嘉桥董氏重修宗谱》,《新闻报》1918 年 3 月 26 日。

按语：该族曾在清咸丰八年(戊午年,1858 年)修谱。1918 年元旦,议决重修宗谱;1 月 19 日,成立修谱机构,正式开办。

本次重修宗谱,要求迁居外地族人见此启事后,从速将资料寄至董氏宗祠内修谱公所。上海通信事务所设在法租界永安街董顺公报关行内。

该启事又刊 3 月 27 日至 30 日《新闻报》。

《镇海东管乡老鹰湾董氏修谱通告》,《申报》1920 年 5 月 19 日。

按语：该通告称"吾始祖自宋由陇西始迁居鄞邑十三洞桥,后于明万历间再迁于镇邑沉舵江地方,至崇祯朝户口寥落,又遭海盗名白头者迭次蹂躏,复迁至贝后村,即今名老鹰湾地也。建族以来,凡十三世,向无宗谱可稽"。"老鹰湾"又作鹞莺湾。本次修谱要求迁居外地族人限期在 1920 年 12 月 9 日(阴历十月底)之前报送详细资料。通讯处设在镇海县老鹰湾轫初学校内董氏谱局、杭州清河坊维康钱庄董梦溪处、上海南市咸瓜街永泰药行董渭川处、上海北市博物院路 17 号董杏生处。

上海总商会会董、上海董杏记号经理、宁波旅沪同乡会理事董杏生(杏荪)出自该族。

该通告又刊 5 月 21 日、23 日、25 日、27 日、29 日、31 日,6 月 2 日、4 日、6 日、8 日、10 日、12 日、14 日、16 日《申报》;5 月 20 日、22

日、25日、26日、28日、30日,6月2日、3日、7日、9日、12日、13日、15日、18日《新闻报》。

附:

《镇海东管乡老鹰湾董氏修谱通告》:"吾始祖自宋由陇西始迁居鄞邑十三洞桥,后于明万历间再迁于镇邑沉舵江地方,至崇祯朝户口寥落,又遭海盗名白头者迭次蹂躏,复迁至贝后村,即今名老鹰湾地也。建族以来凡十三世,向无宗谱可稽。因之,始祖讳、号均无从查考,至五世祖讳安庆公,稍知大略。若不从事纂修,将来族繁支衍,愈难入手。兹已设局采访,凡吾族有迁居他方者,希于夏历十月底以前先行报告将由何时分迁以及生卒、讳行、婚配、营葬、事业、职衔详细开示,俾资汇纂。事关睦族,幸弗遗弃为荷。通讯处:镇海老鹰湾韧初学校内董氏谱局、杭州珠宝巷维康钱庄董梦溪、上海南市咸瓜街永泰药行董渭川、上海北市博物院路十七号董杏生。"(《申报》1920年5月19日)

《鄞县董氏修谱通告》,《新闻报》1924年7月28日。

按语:该族曾在清光绪五年(己卯年,1879年)续修宗谱。

该通告由宗长刊登,内称"我族本汉纯德征君之后,自四十三世祖全八公卜居鄞西湖泊河之东,已历二十余世"。"纯德征君"即董黯。本次修谱要求迁居外地族人限期在1924年阴历九月之前报送资料。通讯处设在上海五马路4号中央地产公司董永龄(咏麟)处、宁波江北岸盐务稽核支所董果庭处。

清嘉庆十四年(1809年)进士董澜出自该族。

该通告又刊7月30日、8月1日《新闻报》。

本次所修即《鄞西湖泊董氏宗谱》,共八卷、首一卷,董承黼、董敦修(咏麟)纂修。

《慈谿董氏修谱通告》,《新闻报》1926 年 5 月 13 日。

按语:该族始迁祖董添行本四十三。曾在清光绪二十年(甲午年,1894 年)续修宗谱,即《慈谿董氏宗谱》,共三十四卷、首一卷,董懋文纂修。光绪二十二年(1896 年)木活字本,二十八册。河北大学图书馆等有藏。1925 年,集议发起重修宗谱。

该通告称"我族系出汉江都相仲舒公,自三世祖春公始徙勾章,唐建今县,曰慈谿,以六世祖孝子黯公而名。至四十七世祖添公,迁居县西金川乡,是为我慈西之支祖。旧谱以四十七世以上为一编,以始迁慈西近祖添公重提编为东宅、东庄、旧宅、堰头、城中五支"。本次修谱要求迁居外地族人限期在 1926 年阴历九月三十日(查是年阴历无九月三十日,疑为阳历九月三十日)之前报送资料。通讯处设在慈谿县西乡三七市(今属余姚市)董氏义庄。

慈谿董家系近代上海九大钱庄资本家家族之一。

该通告又刊 5 月 15 日、17 日、19 日、21 日、23 日、25 日、27 日、29 日、31 日、6 月 2 日、4 日、6 日、8 日、10 日《新闻报》;5 月 24 日、26 日、30 日《申报》。

本次所修即《慈谿董氏宗谱》,共三十四卷、首一卷,董兰如等纂修。民国十七年(1928 年)木活字本,册数不详。南开大学图书馆、天一阁(存二十五册,即卷首、卷一至三十)有藏。

《浙江余姚瑶街弄董氏修谱》,《新闻报》1927 年 11 月 10 日。

按语:该启事称该族"始祖宏道公,六传至阳门公,分三房"。本次修谱要求迁居外地族人限期在 1927 年阴历十一月之前报送资料。通讯处设在余姚县陡亹镇人和烟店转董氏宗祠。

该启事又刊 11 月 12 日、14 日、16 日《新闻报》。

《宁波南乡董家眺董氏修谱通告》,《新闻报》1931 年 7 月 1 日。

按语：该族有每隔三十年修谱的规章。

本次修谱要求迁居外地族人限期在 1931 年 7 月 1 日至 9 月 30 日期间报送详细资料。通讯处设在上海外虹桥义昌泰呢绒庄、宁波城内东马衙董庭瑶医室、鄞县南乡董家眺存德堂药局。

该通告又刊 7 月 2 日、3 日《新闻报》，7 月 5 日至 7 日《申报》。

附：

《宁波南乡董家眺董氏修谱通告》："查我族修谱定章，向以三十年为期。兹因期限将届，由宗长主议暨房干等公同议决准遵定章重修宗谱。凡我子姓如有迁移在外者，速将历代事迹、功勋、生卒、配葬并现在住址、职业一并详示，以资编辑。自七月一日起，至九月卅日止，过期不候，幸勿遗误。恐未周知，特此登报通告。通讯处：上海外虹桥义昌泰呢绒庄、宁波城内东马衙董庭瑶医室、鄞县南乡董家眺存德堂药局。"(《新闻报》1931 年 7 月 1 日)

《鄞东高塘董氏重修谱牒启事》,《新闻报》1934 年 10 月 19 日。

按语：该族曾在民国四年(乙卯年，1915 年)纂修谱牒。

该启事称本次系第十届修谱，定于 1935 年 10 月 6 日(乙亥年重阳节)印刷完成，要求迁居外地族人务必报送修谱资料。收件处设在上海城内三牌楼董华升草帽行董国华转谱局、宁波后塘街广润酱园董友春转谱局。

本次所修即《鄞高塘董氏家谱》，共十四卷、末一卷，张琴(峄桐)总纂，胡良模(德坊)协纂，董亲梁(翔遂)、董人燿(丽水)、董亲焜(绳祖)等修。民国二十四年(1935年)种德堂木活字本，十二册。书签、书名页题《董氏家谱》。天一阁、上海图书馆、浙江图书馆、南开大学图书馆有藏。

《鄞县首南乡锺公庙跟董家董氏修谱通告》，《宁波时事公报》1946年8月30日。

按语：该族宗谱创修于民国七年(戊午年，1918年)。

本次修谱要求旅居外地族人限期在1946年9月底之前向修谱筹备处报送资料。通讯处设在宁波江东羊巷街纬元揽毛厂、宁波江北岸董顺记颜料号。

该通告又刊9月1日、3日、5日《宁波时事公报》。

【景】

《鄞南永中乡景江岸双凤堂纂谱通告》,《宁波时事公报》1947年2月14日。

按语：此系鄞南永中乡景江岸景氏双凤堂修谱通告。

该通告由宗长景启相、房干景启堃、景义钿刊登,称即日起开始采访,要求族人限期在1947年6月底之前报送修谱资料。通讯处设在宁波江东百丈路立昌粉号景振祥处。

该通告又刊2月15日、16日、20日、21日《宁波时事公报》。

【程】

《鄞南张黄程后岸程氏宗祠重修宗谱通告》,《宁波时事公报》1948年5月12日。

  按语:该族曾在民国二年(癸丑年,1913年)纂修宗谱。

  该通告由宗长程定佐及房干等刊登,称即日起开始采访,要求旅居外地族人限期在1948年6月底之前报送修谱资料。通讯处设在上海陕西南路77号永兴琴行程述瑾处(电话号码79883)、宁波江厦街天祥五金拷麻行"程君"处(电话号码587)、鄞南程后岸程氏宗祠。

  该通告又刊5月13日至15日、17日《宁波时事公报》。

《鄞南姜山乡程后岸程氏世德堂修谱晋主通告》,《宁波日报》1949年4月11日。

  按语:该通告称该族于1948年清明前发起续修宗谱,定于1949年4月27日(阴历三月底)结束采访,故催促旅居外地族人从速向程氏祠堂办事通讯处报送修谱资料,并指出"逾期概不收受,但事关宗系,切勿自弃"。另,通知族人参加定于1949年11月10日(阴历九月二十日)举行的晋主贺谱典礼。通讯处设在宁波灵桥堍5号天祥拷麻五金杂货行、上海陕西南路77号永兴琴行"程君"转。

  该通告又刊4月12日《宁波日报》。

【傅】

《镇海县泰邱乡上浦傅氏修谱启事》,《新闻报》1931年3月10日。

按语:该族曾在清光绪三十年(甲辰年,1904年)纂修谱牒。

本次重修谱牒于1931年3月初开设谱局,要求迁居外地族人限期在一个月内向谱局报送详细资料,或寄镇海县穿山(今属宁波市北仑区)源泰隆行傅松泉转谱局。

该启事又刊3月12日、14日《新闻报》,3月11日、13日、15日《申报》。

附:

《镇海县泰邱乡上浦傅氏修谱启事》:"窃吾族谱牒自前清光绪甲辰修辑以来,迄今已有二十八年之久。长此以往,恐生卒无从稽考。兹于三月初开局重修,凡我族属有迁居异地、采访未周之处,务希于一月内将名字、生卒、配葬详细开列,亲自送局或函寄穿山源泰隆行傅松泉君转递,以便编入而免遗漏。特此声明。"(《新闻报》1931年3月10日)

《鄞东五乡碶傅氏宗祠修谱通告》,《宁波时事公报》1946年9月25日。

按语:该族曾在民国六年(丁巳年,1917年)重修宗谱。

该通告由鄞东五乡碶傅氏宗祠修谱委员会刊登,称即日起设立谱局开始采访,要求散居各地族人限期在1946年12月底之前报送详细资料。谱局设在鄞东五乡碶傅氏宗祠,分办事处设在上海天津路信裕钱庄、上海宁波路中庸银行、定海道头《定海日报》社。

该通告又刊9月26日、27日《宁波时事公报》。

附:

《鄞东五乡碶傅氏宗祠修谱通告》:"吾族宗谱自民国六年重修后,迄今又将三十载。子孙繁衍,亟待续修。兹定于即日起设立谱局开始采访,并备有采访表格,除分给各房各户分别填写外,凡我族人散居各处者,请向本祠谱局或各分办事处以及各房长、干,首领取空白表格,将丁口、婚嫁、生卒、承继、配葬、传志、文献等详细事实按表填明来会,俾便汇集纂辑,并限于国历十二月底截止,望勿延误。特此通告。鄞东五乡碶傅氏宗祠修谱委员会启。

通讯处:谱局——鄞东五乡碶本宗祠,分办事处——上海天津路信裕钱庄、上海宁波路中庸银行、定海道头《定海日报》社。"(《宁波时事公报》1946年9月25日)

《鄞东五乡碶傅氏宗祠修谱通告》,《申报》1946年10月1日。

按语:该通告由鄞东五乡碶傅氏宗祠修谱委员会刊登,内容同《宁波时事公报》1946年9月25日《鄞东五乡碶傅氏宗祠修谱通告》,但公布通讯收件处为:(谱局)鄞东五乡碶傅氏宗祠,(分办事处)上海天津路120号信裕钱庄、上海天津路100号恒利银行、上海宁波路204号中庸银行、定海道头街《定海日报》社。

该通告又刊10月9日、10日、13日、18日、20日《申报》;10月1日、5日、14日、15日、27日、30日,11月5日、24日《新闻报》。

《鄞东五乡碶傅氏宗祠修谱委员会紧要通告》,《新闻报》1947年5月7日。

　　按语:该通告由鄞东五乡碶傅氏修谱委员会刊登,系催告族人限期在1947年5月底之前向傅氏宗祠补报修谱资料。

《鄞东五乡碶傅氏宗祠通告》,《申报》1947年11月13日。

　　按语:该族修建宗祠、编纂谱牒已完成,此通告系通知族人参加定于1947年12月2日(阴历十月二十日)举行的宗祠落成暨晋主贺谱典礼。

　　该通告又刊11月15日、17日、23日《申报》,11月17日、24日、25日《新闻报》。

附:

　　《鄞东五乡碶傅氏宗祠通告》:"本宗祠修建祠宇、编纂谱谍(牒)业已工竣,谨择国历十二月二日(即夏历十月二十日)举行落成暨晋主贺谱典礼。凡吾旅居外地族人务希早日旋里参谒祖先,以伸孝思。寄籍客乡族人设有招待所,以资便利。如欲委办膳宿等情,并希开明人数先函本宗祠总务科登记,俾得预为准备。特此通告。"(《申报》1947年11月13日)

《鄞东胡墅桥傅氏修宗谱通告》,《新闻报》1947年12月11日。

　　按语:该族宗谱年久失修。

　　该通告由"立本堂傅"刊登,称经族房长等议决即日起开始重修宗谱,"由各房分长详细调查,汇集整编"。通讯处设在上海东汉阳路421号、宁波小沙泥街学士坊2号。

该通告又刊 12 月 18 日、19 日《新闻报》。

《鄞东胡墅桥傅氏宗祠晋主贺谱通告》,《新闻报》1948 年 3 月 9 日。

按语：该通告系通知族人参加定于 1948 年 4 月 14 日(阴历三月初六日)举行的晋主贺谱典礼。

【童】

《浙绍余姚童氏修谱》，《新闻报》1906年7月17日。

按语：此系余姚廊厦童氏纂修宗谱启事。该族始祖童良玉，字宏德，于五代后梁时迁居剡溪（今嵊州市）；迁姚始祖童人才，字彝伦，行朝三；廊厦支祖童神民，字天圣，行万九。曾在明嘉靖年间、清乾隆三十九年（甲午年，1774年）、道光十七年（丁酉年，1837年）纂修谱牒。

该启事由余姚廊厦童氏谱局司事刊登，称"我始祖宏德公由汴迁浙，第二传朝三公迁姚，第三传万九公析居姚之开元乡童沈巷，即我族祖"，指出本次修谱"修辑经费祠给，不捐分文"，要求迁居外地族人限期在光绪三十三年三月底（1907年5月11日）之前报送修谱资料。通讯处设在上海北市正大钱庄、上海宝顺钱庄转谱局。

该启事又刊7月18日至31日、8月8日至22日《新闻报》。

本次所修即《余姚童氏宗谱》，共十卷、首二卷、末二卷，童祖钧、童羽林、童翊宸等纂修。清宣统元年（1909年）德裕堂木活字本，十册。版心题《童氏宗谱》。上海图书馆、哈尔滨师范大学图书馆、美国犹他家谱学会有藏。

《慈谿东乡童氏修谱》，《申报》1929年6月3日。

按语：该族始迁祖童葵，字朝阳。历史上多次纂修宗谱，前修宗谱即《慈东童氏宗谱》，共十六卷，童寀、童小桥等纂修。清同治十三年（1874年）厚本堂木活字本，九册。目录、卷端题《童氏宗谱》。上海图书馆有藏。

该启事称"吾族自宋朝阳公由鄞建岙迁居慈东灵阳乡,已三十五世于兹"。本次修谱要求迁居外地族人限期在1929年8月4日(阴历六月底)之前报送详细资料。通讯处设在慈谿县东乡(今属宁波市江北区)童氏宗祠修谱局童佐宸处、上海童涵春童广甫处、上海永安街同安里裕元隆童汝蕃处、汉口童葆元药店童槐卿处。

本次所修即《慈谿鸿门童氏宗谱》,共十七卷、首一卷,童赓年(佐宸)纂修。民国十八年(1929年)厚本堂木活字本,十八册。版心题《慈东童氏宗谱》。天一阁有藏。

该启事又刊6月5日、7日、9日、11日、13日、15日、17日、19日、21日《申报》,6月4日、6日、8日、10日、12日、14日、16日、18日、20日、22日《新闻报》。

附:

《慈谿东乡童氏修谱》:"吾族自宋朝阳公由鄞建岙迁居慈东灵阳乡,已三十五世于兹矣。谱牒迭经纂修,勒有成书。惟自清同治癸酉以后,迄今已垂七十余年未经续补为憾。兹公议续修,势难再缓。因族内子孙间有侨寓或他迁恐未周知,为此登报通告,务希迅将世系、男女、婚嫁、生葬、住址详细开具送达,以已巳年阴历六月底为限。诸希鉴及。通讯处:慈谿东乡童氏宗祠修谱局童佐宸、上海童涵春童广甫、上海永安街同安里裕元隆童汝蕃、汉口童葆元药店童槐卿。"(《申报》1929年6月3日)

《浙江鄞县童家岙童氏重修宗谱启事》,《宁波时事公报》1946年8月29日。

按语:该族前修宗谱距此时(1946年)已有二十八年。

该启事由鄞东童氏宗干刊登。本次修谱自1946年6月21日开始采访,要求旅居外地族人限期在10月底之前将资料抄寄鄞县东乡塘头街邮局转童葵荪汇纂。

该通告又刊8月30日至9月1日、3日至5日《宁波时事公报》,9月25日至29日《新闻报》。

《宁波慈谿车厩童氏重修宗谱通告》,《新闻报》1948年5月5日。

按语:该族曾在民国初年续修宗谱。

该通告由驻申童氏修谱办事处刊登,称经宗务会议决定发起重修宗谱,要求族人将详细修谱资料寄至该办事处,以便编纂入谱。办事处设在上海山东中路140弄11号童彬甫转。

该通告又刊5月6日《新闻报》。

《慈谿车厩童氏重修宗谱通告》,《宁波时事公报》1948年8月3日。

按语:该通告由驻甬童氏修谱办事处刊登,称经宗务会议决定发起重修宗谱,要求族人将修谱资料寄至该办事处,以便编纂入谱。办事处设在宁波药行街元利药行童朝阳转。

该通告又刊8月4日、5日《宁波时事公报》。

《拟重修浙江余姚(慈谿)〈江中(车厩)童氏宗谱〉告宗亲书》,余姚市河姆渡镇江中村慈溪车厩童氏修谱筹委会2017年7月15日发布(2021年版《慈谿车厩童氏宗谱》)。

按语:该启事由余姚市河姆渡镇江中村慈溪车厩童氏修谱筹委会于2017年7月15日发布,要求族人准备相关资料,协助修谱筹委会做好各自家庭与家谱的对接工作,并请持有清代所修宗谱的族人提供宗谱,"等新谱成书后,不仅归还原谱,还将奉送新谱"。另,还公布有联系电话。

本次所修即2021年版《慈谿车厩童氏宗谱》,共一册,精装,童国桢总编纂。2021年12月24日,童国桢先生向天一阁捐赠该宗谱。

【蒋】

《蒋氏修谱》,《申报》1889 年 3 月 31 日。

  按语：此系余姚县兰风乡马家堰蒋氏重修宗谱启事。

  该启事由蒋氏刊登,落款时间为"光绪十五年三月",要求迁居外地族人限期在一年内将修谱资料寄至上海北市元甡庄,以便汇纂入谱。光绪十五年即 1889 年。

  该启事又刊 4 月 1 日至 29 日《申报》。

  附：

  《蒋氏修谱》："浙绍余姚兰风乡马家堰蒋氏宗谱现拟重修,凡我同宗有寄居在外者,务将迁居住址、名讳及存殁、年岁统希载明寄上海北市元甡庄,以便纂入。一年为限,速寄毋迟。幸勿自误。光绪十五年三月蒋氏公具。"(《申报》1889 年 3 月 31 日)

《慈北卫前蒋氏修谱广告》,《申报》1914 年 6 月 1 日。

  按语：该族曾在清同治十一年(壬申年,1872 年)由蒋品兰重修宗谱。

  本次续修宗谱自 1914 年阴历四月开始,要求散处外地族人限期在中秋节之前报送修谱资料。通信处设在慈北卫前蒋正一学校内。

  该广告又刊 6 月 2 日至 21 日《申报》,其中 8 日、9 日标题误作《慈北卫前蒋修氏谱广告》。

  本次所修即《慈北蒋氏宗谱》,共三卷、首一卷,蒋鸣鹤编纂。民国六年(1917年)三径堂木活字本,三册。版心题《慈北永义乡卫前蒋氏宗谱》。慈溪市观海卫镇蒋家村有藏。

附:

  《慈北卫前蒋氏修谱广告》:"我蒋氏宗谱自先哲品兰重修,迄今已越四十余载,爰公议续修,凡族人有散处他方者,急宜详录三代履历具报,以便统宗合谱。兹定阴历四月起,以中秋为限。通信处慈北卫前蒋正一学校内。"(《申报》1914年6月1日)

《余姚东门蒋氏修谱》,《新闻报》1922年6月1日。

  按语:该族始迁祖蒋彦祥。曾在清道光年间由蒋日门续修谱牒。

  该启事由蒋氏世德堂谱局刊登,内称"我族自元至正中一世祖彦祥公由南昌来倅姚州,弃官不返,居姚之东门内,世称蒋家湾头者是也"。本次修谱自1922年4月11日(阴历三月十五日)开始,要求迁居外地族人限期在9月6日(中元日)之前报送资料。通讯处设在余姚东城下蒋氏白鹤堂眼科、余姚东门外裕兴昌烟号。

  该启事又刊6月2日至7日《新闻报》。

  本次所修即《余姚蒋氏宗谱》,共十二卷、首一卷、末一卷,蒋维翰、蒋长华等纂修。民国十一年(1922年)五月世德堂木活字本,六册。书名页题《蒋氏世德堂宗谱》,目录、版心题《蒋氏宗谱》。天一阁、上海图书馆、南开大学图书馆、哈尔滨师范大学图书馆、美国犹他家谱学会有藏。

《镇海蒋氏宗谱之创始》,《新闻报》1926 年 5 月 19 日。

按语：该启事由蒋氏务本堂刊登,内称"吾族务本堂世居清水浦后楼屋蒋,向无谱牒,宗、房长等爰于四月初一日邀同族中公议筹集经费,延请谱师创立宗谱,以申敬祖睦族之大义"。四月初一日,即 5 月 12 日。本次修谱要求族人从速报送资料。通信处设在镇海县清水浦恒昌石砜行、镇海县楼屋蒋裕丰乾号酒坊、上海里咸瓜街广丰药行。

该启事又刊 5 月 20 日、21 日《新闻报》。

《浙江余姚嘉善姚江蒋大鸿公后裔均鉴》,《新闻报》1929 年 8 月 26 日。

按语：该启事由苏州洞庭西山后堡蒋氏修谱局领修后裔蒋宗培刊登,要求迁居浙江余姚、嘉善、姚江等地蒋大鸿后裔"将世系详明抄寄,或先通信,再由山派人携带老谱前来参考"。另,据该启事可知十六世蒋尔醇葬余姚县城东南莫家阪月涂、十七世蒋大鸿迁居嘉善、十九世蒋宣哲迁居姚江。

该启事又刊 8 月 27 日、28 日《新闻报》。

《蒋氏修谱启事》,《新闻报》1933 年 6 月 24 日。

按语：此系镇海县崇邱乡（今属宁波市北仑区）蛟门蒋氏修谱启事。该族曾在清光绪九年（癸未年,1883 年）由蒋锽智修谱。1933 年 6 月 20 日,议决续修宗谱。

该启事由蒋氏修谱筹备处主任蒋信寿刊登,内称"吾蒋氏自伯龄公后第四十九世止,再自明平四公由奉川大埠头迁镇之崇邱乡蛟门,即文选阁后灵泽新庙"。本次修谱要求族人限期在 1933 年 7 月底之前报送资料。通讯处设在上海法租界小北门文元坊口裕昌祥号转蒋氏修谱筹备处。

《鄞南乡前百丈蒋氏绳武堂修谱通告》，《宁波时事公报》1947年8月26日。

　　按语：该族前修宗谱距此时(1947年)已有五十一年。

　　本次修谱要求族人限期在1947年9月底之前将资料抄寄通讯处，以便编纂入谱。通讯处设在鄞南乡前百丈蒋氏绳武堂谱局、宁波江东木行路40号大慎木行蒋沛栋处。

　　该通告又刊8月27日、28日《宁波时事公报》。

《奉化溪口蒋永思堂修谱通告》，《宁波时事公报》1947年11月16日。

　　按语：该通告由溪口蒋永思堂房干刊登，称本次修谱即日起开始采访，要求散居各地族人限期在1948年2月之前将资料抄寄溪口武岭学校，以便汇纂入谱。

　　该通告又刊11月17日至22日《宁波时事公报》，11月16日、17日、19日至21日《宁波日报》。

《衡平法律事务所律师胡葆祥代表蒋鸿祥否认离妻李为之刊入宗谱紧要启事》，《宁波日报》1948年12月3日。

　　按语：此系胡葆祥律师代表蒋鸿祥刊登紧要启事，反对溪口蒋永思堂谱局将李为之以其发妻名义刊入宗谱。蒋鸿祥称其与李为之于1944年2月3日协议离婚、1946年3月与梁庆平结婚，认为"此次本族修谱谱局偏听离妻一面之词，任意刊入宗谱，列为发妻，而反列梁氏为侧室,显与事实不符,本人碍难承认"。衡平法律事务所设在宁波南大路广济巷 11 号。

《戴征瑞律师代表蒋鸿祥驳正溪口蒋永思堂谱局声明之声明》,《宁波日报》1949 年 3 月 5 日。

按语:此系戴征瑞律师代表蒋鸿祥刊登声明。蒋鸿祥认为蒋永思堂谱局此前修谱时将已协议离婚的前妻李为之列为其原配、后娶之梁庆平列为其侧室属于违反法律且故意拨弄是非,要求蒋永思堂将已纂修宗谱予以重新更正。戴征瑞律师事务所设在上海北京东路 356 号 308 室。

该启事标题所指"溪口蒋永思堂谱局声明"曾刊 1948 年 12 月 6 日《宁波日报》。

该声明又刊 3 月 6 日《宁波日报》。

【鲁】

《余姚景桥鲁氏修谱通告》,《新闻报》1924年5月3日。

按语:"景桥"即景嘉桥。该族始迁祖鲁鏑,行端五,于南宋时由会稽县迁居余姚县景嘉桥。曾在清咸丰七年(丁巳年,1857年)纂修宗谱。前修宗谱即《姚江景嘉桥鲁氏宗谱》,共二十卷,鲁森标等纂修。清光绪二十二年(1896年)孝思堂木活字本,二十册。书签题《姚江鲁氏宗谱》,目录题《余姚景嘉桥鲁氏宗谱》。国家图书馆、北京大学图书馆、上海图书馆(存十九册,即卷一至十九)有藏。

该启事由鲁氏谱局刊登,要求迁居外地族人限期在1924年10月27日(阴历九月底)之前报送修谱资料。通讯处设在余姚县虞宦街资丰钱庄。

该通告又刊5月4日至9日《新闻报》。

本次所修即《姚江景嘉桥鲁氏宗谱》,共二十四卷,鲁周春等纂修。民国十四年(1925年)孝思堂木活字本,二十四册。书衣题《姚江鲁氏宗谱》。国家图书馆、南开大学图书馆、河北大学图书馆有藏。

【韩】

《北津韩氏修谱通告》,《时事公报》1938年5月12日。

按语：此系鄞县栎社(今属宁波市海曙区)北津韩氏修谱通告。该族始祖韩权,字准之;始迁祖韩中和,号北津,于元代迁居此地。曾在明弘治、嘉靖年间、清乾隆六年(辛酉年,1741年)、道光十年(庚寅年,1830年)纂修宗谱。前修宗谱距此时(1938年)已有二十余年。

本次重修宗谱要求迁居外地族人限期在1938年7月之前将详细资料寄至宁波方井街正源行韩名高转韩氏祠堂谱局。

该通告又刊5月13日《时事公报》。

本次所修即《北津韩氏宗谱》,疑共六卷、首一卷、末一卷,韩立榜等纂修。民国二十七年(1938年)维则堂木活字本,册数不详。舟山市档案馆、舟山市图书馆均存有该谱复印本(存一册,即卷首,卷一、四、六、卷末,系从《北津韩氏宗谱》辑出的迁居定海的坤房老大房之四房、二房房谱)。

【谢】

《余姚谢氏修谱》,《申报》1894年8月2日。

按语:余姚泗门谢氏始祖谢缵;始迁祖谢长二,于南宋末自临海八叠迁居此地,后分为大房、二房、三房、四房、五房、荣房、乌楼房、南七房、龙舌房、亨房、后塘河房等房派。此系大房修谱启事。该房支祖谢琼,字怀宝,行怀一。

该启事由泗门谢氏大房谢元寿刊登,要求族人限期在清光绪二十一年(1895年)二月底之前报送修谱资料。谱局设在余姚县泗门成之庄。

该启事又刊8月3日至31日《申报》。

本次所修即《四门谢氏大房谱》,共六卷,谢元寿纂修。光绪二十一年承仁堂木活字本,六册。上海图书馆、美国犹他家谱学会有藏。

附:

《余姚谢氏修谱》:"窃谢氏向无统谱,惟我大房怀宝公支自十八世以前旧有存本。兹拟续修,凡居外籍者务将三代妻子、生卒、职衔、名讳开报,以凭汇登。期限明年二月,局设余姚泗门成之庄。大房后裔元寿启。"(《申报》1894年8月2日)

《浙江余姚谢氏文正公支下修谱》,《新闻报》1905年3月1日。

按语:"谢氏文正公"即谢迁。此系余姚泗门谢氏二房修谱启事。该房支祖谢莹,字怀玉,行怀二,号直庵。前修房谱即《四门谢氏二房续谱》，不分卷，谢嗣达等纂修。清光绪六年（1880年）葆光堂木活字本，二册。上海图书馆有藏。

该启事由余姚第四门谢氏二房刊登，落款时间为"光绪乙巳孟春"，内称"我始祖长二公南宋末由临海八叠迁居余姚之第四门，子姓繁□，传至八世，递分十八房"。本次修谱定于光绪三十二年（1906年）春付印，要求迁居外地的文正公后裔限期在光绪三十一年年底（1906年1月24日）之前将资料寄至上海后马路同和里存德钱庄或余姚县泗门谢祥丰米号。

该启事又刊3月2日至7日《新闻报》。

《浙绍余姚第四门谢氏四房修谱广告》，《时报》1908年3月7日。

按语：该房支祖谢璲，字怀肆，行怀三，号肆庵处士。

该广告称"我始祖长二公南宋末由临海八叠迁居余姚第四门，传八世，递分十八房。我四房怀肆公支下向无支谱"。本次修谱要求族人限期在清光绪三十四年三月初一日（1908年4月1日）之前报送资料。通讯处设在上海后马路同和里存德钱庄、余姚县泗门咸康号转。

该广告又刊3月8日至10日、26日《时报》。

本次所修即《四门谢氏四房谱》，共六卷，谢芳洲纂辑。清宣统二年（1910年）敬业堂木活字本，六册，分孝、友、睦、姻、任、恤等六集。上海图书馆、中国社会科学院历史研究所图书馆、思绥草堂、美国犹他家谱学会等有藏。

《余姚四门谢氏后塘河房修谱》，《申报》1914年2月5日。

按语：该房支祖谢寿十一。前修房谱即《四门谢氏续谱》，共十卷，谢克爱纂修。清光绪六年(1880年)存著堂木活字本，十册。中国社会科学院历史研究所图书馆、上海图书馆(存七册，即卷一至六、八)、山西省社会科学院家谱资料研究中心、美国犹他家谱学会有藏。

本次修谱要求族人限期在1914年5月6日(立夏日)之前报送详细资料。报告处设在余姚县泗门谢存著堂即谢氏祠堂、上海后马路存德庄、上海老闸桥轮记行。

该启事又刊2月6日至11日《申报》。

本次所修即《四门谢氏后塘河房再续谱》，共十卷、补遗一卷，谢联璠纂修。民国四年(1915年)存著堂木活字本(其中补遗卷系民国八年增补)，十册，分基、承、南、国、远、绪、启、后、塘、长十集。书衣、目录、版心题《四门谢氏再续谱》。上海图书馆、国家图书馆、北京大学图书馆、河北大学图书馆、吉林大学图书馆、山西省社会科学院家谱资料研究中心、美国犹他家谱学会有藏。

附：

《余姚四门谢氏后塘河房修谱》："凡本房内人可速将名讳、世数、支派、配氏、生卒年月、衔称、葬地、子女名行前来具报，其侨居年远者并宜将始出外之人上三代履历开具详明，以便核对。报告处：余姚第四门谢存著堂本祠、上海后马路存德庄、老闸桥轮记行。自本日起至立夏日止，弗迟。此知。"(《申报》1914年2月5日)

《镇海东管乡中官路谢氏创修宗谱通告》，《新闻报》1926年10月9日。

按语：该通告由主修、宗长谢裕德、发起人谢崇烁刊登，内称"吾宗十世祖宁一公为谢氏四大分支之长，世居本乡，自宋迄今，系统相传，有二十八世之久，向无宗谱"。谢氏分为宁一、宁二、宁三、宁七四大分支。本次修谱要求族人限期在 1926 年 12 月 4 日（阴历十月底）之前报送资料。通讯处设在上海法租界洋行街新茂和海味行谢宝善处、宁波江东同润木行谢和生处、镇海县西门骏号谢厚煊处。

该通告又刊 10 月 11 日、13 日、15 日、17 日《新闻报》。

《镇海谢氏重修家谱通告》，《时事公报》1930 年 7 月 1 日。

按语：该族始祖谢用乾。曾由谢文雅创修宗谱，历代多有续修。清光绪二十九年（癸卯年，1903 年），谢辅颖等续修宗谱。

该通告要求族人将修谱资料寄至镇海县东门内文庙左首起凤牌楼下谢或泰祥记号谢。

《镇海灵岩乡柴楼村谢氏宗祠修谱启事》，《申报》1942 年 11 月 16 日。

按语：该启事系通告迁居外地族人报送修谱资料。通讯处设在上海法租界八里桥路 28 号国泰饭店谢济生处。

该启事又刊 11 月 22 日《申报》，11 月 17 日、22 日《新闻报》。

附：

《镇海灵岩乡柴楼村谢氏宗祠修谱启事》："本族公议重修宗谱，刻正着手进行，恐散居外处者不得其详，用特登报声明，俾便周知。幸早归来，勿得观望自误为要。通讯处：上海法租界八里桥路廿八号国泰饭店谢济生君接洽。"（《申报》1942 年 11 月 16 日）

《鄞东瞻崎谢氏棐荫堂修谱并请毛翼虎先生为大鉴定通告》，《宁波时事公报》1947 年 7 月 17 日。

按语：该通告称鄞东瞻崎谢氏棐荫堂（即榧荫堂，《宁波日报》

1947年7月17日《鄞东瞻崎谢氏栞荫堂修谱并聘请毛翼虎先生为大鉴定通告》误作"栞荫堂")因修谱需要,族人议决聘请毛翼虎为大鉴定。本次修谱于1947年6月设立谱局开始采访,要求散居各地族人限期在8月20日之前报送详细资料。通讯处设在宁波百丈街史公和酱园谢廷载处、鄞东瞻岐棐荫堂谱局。

该通告又刊7月18日、19日《宁波时事公报》。

《鄞东瞻崎谢氏栞荫堂修谱并聘请毛翼虎先生为大鉴定通告》,《宁波日报》1947年7月17日。

按语:该通告内容同《宁波时事公报》1947年7月17日《鄞东瞻崎谢氏棐荫堂修谱并请毛翼虎先生为大鉴定通告》,但"栞荫堂"应为棐荫堂。

该通告又刊7月18日、19日《宁波日报》。

《泗门谢氏二房谱续修启事》,泗门谢氏二房谱续修理事会2018年10月发布(谢建龙先生提供)。

按语:该族前修房谱即《四门谢氏二房谱》,共十一卷、首一卷,房长谢嗣庚等纂修。民国七年(1918年)葆光堂木活字本(卷首版心下题阁老第排印本),共印三十部,每部十二册。上海图书馆、国家图书馆、中国社会科学院历史研究所图书馆、余姚市文物保护管理所等有藏。

该启事由泗门谢氏二房谱续修理事会刊登,落款时间为2018年10月,内称"泗门谢氏自宋末长二公开族,至明成化年间衍分十八房,赠太傅谥文正讳迁公即属二房。二房谱最后一次修于民国七年(1918年),距今已整整一百年"。本次修谱于2018年10月1日启动,计划在2020年春圆谱,要求族人限期在2019年2月19日(元宵节)之前报送资料。该启事还公布修谱咨询电话、微信号、微信群名(泗门谢氏二房阁老裔孙),以及主修(谢荣欣)、总纂(谢建龙)、顾问(谢荣时)、长房茅山公支采访员(谢荣旸)、汝房汝湖公支采访员(谢庆宝)、十房石川公支采访员(谢荣初、谢荣张)名单、电话号码。

本次所修即2020年版《四门谢氏二房谱》,共十二册,线装,谢建龙主修。2020年8月20日,谢建龙先生向天一阁捐赠该房谱。

【舒】

《宁波南乡石碶舒氏修谱广告》,《申报》1921年7月9日。

按语：该族始迁祖舒禀，字遵道，于宋代迁居此地。曾在清康熙三十年(辛未年,1691年)、光绪五年(己卯年,1879年)纂修宗谱。

本次系该族第三次纂修宗谱，要求族人见此广告后从速向鄞南石碶舒升泰米店报送详细修谱资料。

该广告又刊7月10日至15日《申报》。

本次所修即《石碶雅渡桥舒氏宗谱》，共五卷、首一卷，舒永明、舒清材、舒荣福等修，周承祐纂修。民国十二年(1923年)惇裕堂木活字本，四册。天一阁有藏。

附：

《宁波南乡石碶舒氏修谱广告》："舒氏宗谱由光绪四年修茸，今宗族议决重修，凡我子姓见此广告速抄居里、世系、生卒、配葬，详具交邮寄石碶舒升泰米店。"(《申报》1921年7月9日)

《奉化广平舒氏(即后洋舒)续修宗谱通告》,《宁波时事公报》1946年5月7日。

按语：该族曾在民国五年(丙辰年,1916年)重修宗谱。

该通告由舒氏光裕堂众谱局刊登，称本次修谱定于1946年"今秋七月"(应为阴历)开始采访，要求移居各地族人限期在翌年三月底之前向谱局报送资料。通讯处设在奉化大桥舒家明大号转舒氏谱局。

该通告又刊 5 月 8 日至 11 日、13 日《宁波时事公报》。

【裘】

《慈谿横山裘氏修谱》,《新闻报》1907年7月10日。

按语：该族始祖裘全,字德完;始迁祖裘从仁,字元之,号西涧,于宋绍熙年间由奉化鄞阳乡迁至慈谿县横山(今属宁波市江北区)。曾在明嘉靖二十六年(丁未年,1547年)创修宗谱。前修宗谱即《慈谿横山裘氏宗谱》,共十三卷、首一卷,裘姚崇等纂修。清嘉庆二十五年(1820年)敦睦堂木活字本,共印四十四部,每部六册。余姚市文物保护管理所、日本东洋文库、美国犹他家谱学会有藏。

该启事由裘氏谱局司事刊登,内称"我裘氏自南宋时西涧公由奉化鄞阳乡始迁慈东横山,二世祖元森、元松公卜居裘市,至今二十余世",要求迁居外地族人限期在光绪三十四年五月底(1908年6月28日)之前报送修谱资料。通讯处设在上海英大马路裘天宝银楼裘焜如处、宁波东渡门内方聚元银楼裘祥福处。

该启事又刊7月11日至19日《新闻报》、7月10日至13日《申报》。

本次所修即《慈谿横山裘氏宗谱》,共二十一卷、首一卷,裘鸣玮、裘锦祥、裘光燿等修,王家振(腵莲)总纂。宣统元年(1909年)敦睦堂木活字本,共印五十部(以数字编号),每部二十二册。书签、书名页题《慈谿裘氏宗谱》。宁波市档案馆有藏(藏谱字号为伍字号,存二十册,即卷首,卷一、二、四至十三、十五至二十一)。

《慈谿横山裘氏修谱》,《新闻报》1908年4月15日。

按语：该启事由裘氏谱局司事刊登,系催告族人限期在清光绪三十四年八月底(1908年9月24日)之前报送修谱资料。通讯处设在上海英大马路裘天宝银楼裘焜如处、宁波东渡门内方聚元银楼裘清甫处。

该启事又刊4月16日至28日《新闻报》。

《慈谿东乡横山裘氏宗祠重修宗谱通告》,《新闻报》1947年9月3日。

按语:该族前修宗谱即宣统元年(1909年)版《慈谿横山裘氏宗谱》。1946年冬,议决续修宗谱,即第四届修谱。

该通告由宗长裘庆海刊登。本次修谱自1947年9月1日开始采访,要求裘氏宗祠敦睦堂支派族人限期在10月底之前报送资料。通信处设在上海阳朔街鸿元北货行裘明琛处、上海天津路祥康里德康祥绸庄裘燮卿处、上海南京路592号裘天宝银楼裘霞如处、上海武定路450弄70号恒利厂裘效曾处、宁波战船街6号顺记桂圆行裘伟甫处、慈东裘墅裘氏宗祠修谱处。

该通告又刊9月8日、14日、15日《新闻报》。

本次所修即《慈谿横山裘氏宗谱》,共二十六卷,裘昌如、裘松堂等纂修。民国三十八年(1949年)敦睦堂木活字本,共印三十六部,每部二十六册。书签、书名页题《慈谿裘氏宗谱》。国家图书馆、绍兴图书馆、河北大学图书馆、上海图书馆(藏谱字号为第二十九号,存二十五册,即卷一至三、五至二十六)、余姚市文物保护管理所(系残本)等有藏。

《慈谿东乡横山裘氏重修宗谱通告》,《宁波时事公报》1947年9月13日。

按语:该通告由宗长裘庆海刊登,内容同《新闻报》1947年9月

3 日《慈谿东乡横山裘氏宗祠重修宗谱通告》,但公布通信处为上海南京路 592 号裘天宝银楼、上海小东门阳朔街鸿元北货行、宁波战船街 6 号顺记桂圆行、慈东裘墅裘氏宗祠修谱处。与此前《新闻报》所刊通告相比,减少两处通信处,且未公布联系人姓名。

该通告又刊 9 月 15 日、20 日、22 日、24 日《宁波时事公报》。

《慈谿东乡横山裘氏重修宗谱通告截止日期》,《新闻报》1948 年 7 月 31 日。

按语:该启事由宗长裘庆海刊登,称宗谱即将付印,要求族人限期在 1948 年 9 月底之前报送修谱资料。通讯处设在慈东裘墅裘氏宗祠修谱处。

该启事又刊 8 月 12 日至 14 日《宁波时事公报》。

【虞】

《镇海扎马虞氏修谱广告》,《申报》1921 年 9 月 2 日。

按语:该族曾在清光绪十三年(丁亥年,1887 年)纂修宗谱,即第四次重修。

该广告称"吾族自始祖濬才公,于明洪武二十四年由金塘迁居扎马,已传二十一世"。本次修谱定于 1921 年秋收后开始采访,要求迁居外地族人限期在翌年阴历三月之前向扎马虞氏谱局报送详细资料。通信处设在镇海县扎马邮务分局、宁波文明学社虞子瑜处、上海棋盘街实学通艺馆虞静水转谱局。

该广告又刊 9 月 4 日、6 日、10 日、12 日、14 日、16 日、18 日、20 日、22 日、24 日、26 日、28 日、30 日《申报》。

附:

《镇海扎马虞氏修谱广告》:"吾族自始祖濬才公,于明洪武二十四年由金塘迁居扎马,已传二十一世。宗谱自清光绪十三年四次重修,已阅三十余载。凡吾族有远居他方者,由本局议于秋收后先行向各处派出采访并遍贴广告,或有不周之处,希将名号、行次、生卒、配葬暨房派、住址、事迹、志序详细开明、钞录邮寄谱局,俾资纂修。议限壬戌年三月收齐,幸弗观望自悮。通信处:镇海扎马邮务分局、宁波文明学社虞子瑜、上海棋盘街实学通艺馆虞静水转扎马虞氏谱局。"(《申报》1921 年 9 月 2 日)

《镇海扎马虞氏燕翼堂修谱》,《宁波时事公报》1948年6月20日。

按语：该启事称本次修谱经宗房干全会议决自1948年3月开始采访,要求族人务必报送资料,以便汇编宗谱。通讯处设在宁波日新街远东染坊(《宁波日报》作"达东染坊")、宁波后塘街赓和风琴厂。

该启事又刊6月21日、22日《宁波时事公报》,6月20日至22日《宁波日报》。

《镇海扎马虞氏燕翼堂修谱》,《新闻报》1948年7月21日。

按语：该启事称本次修谱要求旅居外地族人务必向上海办事处报送资料。上海办事处设在交通路77号永华工业原料行、宁波路86号宁绍保险公司,两处均备有修谱表格供族人领取、填写。

该启事又刊7月22日《新闻报》。

【詹】

《宁波鄞西南乡詹家墟詹氏宗祠修谱通告》，《新闻报》1947年7月28日。

按语：该族始迁祖詹筠，行亿四十一，南宋时由徽州仁里乡迁居鄞县桃源乡石马里（今属宁波市海曙区古林镇）。曾在清光绪十三年（丁亥年，1887年）由詹光春监修、詹益江纂修宗谱。

本次修谱要求迁居各地族人限期在1947年8月底之前报送资料；另，上海、宁波两地均备有修谱表格可供族人领取、填报。通讯处设在宁波灵桥路145号华孚号、上海贵州路224号德和药房。

该通告又刊7月29日《新闻报》、8月1日《宁波时事公报》。

本次所修即《石马里詹氏宗谱》，共六卷、首一卷、末一卷，宗长詹昌志监修，胡德坊纂修。民国三十六年（1947年）树德堂木活字本，共印六部，每部二册。书签题《詹氏宗谱》，卷端题《石马里詹氏树德堂宗谱》，目录题《鄞县塘碶乡詹家庙詹氏树德堂宗谱》。上海图书馆有藏。

《宁波鄞西南乡詹家庙詹氏宗祠为续修宗谱截止采访通告》，《新闻报》1947年9月4日。

按语：该通告系告知族人报送修谱资料截止日期延至1947年9月20日，催告族人从速补报，以便编纂入谱。通讯处设在宁波灵桥路145号华孚号、上海贵州路224号德和药房。

该通告又刊9月4日、5日《宁波时事公报》，9月7日上海《大公报》。

【褚】

《鄞东褚氏修谱通告》,《新闻报》1933年7月8日。

按语：该族此前所修宗谱毁于清光绪十九年(1893年)大火。

该通告由宁波东乡长漕里褚氏谱局刊登，要求迁居外地族人限期在1933年7月向谱局报送修谱资料。通讯处设在上海法租界永安街永安坊8号天成行褚纪生转褚氏谱局。

该通告又刊7月8日《申报》。

附：

《鄞东褚氏修谱通告》："我褚氏谱牒自癸巳年合族遽遭回禄，宗谱付之一炬，从此人口星散，迄今四十稔矣。恐年久失考，公议重修。凡我子孙迁居远方者，迅将历代讳字、生卒、子女、婚嫁、职衔、墓志等于本月内汇送来局。幸勿自误。通讯处：上海法租界永安街永安坊八号天成行褚纪生转。宁波东乡长漕里褚氏谱局启。"(《新闻报》1933年7月8日)

【楼】

《余姚楼氏续修宗谱广告》,《申报》1918年6月28日。

按语:该族始迁祖为"宋提举公"楼俪,字道六,其后裔迁居各地,分为鄞县卖石桥支(十一世孙楼天生所迁)、奉化支(十一世孙楼四寿所迁)、苏州支(十一世孙楼旭阳、楼晨阳所迁)、杭州竹竿巷支(十一世孙楼和宇所迁,其子楼新寿又迁临安)、松江西塔巷支(十二世孙楼瑞达所迁)、松江秀野桥支(十二世孙楼瑞章所迁)、松江回回墳支(十二世孙楼瑞生所迁)、淮安支(十二世孙楼考所迁)等支派。

该广告由"余姚昼锦堂楼"刊登,要求各支族人限期在1918年10月13日(重阳节)之前查明世系或亲自随带草谱至余姚,以便汇纂入谱。谱局设在余姚县东门内楼氏宗祠。

作家、出版家楼适夷出自该族。

该广告又刊7月1日《申报》。

本次所修即《余姚楼氏宗谱》,共八卷,楼占彪(甫臣)纂辑,楼瑞桂、楼德祥、楼纯业(叔良)等修。民国八年(1919年)昼锦堂木活字本,八册。天一阁、上海图书馆、中国社会科学院历史研究所图书馆、思绥草堂、美国犹他家谱学会等有藏。

《甬东楼氏修谱启》,《宁波时事公报》1946年3月17日。

按语:该族始祖楼保善,字兴业,行三;始迁祖楼埏,字介眉,行宗百五,于元朝时自奉化雪窦迁至甬东灰街。前修宗谱即《甬东楼氏宗谱》,共十二卷、首一卷、末一卷,张世训等纂修。清光绪三十三年

(1907年)昼锦堂木活字本,六册。书签题《楼氏宗谱》。天一阁、上海图书馆(存一册,卷一至二)、吉林大学图书馆有藏。

该启事称定于1946年清明节开始重修宗谱,要求该支后裔报送修谱资料,以便汇纂入谱。修谱处设在宁波江东楼茂记。

该启事又刊3月18日、19日《宁波时事公报》。

本次所修即《甬东楼氏宗谱》,共十二卷、首一卷、末一卷,楼起桥、楼起枟、楼天烨、楼天煜重修。民国三十六年(1947年)铅印本,三册,由楼恒盛茂记酱园赞助印刷。天一阁有藏。

《宁波鄞南上河楼氏续修宗谱通告》,《新闻报》1947年4月19日。

按语:该族曾在清光绪年间重修宗谱,距此时(1947年)已有五十余年。

该通告称经宗房、干首等议决即日设立谱局、开始采访,要求迁居各地族人限期在1947年7月底之前报送详细修谱资料,以便汇编宗谱。通讯处设在上海成都北路90弄9号楼承光处、宁波西郊路正大伞号楼信甫处。

该通告又刊4月20日至22日《新闻报》。

【鲍】

《鄞南三桥鲍氏修谱通告》，《时事公报》1935年4月18日。

按语：该族始祖鲍孟辅，字士忠，行信二；始迁祖鲍学，字希颜，别号徐溪耕隐，行太四，由鄞县徐盛岭迁至此地。曾在明洪武十七年（甲子年，1384年）、永乐十六年（戊戌年，1418年）、成化五年（己丑年，1469年）、弘治十年（丁巳年，1497年）、嘉靖十二年（癸巳年，1533年），清乾隆五十九年（甲寅年，1794年）、嘉庆二十三年（戊寅年，1818年）、道光十三年（癸巳年，1833年）、咸丰六年（丙辰年，1856年）、光绪七年（辛巳年，1881年）纂修宗谱。前修宗谱即《三桥鲍氏重修宗谱》，卷数不详，鲍传发、鲍传汶、鲍传绣等纂修。民国三年（1914年）伦叙堂木活字本，册数不详。天一阁有藏（存一册，即卷五）。

该通告由鲍氏修谱办事处刊登，要求族人限期在1935年5月底之前将修谱资料寄至办事处。通讯处设在上海二马路中国红十字会鲍康宁处、上海虹口元芳路协兴木行鲍子卿处、宁波崔衙前公泰税行鲍才型处、宁波后塘街新利源米厂鲍茂权处。

该通告又刊4月19日至30日《时事公报》。

本次所修即《三桥鲍氏宗谱》，共十六卷、首一卷、附《三桥鲍氏闺谱》一卷，鲍传才（字阿才）、鲍传刚（字成仁）、鲍传玕（字宝来）等修，陈耕编纂。民国二十四年（1935年）伦叙堂木活字本，十三册。书衣题《三桥鲍氏重修宗谱》，书名页题《鲍氏宗谱》。天一阁有藏。

《宁波三桥鲍氏修谱通告》,《新闻报》1935年5月24日。

按语：该通告由鲍氏修谱办事处刊登，内容同《时事公报》1935年4月18日《鄞南三桥鲍氏修谱通告》，并公布通讯处设在上海二马路中国红十字会鲍康宁处、上海虹口元芳路协兴木行鲍子卿处、上海南市小东门大生弄志春海味行鲍延龄处。

该通告又刊5月25日、26日《新闻报》。

《余姚鲍氏创印族谱启事》,《新闻报》1936年3月2日。

按语：该启事称"鲍氏住姚北石姥山垂二十余世"。本次修谱要求族人限期在1936年冬至之前报送资料。通讯处设在上海四马路望平街爱华制药社"鲍君"处、余姚郑巷余生泰号转鲍氏谱局。

该启事又刊3月4日、6日《新闻报》。

《镇海大碶头鲍氏务本堂修谱通告》,《宁波时事公报》1947年8月1日。

按语：该族曾在民国五年（丙辰年，1916年）纂修宗谱。

该通告由鲍氏务本堂宗长鲍德庆刊登。本次修谱自1947年8月1日开始采访，要求族人限期在12月底之前报送资料。通讯处设在上海塘山路670号兴华烟厂、镇海县大碶头（今属宁波市北仑区）鲍德兴糕饼店。

该通告又刊8月3日《宁波时事公报》。

【蔡】

《鄞东潘火桥蔡氏修谱通告》,《新闻报》1919年3月20日。

  按语:该族始祖蔡靖庄,行本少七;始迁祖蔡楷,字子式,行千八一,于南宋时由鄞县丰乐乡迁至潘火桥。该族有每隔十六年修谱的定例,故在清咸丰七年(丁巳年,1857年)、同治十一年(壬申年,1872年)、光绪十四年(戊子年,1888年)、光绪三十年(甲辰年,1904年)均纂修有宗谱。

  该通告由蔡氏宗祠谱局刊登,要求迁居外地族人限期在两个月内报送修谱资料。通讯处设在宁波江东新河头开泰烛铺。

  该通告又刊3月22日、24日、26日、28日、30日、4月1日、3日、5日、7日、9日、11日、13日、15日、17日《新闻报》;3月30日《申报》。

  本次宗谱由蔡象易、蔡象淼、蔡丕孝等修,蔡协治、蔡和铿、蔡和锵、蔡同馨纂修。

附:

  《鄞东潘火桥蔡氏修谱通告》:"我族自甲辰修谱,迄今已阅十六年。今公议续修,凡各房子姓有远出外埠者,两个月内务将生卒、配葬、子女以及职衔、文艺等项开列汇寄。特此通告。来函寄江东新河头开泰烛铺。蔡氏宗祠谱局启。"(《新闻报》1919年3月20日)

《鄞东潘火桥蔡氏宗祠重修宗谱通告》,《申报》1935年4月1日。

按语:该族前次纂修宗谱在民国八年(1919年)。

该通告由蔡氏宗房干刊登,内称"本祠循例修谱,仍归各房长负责采访",要求迁居外地族人限期在两个月内向各自房长报送修谱资料。

该通告又刊4月3日、5日、7日、9日、11日、13日、15日、17日、19日《申报》,4月2日、4日、6日、8日、10日、12日、14日、16日、18日、20日《新闻报》,4月1日、3日、7日至9日、11日、13日、15日、16日、22日至30日《时事公报》。

本次所修即《鄞东蔡氏宗谱》,共二十四卷、首一卷,蔡载武、蔡载耕、蔡协纬等修,蔡协治、蔡和铿、蔡和锵、蔡同瑜纂修。民国二十四年(1935年)惇叙堂木活字本,共印十六部,每部二十四册。书签题《蔡氏宗谱》。天一阁有藏(存二十三册,即卷首,卷一至四、六至二十四)。

附:

《鄞东潘火桥蔡氏宗祠重修宗谱通告》:"本祠循例修谱,仍归各房长负责采访。凡我子姓有迁居异地者,在民国七、八年以后所有生卒、配葬限二月内抄送各本房长转交,其有寿序、碑铭、行状等件一并寄来,以便汇辑是荷。蔡氏宗房干具启。"(《申报》1935年4月1日)

【缪】

《浙宁缪氏修谱》,《申报》1907年5月2日。

　　按语：该族世居鄞县东乡赤城里，距此时(1907年)已有八百余年。曾在清同治元年(壬戌年，1862年)重修家谱。

　　本次修谱于光绪三十三年(1907年)集资启动，要求迁居外地族人限期在八月底(10月6日)之前报送详细资料。通讯处设在宁波江东百丈街葛家桥汇角真老奎记缪平瑚宗长处、上海后马路协大洋布号转缪氏宗祠。

　　该启事又刊5月11日《申报》。

　　本次所修即《鄞东缪氏宗谱》，共八卷，蔡毓麟纂修，缪平瑚主修。宣统元年(1909年)怀本堂木活字本，八册。上海图书馆有藏。

　　附：

　　《浙宁缪氏修谱》："窃以吾族世居宁波府鄞县东乡赤城里，聚族而居于兹已历八百余载。祖功宗德，木本水源，务使绵延弗替。吾族家乘自同治壬戌年重修后，迄今已逾四十六载。久未修辑，惟恐年久支派愈繁，丁口日甚，兹议于今庚集资重修，或寄居他省，或幕宦及经营远方仍恐难周，用特登报广告，阅报后请将本名下宗支、世系并生卒、坟墓等详细开明，汇寄宁波江东百丈街葛家桥汇角真老奎记内缪平瑚宗长经收，上海请寄后马路协大洋布号转寄宗祠亦可。以光绪三十三年八月底截止，再迟不候。"(《申报》1907年5月2日)

《宁波东南乡缪家桥缪氏修谱》,《新闻报》1930年10月19日。

按语:该族前修宗谱即宣统元年(1909年)版《鄞东缪氏宗谱》。

该启事由宗长刊登,称本次修谱采取集款办法,要求族人见报后将详细资料挂号邮寄宁波元大钱庄缪宝琛转交宗谱局。

该启事又刊10月20日、21日、25至27日《新闻报》,10月22日至24日、28日至30日《申报》,10月24日《时事公报》。

本次所修即《鄞东缪氏宗谱》,共八卷,史济铿(丕扬)纂修,缪恭寅(同甫)、缪恭烈(谒谭)主修。民国二十一年(1932年)怀本堂木活字本,八册。天一阁有藏。

附:

《宁波东南乡缪家桥缪氏修谱》:"吾族宗谱自前清光绪戊申重修以来,迄今已二十有三年矣。现经宗房长议决集款重修,我子姓因年远代湮,或迁徙异乡,采访恐有未周,为此登报广告,见报后务将名讳、生卒、婚配、墓地、事迹、遗著详细开明,须挂号邮寄宁波元大钱庄缪宝琛转交宗谱局收。切勿延误。宗长特白。"(《新闻报》1930年10月19日)

【熊】

《绍兴余姚熊氏修谱》,《申报》1911年6月1日。

按语：该族始祖熊挺,行伯三；始迁祖熊经祖,行万一,于南宋嘉熙年间由上虞县迁至余姚县孝义乡。曾在明成化二十二年（丙午年,1486年）,清康熙三十八年（己卯年,1699年）、乾隆三十七年（壬辰年,1772年）、咸丰七年（丁巳年,1857年）纂修宗谱。

该启事由余姚熊家街孝友堂刊登。本次修谱自清宣统三年五月初一日(1911年5月28日)开始,要求散处各地族人限期在十二月底(1912年2月17日)之前向熊氏宗祠内谱局报送资料。通讯处设在上海北四川路靶子路南公益坊口新昌烟纸号熊松南处、余姚县周巷邮政分局转熊氏宗祠。

明崇祯四年(1631年)进士熊汝霖出自该族。

该启事又刊6月2日、4日至24日,7月4日至28日、30日,8月1日、2日、4日、6日至28日,9月1日、4日、7日、10日、13日、16日、19日、22日、25日、28日,10月1日、7日、10日、13日、16日、19日、22日、25日、28日,11月2日、6日、8日、11日、14日、17日、20日《申报》。

本次所修即《姚江熊氏宗谱》,共十八卷,熊元龄、熊登炎等纂修。民国二年(1913年)孝友堂木活字本,二十四册。中国社会科学院历史研究所图书馆、北京师范大学图书馆、河北大学图书馆、美国犹他家谱学会等有藏。

附：

《绍兴余姚熊氏修谱》："窃惟吾熊氏始祖伯三公，自咸丰七年修谱，迄今已将五纪，况兵燹之余，旧谱遗失殆半，理合及时修举，以承先绪。惟念子姓散处各方未及周知，为此布告同宗，务将应开履历限自今辛亥年五月朔日起，至今年年终止，赶送至本祠谱局，以便会纂。各毋自误。特此通知。寄申江美界北四川路靶子路南公益坊口新昌烟纸号内熊松南便是；寄余姚周巷邮政分局专递本祠。余姚熊家街孝友堂启。"（《申报》1911年6月1日）

《浙绍余姚熊氏修谱》，《时事新报》1911年6月2日。

按语：该启事由熊孝友堂刊登，要求散处各地族人限期在壬子年年底（1913年2月5日）之前将详细修谱资料寄至余姚周巷镇广丰泰号转递熊家街熊氏谱局。

该启事又刊6月24日、7月2日、3日《时事新报》。

《告姚江熊氏宗亲书》，姚江熊氏宗祠基金会2020年4月发布（余姚市朗霞街道熊家街村熊氏宗祠内所贴公告）

按语：该公告由姚江熊氏宗祠基金会发布，落款时间为2020年4月，系通告族人新修《姚江熊氏宗谱》已编印完成，共印一百五十部，每部十五册，拟于新冠肺炎疫情结束后在熊氏宗祠举行颁谱典礼，并对宗谱赠送范围做了规定，即省、市级图书馆及向该基金会捐款一万元以上的族人；另，公布有联系人熊守迪、熊琦创、熊连桥、熊利森手机号码。

本次所修即2019年版《姚江熊氏宗谱》，共十五册，线装，熊守迪主编。2020年9月17日,余姚市姚江熊氏七修谱编委向天一阁捐赠该宗谱。同年12月20日上午,《姚江熊氏宗谱》颁谱典礼在熊氏宗祠举行。

附:

《告姚江熊氏宗亲书》:"姚江熊氏宗亲:《姚江熊氏宗谱》六修版,经广大宗亲十五年努力,终于出版了。宗谱按原谱竖排版式,用宣纸印刷了共150套,计十八卷,十五本,箱装。宗谱现供奉在祠堂大殿内,拟在新冠肺炎疫情过后,在宗祠里举行颁谱大典,到时将恭请广大宗亲光临。

宗谱首先将捐赠给省市有关图书馆收藏,其次是赠送给为'熊氏宗祠基金会'捐款壹万元及以上宗亲。以上两项派送后尚余五十余套,暂时保存在祠堂内,备作后续赠送给捐款壹万元以上的宗亲。

同时,祠堂内供奉先祖牌位的神龛已竣工,开始接收姚江熊氏后裔之先祖牌位,适量收取成本费用。捐款达万元以上的宗亲,免费供奉一个。

联系人:熊守迪18905845***,熊琦创13305849***,熊连桥13605844***,熊利森13385849***。

姚江熊氏宗祠基金会

2020年4月。"(余姚市朗霞街道熊家街村熊氏宗祠内所贴公告,2020年12月20日录入)

【潘】

《宁海冠庄潘氏敦善堂重修宗谱通告》,《宁波日报》1948 年 5 月 21 日。

按语：该族始迁祖潘克忠,字惟一,号静轩,元代人。曾在清乾隆二十四年(己卯年,1759 年)、嘉庆二十四年(己卯年,1819 年)、光绪二十三年(丁酉年,1897 年)纂修宗谱。

该通告称经族务会议议决即日开始重修宗谱,要求迁居外地族人限期在 1948 年 10 月 2 日(阴历八月底)之前报送修谱资料,以便汇编入谱。通讯处设在宁海冠庄谱房、成泰号潘荣章处。

现代著名画家、美术教育家潘天寿出自该族。

该通告又刊 5 月 25 日《宁波日报》。

【薛】

《镇海薛氏续修宗谱通告》,《申报》1947年5月14日。

按语:该族始迁祖薛文斌,号讷庵,由鄞县迁居定海(今镇海),至此时(1947年)已有五百余年。曾在明万历十一年(癸未年,1583年)、清康熙年间纂修宗谱。前修宗谱即《镇海薛氏宗谱》,共九卷、首一卷,谢觐黻(彤韨)纂修。民国十三年(1924年)三凤堂木活字本,四册。书名页题《薛氏宗谱》。上海图书馆有藏。

该通告称本次续修宗谱即日起开始采访,要求迁居各地族人向通讯收件处领取修谱表格,并限期在1947年7月底之前报送资料,以便汇纂入谱。通讯收件处设在镇海县城内薛家弄薛备焯(忠清)处、上海小东门外洋行街龙潭路8号泰丰恒糖行薛备震(德丰)处。

上海总商会会董薛文泰出自该族,曾捐资六百元助修民国十三年版《镇海薛氏宗谱》。

该通告又刊5月16日《申报》,5月19日至21日《宁波时事公报》,5月24日、25日《新闻报》。

本次所修即《镇海薛氏宗谱》,共九卷、首一卷,薛仁孝等纂修。民国三十六年(1947年)三凤堂木活字本,四册。上海图书馆有藏。

【戴】

《鄞邑东乡方边戴氏修谱》，《新闻报》1921年9月2日。

按语：该族曾在清康熙六十年(辛丑年，1721年)、道光年间、咸丰九年(己未年，1859年)、光绪三年(丁丑年，1877年)修谱。

本次重修宗谱于1921年夏议决发起，定于10月30日(阴历九月底)结束，要求族人见报后速至上海南市信泰码头外弄2号戴敦川处接洽，报送修谱资料。

该启事又刊9月3日至8日《新闻报》、9月11日至17日《申报》。

本次所修即《鄞东方边戴氏宗谱》，共四卷，戴敦忪、戴敦鐄(瑞卿)主修。民国十一年(1922年)留余堂木活字本，四册。书签题《方边戴氏宗谱》。上海图书馆有藏。

《鄞西桃源戴氏重修宗谱》，《新闻报》1928年3月28日。

按语：该族始迁祖戴阳。曾在清乾隆三十三年(戊子年，1768年)、嘉庆十六年(辛未年，1811年)、道光二十三年(癸卯年，1843年)、光绪七年(辛巳年，1881年)、光绪三十二年(丙午年，1906年)修谱。

该启事由宗长戴茂楬、戴茂钦刊登。本次修谱要求迁居外地族人自登报日起从速报送资料，并指出"纂修费议定每丁、每灶各出小洋一元"。修谱办事处设在鄞西黄古林戴氏明义小学，上海通讯处设在南无锡路仁德里恒安纱号戴仁安处。

该启事又刊 3 月 30 日、4 月 1 日、3 日、5 日、7 日、9 日、11 日、13 日、15 日、17 日、19 日、21 日、23 日、25 日《新闻报》;4 月 10 日《申报》。

《鄞东栢树下戴江岸戴氏修谱通告》,《时事公报》1935 年 3 月 26 日。
  按语:该族曾在清光绪二十七年(辛丑年,1901 年)修谱。
  该通告要求曾迁居镇海县穿山碶下(今属宁波市北仑区)的戴敦德、戴敦云、戴敦辉房下子孙见报后从速前来接洽入谱事宜。

《镇海东管洪桥戴氏修谱启事》,《申报》1936 年 4 月 25 日。
  按语:"洪桥"又作虹桥。该族始迁祖戴本鉴、戴本彩、戴本宗、戴本森、戴本炳、戴本泉,于明末由塘里同时迁至镇海洪桥,后分为三戴(即前戴、中戴、后戴)六房。曾在清光绪二十九年(癸卯年,1903 年)由戴运来出资纂修宗谱,共印十三部。
  该启事由戴氏宗房长刊登,称 1936 年 5 月 1 日至 6 月 30 日为采访编纂期,要求族人在此期间报送详细修谱资料。通讯处设在镇海县洪桥戴氏宗祠、上海宁波路中旺弄华成烟公司三楼"戴君"处。
  上海五金业巨子戴运来(显运)、上海总商会会董、华成烟公司董事长戴耕莘(芳达)出自该族。
  该启事又刊 4 月 26 日、27 日,5 月 3 日、9 日、15 日、21 日《申报》;4 月 25 日至 27 日、30 日,5 月 12 日、18 日、24 日《新闻报》;6 月 1 日至 7 日、9 日至 14 日、16 日至 27 日、29 日《镇海报》。
  本次所修即《镇海洪桥戴氏宗谱》,共二卷,王予藩(渔帆)纂修,戴耕莘等协修,宗长戴贤利监修。民国二十六年(1937 年)三月习礼堂铅印本,二册。书签题《镇海戴氏宗谱》。上海图书馆有藏。

附：

　　《镇海东管洪桥戴氏修谱启事》："本族宗谱自清光绪廿九年纂修以来,已逾三十余年,急待续修。经宗、房长会议,众谋佥同。兹定本年五月一日起,至六月底止,为采访编纂之期。凡我族人无论居住远近,其有为采访不及地方须于限期内速将各人名讳、生卒、配葬、子嗣以及职衔、寿序、墓志等详细录寄本编纂处为盼。过期恕不及编入也。特此登报,咸使闻之。戴氏宗房长谨启。通信处：镇海洪桥戴氏宗祠、上海宁波路中旺弄华成烟公司三楼戴君。"（《申报》1936年4月25日）

《鄞西大雷乡东冈头戴氏宗祠修谱通告》,《宁波日报》1947年4月2日。

　　按语：该族曾在清宣统二年(庚戌年,1910年)创修宗谱。

　　该通告由宗长戴文德及各房长、干事刊登,要求迁居各地族人限期在1947年5月19日(阴历三月底)之前向谱局或通讯处报送修谱资料。谱局设在戴氏宗祠内,通讯处设在杭州西湖茅家埠□芳号石作铺、宁波参议会戴如田处(电话号码805)、鄞西凤岙镇45号戴宗银处。

《鄞西桃源戴氏永思堂续修宗谱启事》,《宁波时事公报》1947年5月28日。

　　按语：该族前次修谱在民国十七年(戊辰,1928年)。

　　本次修谱要求迁居各地族人限期在1947年6月底之前向鄞西桃源戴氏永思堂谱局报送资料。

　　该启事又刊5月30日,6月1日、3日、5日、7日、9日、11日、13

日、15日《宁波时事公报》；6月4日、7日、11日、16日至19日、22日至24日《新闻报》。

本次所修即《四明桃源戴氏家乘》，共十二卷、首一卷，戴树信（敦木）、戴振三（敦纲）、戴顺相（仁芛）等纂修。民国三十六年（1947年）永思堂木活字本，九册。天一阁有藏（存八册，即卷首，卷一至六、八至十二）。

《鄞县大堰头及新河头戴氏重修宗谱通告》，《宁波日报》1949年4月10日。

按语：该族曾在民国十四年（乙丑年，1925年）纂修宗谱。

本次修谱自1949年4月10日开始采访，要求族人限期在7月10日之前将资料寄至谱局。谱局设在鄞县大堰头戴氏宗祠内，宁波通讯处设在江东后塘街成大昌铁行，电话号码1312。

该通告又刊4月11日、12日《宁波日报》；另，据该通告称在上海报纸亦有刊登。

【魏】

《浙宁慈谿魏氏脩谱》,《申报》1880年5月11日。

按语：该族始祖魏明卿、始迁祖魏素轩。

该启事由魏氏思永堂刊登，落款时间为"光绪五年"，内称本次重修宗谱自清光绪五年（1879年）初开始，定于光绪七年（1881年）三月完成，要求族人务必从速向上海新北门外永安街中美记新栈内复茂号魏登云处报送详细修谱资料，以便编纂入谱。

该启事又刊5月12日至15日《申报》。

本次所修即《慈水魏氏宗谱》，共二十八卷，魏庆瑞等纂修。光绪七年思永堂木活字本，二十二册。日本东洋文库、美国犹他家谱学会有藏。

附：

《浙宁慈谿魏氏修谱》："本祠宗谱未修者已历有年，今定于光绪五年起首重修，限光绪七年三月竣事。虽派人各处采访，但恐迁居各省、采访未及到者，凡我族人如应入谱者，务须赶紧抄录生卒、婚配，注明投递上海新北门外永安街中美记新栈内复茂号魏登云处详报，以便载入，毋得延迟自悮。此知。光绪五年魏氏思永堂特白。"（《申报》1880年5月11日）

《浙绍余姚莲桥魏氏续修宗谱》,《申报》1905年2月23日。

按语：该族始迁祖魏峣，于南宋时由鄞县迁居余姚县兰风乡莲桥。曾在清道光二十九年(己酉年,1849年)纂修宗谱。前修宗谱即《兰风魏氏宗谱》,共八卷,宗长魏鼎三主修,魏衍生(廉生、照楼)总理。光绪四年(1878年)洽礼堂木活字本,八册。书签题《魏氏宗谱》,书名页题《兰风支家乘》。上海图书馆、日本东洋文库、美国犹他家谱学会等有藏。

该启事由余姚莲桥魏氏洽礼堂族董刊登,落款时间为"光绪三十年孟冬",要求迁居外地族人限期在光绪三十一年九月底(1905年10月27日)之前报送修谱资料。通讯处设在上海抛球场天来生纸号转魏氏祠堂即魏洽礼堂。

该启事又刊2月27日、3月2日《申报》。

本次所修即《兰风魏氏宗谱》,共十卷,魏道才等主修,魏琛(书庭)纂修。光绪三十二年(1906年)洽礼堂木活字本,十册。书名页题《余姚魏氏宗谱》。浙江图书馆有藏。

《浙绍余姚莲桥魏氏续修宗谱》,《申报》1905年3月6日。

按语:该启事由魏洽礼堂谱局刊登,称该族迁居余姚莲桥至此时(1905年)已有二十余世,要求迁居外地族人限期在清光绪三十一年九月底(1905年10月27日)之前报送修谱资料;另,十五世以下迁居京都(北京)、涿州、黑龙江、安吉州、山东、河南固始县、江西丰城县樟树镇、福建漳州、汉阳、苏州、扬州、常州、太仓、衢州、温州、嘉兴、湖州、杭州、上泽、盛泽、嵊县等地族人"皆迁居多代,不通音问。倘至今成族繁衍、确有支派可接者,亦乞详抄汇寄"。通讯处设在上海抛球场天来生纸号转魏氏祠堂即魏洽礼堂。

该启事又刊3月9日、16日、20日、23日、27日、30日、4月6日、10日、13日、17日、20日、24日、27日、5月1日、4日、11日、15日、

18 日、22 日、25 日、29 日，6 月 1 日、5 日、8 日、12 日、15 日、19 日、22 日、26 日、29 日、7 月 3 日、6 日、10 日、13 日、17 日、20 日、24 日、27 日、31 日《申报》。

《催交世系》，《新闻报》1905 年 10 月 6 日。

按语：该启事由余姚莲桥魏洽礼堂谱局刊登，称本次修谱至清光绪三十一年九月底（1905 年 10 月 27 日）截止，要求未提交世系族人从速抄寄，并指出过期不收。

该启事又刊 10 月 7 日至 12 日、14 日至 20 日《新闻报》。

《慈谿西乡魏氏修谱》，《申报》1909 年 3 月 8 日。

按语：该启事由慈谿西乡魏氏谱局刊登，落款时间为"宣统元年"，内称本次续修宗谱自清宣统元年（1909 年）正月开始采访，要求迁居直隶、山东等地族人限期在宣统二年二月之前向谱局报送详细资料，或将该资料就近寄上海南市葆大参号魏景山、天津源丰润银号魏毓峰转寄谱局。

该启事又刊 3 月 9 日至 17 日《申报》。

附：

《慈谿西乡魏氏修谱》："吾族自汉始祖、兖州刺史明卿公，至宋二十八世大二素轩公卜居于慈西云山魏家桥即古称为麒麟桥，迄今七百余载。向有宗谱，自光绪己卯第十二次重修后，今值己酉，又届期续修。谨于正月择吉告祖，委族人备资采访，尚有散居直隶、山东诸省及转涉他处、采访所不周者，爰特登报广告，务速溯流寻源，将支派、住居、生讳、婚配、功名、墓葬详报来局。限至明年二月截止,或南省寄上海南市葆大参号族人景山,北地寄天津源丰润银号族人毓峰转寄来局。望勿迟误。宣统元年慈谿西乡魏氏谱局启。"(《申报》1909年3月8日)

《余姚兰风魏氏宗谱正误》,《新闻报》1910年4月2日。

按语:该启事由"洽礼堂魏阖族"刊登,内称"光绪乙巳年有附贡生书庭、册名琛同子邑庠生颖笙、册名树春父子二人集捐续修,父为总纂,子为校正,意图名誉,事出装璜(潢),耗费千余元,草草塞责。其间编纂无次,校对多误,且抹先人之功而不录,显自己之长以为荣,因此人言啧啧,令其修正。时越五年,置之不理,将来遗误无穷",故决定对光绪三十二年(1906年)版《兰风魏氏宗谱》予以修正。"光绪乙巳年"即光绪三十一年。本次由魏学纯邀集族人修正宗谱,要求族人限期在宣统二年十月底(1910年12月1日)之前将详细修谱资料寄至余姚孙魏镇镜宇公塾内谱局。

该启事又刊4月3日、4日《新闻报》,5月9日至11日《申报》。

本次所修即《兰风魏氏宗谱》,共十卷,宗长魏立坤主修,魏学纯(燮堂)总理。宣统二年洽礼堂木活字本,十册。书签题《魏氏宗谱》,书名页题《兰风支家乘》。上海图书馆、国家图书馆、南京图书馆、中国社会科学院历史研究所图书馆、思绥草堂、美国犹他家谱学会等有藏。

《兰风魏氏宗谱乙巳年重修原因》,《新闻报》1910年4月8日。

按语:该启事由魏琛刊登,介绍其编纂光绪三十二年版《兰风魏氏宗谱》始末,称"光绪廿五年,我族正支长魏大良、副支长克健等创议折□修谱。直至光绪三十年承修乏人,此时折□之家啧有烦言。

是年冬,琛适回里,遂被公举,且各房闻琛经理谱事,皆踊跃输捐,以助经费。琛以事关阖族,无可推诿,不得不勉尽义务,遂集同人设局开办,易二寒署(暑)而谱告成"。魏琛还介绍自己的修谱宗旨,以及在这一宗旨指导下的修谱方法招致部分族人反对,其称"斯谱也,琛以隐恶扬善为宗旨,凡灭伦背理社会上所不齿者劣迹悉从隐讳,反节取其善而表扬之,以待其愧怍。岂知不肖性成者仍怙恶不悛,而识者转讥"。魏琛还回应了《新闻报》1910年4月2日《余姚兰风魏氏宗谱正误》批评魏琛父子"意图名誉,事出装璜(潢),耗费千余元,草草塞责",认为自己"虽无学贫儒,素不敢侵公款,以饱私囊,亦不敢作恶多端,谋修谱以图掩饰"。

该启事又刊4月9日、10日《新闻报》。

附　　录

《张约园新得四明范氏旧谱》，《浙江省立图书馆馆刊》1934年12月31日。

　　按语：张约园即张寿镛，近代著名教育家、上海光华大学创办人、《四明丛书》编纂者，其在北方书肆所得即《四明范氏宗谱》，不分卷，范大浩纂修，范盈焘重订，谱稿共六册，今藏国家图书馆。该文称《四明范氏宗谱》"全书中有批校，所标有阁本六本之名，所谓阁本即旧天一阁本，六本则为六孙所钞小谱本"。

《鄞西张氏续修宗谱》，《上海宁波公报》1943年6月13日。

　　按语：鄞县西郊张氏崇本堂曾在清嘉庆年间由张鄮溪纂修宗谱。该报道称本次修谱"经宗长召集本族一部份子姓，成立续修宗谱委员会，先以第一次到会者为委员，嗣后同族子姓随时参加，目下开始采访，印有采访册备填，除就所知，按址分发外，或远处族人，未明住址，可去函索取"。

《方氏衍庆堂续修宗谱》，上海《宁绍新报》1947年6月15日。

　　按语：该报道称宁波南门外柳亭巷方氏衍庆堂前次修谱在民国五年（1916年），本次续修宗谱于1947年9月底截止，上海通讯处设在汉口路441号224室方锦记、新昌路懋益里39号方延龄处。

《秋风起修谱多》,上海《宁绍新报》1947年10月30日。

　　按语:该报道称宁波各地近期修谱大为增多,修谱者主要有奉化西坞邬氏让房、鄞县金家漕刘氏、鸣凤乡姚家浦姚氏一本堂、布政乡西王漕冯氏、鄞东湖塘下张氏百忍堂、栎社后沧绎思堂王氏、镇海县贺氏家庙亨支等。

《鄞南秦氏续修宗谱》,上海《宁绍新报》1948年1月15日。

　　按语:该报道称鄞南定桥镇秦氏发起续修宗谱、业已开始采访,并设通讯收件处在上海虹口汉阳路12号同华煤号。

《奉化各宗族今年大修宗谱》,《宁波日报》1947年4月27日。

　　按语:该报道称奉化奉中镇戴氏、汪氏、宋氏定于1947年12月19日进谱,金水乡东陈陈氏定于12月12日进谱,奉中镇刘氏、浦南乡郑家墩、上横、中横郑氏、洪氏定于1948年进谱;另,阮峰乡尚田村任氏、大桥镇丁氏、进化乡舒氏、奉中镇俞氏正在筹备修谱事宜。

《主席与族人商修宗谱》,杭州《东南日报》1947年4月11日。

　　按语:该报道称蒋介石抵达奉化溪口,其"以宗谱年久未修,兹又值修谱之期,今与族人商讨修谱事宜"。

《溪口花絮》,《大同日报》1947年6月3日。

　　按语:该报道称溪口蒋氏议决是年开始修辑族谱,已聘定吴稚晖(敬恒)为修谱大总裁,宋继尧、黄寄慈等为校对。

《奉化蒋氏筹修宗谱 吴敬恒氏为大总裁》,《新闻报》1947年11月5日。

　　按语:该报道称沙孟海至溪口纂修武岭蒋氏宗谱,"据谈蒋氏系出江苏宜兴,约于唐时,徙浙江天台,宋元时分徙鄞县与奉化三岭,明清间仕杰公由三岭徙居溪口"。

《水氏家庙扩大修谱 旅沪族人速往登记》,《中央日报》1948年1月6日。

　　按语:该报道称鄞西凤岙市水氏家庙设立驻沪修谱委员会,要求旅沪暨迁居各省、市、县、镇族人将详细修谱资料寄至总工会水祥云处,以便汇编。

《水氏家庙扩大修谱》,《立报》1948年1月8日。

　　按语:该报道称水祥云、水德怀、水子珊等组织鄞西凤岙市水氏家庙修谱委员会拟修订第十一届续谱,委员会通讯处设在上海四川中路540号水明昌木器公司。

《鄞西县凤岙市水氏家庙修谱》,《中华时报》1948年1月8日。

　　按语:该报道内容同《立报》1948年1月8日《水氏家庙扩大修谱》。

《溪口蒋氏开始修谱》,《宁波时事公报》1948年2月17日。

　　按语:该报道称蒋经国派黄寄慈常川驻溪(即溪口),担任采访、校对、修谱工作;此外,蒋氏宗祠已由蒋立祥主持修缮完成。

　　《宁波日报》1948年2月17日《溪口蒋氏开始修谱》亦有报道。

《武岭蒋氏宗谱纂成　昨在溪口举行祭谱典礼》,《新闻报》1948年11月30日。

按语:本次所修即奉化《武岭蒋氏宗谱》,共三十二卷、首一卷,吴敬恒总裁,陈布雷总编纂,夏禹钧、沙文若(孟海)等编纂,民国三十七年(1948年)上海中华书局铅印本,六册。天一阁、上海图书馆、浙江图书馆、宁波市奉化区博物馆、南京图书馆、福建省图书馆、四川省图书馆等有藏。

《蒋氏宗谱重修竣举行祭谱晋主礼》,《申报》1948年12月1日。

按语:该报道称蒋经国提前抵达奉化溪口参加祭谱晋主典礼。

洪可尧:《袁勃为天一阁捐献家谱》,《宁波日报》1984年12月3日。

按语:该报道称香港科苑电子表厂董事长、三洋电子表厂副董事长、宁波西门外新芝亭人袁勃派代表于1984年11月29日向天一阁捐赠新修的《鄞县西袁氏宗谱正续》(实为民国《鄞县西袁氏家乘》影印本十六册、1982年版《鄞县西袁氏家乘续编》二册)。

虞浩旭:《周继华向天一阁捐赠家谱》,《宁波日报》1996年1月10日。

按语:周继华所捐"家谱"即《鄞东周氏宗谱》,共六卷、首一卷,袁政襄纂修。清光绪三十年(1904年)敦睦堂抄本,一册。书签、版心题《周氏宗谱》。该族始迁祖周良贵,行伊一。

俞彭年:《〈鄞东俞氏宗谱俞山卷〉出版》,《鄞州日报》2011年4月20日。

按语:《鄞东俞氏宗谱俞山卷》实为2010年版《鄞东俞氏宗谱俞

家山卷》,共三册,俞志裕、俞飞鸿、俞光水等纂修。2011年,鄞州区横溪镇梅山村村委会向天一阁捐赠该宗谱。另,宁波图书馆、宁波市鄞州区(大学园区)图书馆亦有收藏。

应科苗、金奇峰:《俞氏后人修家谱散居同族又相聚》,《鄞州日报》2012年1月18日。

按语:该"家谱"即2011年版《鄞东俞氏宗谱陈婆岙卷》,共一册,俞兆伦、俞仕德、俞仕布等纂修。2011年12月31日,鄞州区横溪镇梅溪村村委会会议室举行该宗谱首发式。2021年4月26日,鄞州区横溪镇梅溪村陈婆岙俞氏向天一阁捐赠该宗谱。

陈青、应芳舟:《天一阁受赠慈溪〈埋马罗氏胜山支谱〉》,《宁波日报》2012年12月20日。

按语:该支谱即2012年版《埋马罗氏胜山支谱》,共四册,线装,罗映学主编。2012年12月19日,天一阁举行《埋马罗氏胜山支谱》捐赠仪式。另,宁波图书馆亦有收藏。

南华、朱素珍、琦萍:《〈鄞西石马塘闻氏家谱〉首发》,《宁波日报》2014年12月22日。

按语:《鄞西石马塘闻氏家谱》实为《鄞西石马塘闻氏家乘》,共二册,精装,闻恭智编纂,香港天马出版有限公司2014年出版。2014年12月21日,宁波古林镇蜃蛟村闻江岸自然村闻氏宗祠举行该家谱首发式。天一阁、上海图书馆、宁波图书馆、宁波市鄞州区(大学园区)图书馆等有藏。

孙晓红、戴庆来、王佳：《**塘溪上周村村民出资续修宗谱**》，《宁波日报》2015年1月19日。

　　按语：该宗谱即2013年版《梅溪周氏宗谱》，共十一册，线装，周昌林等编修。2014年12月24日，鄞州区塘溪镇上周村梅溪周氏宗谱编修组向天一阁捐赠该宗谱。另，宁波图书馆、宁波市鄞州区（大学园区）图书馆亦有收藏。

马振、钱华央：《**为父母当慈，为子女当孝……西周大竹园村钱氏续修宗谱传家风**》，《今日象山》2015年3月17日。

　　按语：该宗谱即《象山儒雅洋大竹园钱氏宗谱》，其圆谱典礼于2015年3月在象山县西周镇儒雅洋大竹园村举行。

梅薇、应芳舟：《**象山山根顾氏宗谱捐赠天一阁**》，《宁波晚报》2015年5月20日。

　　按语：2015年5月19日上午，宁波市象山县新桥镇山根村顾氏宗族代表向天一阁捐赠清光绪二十三年（1897年）版《龙峰顾氏宗谱》、民国二十五年（1936年）版《龙峰顾氏宗谱》、2013年版《山根顾氏宗谱》，其中2013年版《山根顾氏宗谱》共六册，顾德威主编。

刘全发、孙赟：《**章水半坑发现百年〈龚氏宗谱〉**》，《鄞州日报》2015年5月24日。

　　按语：该报道称半坑龚氏于清初由余姚鹿亭乡石潭、叶家洋迁来。新发现《龚氏宗谱》即《半坑龚氏宗谱》，共二册，纂修于民国五年（1916年）。

江天宇、吴莺莺:《沙港全氏宗谱续修圆谱》,《鄞州日报》2015年10月18日。

按语:沙港全氏始迁祖全权,字仲衡,北宋时期人。前修宗谱即《桓溪全氏宗谱》,共十二卷、首一卷,全翼凤(字文池)、全翼姚(字文英)、全孙嘉(字生吉)等纂修。民国二十年(1931年)木活字本,共印十三部,每部六册。目录、版心题《全氏宗谱》。天一阁有藏。清代浙东学派重要代表人物全祖望出自该族。本次续修宗谱即2015年版《桓溪全氏宗谱》,共四册,线装,全能柔、全华钧、全益江等纂修。2015年10月17日,宁波市洞桥镇沙港村举行《桓溪全氏宗谱》圆谱庆典。天一阁、宁波图书馆、宁波市鄞州区(大学园区)图书馆等有藏。

王佳:《〈鄞西项氏宗谱〉七修谱印发》,《宁波日报》2015年12月28日。

按语:该族前修宗谱完成于民国二十六年(1937年)。本次所修即2015年版《鄞西项氏宗谱》,共一册,精装,项宁一总纂。2016年1月18日,项宁一向天一阁捐赠该宗谱。另,宁波图书馆亦有收藏。

史芸飞、钱璐娜、张维娇:《徐永昌:用"心"修谱》,《鄞州日报》2016年2月22日。

按语:"修谱"即纂修完成2015年版《鄞东前徐徐氏宗谱》,共十八册,线装,徐秉纶总编。2015年12月30日,徐永昌、徐兆昌向天一阁捐赠该宗谱。另,宁波市鄞州区(大学园区)图书馆亦有收藏。

马振、张莹:《〈石氏宗谱〉圆谱庆典举行》,《今日象山》2016年2月

26日。

按语：该宗谱系七修本，其圆谱庆典曾在宁波市象山县茅洋乡溪东村举行。

陈晓旻：《两年前〈宁波乌氏盛房支谱〉重现天一阁　乌氏族人把续修家谱捐给天一阁》，《宁波晚报》2016年3月8日。

按语：该族始迁祖乌圣开，自镇海县西管乡乌隘村迁居鄞县白檀里。《宁波乌氏盛房支谱》实为《迁鄞乌氏盛房支谱》，共二卷，乌显元、乌人骏、姚家镛纂修。民国四年（1915年）永怀堂木活字本，一册。版心题《乌氏盛房支谱》。天一阁有藏。"续修家谱"即2016年版《宁波乌氏盛乾数亨房支谱》，共一册，乌统旬编撰，天一阁、宁波图书馆有藏。

胡启敏、郑拓：《七旬老人义务撰谱编志两年完成40万字编写任务》，《鄞州日报》2016年4月1日。

按语："七旬老人"即鄞州区横溪镇上任村任瑞光，其编纂的2015年版《鄞南上任任氏宗谱》共三册。2016年7月6日，上任村宗谱村志修编委员会向天一阁捐赠该宗谱。

陈青、郑薇薇：《〈竹山胡氏宗谱〉捐赠天一阁》，《宁波日报》2016年4月6日。

按语：2015年版慈溪《竹山胡氏宗谱》，共八册，线装，胡顺龙主编。2016年4月5日，天一阁举行《竹山胡氏宗谱》捐赠仪式。

边城雨：《退休工程师出资重印百年〈三桥鲍氏宗谱〉》，《宁波晚报》

2016年8月9日。

按语:"退休工程师"即鲍仁德。2016年7月14日,鲍仁德将由其出资重印的《三桥鲍氏宗谱》(据民国二十四年本横排重印,共一册)捐赠给天一阁。另,宁波图书馆、宁波市鄞州区(大学园区)图书馆亦有收藏。

王孙荣:《重修〈孙境宗谱〉面世》,《慈溪日报》2013年11月6日。

按语:"孙境"即慈溪市横河镇孙家境村。2009年版《孙境宗谱》,共三十四册,线装,孙慧君、孙乾生、孙国乾等纂修,2013年10月印刷。2014年4月,孙境宗谱编委会向天一阁捐赠该宗谱。另,宁波图书馆、宁波市鄞州区(大学园区)图书馆亦有收藏。

陈青、应芳舟:《新修〈鄞东冰厂跟余氏宗谱〉捐赠天一阁》,《宁波日报》2017年1月24日。

按语:该宗谱即2016年版《鄞东冰厂跟余氏宗谱》,共七册,线装,余茂大主编。2017年1月23日,鄞东冰厂跟余氏续修宗谱理事会向天一阁捐赠该宗谱。

陆燕青:《龙南孙氏时隔百年再修新谱》,《慈溪日报》2017年2月15日。

按语:该"新谱"即2016年版《龙南孙氏宗谱》,共八册,线装,孙锦德主编。2017年2月,慈溪龙南孙氏宗谱编委会向天一阁捐赠该宗谱。

南华、陈一鸣:《北仑发现钟观光主修的〈钟氏家谱〉》,《宁波日报》

2017年3月7日。

  按语：《钟氏家谱》实为《芦江钟敬德堂宗谱》，共四卷、首一卷、谱余一卷，钟观光等纂修。民国七年（1918年）敬德堂木活字本，三册。书签题《钟氏宗谱》。

陈飞、王继旺：《〈武岭蒋氏宗谱〉续藏天一阁》，《宁波日报》2017年3月31日。

  按语：2012年版《武岭蒋氏宗谱》，共六册，线装，蒋国尧、蒋志国编纂。2017年3月30日，奉化武岭蒋氏联谊会向天一阁捐赠该宗谱。另，宁波图书馆亦有收藏。

南华、熊贵奇：《唐翰朱氏向象山县博物馆捐赠新修宗谱》，《宁波日报》2017年10月31日。

  按语：该新修宗谱即浙江象山《丹山唐翰朱氏宗谱》。

陆超群：《寻根问祖知家事慈水忞氏修家谱》，《慈溪日报》2017年11月28日。

  按语：该报道称该族于2017年清明期间商议续修宗谱事宜，同年10月正式成立《慈水忞氏宗谱》（取斯堂）续编委员会，并全面启动修谱工作。

《兴家风　淳民风：下营村陈氏宗族举行接谱仪式》，《今日象山》2018年4月16日。

  按语：下营村位于宁波市象山县定塘镇，所接之谱即《下营陈氏宗谱》，距离前一次纂修十二年。

朱东：《鄞、舟两地杨氏失联 80 年后再续宗亲情：鄞州〈陡亹杨氏宗谱〉迎重生》，《鄞州日报》2018 年 5 月 7 日。

  按语：该报道称"鄞州《陡亹杨氏宗谱》目前已经开始续修"。

陈爱红：《**市档案馆新添 4 种家谱**》，《宁波晚报》2018 年 9 月 7 日。

  按语：该报道称宁波市档案馆新增《宁波月湖陈氏家谱》《奉化剡江盛氏宗谱》《北仑后所项氏宗谱·庆裕堂分谱》及象山《雅林溪童氏宗谱》等四种家谱。

张纵横、潘海峰：《**仲夏李氏修家谱传家训**》，《海曙新闻》2018 年 12 月 10 日。

  按语：该"家谱"即 2017 年版《三江仲夏李氏宗谱》，共七册，线装，李华章主编。2018 年 12 月 4 日，宁波市海曙区洞桥镇仲夏李家举行《三江仲夏李氏宗谱》圆谱庆典。天一阁藏有该宗谱，系三江李氏奉鄞派仲夏支续修宗谱理事会捐赠。

陆铭铭：《**慈水宓氏修谱调研将于年底截止　欢迎宓氏族人回乡寻根**》，《慈溪日报》2019 年 11 月 4 日。

  按语：该报道称慈水宓氏宗谱修编办公室成立续编调查组，在慈溪宓家埭附近五个行政村进行上门登记，并安排人员到上海、杭州、舟山等地走访宓氏宗亲，前后历时两年多，已联络上 6 000 多位族人。

陈青、王伊婧：《**天一阁博物馆获捐〈韩氏宗谱〉**》，《宁波日报》2019 年 5 月 9 日。

  按语：该批宗谱共计五种十三册，即清咸丰七年（1857 年）昼锦堂抄本《韩氏宗谱》二卷（共二册）、光绪十五年（1889年）昼锦堂抄本《韩氏宗谱》二卷（共二册），民国四年（1915年）昼锦堂木活字本《韩氏宗谱》四卷（共二册）、民国三十五年（1946年）昼锦堂木活字本《韩氏宗谱》四卷（共四册），2018年版《灵岩韩氏宗谱》（共三册）。2019年5月8日，宁波北仑韩氏宗谱八修编委会向天一阁捐赠该批宗谱。

景锦、许剑锋：《一本宗谱，寻找长河聚源张氏之源》，《慈溪日报》2019年5月17日。

按语：该"宗谱"即《逊桥张氏长河聚源支谱》，共三册，张建国主编。

陈青、周慧惠：《林氏族人向天一阁捐赠宗谱》，《宁波日报》2019年11月20日。

按语：该宗谱即清光绪二十二年（1896年）版、民国三十四年（1945年）版《断桥林氏宗谱》，由宁波市海曙区章水镇箭峰村村民捐赠。

夏娟、梅嘉树：《王兴廉百年诞辰座谈会举行》，《鄞州日报》2019年12月23日。

按语：2019年12月22日，鄞州区横溪镇上街村举行王兴廉先生诞辰100周年座谈会暨《鄞南横溪王氏江房谱——风雅颂房亲情志》首发式。《鄞南横溪王氏江房谱——风雅颂房亲情志》，共一册，精装，王渭源主编，2019年11月编印。天一阁有藏，系横溪王氏江房下风雅颂三房捐赠。

陈青、王伊婧：《天一阁获赠余姚徐氏清代家谱》，《宁波日报》2020年7月10日。

按语：天一阁获赠"家谱"实为清光绪二十七年（1901年）版《慈南图屿徐氏宗谱》（共九册，徐祥夫赠）、民国二十一年（1932年）版《慈南图屿徐氏宗谱》（共九册，徐邦国赠）。另，姚南杜徐徐氏宗谱续修理事会曾在2019年10月19日向天一阁捐赠2019年版《姚南杜徐徐氏宗谱》，共十九册，线装，徐和铨主编。

吴海霞、鲍贤昌：《八旬老人任主编：〈宁波三桥鲍氏宗谱支谱合编〉完成编纂》，《鄞州日报》2020年9月22日。

按语："八旬老人"即鲍仁德。《宁波三桥鲍氏宗谱支谱合编》共二册，其中上册为世系，下册为传记事略、文献及照片。2020年7月3日，鲍仁德向天一阁捐赠该家谱。另，宁波图书馆、宁波市鄞州区（大学园区）图书馆亦有收藏。

陆燕青、孙卿：《从遗漏到补录再到单独修编：郑氏浒山南门分支艰难寻根终圆满》，《慈溪日报》2020年11月29日。

按语：该报道所称"单独修编"即2020年版《郑氏浒山南门支谱》，共四册，线装，郑南波、郑志云、孙卿等纂修。2020年12月9日，慈溪市浒山南门郑氏向天一阁捐赠该支谱。

陈青：《〈余姚枫林张氏宗谱〉捐赠天一阁》，《宁波日报》2021年3月5日。

按语：2021年3月3日上午，余姚枫林张氏宗谱三修纂编委员会向天一阁捐赠清光绪十一年（1885年）版《余姚枫林张氏宗谱》（共四册）、2020年版《余姚枫林张氏宗谱》（共四册），线装。

参 考 文 献

一、报纸资料
(一) 1949年前出版报纸
《申报》
《新闻报》
上海《时报》
上海《时事新报》
上海《大公报》
上海《民国日报》
上海《中央日报》
上海《宁绍新报》
宁波《德商甬报》
宁波《时事公报》
《宁波时事公报》
《宁波民国日报》
《宁波日报》
宁波《大报》
《镇海报》
余姚《南雷日报》
杭州《东南日报》
天津《大公报》
天津《益世报》

《武汉日报》

（二）1949年后出版报纸

《宁波日报》

《宁波晚报》

《鄞州日报》

《慈溪日报》

《余姚日报》

《奉化日报》

《今日象山》

《新民晚报》

二、专著

1. 合众图书馆编：《报载各姓修谱目》，民国三十七年抄本，上海图书馆藏。
2. 上海图书馆编，王鹤鸣主编：《中国家谱总目》（全十册），上海古籍出版社2008年12月第一版。
3. 上海图书馆编，王鹤鸣、马远良、王世伟主编：《上海图书馆馆藏家谱提要》，上海古籍出版社2000年5月第一版。
4. 《浙江家谱总目提要》编辑委员会编著，程小澜主编：《浙江家谱总目提要》，浙江人民出版社2005年10月第一版。
5. 励双杰编著：《慈溪余姚家谱提要》，漓江出版社2003年11月第一版。
6. 童银舫：《慈溪家谱》，中国文史出版社2013年8月第一版。
7. 杜钟文编著：《鄞邑现存家谱总目提要》，浙江古籍出版社2014年10月第一版。
8. 叶树望主编：《姚江谱牒总目提要》，浙江古籍出版社2012年1月第一版。
9. 夏广、陈黎明主编：《奉化现存宗谱辑录》，中国文史出版社2012年3月第一版。
10. 山西省社会科学院家谱资料研究中心编：《中国家谱目录》，山西人民出版社1992年4月第一版。
11. 励明康、陆良华编著：《甬上氏族》，中国文联出版社2015年3月第一版。
12. 金普森、孙善根主编：《宁波帮大辞典》，宁波出版社2001年3月第一版。

后　　记

我毕业后有幸进入天一阁工作，并在这座藏书楼工作至今。天一阁以收藏明代科举文献、地方志闻名，被誉为"南国书城"，同时她还收藏有来自浙江乃至全国各地大量家谱，且每年保持着可观的数量增长，故而也被有些人视为寻根问祖必到的一站。

在这方宝地，我主要从事的是地方文献工作，其中的家谱工作是重头戏。在日常工作和读者接待中，我深深地感受到家谱这一特殊文献的价值。在全球化、城市化、乡村振兴背景下，社会各界人士对于寻根表达了迫切要求，而查阅家谱成为寻根问祖的主要门径。近年来，查阅家谱者在所有读者中占据了绝大多数，由此可见社会对于天一阁家谱的关注度。因此，家谱收藏俨然成为天一阁的一大品牌。

如何把这一品牌越打越响，使天一阁承担起家谱特别是浙东地区家谱收藏的重要角色，成为汇集旧家谱、新家谱（即1949年后编修的家谱）、家谱扫描件、族史资料等一站式收藏的龙头馆，这是我一直思索的问题。在单位领导支持下，近年天一阁提出筹建家谱馆，意在将其打造成一座文化情感地标，这更加激发了我工作的积极性。

一直以来，我对中国近现代史、宁波帮、宁波地方史充满兴趣，且日常工作与家谱打交道，所以接触到大量刊登在上海、宁波近现代报纸上的修谱启事。从今天的角度来看，这些启事可以为家谱寻觅者提供线索,有助于他们寻找到自己的"根"。或许,他们先人生活的古村已经消失、家谱已遭损毁,但是一条条启事能带给人们一点念想,勾起人们对过往的一丝回忆,成为千丝万缕乡愁的一种寄托。

从我掌握的情况来看,除了少数家族受战争等影响外,其余大部分刊登过启事的家族都完成了修谱工作。令人惊喜的是,一部分家谱历经"文化大革命"保存至今,甚至奇迹般地就收藏在天一阁。因此,作为天一阁工作人员来系统性地做这项工作就很有意思,也特别有意义。

本书对各类启事的搜集,以各种报刊数据库、报纸官网检索为主,辅以家族提供的有关实物信息。通过对家族源流、启事内容、家谱编修及收藏等介绍,借此向读者传递尽可能多的信息。尤其是编修启事所涉及的家谱最终有无纂修完成,以及它当下的存世情况,着实花费了不少时间和精力。这主要依靠的是天一阁丰富的馆藏家谱资源及上海图书馆、国家图书馆、余姚市文物保护管理所等线上查阅家谱平台。此外,为充实、核对有关信息,还实地前往上海图书馆、宁波市档案馆、宁波市鄞州区(大学园区)图书馆、宁波市奉化区博物馆、宁波市奉化区档案馆、思绥草堂、宁波市陶公山忻氏宗祠、宁波市海曙区章水镇蜜岩村等地访谱,或者查阅相关资料。我认为只有细致查阅家谱原件(含扫描件),才能获取比较放心的第一手资料,也正因为如此操作,纠正了《中国家谱总目》《浙江家谱总目提要》等著录方面的一些讹误。

最后,本书能顺利出版离不开有关人士的帮助。本书受宁波市天一阁博物院出版经费资助,得到庄立臻院长、饶国庆副院长等领导的关心支持,特别是庄院长在百忙之中还为拙著撰写序言。上海图书馆家谱整理研究部主任顾燕研究馆员为本书在上海古籍出版社出版牵线搭桥,并在我有疑问时予以耐心解答,使我受益良多。励双杰、童银舫、任红辉、张川、郑学芳、忻利国等先生也为本书的撰写提供了不少帮助。上海古籍出版社胡文波先生、责任编辑王赫先生为本书出版付出了辛勤劳动。在此,向给予我帮助的领导、师友表达诚挚的谢意,也希望自己以这本小书为起点,在家谱征集、整理、研究的路上能一直走下去。

应芳舟

2021 年 12 月 24 日于天一阁